Verdadeiro Metodo De Estudar Para Ser Util A Republica, E À Igreja: Proporcionado Ao Estilo E Necesidade De Portugal : Exposto Em Varias Cartas

Luis António Verney

VERDADEIRO METODO DE ESTUDAR,

PARA

Ser util à Republica, e à Igreja:

PROPORCIONADO

Ao eſtilo, e neceſidade de Portugal.

EXPOSTO

Em varias cartas, eſcritas polo R. P. ✳ ✳ ✳ Barbadinho da Congregaſam de Italia, ao R. P. ✳ ✳ ✳ Doutor na Univerſidade de Coimbra.

TOMO SEGUNDO.

VALENSA

NA OFICINA DE ANTONIO BALLE,

ANO MDCCXLVI.

COM TODAS AS LICENSAS NECESARIAS, &c.

INDEX.

Do que Contem as cartas do segundo Tomo.

CARTA IX.

Moſtra-ſe o mas metodo, de tratar a Metafizica neſte Reino : e da-nos que daqui rezultam. Explica-ſe, que coiza é Metafizica: e ſe-moſtra, que é inſeparavel da Logica, e Fizica : e que ſuperfluamente que-rem chamar-lhe, ciencia ſeparada. Que nam é tal Metafizica, como eles imaginam. Dá-ſe juizo, das obras do P. Feijao. . . . . Pagina I.

CARTA X.

Moſtra-ſe, que coiza é Fizica. Que em Portugal nam intendem o que é, nem ſabem tratar a Fizica. Prejuizos dos Peripateticos, e da-nos que rezultam, da Fizica da Eſcola. Exceſo da Filozofia Moderna, e principalmente da Fizica, ſobre a antiga. Diverſidade entre os meſmos Modernos : e qual ſiſtema ſe-deve preferir. Neceſidade da Geometria, e Aritmetica, para intender a Fizica: a qual ſe-deve eſtudar, nas obras das Academias Reais &c. Prejuizos dos Portuguezes, de nam quererem enſinar muitas coizas, em Vulgar. Dá-ſe o modo, de ordenar um curſo da Fizica. Dá-ſe uma ideia, de eſtudar com metodo, e brevidade, toda a Fizica. pag. 23.

CARTA XI.

Moſtra-ſe, que a Etica pertence legitimamente ao Filozofo: que é nece-ſaria ao Juriſta, e Teologo Moral: que é util, para todos os empre-gos da vida : que é neceſaria, aos que ám-de ocupar, alguns empregos. Apontam-ſe os defeitos, que ſe-acham nos Juriſtas, e Teologos, por-falta da Etica. Particular neceſidade que tem dela os Nobres, para poderem formar conceito do Vicio, e Virtude, e fazerem as ſuas obrigaſoens. Prejuizos de muitos Nobres, neſta materia : e modo de os-emendar. Dá-ſe verdadeira ideia, do que é Etica, e ſuas partes. Aponta-ſe um modo breve de a-eſtudar, com facilidade, e utilidade. . . . . pag. 61.

CARTA XII.

Trata-ſe da Medicina, que é uma conſequencia da Fizica. Nam é impro-pria aos Religiozos. Requizitos da Medicina. Que o Medico, alem de Fizico, deve ſer um grande Anatomico. Ignorancia da Anatomia em Portugal, e principalmente na Univerſidade. Prejuizos que os Por-tuguezes tem, neſta materia : por cuja cauza nam podem ſaber Medi-cina. Odio que os Galenicos tem, aos Anatomicos : e por que razam. Abuzo dos-remedios, por falta de boa Fizica, e Mecanica. Que os remedios, pola maior parte, ſam impoſturas : principalmente os ſegre-dos mais louvados. Que o Galenico, nam pode ter boa pratica. Que a Cirurgia em Portugal, é totalmente ignorada. Aponta-ſe o metodo de eſtudar, a verdadeira Medicina, e Cirurgia. Apontam-ſe os melhores autores, em Anatomia, Chimica, Medicina, Cirurgia. pag. 86.

CAR-

CARTA XIII.

ORigem da Jurisprudencia Romana . Mao metodo de tratála em Portúgal; e pesimas consequencias que dali rezultam . Desmedida prezunsam que os Portuguezes tem de Juristas,e desprezo das-outras Nasoens, sem fundamento . Nam basta o corpo do Direito , ao Jurisconsulto : requer-se Politica , e muitas outras coizas , para satisfazer aos empregos . Mostra-se com razam , e exemplos , que estes estudos sam compativeis , com as Leis . Dá-se uma ideia do Direito Civil, até os tempos prezentes . Necefidade da Istoria , para o Direito . Tocam-se os defeitos intrinsecos , e extrinsecos da Jurisprudencia . Aponta-se o melhor modo , de ter uma pratica util , tanto para o Advogado , como para o Juiz . pag.139.

CARTA XIV.

DIscorre-se da Teologia . Metodo de a-tratar em Portugal, e danos que nacem dele . Frivolas razoens com que os Portuguezes querem defender , o seu metodo . Dá-se uma ideia , do que é a verdadeira Teologia: como naceo , e se-continuou . Aponta-se a origem da Escolastica , e sua durasam : e conceito que formáram dela , os doutores dese tempo . A Teologia Pozitiva , que renaceo com o concilio de Trento , é ignota em Portugal . Mostra-se a insufistencia das razoens em que se-fundam , para a nam-admetirem . Aponta-se o modo com que a-tratam , os Teologos modernos . Necefidade da Istoria , e das Linguas , para saber fundamentalmente Teologia . Aponta-se o metodo , que deve observar o estudante , que quer saber boa Teologia . pag.195.

CARTA XV.

TRata-se do Direito Canonico . Mao metodo de o-estudar neste Reino , e danos que dele rezultam . Dá-se uma ideia do Direito Canonico, e da sua istoria . Necefidade da Istoria Ecleziastica , para intender os Canones. Que daqui deve comesar o estudo do Canonista , unido com a Civil , e Geografia Sagrada . Aponta-se o metodo , de estudar Canones . Necefidade das Instituisoens Canonicas , antes que se-estudem , materias particulares. Apontam-se algumas melhores . Aponta-se,o que se-deve estudar despois . Tocam-se os defeitos do Direito Canonico intrinsecos , e extrinsecos . Como se-devem regular na pratica,os que estudam Canones . pag.229.

CARTA XVI.

APonta-se o metodo de regular os estudos , em todas as escolas ; comesando da Gramatica , até à Teologia . Fazem-se algumas reflexoens particulares , sobre o modo de exercitar utilmente os rapazes , na Gramatica : em que se-reprovam alguns estilos , introduzidos em Portugal. Modo util de exercitar os Medicos , e Cirurgioens . O mesmo sobre as Leis, Canones , Teologia : onde se-aponta , como se-podem exercitar , os Confesores . Dá-se uma ideia , do modo de instruir as Molheres , e nam só nos estudos , mas na economia , com utilidade da Republica . pag.253.

CAR-

CARTA NONA.

SUMARIO.

Moſtra-ſe o mao metodo, de tratar a Metafizica neſte Reino: e danos que daqui rezultam. Explica-ſe, que coiza é Metafizica: e ſe-moſtra, que é inſeparavel da-Logica, e Fizica: e que ſuperfluamente querem chamar-lhe, ciencia ſeparada. Que nam á tal Metafizica, como eles imaginam. Dá-ſe juizo, das-obras do-Padre Feijoo.

ELL amigo e ſenhor, Quando recebi a ultima de V.P. em data de 15 de Fevereiro, tinha ja comeſado outra, para lhe-mandar, e era, ſobre a Fizica. Eſta ſua carta me-obriga, a deixar uma, e meter em meio outra, para ſatisfazer a ſua curiozidade, e reſponder tambem a um argumento, que me-forma. Mas primeiro, devo agradecer-lhe, os comprimentos que me-faz, e elogios com que me-orna. Louva V.P. muito, a ideia que lhe-dei de Logica : e ſe-perſuade, que quem nam ſegue aquela eſtrada, aindaque fale muito de Logica, nam ſaberá, que coiza é Logica. Viſtoque a Logica comua, ſerve alguma coiza, para arengar nas eſcolas : mas fóra dalî, para nada ſerve. Deſorteque ſe ſó os que tem eſtudado eſta Logica, diſcorrem bem, fica quazi todo o genero umano condenado, a dizer parvoides : viſtoque a mileſima parte dele, nam entra nas eſcolas.

Eu recebo o comprimento que me-faz : e nam por-motivo de vaidade, mas porque conheſo, que aſim é : e vivo perſuadido, que nam diſe ſenam a verdade : nem direi mais a V.P. coiza, que ſeja contra o que intendo. Alem diſo ſei, que o que afirmei a V.P.

ja agradou a omens doutos ; nam só defte Reino, mas de outras Nafoens, com quem conferî fobre efta materia . o que me-confirma
de novo, que nam é dezacerto. Mas, falando com V. P. com
a nofa folita confiansa, nam fei, fe achará muitos da-fua opiniam.
Omens conhefo eu, aos quais fe V.P. difer, que a forma Silógiftica,
nam é a coiza mais necefaria no-mundo ; fe-efcandalizarám mais,
doque fe ouvifem alguma erezia. Eftes, que beberam o filogifmo
em idade tenra, nam querem ouvir falar de outra coiza: uns,
por-malicia, porque nam fabem falar em outra materia: outros,
por-ignorancia, porque nunca examináram a queftam. e eftes fam
os mais. Dife com galantaria um ingenho Efpanhol, que metade
do-mundo, vive da-opiniam da-outra metade. e eu cuido, que fe-pode
profeguir adiante, e dizer, que de dez mil omens, 9999 vivem
da-opiniam do-decimomil. Ouvirá V.P. louvar um omem, por-muito
douto, em uma Cidade, e talvez um Reino inteiro. Quantos acha
V.P. que fejam capazes, de votar na materia ? e ainda deftes, quantos
acha, que tenham examinado, a doutrina do-outro ? talvez nam
achará 4. e contudo tódos os mais nam cefam de aclamar aquele
omem, por-um grande doutor, fomente polo ouvirem dizer.
Admirava-fe comigo certo Religiozo de vida contemplativa, fobre
a quantidade de omens, que nam feguem a religiam Catolica: e
tudo era exclamar ; como era pofivel, que a maior parte do-mundo,
nam conhecefe os erros que abrafam ! Compadeci-me da-bondade
do-dito Religiozo, e lhe-adverti, que a razam era, porque
nam examinávam fundamentalmente as razoens, porque a-abrafavam:
mas, cheios de prejuizos, feguiam o que lhe-enfináram. Quantos
pois, lhe-dizia eu, acha V.P. entre os mefmos Catolicos, que
faibam os verdadeiros motivos, porque abrafam a fua religiam ?
Nam digo eu entre os Catolicos, mas entre os mefmos Ecleziafticos,
e Profefores, quantos fam, os que fabem com fundamento, por-que
razam, fomente a nofa religiam, fe-deve feguir ? E fe tantos feguem
a boa religiam, e que fe-funda em razoens tam claras, e fortes, fem
a-examinarem, mas porque afim foram criados ; que maravilha,
que os que nunca ouviram outra coiza, figam o que lhe-enfináram ?
As mefmas demonftrasoens matematicas, que fam tam claras, fe
nam fe-examinam, nam fe-intendem. com maior razam das-outras
coizas, que nam fam evidentes. Efta é a forfa da-preocupafam.
ela faz obrar os Omens, com a mefma forfa, que faria a razam. Onde
nam é maravilha, que os omens, criados com o filogifmo, defde a fua
primeira idade, com tanta forfa o-defendam. necefariamente deve
fer afim. O que porem devemos fazer é, tomar as coizas como
                                                          mere-

merecem. E aſim reconhecendo nós, que eſtes nam examináram a materia; nam fazer cazo da-ſua autoridade, em coiza alguma. Onde aquele, *Dizem-no todos*, nam deve fazer forſa a ninguem, para ſeguir, o que eles dizem. E' neceſario primeiro ver, quem eles ſam; e ſe examináram o que dizem, ſem afeto às partes.

Iſto digo a V. P. paraque nam creia facilmente, que todos ám-de ſeguir a ſua opiniam: e paraque, perſuadido diſto, a-nam-promolgue, ſem algumas cautelas. Quando V.P. quizer ler ao P. ** alguma das-minhas cartas, ſerá neceſario primeiro, preparalo com ſeis ſangrias, e uma boa purga: e, ſe iſo nam baſtar, para o-livrar do-ſeu mao umor, com um vomitorio. O P. colegial *** concedo, que ſeja mais capaz, de receber doutrinas: mas é neceſario, ſuminiſtrar-lhas com advertencia. Em uma palavra, V.P. nam leia as minhas cartas, ſenam a quem as-intenda: porque perderá o tempo, e a paciencia, e talvez a fama. As coizas é neceſario ilas comunicando, pouco a pouco: principalmente a eſtas cabeſas duras, juizos de pedra e cal, que nam tem percesám, e às vezes nem menos uzo de razam. Tenho reſpondido, à primeira parte da-carta. paſo à ſegunda.

Nela me-diz V.P. que o P. ** me-pede com inſtancia, que una a Metafizica Intencional com a Logica: e dela lhe-diga o meu parecer, antes da-Fizica. Ja vejo, que por-aqui andou, algum livrinho deſtes meios modernos, ou Toſca, ou Purcocio, ou coiza ſemelhante, que fazem eſta divizam. O que mais me-admira é, que me-péſa iſto, deſpois de ter ouvido, que coiza é Logica. de que bem claro ſe-moſtra, que cazo ſe-deve fazer, deſta Metafizica Intencional. Contudo para ſatisfazer o empenho deſe bom Religiozo, e, mais que tudo, o preceito de V.P. direi o que baſta, para intender melhor o que diſe, e para ſe-intender, que coiza é eſta Metafizica.

Os Filozofos Peripateticos nam fazem eſta divizam na Metafizica. Sam os Cartezianos, e Gazendiſtas, que, tendo obſervado, que nos-ultimos ſinco capitulos do-duodecimo livro da-Metafizica de Ariſtoteles, ſe-fala na ſuſtancia Eſpiritual, e nos-outros primeiros livros, ſe-fala de outras razoens; introduziram eſta divizam na Metafizica. Chamam Metafizica Intencional, às divizoens do-Ente, das-Cauzas, dos-Predicamentos &c. que o intendimento conſidera, como coizas ſeparadas da-Materia. Chamam Metafizica Real, àquelas coizas, que na realidade ſám ſeparadas da-Materia ou Corpo, como Deus, Anjos, Alma &c. Eſtes ſegundos procedem mais metodicos, que os primeiros: mas dos-primeiros é que tomáram, as ideias de Metafizica. Mas é certo, que uns e outros aplicam a

eſte

efte nome , ideias , que lhe-nam-convem . Efte nomé , *Metafizica* , é de nova invenfam : e nam da-mam de Ariftoteles . Tirañio Gramatico , e Andronico ; que foram os que em Roma no-tempo de Julio Cezar , puzeram em melhor forma , os livros de Ariftoteles , que Silla Ditador tinha trazido de Atenas , como em outra carta difemos ; ou o mefmo Apellico Ateniez , como outros querem ; tendo difpofto em varias clafes , as obras dele ; uniram todos os mais livros , que julgáram , nam pertencer para a Logica , ou Fizica , ou outra faculdade ; e lhe-deram efte titulo : *Metafizica* . que vale o mefmo que , *livros poftos defpois da-Fizica* . Os que fe-feguiram defpois difto , adotáram efte nome , no-mefmo fentido . Mas os Dialeticos defde o feculo XI. com cega venerafam da-Antiquidade , fizeram efcrupulo , de mudar , ou examinar as coizas . Deforteque tomando efte nome , como fe fofé proprio ; o-aplicáram a umas certas coizas ou efpeculafoens , que eles inventáram à fua eleifam : como abaixo direi . E daqui é que naceo , que , fem examinarem , nem intenderem a razam , chamáram Metafizica , às fuas particulares ideias .

Sendo pois que nós oje , nam temos necefidade , de feguir a ordem de Tyrañio , e Andronico ; tambem nam temos necefidade , de tratar feparadamente , efta Metafizica Intencional , debaixo de um titulo particular ; e com todo o aparato da-Metafizica das-efcolas . Unicamente devemos examinar , fe o que fe trata com efte nome , pertence a alguma ciencia particular , ou nam .

Ifto fupofto , devendo dizer ò meu parecer a V. P. repito mui claramente , que é loucura , feparar eftas metafizicas , das-outras partes da-Filozofia . Metafizica Intencional , é pura Logica : Metafizica Real , é pura Fizica : e tudo o mais fam puerilidades . Ifto é tam claro , que até efes modernos , que partem em duas a Metafizica , poem á Intencional defpois da-Logica : e a Real defpois da-Fizica . Deviam porem, tirar-lhe o titulo de Metafizica , e unila com a Logica , e Fizica . Fizica é a ciencia , que trata da-natureza das-coizas : cuja pertende alcanfar , por-meio das-fuas propriedades . E como feja certo , que polas propriedades alcanfam os Filozofos , tanto a ideia que tem , da-natureza do-Efpirito , como do-Corpo ; nam fica lugar de duvidar , que o conhecimento dos-Efpiritos , feja verdadeira Fizica . Mas efta parte da-Fizica , que trata dos-Efpiritos , a que chamam *Pneumatologia* , deve fer tratada , defpois da-Fifica comua : vifto que da-noticia dos-Corpos , fuas propriedades , e leis do-movimento &c. fe-tiram belifimas provas , para moftrar a diverfidade , entre o Corpo , e Efpirito . e afim na Fizica falarei nela .

Quan-

Quanto à Metafízica Intencional, perſuade a meſma razam, que, ſe nela ſe-acha alguma coiza boa, deve ſer tratada, junto com a Logica. Mas, para dezenganar melhor eſe Padre, a quem fizeram grande forſa, os titulos de Metafízica, que leo ſeparados; farei alguma reflexam, ſobre iſo a que chamam Metafízica.

Os Metafízicos, que procedem com mais metodo, comeſam a ſua Metafízica, polos Univerſais: porque como ela trate do-Ente em comum, e outras razoens Genericas, explicam primeiro, que coiza é Univerſal, e como ſe-faz. Mas deſtes Univerſais, cuido tenho dito o que baſta, para ſaber o que valem. Toda a arenga eterna das-*Precizoens*, para nada mais ſerve, que para intender, que o intendimento tem faculdade, para conſiderar muitas ideias como ſe foſem uma: ſeparando as particulares diferenſas dos-objectos, e conſiderando em que coiza convem. vg. Todos os omens diſcorrem, e ſentem. Onde, em virtude deſta ſemelhanſa, o noſo intendimento, que tem uma admiravel facilidade, para conſiderár o objeto em cem diferentes maneiras; forma a ideia de uma coiza, que ſente, e diſcorre: e a iſto chama, *natureza umana*.

Iſto baſta que ſe-intenda uma vez, obſervando a fecundidade que a alma tem em formar ideias: comparar umas com outras: e deſta comparaſam, tirar cem mil diferentes ideias compoſtas. Mas nam o-intendem aſim os Peripateticos. antes tomando o dito tratado, como fim das-ſuas eſpequlaſoens, levantam mil queſtoens eſcuzadas, e perdem anos inteiros, com eſtas arengas; que ſam reprovadas polos omens mais doutos, entre os meſmos Peripateticos, como em outra carta adverti. Eles fazem mil exames, ſobre o objeto daquele ato. uns dizem, que a ſeparaſam, ſe-faz no-objeto: outros, que a ſeparaſam, conſiſte em diverſos atos. Iſto provem, de que nam ſe-explicam bem: pois na realidade, todos dizem a meſma coiza: e convem no-que baſtava, para nam perderem o ſeu tempo. Concordam, que o meu conhecimento, nam divide realmente, o *animal* do-*racional*. ſe pois o-nam-divide realmente, fica claro, que qualquer outra ſeparaſam, á-de ſer feita, polo ato do-intendimento. Toda a bulha conſiſte, na explicaſam deſta palavra, *objeto*. Uns dizem, que o intendimento poem o *animal racional*, *no-eſtado intencional*; e que alí divide os graos como lhe-parece: e aiſto chamam, *precizam objetiva*. Outros enfadam-ſe terrivelmente para moſtrar, que o intendimento conhece *à parte rei*, ambos os graos; porque as eſpecies que vem do-objeto, reprezentam igualmente ambos.

Parece-me, que, ſem grande trabalho, ſe-conhece, que ambos fazem queſtam de nome: e que, para a-defenderem, ſe-ſervem de termos
mos

mos que nam fignificam nada . Aquilo, de pór o objeto no-eftado intencional, fe acazo nam quer dizer, que o intendimento, pode fazer uma ideia, que nam exprima, as diferenfas dos-objetos ; certamente fam vozes fem fignificado . Os outros, cuido que ainda difcorrem pior, quando dizem, que as efpecies do-objeto, reprefentam o animal, e racional : e manifeftamente fe-fundam todos, em um falfo fupofto . No-Omem, o *animal e racional*, é a mefma coiza : e nada mais é, que a nofa alma . porque o corpo nem difcorre, nem fente : mas é a alma, que, fegundo os movimentos do-corpo, fente . Moftra-fe ifo claramente, no-omem que tem os nervos atados, ou uma perna violentifimamente comprimida, ou inferma ; o qual nada fente, aindaque lha-ofendam : porque eftá impedida a comunicafam com o cerebro ; aonde, quando a imprefam chega, é que a alma fente . Ifto é claro : e nenhum omem de juizo, duvida deftas experiencias . Mas aindaque admitamos, que o corpo fente, fempre é certo, que o corpo nam intende, mas fomente a alma : a qual nam manda efpecies aos olhos . E aqui temos já, que toda aquela queftam fe-funda, fobre una manifeftifima falfidade : e que eftes pobres omens, eftam difputando, de *lana caprina* . Se examinamos todas as outras, achará V. P. que fe-fundam nefte fupofto, ou em outro femelhante. E aqui temos, que toda aquela palhada, fe-reduz a nada : e bafta faber, o que afima difemos .

Quanto aós Univerfais *in fpecie*, fundam-fe tambem, em outros fupoftos ou falfos, ou duvidozos . Nós vemos, que os brutos conhecem, e fazem operafoens, que nam fe-podem explicar, fem algum genero de difcurfo . no-que convem, alem de muitos SS. PP. Teologos, e Filozofos de grande nome : e oje é coiza recebida, entre os melhores modernos . Onde o afinar o *racional*, por-diferenfa do-Omem, fe nam é manifeftamente falfo, ao menos, é muito duvidozo . Da-outra parte : nam fabemos, fe os Anjos fentem . porque fe as nofas almas feparadas, fentem as penas ; porque nam direi, que os Anjos (ponho de parte a bemaventuranfa) podem fentir ? Ao menos fei, que a minha alma, que é efpirito, ainda eftando no-corpo fente : onde nam acho diverfa razam, para os Anjos . Onde nem menos fabemos, fe o *animal*, como eles o-intendem, é Genero . Defto outras mil obfervafoens que moftram, quanto podemos duvidar, fobre aquelas materias . Ora é certo, que a divizam em 5 efpecies, funda-fe fobre eftes principios : e confequentemente nam merece, que fe-lhe-de tanto tempo, e cuidado ; por-ferem coizas totalmente falfas, ou defnecefarias . Digo pois, que de Univerfais, bafta notar, o que dife na Logica : aonde, em lugar deftas, fe-podem fazer outras reflexoens utilifimas .

Quan-

Quanto às divizoens do Ente, e Suſtancia &c. baſta olhar, para uma arvore filozofica vg. a de Purcocio, ou outra mais ampla e explicada, como vi algumas: e ali obſervar, como dividem o Ente: que ñomes lhe-dam &c. E iſto, mais por-nam parecer noviſo, na Teologia Eſcolaſtica, ou livros dos-Peripateticos; doque por-ſer neceſario. tudo o mais deve-ſe totalmente fugir. E ainda na dita arvore ja emendada, nam á pouco que duvidar; porque nela nam achamos colocado o *Vacuo*: que é um ente mui real, e nada dependente da-imaginaſam. Mas, deixando iſo, para o noſo cazo, é o que baſta: e tudo o mais é ſuperfluo. Se V. P. aperta com proguntas eſes, que tratam muito diſo, achará que limpamente lhe-confeſam, que para nada ſervem. Mas, ſemque eles o-digam, mui bem ſe-conhece. e aſim nam ſe-deve fazer cazo, do-que o-nam-merece. Deſte principio fica claro, que conceito ſe-deve fazer, de tudo o que ſe-diz, do-Ente em comum. Aquele *conceito formal do-Ente*, que tanto dá que intender a muita gente; ſam puros Univerſais, e ja ficam criticados aſima. Onde mui ſuperfluamente quebram a ſua cabeſa com ele, os que já na Logica tem eſcrito, 20 cadernos de Univerſais.

Paſemos às divizoens do-Ente, e primeiro à divizam, em Real, e da-Razam. O que dizem das-trez propriedades, *Unitas, Veritas, Bonitas*, é tal, que me-envergonho repetilo. Explicam a *Unidade*, com eſtas palavras: *Id quod eſt indiviſum in ſe, & diviſum a quolibet alio ultima diviſione*: Mas apoſtarei eu, que quem ouve eſta explicaſam, intende menos o que é *ſer um*, doque ſe lho-nam-diſeſem. Qualquer peſoa ainda ruſtica ſabe, que *o ſer um, é nam ſer dois*; porque eſta ideia deſi é clariſima. Pois iſto meſmo é o que dizem os Logicos, por-palavras mais oſcuras. Eſprimida toda aquela definiſam, nam diz mais que iſto. ſendo certo, que o eſtar unido a outro, com o qual faſa um todo, é nam eſtar dividido dele, e é, nam ſer dois. E eiſaqui que a dita definiſam, nam nos-enſina mais, que o que ſabe, um Galego de mezes. e toda a diſputa da-individuaſam, vai polos ares; porque o que tem de bom, o-ſabemos ſem iſo. Mas o pior é, que eſes meſmos, que querem profundar o penſamento, deſpois de dizerem muito, nam nos-chegam a explicar diſtintamente, por-qual razam, Eu nam ſou Pedro. Eu, e Pedro temos as meſmas propriedades, e faculdades. tomára pois que eſtes, que quebram a ſua cabeſa, com as diſputas da-individuaſam, e ſe-perſuadem, que chegáram ao ultimo conhecimento das-coizas; tomára, digo, me-explicaſem, por-qual razam Paulo, nam é Pedro. Dirám, que é coiza evidente, que Eu nam ſou Pedro. concedo: mas ſe iſo é tam claro, que todos o-conhecem; paraque é neceſario perſuadilo?

Alem

Alem difo , por que quebram a fua cabéfa , com a difpúta do-Indivi-
duo : a qual nam fó nam dá noticia alguma nova , mas nem menos
nos-explica a razam , difo mefmo que ja fabemos ?

O que dizem da-*Verdade* , é ainda mais bonito . Confifte a Verdade , fegundo eles dizem , em que eu tenha , todos os predicados que
devo ter . Nam féi , fe fe-pode ter ifto fem rizo . porque , a falar verdade , ter eu menos predicados fizicos , do que devo ter , é uma coiza
bem dificultoza de fe-intender . Se Pedro nam tivefe , todos os predicados que deve ter , nam feria Pedro . o mefmo digo das-outras criaturas . O que fupofto , toda a doutrina que tiramos da-Verdade , e
fuas confequencias , e efta : Saber , que Pedro é Pedro : Cavalo é Cavalo : e Pedro nam é Cavalo . Cuido porem , , que , fem grande
doutrina , intendem ifto todos : onde as difputas que fobre ifto
fe-formam , de nada fervem nefte mundo .

A *Bondade* , é quazi o mefmo que a Verdade . Dividem-na , em
bondade de perfeifam *efencial* , *integral* , e *acidental* : que vale o
mefmo que dizer , que uma coiza , tenha todos os predicados que
lhe-competem , em cadaum daqueles generos : e nada tenha de fuperfluo . Poem mais outra bondade , a que chamam de *amabilidade*:
e confifte , em que cada ente pofa terminar , um ato de amor . Daqui
pafam a determinar , qual daquelas bondades , é propria do-Ente .
e tratam ifto com toda a extenfam , que pede uma materia de confiderafam . Entra tambem alguma coiza da-*Malicia* do-Ente : e com
ifto fe-entretem . Ora eu cuido , que ifto é tam manifeftamente ridiculo , que perdera o meu tempo , em moftralo . E cuido tambem ,
que fe o feu P. * * refletir nifto , efcuzará de me-pedir , que lhe-dé
a explicafam : e conhecerá , com quanta razam deixo de falar , em
femelhantes puerilidades .

Ao Ente Real , fegue-fe o *da-Razam* : fobre que neftes païzes
coftumam efcrever , infinitos cadernos . e Peripatetico (1) féi reu ,
que , avendo de comefar o tratado do-Ente da-razam , fe-dá os
parabens afimefmo , com eftas palavras : *Nullibi tenuius filum net
mens bumana , nufquam fubtilius fpeculatur , quam dum bot
ens fabricat. - - - - Cum ergo nullius in toto cuafu philofophico
maior vel fama fit , vel exfpectatio ; fuis illud hic coloribus adbi-
brabimus : ortum ejus , caufias , lineamenta , indolem defcribemus.*
e continua o tratado , com tóda a aplicafam , que promete no-prolo-
go . Creio , que para compreender bem , a neceffidade da-materia , bafta
que

────

(1) *Comptonus in Philofophiä* .

que eu lhe-ponha diante dos-olhos, o que contem. e, por-nam-fair do-tal autor;

Defpois de longos prenotandos, progunta: Se fe-dá Ente da-razam. Moftra, que fe-dam objetos impofiveis, diftintos realmente de todos os pofiveis: cuja rezolufam dece, da-preocupafam em que eftá, que os pofiveis tem um fer, diftinto da-omnipotencia de Deus. Pafa aos particulares entes: progunta, Se a denominafam extrinfeca é ente da-razam. fe a chimera é negafam. fe a cabefa de Elefante, corpo de Leam, pez de Cavalo unidos, fejam ente da-razam. fe a uniam de identidade entre Cavalo e Leam, o-feja. fe as relafoens, negafoens, privafoens, imaginadas onde nam devem eftar; ou o corpo imaginado efpirito, o-feja. Pafa à produfam, e examina: Se o ente da-razam feja um todo, compofto de conhecimento, e objeto fingido; ou fomente o objeto. fe o intendimento é cauza do-ente da-razam. fe é cauza eficiente verdadeira, ou metaforica: e refponde a uma enfiada de argumentos. Para abreviar-mos, progunta, Se o fentido, fe o apetite, fe a vontade, fe a imaginativa, fe a apreenfam, ou juizo, fe nenhum ato verdadeiro, fe todo o ato falfo, fe Deus, fe os Anjos, pofa cadaum deftes, fazer ente da-razam. Examina tambem, onde efteja o ente da-razam: fe fe-pofa mover: fe é branco, ou negro: fe fam femelhantes uns a outros: fe fe-divida bem, em negafam, privafam, e relafam: fe as fegundas intenfoens fejam entes da-razam: e outras coizas deftas.

Parece-me que o amigo * * ouvindo fomente efte ladainha, fe-envergonhará, de me-ter falado, em femelhante materia. Um meftre que fe-canfa, em difputar tudo aquilo, e o-inculca, como coiza utilifima, merece eftar fechado em uma caza, retirado da-fociedade umana, e fazendo toda a fua vida, entes da-razam. Nam me-parece, que feja necefario perfuadir, que tudo aquilo, é uma ridicularia. um omem dezapaixonado, que ouve fomente propor as queftoens, conhece mui bem, quantos prejuizos tem na cabefa, quem as-defende. Quantas coizas falfas fupoem, que nam fam afim! Quantas fe-chamam com diverfos nomes, que fam a mefma coiza! Nam tenho tempo, para impugnar eftas ridicularias: nem tambem é necefario. Baftarmeá progunta ao feu * * fe julga, que tudo aquilo, ou alguma daquelas coizas, é util, para regular o intendimento: ou fe é conducente, para intender alguma parte das-ciencias? Se nam é louco, refponderá, que para nada ferve. E, quando nam ouvefe outra razam, efta só baftava, para defterrar eftas arengas, nam só da-Metafizica, mas do-mundo.

TOM. II.　　　　　　　　　B　　　　　　　　　A ou-

A outra celebre divizam do Ente, é em Pozitivo, e Negativo. Aqui se-examina miudamente, o ente Negativo, e Privativo, que é primoirmam com o da-razam. Proguntam, se a negafam seja uma entidade, que tenha por-objeto, desviar a forma : e outras coizas femelhantes. Perdèra o tempo, e a paciencia, se falase em mais coizas deftas. e afim digo brevemente, que tudo aquilo é indigno, de um omem de juizo : e que nam sei que conciencia tem, os que obrigam os difcipulos, a eftudar ifto. Toda a noticia util, que se-tira dali, se-reduz, a intender trez nomes. *Ente da razam*, é tudo o que exifte no-intendimento : e no-nofo cazo, é um imposivel conhecido. *Negafam*, é quando uma coiza, nam exifte no-mundo. *Privafam*, é quando a tal coiza, falta em um fugeito, que a-pode ter. vg. a falta de vifta em um omem. Ifto bafta que o meftre vocalmente o-explique, aos difcipulos : o mais é fuperfluo.

Segue-fe a celebre divizam do-Ente, em Divino, e Criado. O examinar, se a razam de Ente é univoca, para Deus, e Criaturas : se transcende as diferenfas : é coiza na verdade indigna, de omens que comem pam. Se o que proguntam é, Se tanto Deus, como as Criaturas, exiftam : cuido que a ifto pode refponder qualquer crianfa, que faiba falar, e intenda os termos : e no-mefmo tempo vale o mefmo que proguntar, se o que exifte, exifte. Se pois querem comparar a exiftencia de Deus, com a das Criaturas, fam loucos. Se dizem mais alguma coiza, nada nos-emporta, nem ferve para as Ciencias em coiza alguma. A outra queftam, *Se o Ente transcende as diferenfas*, tãmbem me-parece Tartara. Confefo a V.P. que quanto mais a-leio, menos a-intendo. e quando oufo dizer, que *Ens transcendit differentias*, oufo certas palavras, a que nam defcubro fignificado : nem atequi ouve quem mas-explicáfe, em modo que o-intendefe-mos.

Mas confidere V.P. comigo, o que dizem da-*posibilidade*, e *atualidade*. Proguntam, se a posibilidade se-diftingue atualmente da-Omnipotencia divina : e se efta coiza que se-diftingue, é pozitiva, ou negativa, ou potencial. No-primeiro, afirmam : e no-fegundo, negam. e daqui faiem varias outras queftoens. vg. Se os posiveis dependem atualmente de Deus : se fam mais necefarios que a Omnipotencia &c. Efprema V.P. toda aquela difputa, e verá, que se-reduz, a um circulo viciozo, ou a nada : e que é difcorrer de uma coiza, que nam fabemos, nem nos-emporta faber. Primeiro, explicam a *posibilidade*, por-uma nam repugnancia dos-extremos. Proguntados eles, que coiza é nam repugnancia, dizem, Que se acazo se-puzefem *a parte rei*, nam se-dariam contraditorios. Se reproguntamos,

por-

porque nam fe-dariam contraditorios : que ám-de dizer ? fenam ,
porque Deus os-pode produzir ? Mas eles nam fe-acomodam com
ifto , e dizem : Que emtanto Deus os-pode produzir , emquanto nam
tem repugnancia alguma . Mas fe tornamos a proguntar , porque
nam tem repugnancia ? ou ám-de recorrer , a um circulo viciozo ;
ou dizer , que é , porque Deus os-pode produzir . Afimque toda á
doutrina que dali fe-tira , é efta : Que aquela coiza é pofivel , que
Deus pode produzir . coiza que percebem , os que fabem , o puro
significado das-palavras . Tambem é coiza galante , o que dizem ,
do-fer potencial , que tem os pofiveis . Proguntados eles , que coiza
feja efte fer potencial ; refpondem , Confiftir emque pondo-fe *a parte
rei* , nam rezulte implicancia alguma : e tornamos a cais , na primeira
queftam . Fazem aqui outra nova embrulhada com dizerem , que as
Efencias fam *ab aterno* : fam ingeneraveis , e incorrutiveis . Ifto
efprimido à mam , nam quer dizer mais doque , que nam podemos
intender , que um Ente feja o que é , e juntamente feja outro Ente .
Onde fe Deus *ab aterno* tivefe , as ideias dos-Entes , que agora exiftem ;
necefariamente feriam as mefmas que agora fam . pois de outra forte ,
nam feriam ideias dos-mefmos Entes , fe pudefem mudar-fe , femque
fe-mudafem as efpacies dos-Entes . E ifto afim explicado , é coiza
que intendem mui bem todos .

Proguntam tambem , *Per quid res tranfeat formaliter ab
ftatu pofibilitatis , ad ftatum actualis exiftensia*. Mas fe eles con-
fefam , que nam á tal res *qua tranfeat* : viftoque antes de fe-produzir ,
nam tinha fer , e fomente era verdade dizer , que a tal entidade , que
agora fe-produz , era pofivel : fica claro , que nam á tranzito algum ,
mais que no-modo de fe-explicar . Daqui fegue-fe , que tudo o que
eles dizem , da-Efencia , e Exiftencia pofivel , e atual , fam palavras
fem fignificado . Nace todo efte defeito , deque os tais chamados
Filozofos , fervem-fe de palavras em um fentido metaforico , no-qual
fe-podem receber : e defpois , tomando-as em fentido proprio , deduzem delas queftoens contrarias , às que tinham eftablecido : como
nos-exemplos apontados fe-conhece . E afim com eftes exemplos
nada mais conclúem , que ofcurecer aquilo , que defi era claro : e
perder nifto o tempo . Nefta materia bafta faber , que aquilo é
pofivel , que Deus pode produzir . Daqui paradiante , tudo o que
fe-afirma , fam palavroices : porque nem fabemos , nem temos ideia
alguma do-*Pofivel*. Poderemos arengar muito , e dizer mil metafizicas : mas nam diremos coiza alguma boa , e tudo o que eles dizem
fe-reduz , a feparar a ideia de Exiftencia , da-ideia de Efencia : e
confiderar cada objeto delas , como fe-fofem coizas feparadas .

B 2   A quan-

A quarta divizam do-Ente, é em Efpirito, e Corpo. Aqui, defpois da-coftumada queftam, de fer univoca &c. (coizas efcuzadas: pois com a fimplez noticia da-arvore, como dife, aprende-fe mais, que com todas aquelas explicafoens.) entram a examinar, qual é a natureza do-Corpo, e qual a do-Efpirito. Creio nam me-negará V.P. que ifto é mera Fizica: e que ambas fe-tratam, quando fe-examina, que coiza é *corpo*, e *efpirito*. Mas o que acho mais galante, é o modo com que a-tratam. Do-Corpo, dizem aqui alguma coiza: e mais para baixo dizem o reftante, no-Predicamento da-Quantidade. Do-Efpirito porem, comumente nam explicam o que devem: porque nam achará V.P. que próvem, que á um Ente totalmente diferente do-Corpo, a que chamamos *Efpirito*. porem fupoem ifo mefmo, que devem provar: e todo o tempo pafam em proguntar: Se pode aver fuftancia efpiritual que intenda, mas nam pofa querer: Suftancia que pofa querer, e nam pofa intender. as quais rezolvem *affirmative*, alem de outras muitas queftoens curiozas.

Certamente acho muita grafa, nefte modo de difputar: e perfuado-me, que quando V.P. o-confiderar, nam poderá menos, que rir-fe. Sendo aqueftam do-Efpirito tam controverfa, entre as melhores penas da-republica Literaria; e fendo um dos-principais fundamentos, para provar a exiftencia de Deus: é coiza digna de admirafam, que eftes tais Metafizicos a-fuponham certa; e vam futilizando fobre coizas, que nam nos-emportam! Que diria um deftes a Tito Lucrecio Caro, que pertende, que a Materia é a que intende; ou a qualquer outro Epicureo? que diria a Efpinoza, que pertende, que a *inteligencia*, e *extenfam*, fam modificafoens da-Materia? Nam ignora V.P. que dano tem feito, os principios deftes dois omens no-mundo: e que trabalho é necefario, para reduzir os feus fequazes, e confutalos. Mas ifto nam intendem os Metafizicos Peripateticos: antes, fupondo o que devem provar, brevemente dizem, qual é a natureza do-Efpirito. Porem eu ainda acho mais grafa, nas Pofibilidades. Nós nefte mundo nam fabemos, que coiza é Efpirito: e eles ja determinam *pro tribunali*, quantas fortes á de Efpiritos! Ja achei um deftes que provava, que fe-podia dar, *fpiritus volens & non intelligens*, com certas palavras de S. Francifco de Sales, e dois ou trez outros mifticos: os quais falavam em tam diferente fentido, como o dia da noite: ou, aindaque falafem nefte fentido, nam eram provas baftantes, para efte paradoxo. Verdadeiramente nam fei, fe os que afirmam a pofibilidade defta fuftancia, intendem bem o que dizem. eu fuponho que nam. polo menos eu nam os-intendo: e acho muitos da-minha opiniam. Mas, concluincluindo ao noſo cazo, digo, que as poſſibilidades, devem-ſe ſeparar: e as outras coizas, devem-ſe tratar nos-ſeus proprios lugares na Fizica.

A ultima divizam, é em Suſtancia, e Acidente: a qual ſerve de degrao, para tratar dos-Predicamentos. Mas, como nos-Predicamentos, tratam difuzamente da-Suſtancia; aqui tratam dos-arredores. E aſim divertem-ſe em diſputar, Se a *perſeidade* atual, é da-eſencia da-Suſtancia. ſe o Acidente tenha duas *inaleidades*. ſe pode o Acidente produzir a ſua *inerencia* diſtinta. ſe pode eſtar como a Suſtancia; e ſe aſím eſtará violento. ſe a aſám criativa do-Acidente ſeja ſobrenatural: e mil coizas deſtas, que nam tenho paciencia para repetir. Quando eu diga a V.P. que todas eſtas queſtoens, ſe-fundam no-prejuizo, deque os Acidentes ſam aquelas coizas, que eles imaginam; tenho reſpondido o que baſta para moſtrar, que é loucura, quebrar a cabeſa com iſto, antes de examinar, ſe verdadeiramente os Acidentes ſam, como eles os-pintam. Eſte exame nam ſe-pode fazer, ſenam quando na Fizica ſe-examina miudamente, que coiza é iſto, a que ſe-chama Acidente. Onde polo menos é certo, que aqui, nam ſe-deve diſputar tal coiza: porque ſe-funda em imaginaſoens, que dezapareſem, quando ſe-examinam à luz da-boa Fizica.

Mas ſe neſte meio tempo, queremos examinar de paſagem, que coiza é Acidente; veremos, que as tais queſtoens, com muita razam ſe-devem deſterrar. ponho exemplo. A cor de uma pedra ruſtica, é um Acidente: ſobre o qual o Peripatetico faz mil queſtoens fantaſticas. Mas diga ele quanto quizer, das-produſoens dos-Acidentes, e das-aſoens Criativas, e Edutivas; é certo que nunca advinhára, que aquela cor ſe-muda, ſem nova produſam, ſomente com alizar a pedra; ſe eu nam lho-moſtraſe, com a experiencia. Ora é certo, que eſta experiencia conſtante, deita abaixo, tudo quanto ele diz do-Acidente. porque eſta unica experiencia moſtra, que o acidente da-*Cor*, conſiſte na diverſa diſpoziſam, da-ſuperficie de um corpo, que reflete a luz: que é o meſmo que dizer, que nam é uma entidade diſtinta da-Suſtancia. E daqui tambem ſe-ſegue, que, ſe pudeſemos fazer, que a luz refletiſe para os meus olhos, dameſma ſorte, que atualmente reflete da-pedra; darſeia cor *in aƐu ſecundo*, (perdoe-me eſta palavra) aindaque nam ouveſe pedra. porque os meus olhos, receberiam a meſma impreſam: e, por-conſequencia, a alma formaria a ideia clariſima do-meſmo objeto: no-que conſiſte a vizam. Outro exemplo ſeja a *Diafaneidade*. V.P. ve um vidro claro e diafano. Se ouvimos os Peripateticos, achará, que batizam a tal diafa-

nei-

neidade ou tranſparencia, por uma entidade, diſtinta da-Suſtancia:
e cuidam, que aſim é. Mas eu com outra experiencia deſtruo
tudo. Roſe V.P. com um pouco de eſmeril, ou areia mui fina,
uma das-ſuperficies do-tal vidro; e achará, que ſe-acabou a
tranſparencia: pois, quando muito, ſomente dá tranzito à luz.
Proſiga paradiante, e uma dez ou doze deſtes vidros, ou lentes
groſas; e achará, que ficam tam opacos como uma pedra. O
meſmo digo da-ponta de Boi, que reduzida em laminas ſutís, é
alguma coiza tranſparente, e dá lugar à luz. o meſmo do-Pinho,
do-Papel &c. do-meſmo oiro, e prata reduzidos a folhas delgadi-
ſimas, e obſervados com o microſcopio. De que fica claro, que
ſe a tranſparencia ſe-muda, ſem nova produſam, e ſe-pode aquiſtar
outra vez, com alizar o vidro &c. nam é aquele acidente, que eles
imaginam: mas uma reta diſpoſiſam de partes, que dam paſagem
à luz. De tudo iſto ſe-ſegue, que eſtas queſtoens, fundam-ſe em
prejuizos mui ridiculos: e aſim de nenhum modo, nem aqui, nem
lá ſe-devem admitir.

Vamos aos Predicamentos. Antes deles, fazem os Peripateticos
uma grande bulha, ſobre os *Univocos*, *Analogos*, e *Equivocos*.
Queſtoens deſneceſarias: pois a ſimplez explicaſam deſtes nomes baſta: e eſta, deve-ſe procurar na Logica. O meſmo digo dos-Poſtpre-
dicamentos: que tudo ſam carambolas.

Dos-Predicamentos é neceſario advertir, que muitos Peripateticos, na Logica, explicam eſta divizam: para darem uma ideia
do-modo, com que todos os Entes, que á no-mundo, podem ſer
Univerſais, e Particulares; para ſervirem de predicados, e ſugeitos
nas propoziſoens. e aqui tratam da-natureza, de cadauma daquelas
eſpecies de Entes. Mas o que ſe-explica na Logica, nam dá doutrina alguma util, ou neceſaria: como entam diſemos. o que ſe-explica na Metafizica, é ainda pior. Se eles diſpuzeſem as ideias gerais
do-Ente em boa ordem, reduzindo a cada claſe, os que lhe pertencem, para evitar a confizam no-intender o Ente; e explicaſem os
nomes gerais, que ſe-podem atribuir, a todas as naturezas comuas;
poderſeiam ſofrer. mas iſo é o que eles nam fazem. Eles pecam
por-dois principios: 1. porque explicam a natureza fizica dos-Entes; devendo ſomente tratar das-ideias univerſais. 2. porque neſas
meſmas ideias gerais, que confundem com as fizicas, tratam coizas
indignas. vg. longas diſputas ſobre a defniſam do-Predicamento:
ou ſe Criſto, chamado por algum deſtes trez nomes, *Jezus*, *Manoel*,
Criſto, pode entrar em Predicamento. Finalmente diſputam eternamente, ſobre as regras predicamentais, que ſam menos inteligíveis,

que

que a Eternidade. O melhor do-cazo está, emque avendo Peripateticos mais advertidos, que chegáram a conhecer esta inutilidade; e que reconhecem, que os Predicamentos podem-se dispor, de outra melhor maneira; contudo, os colegas nam fasam cazo diso; e prosigam com as suas escaramuzas. Sendo pois, que os mesmos Peripateticos lhe-chamam inutis, nam-tenho necesidade de o-provar.

Segue-se o primeiro Predicamento, que é a Sustancia: sobre que ja disemos alguma coiza. Aqui proguntam coizas, indignas de se repitirem: e tódas fundadas no-prejuizo, que a Sustancia seja, o que eles imaginam. Mas como claramente se-mostra, que a dita imaginasam nam tem fundamento; fica tambem claro, que a dita disputa vai polos ares: Rirá V. P. se eu lhe-diser, que estes, que falam tanto da-Sustancia, o menos que sabem é, que coiza seja Sustancia: e contudo, nam á coiza mais verdadeira que esta. Os Omens nada sabem da-Sustancia, com ja em outra dise. Vendo que os acidentes, se-alteram no-mesmo sugeito; e nam podendo intender, que coizas tam mudaveis, nam asentem sobre algum fundamento; imaginam uma certa baze dos-Acidentes, a que dam o nome de Sustancia. Tudo o mais, que diserem paradiante, sam mentiras: porque, examinados eles bem, nam tem outra razam que dar. Quanto ás ideias, que nós temos das-Sustancias particulares, sam compostas das-ideias dos-Acidentes de cada uma: paradiante, tudo é oscuro. De que se-segue duas coizas: a 1. que loucamente se-perde o tempo, em disputar uma coiza, que nam sabemos o que é. 2. que, devendo-se disputar, deve fazer-se na Fizica: despois de examinar estes Acidentes, polos quais nós distinguimos as Sustancias.

A este tratado vnem o da-Susistencia: que é muito mais oscuro. Isto impropriamente se-introduz na Filozofia: porque, como logo se-entra na *revelasam*, o seu proprio lugar é, no-tratado de *Incarnatione*, ou *Trinitate*. Mas, por-nam deixar escrupulo ao noso P. sobre-isto, digo-lhe, que esta disputa em uma e outra parte, se-reduz a poucas palavras. O que nós sabemos da-Susistencia é, que nos-revelou Deus, que a natureza umana de Cristo unida á pesoa do-Verbo, nam é pesoa Umana, mas Divina: e que as asoens se-atribuem ao Verbo. Alem diso revelou-nos, que cadauma das-pesoas Divinas nam era parte, nem acidente da-outra: aindaque todas tivesem a mesma natureza. mas que as asoens de cadauma, se-atribuiam somente a ela. isto é, o que nós cremos, e o que sabemos. mas o como isto se-fasa, totalmente o-ignoramos, e é misterio. O que daqui inferimos é, que quando a natureza criada, se-une a uma

Pesoa

Pesoa divina, perde o alto dominio, que tinha nas suas asoens, que se-ficam atribuindo à divina. Daqui paradiante, nam sabemos nada: e tudo o que diserem, os que falam tanto da-Susistencia, sam loucuras. Onde nem menos sabemos, se uma natureza criada completa, unida a outra criada completa mais perfeita, perca a propria susistencia. O que sabemos é, que um todo unido a outro todo, sem perder nada da-sua natureza, perde a susistencia. vg. Uma gota de agua separada da-outra, é um *suposto*: unida a outra, perde a propria susistencia, e rezulta um *suposto* só. A alma, e corpo se-parados, sam dois supostos: unidos, perdem as susistencias particulares, sem perderem a propria natureza, e rezulta um terceiro suposto. podem porem aquistar a propria susistencia, separando um do-outro. De que se-colhe, que esta Susistencia, é uma denominasam externa, que significa aquele particular respeito, ou relasam, com que consideramos o Ente: mas nam significa alguma coiza, que se-separe, ou una ao Ente. Isto porem dizia-se em duas palavras: bastando advertir, que todas as naturezas completas, susistem e tem *jus* nas suas asoens.

Alguns Peripateticos com efeito asentam nisto. e a opiniam mais recebida reconhece, que susistir, é nam estar unido, a outro suposto mais nobre, que me-uzurpe as minhas asoens. Outros porem, fundados nos-prejuizos das-formas Peripateticas, defendem, que a Susistencia, é uma forma Peripatetica distinta: e sobre isto fazem cem-mil questoens eternas. Onde é muito de admirar, que dois omens doutos, como foram Suáres, e Valensa, censurem muito a opiniam contraria: quando eles nam dam mais fundamentos, que os prejuizos das-formas Escolasticas; com outras iguais coizas, violentisimamente arrastadas. tanto é certo, que a preocupasam cega o juizo! Sendo pois esta disputa inutil, e nam sendo aqui o seu lugar; deve-se desterrar.

Sobre os outros Predicamentos, á menos que dizer no-cazo prezente: e claramente se-conhece, que sam pura Fizica. Na *Quantidade*, examinam, se o corpo se-compoem de partes indiviziveis: o que nam se-pode examinar, senam na Fizica. Ainda aquela questam peripatetica, Se a Quantidade se-distingue da-Sustancia; nam se-pode intender bem, sem primeiro ter visto na Fizica, que coiza é Corpo &c. A *Relasam*, é bem claro, que pertence à Logica: e tudo o que dela se-diz, se-deve reduzir, a mui poucas palavras. Sabemos, que no-mundo á *Relasoens*, quero dizer, *uns certos respeitos de uma coiza para outra*. Perdoe-me V. P. a explicasam, porque nam acho em Portugal, palavra propria para explicar, o que intendem

tendem os Filozofos, por-esta palavra, *Relasam*. Mas, o certo é, que temos fundamento, para comparar algumas coizas com outras, postas estas, ou aqueles condisoens. v.g. Pedro, cazando-se, dá-nos fundamento, para o-comparar-mos com a molher, e dar-lhe este no-me, *Marido*. Onde relasam em si mesma nada mais é, que uma condisam, para comparar uma coiza com outra. Mas isto, pode-se dizer na Logica, em poucas palavras: e para lá é que pertence, quando se-trata dos-nomes relativos. tudo o mais, que aqui acrecentam os Peripateticos, funda-se no-prejuizo, das-Formas distintas: e nam merece, que se-lhe-responda.

O mesmo digo dos-ultimos seis Predicamentos, que os Metafizicos tratam, mui de pasagem. A doutrina que dali se-tira, é tamso-mente intender, o significado dos-nomes: o que se-pode tambem fazer, com o uzo. As outras questoens que se-formam, sam todas ridiculas, e fundadas no-suposto, das-Formas distintas. Ao menos nam me-pode negar V.P. que nam se-poderám intender, semque primei-ro saibamos, se á tais Formas. o que nam é Metafizica, mas Fi-zica.

Paso com os tais Metafizicos modernos, à outra parte da-sua Me-tafizica, que sam as Cauzas do-Ente, e suas divizoens. Os Peripa-teticos enchem a sua Fizica, com esta disputa: e nada mais fazem, que tratar de cauzas, com toda a extensam. Alguns modernos rezer-vam-nàs para este lugar: e primeiro, tratam das-Cauzas em comum: despois, das-particulares divizoens de Cauzas. Seja como for, sobre as Cauzas em comum, dizem-se coizas indignas de se-ouvirem. Fa-zem infinitas questoens, sobre os constitutivos de Cauza *in actu pri-mo proximo*, *remoto*, *remotissimo*. demoram-se muito, com as condisoens pozitivas: em que entra aquela nunca asás aborrecida arenga, das-*prioridades reais*, e *da razam*. e aqui ajuntam, uma longa enfiada de *posibilidades*, para saber, se uma coiza se-pode produzir a si, ou a outra. Para mostrar a V. P. o merecimento destas questoens, basta pedir-lhe queira refletir, e examinar, que utilidade delas se-tira, para ser bom Fizico. Cuido, que sem muito tra-balho se-conhece, que um omem, que soubese infinitas dàquelas a-rengas, e nada mais soubese; seria um verdadeiro ignorante de Fi-zica. Polo contrario para saber, se as condisoens constituem a Cauza, no-*ato primeiro proximo*: a simplez explicasam dos-termos, poupava estas disputas: pois é certo, que *caussa in actu proximo*, e cauza *preparada com todas as condisoens*, vale omesmo. De que concluo, que a explicasam dos-termos bastava. e acrecento, que se-ria melhor, nem menos explicalos: porque *atos primeiros proximos*, e remotos, condisoens pozitivas, e negativas: primeiro ser, e segundo ser: sam arengas que confundem o juizo, e para coiza nenhuma servem.

Mas de pasagem nam deixarei de tocar a V. P. aquela celebre queſtam: Se a exiſtencia, é necesaria para produzir. Peripateticos á, que seguem a negativa, e defendem, que uma coiza, que nam exiſte, pode produzir algum efeito. E que conceito forma V. P. de Filozofos, que se divertem com iſto? Tanto vale proguntar, se uma cauza, para produzir, requer exiſtencia, como se um omem, para eſtar em caza, requer caza. Eſta queſtam parece-me, que se-intende melhor, quando nam se-explica. Se disesem a um omem, o mais ignorante do-mundo, *que Adam atualmente falava*: que responderia? ou riria, ou diria, que era impoſivel, que um morto falaſe. e, se o-obrigasem a dar a razam; necesariamente diria, que, eſtando o corpo desfeito em terra, nam avia boca para falar. Eſtamos no-cazo. Os Omens intendem melhor certas coizas, quando nam lhas-explicam: e talvez os ruſticos tem melhor juizo, que os Filozofos.

O mesmo digo das-divizoens das-Caufas: cuja arenga inteiramente se-devia deſterrar, das-escolas. O que dizem da-Cauza *Material*, e *Formal*, é fundado em uma imaginasam: pois nam á tais cauzas no-mundo. *Cauza* significa, o que produz alguma coiza: e neſte sentido o-recebem, até os mesmos idiotas. a *Materia*, e *Forma* nada produzem. Funda-se toda eſta diſputa em sonharem, que a Materia e Forma produzem por-uma *asám edutiva*. Querendo explicar, o que é eſta *asám edutiva*, nam sabem, o que dizem. falam muito, e nam concluem nada. Com eſta sorte de Filozofos, nam devemos perder tempo: é precizo obrigalos, a que provem primeiro, o ſupoſto. Se os-aperta deſta maneira, acharé, que ficam calados: pois *asám edutiva*, sam duas palavras sem significado, e a que nam correſponde objeto algum. Confeſo-lhe ingenuamente, que obrigando algum deſtes Metafizicos, a que me-provasem, que avia tais *asoens edutivas*, sem outra violencia ficáram mudos.

O mesmo julgo da-cauza *Final*, e *Exemplar*. Os Peripateticos proguntam mil coizas galantes, sobre uma e outra. e tudo se-funda, emque á no-mundo uma tal asám, cuja natureza é, ser dependencia do-Fim, e do-Exemplar. Negue-lhe V. P. eſta baze, e cai toda a machina. O certo é, que eles nam provam, iſo mesmo que ſupoem: mas eſta ſupozisam, nace de outra ſupozisam. Toda a utilidade, que dali se-tira, se-reduz a iſto: Que o

agente

agente racional, que obra alguma coiza, tem feu *fim*, polo qual
a-faz : e muitas vezes o-faz, para imitar alguma coiza, a que
chamam *Exemplar*. E ifto intende-fe facilmente fem explicafoens:
mas de nenhum modo conduz, para intender o que é Fizica.

Aquela cauza, que produz alguma coiza, aque eles chamam
Eficiente, efa é a verdadeira cauza : e dela fe-deve tomar algum
conhecimento . mas nam nefte lugar ; pois V. P. nam ignora,
que é verdadeira Fizica. Deve porem abreviar-fe efte tratado :
e feparar dele, aquelas inutis queftoens, que nele introduziram os
Metafizicos vulgares. Todas reconhecem, o mefmo principio,
que afima difemos, vem afer, que exiftam as tais afoens *edutivas*,
e *criativas* : das-quais nacem eftas celebradifimas queftoens.
Falando da-Fizica direi, o que fe-deve tratar : porque aqui cauzará
embarafo. Alguns outros termos, que na Metafizica fe-difputam,
como do-*Perfeito*, e *Imperfeito* : do-*Necefario e contingente* &c. :
nam tem dificuldade alguma, que merefa atenfam : bafta explicar
os termos, que logo fe-intendem. Mas ifto pode-fe fazer na Logica, quando fe-explica, o fignificado dos-termos ; ou no-de-
curfo da-Filozofia.

Em uma palavra, toda a Metafizica util fe-reduz, a definir
com clareza alguns nomes, de que fe-fervem os Filozofos : e a
intender, e perceber bem alguns axiomas, ou propozifoens claras,
que pertencem aos ditos. E ifto, em qualquer parte que fe-fafa,
deve-fe compendiar muito, e explicalo em poucas palavras, fe
querem, que feja util : apontando o que é certo, e o que é
duvidozo entre os Filozofos.

Perfuado-me, que tenho moftrado a V.P. quam pouco fundamento tem, efte comum prejuizo, de quererem fazer defta chamada Metafizica, uma ciencia feparada. pois é bem claro, que
os que afim falam, nam intendem, o que dizem : nem tomáram,
o trabalho de examinar, fe verdadeiramente o tal tratado merece efte nome : ou fe o que fe-efcreve, debaixo do-dito titulo, é
util, ou nam. Se o feu P. Colegial * * * nam fofe tam pertinaz
defenfor, dos-antigos prejuizos, que bebeo na efcola ; e quizefe
por-um pouco defpirfe deles, e examinar, fe eftas Metafizicas vul-
garés valem alguma coiza ; pouparmeia todo efte difcurfo : vifto
nam aver coiza mais clara, que o que digo. Mas efte é o pecado original dos-Peripateticos, que nada examinam com fundamento : porem de um nome que recebem, formam uma queftam:
e, com cega venerafam, e efcrupuloza reverencia, vam uns detraz
dos-outros : e até parece que tem medo, que os alumeiem fo

bre

bre eſtas materias. Acháram eſte nome *Metafisica*, nos-antigos
manuſcritos; e ſem mais averiguaſam aſentáram, que devia ſer
ciencia ſeparada. Se os que lhe-chamáram Metafizica, lhe-tiveſem
poſto o titulo, *Caldeira*, ou *Tisoira*; veria V.P., que os ſinceros
Peripateticos aceitavam o dito nome. e teriamos oje uma *cal-*
deira, ou tisoira filozofica, como ciencia ſeparada, ſobre o qual
nome ſe-diriam mil coizas bonitas. Nas eſcolas da-antigua Filozofia, quero dizer da-Peripatetica, o intendimento eſtá, como
diſe um belo ingenho, a razam de juro: porque ningum ſe-ſerve
dele livremente: mas cobram aquilo, que os meſtres lhe-querem
permitir. Nenhum examina as coizas, com o proprio juizo. E
daqui nacem todas as arengas, com que ſe-perde inutilmente
aquele tempo, que ſe-devia empregar em outras coizas. O pior
é, que alguns deſtes meios modernos, digo os Cartezianos, e
Gazendiſtas, aindaque intendam o contrario, como ja achei
alguns; ſam obrigados a fazer, a meſma ſeparaſam, por-nam
eſcandalizar os velhos. veja V.P. quam grandes raizes tem lan-
ſado a dita opiniam! Pertençe agora a V.P. explicar iſto muito
bem ao ſeu amigo. e, ſe nam ficar ſatisfeito, diga-lhe, que me-pro-
ponha por-carta as ſuas dificuldades, que eu reſponderei.

Mas antes de acabar eſta carta, reſponderei a um periodo,
que vejo no-ultimo paragrafo da-ſua, ſobre o P. Feijoo. Nam reſpondo para V.P., que ja ſabe a reſpoſta, que devo dar: reſpondo para eſe ſeu amigo, que propoem a duvida, e moſtra, ſer pouco informado do-que deve. Digo pois brevemente, que eu nam
condeno, quem le o Feijoo: antes, ſe é peſoa ignorante, ou doſ-que
nam tem ſeguido os eſtudos, lhe-aconſelho, que o-leia; pois achará
ali muita coiza boa, que certamente nam achará, em livros Portuguezes. Digo porem, que para um bom Filozofo, ou omem,
que á-de ſeguir a boa Filozofia, pode ſer prejudicial: mas polo menos é ſuperfluo o dito livro: e nam pode dele tirar coiza boa.
Quem tem uma boa Logiça na cabeſa, e alguma erudiſam; riſe
doſ-que admiram o Feijoo; e publicam (como o ſeu P. Colegial),
que ninguem pode ſer douto, ſem ter lido o Feijoo. Examine
V.P. todas as materias do-Feijoo, à luz de uma boa Logica, e verá, que qualquer omem de juizo dirá o meſmo, ſem ter mais lido o Feijoo. Eu nam tenho o Feijoo diante dos-olhos, porque
averá mais de doze anos, que o-li; mas do-que tenho na memoria intendo, que poſo formar eſte juizo. ponho um exemplo. Diz
o Feijoo, no-primeiro tomo, ſe me-nam-engano, que aquele pro-
verbio: *Vox Populi, vox Dei*, é falſo: e moſtra iſto com alguns

exem-

exemplos. Qualquer bom Filozofo, e que tenha um juizo claro, reconhece, que nam á conexam nenhuma, entre a voz do-Povo, e a voz de Deus. muito mais fe quer olhar, para o que fucede no-mundo. pois em qualquer paîz do-mundo fe-vem mil impoftores, que enganáram por-muito tempo os Povos. Aqui mefmo em Lisboa, tenho vifto varias vezes muitas beatas, canonizadas polo Povo, ferem ao defpois caftigadas publicamente polo S. Oficio. Com eftes exemplos pode qualquer omem, poupar o difcurfo do-Feijó. O Filozofo porem dá um pafo adiante, e reconhecendo, que nam á coiza que mais arrafte o Povo, que a preocupafam, em que cadaum eftá, da-fua religiam; e que a major parte dof-omens, que comumente penfa mal, nam diftingue o branco do-negro: infere claramente, que, fe um impoftor afetar uma exterioridade religiofifima, necefariamente á-de fer tido por-um fanto. e efte juizo nunca erra. Efte é o cazo dos-Farifeos, que afetavam uma exterioridade facrofanta. Moftrava a experiencia, que eram uns ladroens, os quais faziam que a aparencia de virtude, fervife à fua utilidade, vinganfa, e outros vicios, que a Efcritura lhe-atribue. Nem pofo perfuadir-me, que entre os Judeos, nam ouvefem omens de perfpicacia, que os-conhecefem, e defcobrifem: ao menos o exemplo d'El-Rei Alexandre Janneo (morrendo, dife a fua molher Alexandra, que, fe queria confervar o Reino, fizefe tudo o que quizefem os Farizeos: os quais perfuadiam ao Povo tudo o que queriam, jufto, ou injufto: como na verdade fucedeo.) moftra, que entre os Judeos, nam faltava quem os-conhecia bem. mas como os ignorantes eram os mais, os Farizeos triunfavam. Deforteque o Filozofo, conhece fundamentalmente, que a voz do-Povo rarifimas vezes é voz de Deus: e o ignorante, tem mil exemplos diante dos-olhos, que provam o mefmo.

Diz mais o Feijoo, que eftes efpiritos foletos, fam arengas. que a idade dos-omens, nam tem padecido coiza alguma: &c. Tudo ifto perfuade a boa razam, e a experiencia: pois é certo, que, a quem é medrozo, gatos parecem efpiritos: e quem olha para os velhos da-nofa era, e os-compára com os que florecíam, no-tempo de Augufto, e no-tempo de David, á quazi trez mil anos; ve em ambos os tempos, omens da-mefma idade. Um dos-nofos Italianos, chamado *Lancelotto*, compôs, muitos anos antes do-Feijoo, um livro, que intitula *l' Oggidi*: em que moftra, que o mundo em diverfas materias, é o mefmo que primeiro: e nos-vicios, que nos-parece terem chegado ao feu auge, moftra, digo, que os pafados, eram muito mais viciozos, que os

mo-

modernos . Nam trago mais exemplos , pois com estes é vista , reconhecerá V.P. que é verdade o que digo , que uma boa Logica , aplicada a qualquer materia , poupa todos aqueles difcursos.

Quanto a alguma erudifam que dá , fobre as guerras Filozoficas , e modos de argumentar &c. nada difo ferve para difcorrer bem . Quem tem na cabeſa boa Logica , nam necefita de ler aquilo : antes embrulhará o juizo , fe o-ler ; porque nam enfina bem . Sobre alguma coiza que diz de Fizica , nos-Paradoxos , e outras partes ; é necefario eſtar muito acautelado , porque diz alguns erros gordos . O Feijoo nam é Filozofo , nem nunca o-foi . Confeſa ele , que é Peripatetico , e que fe-acha muito bem , com as formas Ariſtotelicas . Iſto baſta para o canonizar , e faber , que nem na Logica , nem na Fizica pode difcorrer bem . Iſto fe-confirma novamente , pois faz paradoxos de coizas , que fabem os rapazes , no-primeiro mez da-eſcola : e em muitos dos-Paradoxos engaña-fe , e diz erros . Alem difo , de Matematica nada fabe , como fe-vé dos-paradoxos que propoem . Seguindo a fua opiniam , podia unir , trezentos mil paradoxos : e eſcrever toda a Fizica , e Matematica por-paradoxo . Nam fabendo pois Matematica , como é pofível , que difcorra bem na Fizica ? Eſte paradoxo nam só é menos verofímel , mas é totalmente inteligivel , como direi tratando da-Fizica . Alguma coiza que diz menos má é , o que feo nas Coleſoens das-Academias Regias , buſcando materiais para o feu Teatro . mas iſto ou é mui pouco ; ou o-explica mal ; ou , aindaque o-explicaſe bem , quem fe Filozofia , efcuza o dito Feijoo . Com efeito o Feijoo só agrada aos ignorantes : os omens verdadeiramente doutos , ou ao menos de juizo claro , deixam a fua liſam aos idiotas , mas nam fe-fervem de tal livro . nem eu o-aconfelho , por-nam embrulhar as ideias da-mente , e originar confuzoens . Nem cuide V. P. que digo iſto , polo ter lido no-feu Antagoniſta Mafier : nam fenhor : mas polo que me-lembra do-dito autor , e a razam me-perfuade , fer afim . Tambem do-Antagoniſta formo , o mefmo Conceito . reprendeo algumas coizas bem : mas tambem , porque nam intendia as materias , dife muita parvoice . Iſto é o que me-ocorre dizer por-agora : com mais vagar explicarei o reſtante . Deus guarde &c.

CARTA DECIMA.

SUMARIO.

Mostra-se que coiza é Fizica. Que em Portugal nem intendem o que é, nem sabem tratar a Fizica. Prejuizos dos-Peripateticos, e danos que razultam da-Fizica-da-Escola. Excesso da-Filozofia moderna, e principalmente da-Fizica, sobre a antiga. Diversidade entre os mesmos Modernos: e qual sistema se-deve preferir. Necesidade da-Geometria, e Aritmetica, para intender a Fizica; a qual se-deve estudar, nas obras das-Academias. Prejuizo dos-Portuguizes, de nam quererem ensinar muitas coizas em Vulgar. Dá-se o modo, de ordenar um Curso de Fizica. Da-se uma ideia, de estudar com metodo, e brevidade toda a Fizica.

EU amigo e senhor, Despois de algum tempo de descanso, é justo que continue o exercicio ja comesado, e dezempenhe a minha palavra. Direi pois a V.P. alguma coiza, da-principal parte da-Filozofia, que é a Fizica: vistoque a Logica, parece ser somente, uma dispozisam do-intendimento, para conhecer as coizas como sam. Ja dise a V.P. em outra carta, que Fizica, era o conhecimento da-natureza de todas as coizas: o que se-alcansa, por meio das-suas propriedades, e da-redusam aos proprios principios. E daqui cuido podia poupar o trabalho de lhe-dizer, o conceito que deve formar, da-Fizica deste Reino. Mas como V.P. quer que lhe-diga distintamente, o que intendo; e esta carta é consagrada a iso; falo-ei brevemente. O que suposto digo, que neste Reino nam se-sabe, que coiza é Fizica: ainda aqueles que falam muito nela. Querendo V.P. lansar os olhos, sobre aquilo, a que aqui chamam Fizica, intenderá melhor o que lhe-digo. Toda esta Fizica se-reduz, a tratar da-*Materia*, *Forma*, e *Privasam in abstracto*: dos-apetites da-Materia : das-divizoens das-Negasoens : e outras destas coizas em comum. Despois diso, das-Cauzas tambem em comum, porque aindaque prometam, tratar delas em particular, nada menos fa-

fazem, que iſo que prometem : e todo o tempo ſe-paſa em diſputar, palavras gerais. Com iſto ſe-occupa a Fizica dos-Peripateticos. Ora é bem claro, que tudo iſto ſam arengas que nada ſignificam : e é diſputar de nomes. ſendo certo, que eles nam provam que á tal Materia, ou-Forma, ou Privaſam como eles imaginam. E quanto aos nomes, todos os-admitem : a dificuldade eſtá em determinar, o que ſignificam os tais nomes. Um Atomiſta, tambem ſe-ſerve da-palavra Materia, Forma, e Privaſam, um Epicuréo, um Pitagorico &c. hm artifece que faz uma eſtatua, tambem ſe-pode explicar polos meſmos termos. Niſto convimos todos. Onde ſe o Peripatetico nam quer mais, que iſto, nam á mais verdade, que o qne ele diz. Mas eles nam quérem ſó iſo : querem que exiſtam umas tais coizas, como eles imaginam : e diſo é, que nós quizeramos as provas. as quais ainda até aqui nam tem aparecido.

Conſiſte a ſua grande prova, emque as formas peripateticas, ſam admitidas por-Ariſtoteles. Creia V.P. que quem diz iſto, nunca léo Ariſtotelés, ou polo menos nam o-intendeo. Vindo-me uma vez a curiozidade, de ler o texto Grego de Ariſtoteles, nam achei tal coiza. conſultei os que fizeram a parafraze, e vi, que, quando alcanſáram bem a mente do-Filozofo, nam dizem palavra, de que ſe-poſa inferir, que as *formas* ſejam entes diſtintos da-Materia : antes tudo o contrario. O modo com que S. Tomaz de Aquino o-explica (1), moſtra bem, que com a palavra *Forma*, nam quiz introduzir uma nova ſuſtancia, ou natureza diſtinta da-Materia : mas uma diverſa afeſám, ou modificaſam da-Materia. Ele diz expreſamente, que Ariſtoteles nunca diſe, que a Forma ou ſuſtancial ou acidental tenha ſer proprio, e ſe-produza : mas que o Compoſto é qué ſe-produz. e a eſta produſam do-Compoſto, que explica pola materia modificada, chamá, produſam acidental da-Forma. Alem diſo, compara frequentemente os compoſtos naturais, com os artificiais : nos-quais nam ſe-dá, produſam alguma de natureza : aindaque ſe-de, uma nova modificaſam da-Materia. E iſto, intendido ſem paixam, quer dizer, qué nam á tal *forma*, que ſeja coiza realmente diſtinta.

Mas eu quero admitir de graſa, que S. Tomaz o-intendeſe

como

---

(1) *L.7. Metaph. lect.1.* & art. 4. *in Corp.* 1.2. *quaſt.* 110. *lect.* 7. & *lect.* 8. — *l.* 12. *Metaph. lect.* 1. *I. part. quaſt.* 65. art. 2. ad 3.

como eles dizem : digo , que o-nam-intendeo bem : e que pefimamente o-intendem todos , os que feguem eftas pizadas . Tenho
para ifto uma prova tal , que nam tem refpofta . Efta é tirada
de Cicero , o qual intendia Ariftoteles muito melhor , que S. Tomaz . Cicero falava o Grego , como o feu Latim . tinha eftudado
na Grecia . tinha ouvido muito tempo os dicipulos de Ariftoteles,
erdeiros da-fua doutrina , digo , os Peripateticos: com os efcritos dos-quais podia fuprir as faltas que fe-achafem , nos-Livros
do-Filozofo . Alem difo tinha os tais manufcritos mais finceros,
doque nos oje nam temos . era perfeitamente inftruido nos-dogmas
da-Academia Velha , e Nova : quero dizer , da-efcola de Platam ,
e feus fucefores : cujo Platam ele fempre lia , e a cada pafo
louva . pofuia perfeitamente a iftoria dos-dogmas dos-antigos Filozofos : deforteque os feus livros fam o melhor , e mais antigo
monumento , que nefte genero nos-deixou a Antiguidade . circunftancias todas que nam fe-acham em S. Tomaz . Contudo ifo
Cicero nos-feus livros filozoficos repete a cada pafo (1) , que
Platonicos , e Ariftotelicos , só diferiam nas palavras , mas con-
cordavam na fuftancia : e ifto dilo com tal confianfa , que nada
mais . E' certo porem , que Platam nam admitio tal Materia,
Forma , e Uniam , como os mefmos Peripateticos modernos con-
fefam . De que eu tiro por-confequencia , que nem menos Ariftoteles : e que teve muita razam S. Tomaz , em dizer o contrario . Acrecento a ifto , que o mefmo Cicero no primeiro livro

TOM. II.　　　　　　　　D　　　　　　　　das-Quef-

(1) *Platonis autem auctori-*
tate , qui varius , & multiplex,
& copiofus fuit , una , & con-
fentiens duobus vocabulis , Phi-
lofophiæ forma inftituta eft , A-
cademicorum , & Peripatetico-
rum : qui rebus congruentes ,
nominibus differebant . Cicero A-
cademic. Quæft.l.1. n.4. Et haud
paulo poft. Ita facta eft differendi
ars quædam Philofophiæ , & re-
rum ordo , & defcriptio difci-
plinæ , quæ quidem erat primo
duobus , uti dixi , nominibus
una : nihil enim inter Peripa-

teticos , & illam veterem Aca-
demiam differebat . Abundantia
quadam ingenii præftabat , ut
mihi videtur quidem , Arifto-
teles : fed idem fons erat utrif-
que , & eadem rerum expeten-
darum , fugiendarumque parti-
tio . Et iterum l. 4. n. 5. Quo-
rum e numero tollendus eft Pla-
to , & Socrates : alter , quia
reliquit perfectifimam difcipli-
nam , Peripateticos , & Aca-
demicos , nominibus differen-
tes ; re congruentes . Et fæpe
alibi.

das-Queſtoens Academicas , explicando a diviziam da-Filozia dos-A-
riſtotelicos, e Platonicos, de tal ſorte expoem , oque era a ſua
Fizica , que nam deixa que duvidar na materia . Diz expreſamente , que eles nam conſideravam ſanam , cauza Eficiente , e Materia. a qual materia quando era formada polo eficiente , ſe-fazia
qualidade, iſto é , compoſto determinado. a dita formaſam era
uniam , e mudanſa de partes da-materia, Alem diſo nam diſtingue
a *materia*, do-*corpo*: porque diz , que eſta ſe-compoem de partes
diviziveis *in infinitum* : nam avendo coiza neſte mundo , que
nam ſe-poſa dividir. Iſto , e muito mais, diz Cicero . E iſto é
em carne o ſiſtema de Democrito : e é totalmente contrario, ao
que os Peripateticos modernos afirmam , ter dito Ariſtoteles.

O meſmo Ariſtoteles , que com a ſua confuzam , talvez afe-
tada , deu principio a eſte modo de falar ; no-decurſo das-ſuas
obras moſtra bem , o que ele intendia por-eſtas palavras . Em
dois livros ſomente falou ele da-Materia, e Forma : e nos-mais
livros de *Phyſico auditu* tratou largamente do-Movimento , e
propriedades do-Ente movel ſenſivel . Razam por-que os doutos
ſuſpeitam , que nos-ditos dois livros ſomente quizera Ariſtoteles
explicar , o que intendia por-*Materia*, e *Forma*: mas nunca lhe-pa-
ſára pola imaginaſam afirmar , o que dizem os Peripateticos.
Alem diſo, eſcrevendo ele varios livros, de *Cælo , Generatione*,
Meteoris, *Hiſtoria*, & *Partibus animalium*, *Anima*, *Parvis Na-
turalibus* &c. nam explica fenomeno algum, com palavras gerais :
e comumente nam ſe-afaſta, da-opiniam de Democrito , que paſava
polo melhor Fizico da-Antiguidade : funda-ſe nas obſervaſoens
ſobre as partes , que compoem os animais, para poder diſcorrer
deles . Sei que é confuzo, e que tem outros defeitos : mas iſo
provem primeiro, de querer impugnar os outros Filozofos : da-cor-
ruſam dos-livros : e tambem da-falta de metodo : o qual metodo
era incognito aos Antigos : e tambem pode provir , de ſe-acha-
rem entre os ſeus livros muitos , que ele nam eſcreveo . Mas
baſta olhar para os que ſam ſem controverſia ſeus , dos-quais os
melhores ſam os 9. de *Hiſtoria animalium* : os 4. de *Partibus
animalium*: e os 5. de *Generatione animalium*: para intender,
o que digo . Neſtes livros nam ſe-ſerve de Materia, Forma, e
Privaſam ; mas obſerva miudamente as operaſoens, as partes, o
modo de gerar , a diverſidade dos-ſexos , a virtude do-ſemen,
e as diverſas eſpecies de oviparos, e viviparos. No-que moſtra
o uzo, que ſe-deve fazer da-experiencia , e o modo, com que
ſe-deve tratar a-Fizica. Mas iſto que fez Ariſtoteles , nam fazem,

os que se-chamaram Aristotelicos . anœ muti pertinazes nos-seus costumes , tendo-selhe metido em cabesa , que Aristoteles dise , e que eles supoem ; o que colhem de algumas palavras oscuras ; arrastam violentamente as outras palavras , para o mesmo sentido que querem : e nam fazem cazo da-prova clarisima que se-tira, das-suas mesmas obras.

A outra celebre prova dos-Peripateticos consiste , em se-cobrirem com a capa da-religiam : pertendendo introduzir as *formas acidentais peripateticas* , porque asim o-definio a Igreja no-Concilio Constanciense , contra Wickleff. Quem ouve esta objesam de repente , e nam é informado do-negocio , intende, que é zelo : mas examinando bem o cazo , acha-se ser pertinacia , e inveja , nacida de uma grandisima ignorancia . A isto tem-se ja respondido com larguisimas respostas , e Livros inteiros : desorteque só os ignorantes , e bem ignorantes , tem duvida nesta materia . Primeiramente , ainda ate agora nam definio a Igreja , que ouvesem Acidentes na Eucaristia . iso vemos nós todos : e nam costuma a Igreja definir , o que se-ve . Nem Wickleff negou nunca, que ouvesem Acidentes . o que dise foi , que com eles estava o pam : e a Igreja definio , que nam estava o pam com eles . As primeiras duas propozisoens de Wickleff, como lemos no-Concilio Constanciense (1) , sam estas : I. *Substancia panis materialis , & similiter substantia vini materialis remanent in Sacramento altaris*. II. *Accidentia panis non manent sine subjecto, in eodem Sacramento*. Um Peripatetico fará aqui uma bulha eterna : mas o certo é , que o ereje em ambas quiz dizer o mesmo : e uma é explicasam da-outra. Porque , o que quiz dizer é , que nam se-destruia o pam : nem em seu lugar entrava Cristo realmente, mas só em figura . o que explica na III. *Cristus non est in eodem Sacramento identice , & realiter in propria præsentia corporali*. Asim o-intendem todos, os que tratáram da-dita erezia , e a-condenáram . Especialmente um Sinodo convocado por-Tomaz Arundellio Arcebispo de Cantuaria , grande antagonista de Wickleff, poucos anos despois da-sua morte , digo , no ano 1396. condenando 18. artigos do-tal ereje , tirados do-seu *Trialogo* ; das-ditas duas propozisoens faz uma só (2) I. *Manet panis substantia post ejus consecrationem in altari , & non desinit esse panis*. e logo immediatamente expoem a terceira do-Concilio Constanciense ;

D 2   que

(1) Sess. VIII.   desordusimo in tratatu contra
(2) Vide Guillelmum Win-   Wickleffi errores.

que é esta: II. *Sicut Joannes fuit figurative Elias, & non perfo-*
naliter: sic panis est figurative Corpus Christi &c. e a III. deste
Sinodo é esta: *In capite, EGO BERENGARIUS, Curia Romana*
determinavit, quod Sacramentum Eucharistiæ est naturaliter verus
panis: loquendo conformiter, ut prius, de pane materiali albo, &
rotundo (1). Na qual propozisam claramente se-conhece, que o
intento de Wickleff nunca foi outro mais, que negar, que na
Eucaristia, em lugar da-sustancia de pam, estivese o corpo de Cristo.
Quando um Filozofo admite esta declarasam, satisfaz a tudo
quanto pede dele a Igreja. Se pois os Acidentes sejam Aristotelicos, ou nam, ainda até aqui nam se-moveo esa controversia
na Igreja. Nem cuido se-moverá: porque iso nam pertence à fé,
com que nos-devemos salvar: nem à jurisdisam, que Deus deo
à Igreja: a qual somente se-dirige àquele ponto, e nam à Filozofia. e nunca a Igreja costumou definir questoens de Filozofia, que
nam tocam com o Dogma.

Sendo pois isto tam claro, com razam dizia a V.P. que ou
a grande ignorancia faz nacer estas duvidas, ou a inveja, e
obstinasam cega os olhos para nam conhecer, que isto nam merece, o nome de duvida. Muito mais despoisque omens doutisimos, como o P. Maignan, Saguens, e Malebranche mostrá-
ram, nam só o que se-devia intender; mas tambem prováram,
que todo o sistema da-Grasa (que é a outra parte da-objesam)
podia-se explicar maravilhozamente, sem recurso às fórmas Peripateticas. da-mesma sorte, que por-doze seculos o-explicáram
os maiores Doutores da-Igreja; que sabiam mais, e eram mais
zelantes pola sua gloria, doque nam sam estes modernos argu-
mentadores. Antes confeso a V.P. que lendo, o que nesta materia escreveo o P. Genari Dominicano, só entam fiquei bem persuadido, da-razam que tinha o Saguens, e outros que o-se-
guiam: namobstanteque eu nam siga nem Maignan, nem Saguens no-modo de filozofar. E para prova do-que asima digo,
observei uma coiza, que é mui digna de notar; vem aser, que
avendo tantos Filozofos, e Teologos seculares, que podiam impugnar, este novo metodo de filozofar; os Religiozos foram, os
que fizeram maior bulha, porque tinham jurado aquelas doutrinas; e fose como fose, aviam defender aquilo mesmo, que tinham
abrasado. E isto justamente é o que eu muitas vezes lamentei

com

_____

(1) *Vide Natalem Alexandrum ad Seculum XIV.*

com V.P. que o jurar determinada doutrina, é o primeiro impedimento, para toda a forte de eftudos.

Deftes dois principios, ignorancia, e preocupafam, nacèram aquelas infinitas arengas, a que fe-chama Filozofia nefte paîz. Embebidos daqueles principios, nam fe-querem abaixar às experiencias acompanhadas do-raciocinio. Todo o ponto eftá em fazerem difputas, fobre as formas Cadavericas, e a ordem Tranfcendental entre Deus, e as Criaturas: com outras femelhantes ridicularias, que decem daquele primeiro, e errado principio: e com muito trabalho ficam ignorantes de Fizica. Tantos anos de difputas, tantas futilezas, nam deitam uma oitava de verdadeiro efpirito filozofico: quero dizer, de um juizo prudente, e critico, capaz de fazer obfervafoens utis, e difcorrer com fundamento fobre as cauzas, de qualquer efeito natural. A trez ou quatro palavras fe-reduz, toda a fua Filozofia natural. Pafma um omem, de ver a facilidade com que explicam, qualquer fenomeno que fe-oferece. Fala V.P. do-Raio, e refpondem-lhe, que fe-compoem de *materia*, *forma*, *e privafam*. a materia fam os vapores igneos, nos-quais fe-introduzio a fórma de fogo, que o-fez romper para a terra. Ifto é quanto pode dizer, fegundo os feus principios, um Peripatetico. Diz a verdade: mas nam chega a explicar, que coiza é Raio. nem nos-faz a merce de dizer, por-que razam a fórma de fogo, que em todos os individuos é a mefma; na *chama* fuba para fima, e no-*raio* caia para-baixo. E que fe-chamem Filozofos eftes tais! e que condenem, os que obfervam miudamente a natureza! Se a Fizica é, o conhecimento da-natureza, quem mais obfervou a natureza, com difcurfos aereos? Tanto fabe um puro Peripatetico, dos-efeitos naturais, quanto fabe um cego, de cores: ambos falam do-que nam viram: um porque nam tem olhos, e outro porque os-nam-quer ter.

Dirmeám, que tambem os Peripateticos obfervam, a natureza das-coizas. que nas Univerfidades, emprega-fe o quarto ano, em eftudar a Fizica particular. que tambem difputam dos-Ceos, Meteoros, Parvos Naturais, Gerafam dos-viventes, e outros deftes efeitos naturais. Mas ifo, P. muito Reverendo, nam me-faz mudar de opiniam: antes me-confirma no-propofito. Efes tratados, fam difputas de nomes, aplicadas aos Ceos, Meteoros, Gerafam &c. Eftas materias eftudam eles, polo *Suares Lufitano*, ou polo *Comptono*, ou *Rhodes*, ou coiza que o-valha: a Gerafam e Corrufam, por-uma poftila imprefa, do-P. *Francifco Ribeiro*: os outros, por-outros femelhantes manufcritos. e como eftes livros,

vros sam publicos , neles pode V. P. informar-se , da-verdade
do-que digo . Estes bons Religiozos , pasáram a sua vida no-seu
cubiculo , escrevendo . serviram-se do-que acháram escrito . e asim
nam podia n compor obras melhores , daquelas por-que se-guiá-
ram . Diga-me V. P. quem ensinou Filosofia natural ao *Suares* ,
ou *Comptono* , ou *Arriaga* &c. ou aos outros , que os-seguiram ?
onde fizeram as experiencias ? que autores citam ? Alguma coiza
que dizem menos má e , o que tiráram , do-P. Scheiner , Kirker ,
e algum outro . mas como estes , aindaque trouxesem algumas
observaçoens boas , e experiencias constantes , eram apoteticos
na-explicasam das-couzas ; que é o mesmo que dizer , eram maos
Filozofos ; engañáram-se igualmente que eles . Para discorrer bem
sobre a natureza , é necesario ter juizo claro , com todos os
requizitos , para observar bem : observar muito , e bem ; ou sa-
ber-se servir , dos-que o-fizeram : e fundar os seus raciocinios ,
em principios evidentes , quais sam os matematicos . E quantos
acha V. P. , que tenham estes postulados ? Se V.P. ouvise um omem ,
que , sem ter ido à India , ou ter lido muito , e conversado muito com os que la foram , e examináram o cazo bem ; disese , mil
coizas da-India ; e isto com tal confiansa , que , sendo contra-
riado constantemente polos que la foram , e considéraram bem
aquela Peninsula ; ainda asim porziftia na sua opiniam ; cuido ,
que nam deixaria de fu-rir . Pois tambem eu me-rio muito dos-que ,
sem irem ao país da Fizica , falam , e decidem sobre as suas partes : e faso tanto cazo deles , como V. P. faria daquele Istorico .
E como vejo , que todos os Peripateticos seguem , aquela estrada ; pois , se bem admitem alguma experiencia velha , explicam-na
de-maneira tal , que perde toda a sua forsa ; por-iso intendo , que
toda a sua Fizica , se-deve desprezar :: e o-mesmo julgam comigo , todos os omens doutos .

   Nem vale o dizerem , que alguns mais modernos , recebem
as experiencias . isto sam arengas : porque neste particular , nam
á meio . Quem recebe as experiencias , e , em virtude delas ,
quer discorrer ; deve renunciar o Peripato : quem abrasa o Peripato , deve renunciar as experiencias . sam coizas totalmente opos-
tas ; que uma destrue a outra . Todos vem subir a agoa na si-
ringa , vencido o Peripatetico , chama-lhe , medo do Vacuo : o
Moderno , peso do-Ar . O que lhe-chama , medo do-Vacuo , diz
umas palavras , que nada sinificam : porque se V. P. o-aperta ,
e lhe-mostra , que aquele medo césa , em uma determinada altu-
ra (v. g. 3⁰ pés de agua : e 28 polegadas de azougue , que vem

                                                            a pea pezar quazi o mefmo : porque uma polegada de azougue eftá em equilibrio com quatorze quazi de agua) pois dali para fima, aindaque fe-retire o embolo , nam fobe o liquido : moftra-lhe evidentemeote , que nam fabe o que diz . Defta experiencia , fe-guem-fe duas coizas . 1. que a natureza tem medo , de pouco vacuo , mas nam do-muito . 2. que o Univerfo receia , as ar-ranhaduras , mas nam as feridas grandes . o que dezfaz totalmen-te , o que ele dizia . O mefmo fe-pode obfervar , correndo por-to-das as experiencias : as quais , quando fe-profundam , fara con-trarias às explicaioens , que eles dam . Certo Jefuita , de muito bom nome na fua Religiam , contando-me em certa ocaziam , que tinha vifto um omem de forfa , introduzir violentamente uma firinga de agua , em uma bola de bronze , ja cheia de agua; me-dife , que , avendo de refponder a efta experiencia , nam fa-bia achar refpofta , fenam dizendo um defpropozito : e era , que o bronze fe-tinha dilatado : ou parte da-agua , faido polo bronze. Refpondi-lhe eu ; que nam era tam grande defpropozito , que nam fofe apadrinhado , por-experiencias conftantes . e referi-lhe algu-mas : entre elas , a da-Academia del Cimento , em que uma bo-la de oiro cheia de agua , oprimida violentamente com uma ma-china , comefou a fuar agua em futilifimas gotas. Contei-lhe mais, que a agua , e todos os fluidos , eftavam cheios de ar : o qual po-dia ter-fe comprimido ; ou faido polo ingrefo da-firinga , ou ou-tra parte ; dando lugar à nova agua. Finalmente provei-lhe com experiencias conftantes , que o bronze , digo , o cobre , de que ele falava , podia ter cedido em alguma parte ; principalmente fe era foldado &c. , e dilatar-fe a foldadura . Quando eu aqui chegava', refpondeo-me o Religiozo : Amigo, fe ifo é verdade , vai polos ares , toda a minha Filozofia : pois com ela , nam faberia o que devia refponder. E cuido que tinha razam . pois fe a experien-cia é bem conftante , poderá às vezes fer dificultoza , na Filo-zofia moderna : mas nefta , que fe-chama Peripatetica , certo nam tem refpofta. Sendo pois que uma experiencia conftante , prefere a todas as futilezas da-Efcola ; fica claro , que nam fe-deve fazer cazo deftas Filozofias , aindaque fe-queiram cobrir , com alguma experiencia .

Que coiza mais certa , e mais bem moftrada , que a circu-lafam do-fangue ? contudo fe V. P. obferva , como a-prova o P. *Ribeiro* (1) , confirmará o que lhe-digo . Em vez de recorrer,

às

(1) *De* Gener. *& Corr.* Difp.1. Se8.3. fol.50.

às demonſtraſoens de Harveo, que entram polos olhos, e ſe-con-firmam com a boa razam ; funda-ſe niſto : Que admitida a cir-culaſam, intende-ſe melhor, como o ſangue léva o calor, e eſpi-ritos, a todas as partes do-corpo : paraque elas poſam fazer, as ſuas funſoens . 2. Que aſimcomo no-Univerſo, gira o Sol por-tu-do, para aquentar todas as partes ; aſim no-corpo, deve girar o ſangue, paraque ſe comunique o calor, e eſpiritos animais, a to-das as partes do-corpo . 3. Que a natureza, fórma todo o fe-to junto, em modo de circuló ; paraque nam diſputem as partes, a primazia : e paraque todas as partes, levem o calor &c. , e alimento : e nada mais diz . E que lhe-pa-recem eſta razoens ? acha V. P. , que um Filozofo, que nam tiveſe outras provas, devia admitir, a circulaſam do-ſangue ? Eſ-te bom Religiozo deixou a melhor razam, ſó por-ſeguir, as ſuas metafizicas, que ſe-eſtribam, em mil ſupoſtos falſos . A pro-va da-circulaſam do-ſangue é, que vemos inchar a arteria, da-par-te do-coraſam, e a veia, da-parte contraria : digo, quando ſe atam, ou apertam . Alem diſo, vendo-ſe com o microſcopio, que toda a noſa carne, é um compoſto de ſutiliſimas fibras, que ſe compoem, de vazos miudiſimos : e vendo tambem, que os va-zos ſanguiferos, nam ſam os menores, mas os da-limſa, que na-cem daqueles : ſegue-ſe, que a limſa ſe-deve diſtribuir, por-to-das as partes do-corpo, para as-alimentar . muito mais, porque a tranſpiraſam prova bem, que a limſa chega, a todas as extre-midades dos-vazos . Sendo pois que nam tranſpira toda, e nam pára alî ; é claro, que deve tornar o ſangue, para as partes interiores, para alimentar umas partes, e depozitar a lim-ſa, que alimenta outras : e deſta ſorte continuar o ſeu gi-ro . Prova-ſe novamente, com o movimento do-coraſam, que por-forſa á-de empurrar o ſangue pola arteria . prova-ſe, da-elaſticidade dela, e nam da-veia &c. , e com algumas mais razoens, que, quem é pratico da-Matematica, intende logo . Mas o P. Ribeiro recorre ſomente, à comunicaſam do-calor às partes remotas : a qual, quando foſe neceſaria (que ſe-duvida), podia muito bem na ſua ſentenza comunicar-ſe, ſemque o ſangue gira-ſe : viſtoque, ſe-comunica por-produſam, e nam por-moto local. Recorre, aos eſpiritos vitais : que é uma coiza, que ninguem até aqui provou : polo menos, é muita duvidoza : avendo mui-tos bons Filozofos, que dizem o contrario . Recorre, ao giro do-Sol. Porem ou Sol gire, ou nam, na ipoteze de Copernico, nada tem iſto que fazer, com o giro do-ſangue . Recorre, a

que

que a natureza fórma, todas as partes do-feto juntas. o que negam os bons Filozofos: moftrando, com razoens evidentes, que
o feto eftá formado, defde a primeira criafam do-Omem. Recorre a ifto: *quod natura format partes, per modum circuli, ne de
primatu certent*. que fam palavras, a que nam conrefponde
ideia alguma certa; nem fe-podem intender. Finalmente a tudo
ifto ou falfo, ou duvidozo recorre, para provar uma coiza cer-
tifima. Efte é o modo, com que os Peripateticos fe-fervem
das-experiencias. quando polo contrario deviam bufcar fomente
a experiencia, e o que nela é certo: pondo de parte, toda a
efpeculafam impertinente, e mal fundada.

Quem nam fegue efta eftrada, perde o feu tempo. Nós nam
temos conhecimento imediato das-naturezas: unicamente temos
dois meios, para o-confeguir; obfervar as propriedades: e ver fe,
mediante alguma rezolufam, podemos chegar a conhefer os principios, de que fe-compoem efta ou aquela entidade fizica. Efte
deve fer o primeiro emprego do-Fizico, obfervar, e difcorrer.
Nam devemos querer, que a natureza fe-componha, fegundo as
nofas ideias: mas devemos acomodar as nofas ideias aos efeitos,
que obfervamos na natureza. Efte é o grande defeito do-Peripato.
preocupados com a fua Materia, Fórma, e Privafam, julgam, que
fam capazes de difputarem, em toda a materia. crem poder explicar tudo, com aquelas exprefoens; e tudo embrulham com
elas. Se eu difefe a um omem, ainda de muito boa percefam,
que um relogio era compofto, de Materia, Fórma, e Privafam:
a materia, era um ente indiferente para todas as formas: a fórma, outro ente incompleto, que contraie a materia, para uma
determinada efpecie: a privafam, a falta da-antiga fórma, que
fe-partio, quando fe-introduzio efta prezente: que intenderia efte
ouvinte com toda efta explicafam? Defpois de eu ter arengado um
dia inteiro, acharfeia como no-principio, e juftamente me-pe-
diria lhe-explicáfe, que coiza era relogio. Suponha V. P., que
nam eftamos longe defta fupozifam. Cada compofto natural,
tem mais artificio, que um dos-nofos relogios, que tocam me-
nuetes. Dos-viventes, é tam manifefto, que ferá fuperfluo provalo. das-pedras, deve-fe formar o mefmo conceito, principalmente defpois que o doutifimo Boile moftrou, que a eftrutura
das-pedras preciozas, é compofta de folhas futilifimas, de figura geometrica. Onde quem nam confidera os compoftos naturais,
como artificios de Deus, ou zomba, ou é cego: e quem, reconhecendo ifto, ainda afim diz, que o artificio fe-explica, com

TOM. II.   E   ma-

materia, fórma, e privaſam; é totalmente louco.

Se os omens quizeſem depor os prejuizos, e ſervir-ſe dos-ſeus olhos, reconheceriam a verdade, do-que aqui aponto. mas a preocupaſam nos-Peripateticos é tal, que nam lhe-deixa abrir os olhos, para ver o que devem. Que emporta que Ariſtoteles, ou todos os Filozofos da-Grecia diſeſem, que o Ar era leve; ſe eſtou vendo experiencias, que provam, que é pezado? Que emporta que digam, que a Luz é uma qualidade, diſtinta de todo o corpo; ſe me-moſtram efeitos, que me-obrigam a dizer, que é um corpo? Que emporta que os Eſcolaſticos afirmem, que a organizaſam de um vivente, ſam acidentes, que rezultam da-fórma ſuſtancial; ſe eu vejo, que é um perfeito artificio, que nam tem nada que fazer, com a fórma, poisque exiſte partida a dita? ſe eu vejo, que a circulaſam do-ſangue, e outros umores, moſtra diſtintamente, que o corpo do-animal, é uma machina *idraulica* maravilhoza: a qual pode viver muito bem, ſem alma inteligente: e cuja vida em nada depende, do-conhecimento? Certamente que de nam conſiderar aſim o corpo, nacem todos os enganos: e deſpoisque, poſtas de parte as preocupaſoens, comeſáram a conſiderar o corpo umano, como é em ſi, e examinalo mediante as leis do-movimento; tem-ſe deſcuberto coizas, que ſe-ignorávam.

Quero ainda ſupor, que eſes Filozofos, foſem os maiores omens do-mundo: nada diſo baſta, paraque eu nam ceda à evidencia, e deſpreze a ſua autoridade. Mas que ſouberam eſes Filozofos, em comparaſam do-que nós oje ſabemos? Os Socrates, Diogenes, Sóloens &c. os Eſtoicos, e muitos outros, aplicáram-ſe ao Moral. mas que moral é o ſeu, para ſe-comparar com o noſo? Qualquer pobre molher Catolica, é infinitamente mais alumiada, doque nam era Platam: e ſabe mais verdades emportantes, doque ele nam ſabia metafizicas. O ſaber entam, que a alma do-Omem era um puro eſpirito: que nós obrava-mos, por-um fim ſobrenatural: que o conhecimento deſte ſó podia ſer, a noſa maior felicidade: era conhecimento, que eſtava rezervado para um grande Filozofo; e ainda deſtes, rariſimo o-intendia, como devia ſer. mas iſto oje, ſabe qualquer menino. Nam falo do-modo de o-dizer: pois é certo, que aprendemos mais, em uma pagina dos-noſos livros bem eſcritos, doque em livros inteiros de Platam. Mas aindaque ſe-pudeſe comparar, com o noſo Moral, nada diſto ajuda para a Fizica.

A Dialetica dos-Antigos, era muito diferente da-noſa. Os
que

que melhor difcórreram, como Socrates, nam fe-afaftáram muito,
da-fimplicidade do-nofo dizer. os que quizeram futilizar muito,
como os Eftoicos, e alguns Peripateticos, deram n'outro extremo, que era, a confuzam. Que femelhanfa tem a Logica de Ariftoteles, com algumas modernas, que eu vejo? tanta como o dia,
com a noite. O menos mao, que eu acho nos-Antigos, é o metodo: fendo que falta a quazi todos. o pior, fam as regras,
que pola maior parte fam inutilifimas. Mas ainda o metodo é
tal, que quem quizer, nam faber Logica, bafta que leia, polos
livros dos-Antigos. Abra V.P. Ariftoteles: e fico feguro, que,
defpois de ler um dia inteiro, nam colherá coiza alguma boa.
Eftou certo porem, que, fe ler alguma Logica moderna bem feita, intenderá o que diz, e poderá tirar ditames, nam só para a
Filozofia, mas para toda a materia: e mui principalmente para
formar, verdadeiro conceito da-Fizica.

Nefta pois, que adiantamento fizeram os Antigos? Difputa-
vam fobre os-primeiros principios gerais. um dizia, que de agua?
outro, que de terra: e outro, que de fogo fe-compunham todas as
coizas: e nifto paravam. Democrito pafava entre eles, polo primeiro Fizico. Defpois dele, Ariftoteles: que nos-tratados particulares, nam fe-afafta das-fuas opinioens: e Epicuro, que o-fe-
guio em tudo. Mas que fabiam eftes omens? Ariftoteles aplicou-fe
às obfervafoens. conheceo, que era necefario, intender as leis
do-movimento, para poder conhecer a natureza: e melhor o-deo
a intender, tratando nos-livros *de Phyfico auditu*, do-movimento, e fuas efpecies. Mas alcanfou por-ventura as leis do-movimento, para explicar os efeitos particulares? nada menos, porque tal nam confta dos-feus efcritos. Epicuro tambem dife, que
tudo fe-compunha de atomos, que fe-moviam afim, ou afim. dife muita coiza boa, para aquele tempo; mas quando quiz entrar, nas coizas miudas, nam explicou efeito algum natural, dando a verdadeira razam dele.

Todos eftes omens merecem louvor, por-aquilo que nos-dei-
xáram efcrito: e porque chegáram a conhecer alguma coiza, que
nós oje temos demonftrada: e talvez nos-indicáram a eftrada em
outras &c. Eu acho nos-antigos Filozofos, efpalhados alguns penfamentos, que nós oje recebemos como certos: mas fem metodo,
fem razam, fem demonftrafam; e, pola maior parte, por-via de
conjetura. Contudo ifo nam fe-devem comparar, e muito menos
preferir, aos nofos Filozofos modernos. Eles nam tinham os Te-
lefcopios, para obfervar os aftros: os Engifcopios, para os in-

vizíveis: e os mais inftrumentos fem numero, de que o metodo moderno enriqueceo a Fizica. Todas eftas machinas ou fe-inventáram no-feculo pafado, ou nefte prezente: e todos os dias fe-vam inventando. E que utilidade nam rezultou, deftas experiencias? que dezenganos nam temos alcanfado, mediante eftas obfervafoens? As leis do-movimento, que, fegundo Ariftoteles, fam a chave para penetrar os-fegredos da-natureza; oje eftam demon-ftradas: e mediante as ditas, explicam-fe muitos efeitos, deque fe-ignorava a cauza. Antigamente os Filozofos nam viam nos-animais fenam aquilo, que podem obfervar os carniceiros: nas arvores, aquilo que fabem os carpinteiros: nam tinham mais conhecimento das-plantas, doque pode ter um jardineiro: nem dos-metais fabiam outra coiza, fenam o que fabe um fundidor. Mas oje os Filozofos, fazem anatomia em todas eftas coizas: e explica-fe a difpozifam organica, de muitas deftas partes, como fe-explica, a difpozifam de um relogio. Efte modo de examinar a natureza, tem aberto os olhos aos Filozofos: e tem-lhe mof-trado, que da-difpozifam machinal de varias partes, dependem alguns movimentos, que fe-atribuíam a cauzas ocultas. Oje conhe-cemos mui bem, a fabrica do-corafam, e, mediante efte conhe-cimento, podemos explicar, todos os feus movimentos: o que ignoravam os Antigos: aindaque confuzamente foubefem, que avia um principio de movimento. Finalmente os omens, eftam oje cheios de noticias utis: quando até aqui, só tinham concei-tos impertinentes, e exprefoens mui confuzas, de que nam fe-ti-rava doutrina alguma. Nam quero com ifto dizer, que os que obfervam a natureza, tenham clara ideia, das-efencias das-coi-zas: eftou mui longe difo. Conhefo, que muitas coizas, fe-tem defcuberto: mas que muitas mais, ficam por-defcobrir, rezerva-das para os nofos vindoiros. O que digo é, que efte mejo é o unico, para defcobrir a verdade: com efta circunftancia de mais, que ou nos-defcobre a verdade; ou nam nos-lizongeia, com uma cienzia mentiroza: pois nele claramente fe-diftingue, o que é verdadeiro, daquilo que é verofimel, e que é falfo.

E, na verdade, nunca pude fofrer eftes, que fe-fervem de palavras pouco uzuais, e inteligiveis: nem diftinguem o verda-deiro do-falfo; o claro do-duvidozo: mas recolhem-fe ao fagra-do de certas palavras, como os Ebreos à fua Cabala, e os Egi-cios às fuas Cronicas: e até parece, que tem medo de fe-expli-car. Efte é o comum vicio dos-Ariftotelicos. toda a fua Fizica é mifterio. fam altifimas contemplafoens, cubertas com o veo,

de

de palavras pouco comuas, e fóra do-fignificado uzual. Se V.P.!
traduz em bom Portuguez, uma opiniam Peripatetica, perde ame-
tade da-fua forfa : fe a-chega a explicar, e lhe-pede a razam de
cada parte, perde-a toda. Que forte de Filozofia é efta, que
nam fe-pode explicar ! Quando eu nam tivefe outra razam mais,
que ver quanto é necefario, para intender os livros Peripateticos; ifto baftava, e fobrava, para defprezar tal metodo, e tal
doutrina. A Fizica nada mais é, que as confequencias, que tira
a razam, dos-efeitos naturais. e eftas, devem-fe explicar deforte,
que, os que tem juizo as-intendam. Eu logo fufpeito mal de um
omem quando vejo, que bufca rodeio de palavras, para me-per-
fuadir alguma coiza. Se a razam é boa, nam necefita adornos :
fe o-nam-é, nam fe-deve uzar na Fizica, nem em nenhuma ciencia. Se eu falo a um omem, em *materia, fôrma, e privafam;*
atos primeiros, e fegundos; afoens edutivas &c. ifto é uma felada tal, que eftou certo, nam intenderá palavra. Polo contrario, fe lhe-aponto, ou moftro as experiencias, que fe-fizeram
nefta, ou naquela materia ; e lhe-explico as confequencias, que
daqui fe-tiram; cuido, que me-á-de intender : e, fe for omem,
que fe-aplica, facilmente fe-capacitará, do-que lhe-digo. Por-efte
principio, digo da-Fizica, o que ja dife a V.P. da-Logica; que
Fizica, que nam fe-intende, deve-fe defprezar : e coizas, que
nam fe-provam, nam fe-devem admitir. O Fizico deve falar claro : propor as fuas razoens, em qualquer lingua, deforteque todos o-intendam : e fobre tudo, deve eftar tam advertido, nas
provas que recebe, que fejam como a moeda corrente, que corre em todo o païz.

Mas ainda nefte particular, devo advertir a V.P. que á
grande diverfidade, entre uns, e outros Modernos. Os primeiros que facudiram o jugo de Ariftoteles, como Cartezio, e
Gazendo, aindaque fofem Anti-Ariftotelicos nos-fundamentos,
muito fe-inclinavam ao Peripato, no-metodo. Viam-fe obrigados,
a dar razam de tudo; porque os Peripateticos, com quem bri-
gavam, os-obrigavam a ifo. e como nós nam tenhamos, tal
conhecimento das-coizas naturais, que pofamos dar razam de
tudo; por-ifo, para fazer o feu fiftema verofimel, fe-valeram
do-metodo ariftotelico, que, pola maior parte, funda-fe em fupozifoens, e nam em provas. Por-ifo os Cartezianos, e Gazendiftas, aindaque fe-chamem modernos, porque fe-fundam nas
experiencias; contudo fam Filozofos ipoteticos ; que é o mefmo
que dizer, maos Filozofos ; porque fupoem muitas coizas, que
nam

nam provam . Dfpois , rafinando os omens , os feus penfamentos , e achando , que nam fe-deve admitir nada fem prova ; defprezáram todas as ipotezes , e uniram-fe à experiencia , e ao que
dela fe-tira : Antes quizeram confefar , que ignoravam muitas
coizas , que dar razoens , que nada valefem . Foi grande protetor
defte metodo , o famozo Newton nos-fins do-feculo pafado . Defpois difo , admitio-fe nas Academias de Londres , Pariz , Leopoldina , de Berlino , de Bolonha , de S. Petroburgo &c. deforteque efte é o metodo , que oje corre entre os doutos . Nam
fe-admitem ja ipotezes : nam fe-faz cazo , do-que nam fe-prova
concludentemente : poem-fe os olhos na experiencia ; e procura-fe
dar razazam provavel , daquilo que fe-ve . Os que nam fe-tem
internado , nefta forte de eftudos , e nam tem lido o que devem ,
julgam os modernos todos , pola mefma medida : uma vez que
falem em Cartezio , ou Gazendo , a todos chamam modernos :
como mil vezes obfervei nefte Reino . Até aqui os Religiozos ,
que feguiam a *moderna* , quazi todos eram Gazendiftas , e muitos
Cartezianos . Oje o metodo de Cartezio , quazi nam tem fequazes : o de Gazendo , ainda exifte em parte . mas muitifimos Regulares feguem a eftrada modernifima : cujo numero cada vez
fe-aumenta mais . Os Seculares que intendem , comumente fam
Newtonianos .

Efte é o fiftema moderno , nam ter fiftema : e só afim é
que fe-tem defcuberto alguma verdade . Livre de paixam , cada
Filozofo propoem as fuas razoens , fobre as coizas que obferva .
as que fam claras e certas , abrafam-fe : as duvidozas , ou fe-rejeitam,
ou fe-recebem no-grao de conjeturas , em quanto nam aparecem
outras melhores : e afim é , que fe-forma o corpo da-doutrina .
Efes Peripateticos quando ouvem dizer , que um omem nam
tem fiftema , nem autor determinado , a quem figa ; fazem grande galhofa . Mas nifo mefmo moftram , nam faberem que coiza
é Fizica : porque fe o-foubefem , deveriam eftimar , quem fe-vale
do-feu juizo , e nam quem o-cativa . O fim do-Fizico é , defcobrir a verdadeira cauza , dos-efeitos naturais . e para confeguir
efte fim , nam deve fazer cazo , do-que dizem os outros : fim ,
do-que moftra a experiencia . E como nas obras das-Academias
publicas , e dos-feus membros , fe-expoem fimplezmente , o que
fe-tem obfervado ; e , quando muito , ajuntam-fe algumas conjeturas as mais verofimeis ; deftes livros deve fervir-fe o Fizico ,
que nam tem comodidade , para fazer as experiencias . V.P. nam
ignora , que para fazer aquelas experiencias , requer-fe muito
dtn-

dinheiro, muito juizo, muito tempo, muita paciencia, e muita gente. Ali se-acham obfervafoens, féitas em diferentes materias, e diferentes partes do-mundo, e com defpezas incriveis: de que nam é capaz um só omem. Alem difo, ali nam á perigo, que aleguem uma coiza falſa, por-verdadeira: porque, primeiro que se-publiquem, ſam viſtas e reviſtas, e aprovadas, polo corpo da-Academia. coitadinhos deles, ſe alegaſem falſo : ſairiam logo mil criticas, que os-dezazariam. E aſim me-perſuado, que as ditas obras, devem-ſe conſiderar, como o melhor tezoiro da-Fizica. No-que virá V.P. a reconhecer, que grande ſerviſo fazem ao publico os Principes, que fundam, dotam, e protegem ſemelhantes Academias ; e remuneram os que ſe-aſinalam neſtes eſtudos ! fazem tam grande utilidade ao publico, que nam á louvor, nem agradecimento que os-iguale. Mas, tornando ao meu argumento, digo, que a Fizica ſe-deve procurar, nos-livros deſtes inſignes omens, que com tanto cuidado, inveſtigáram a natureza. Mas aqui advirto logo, que ſeria ſuperfluo, empregar-ſe neſte eſtudo, ſem ter primeiro, os requizitos neceſarios : quero dizer, ſem ter primeiro eſtudado, Geometria, e Aritmetica. Para perſuadir a V.P. eſta propozifam, baſtará trazer-lhe à memoria, que coiza é Fizica.

A Fizica, é a ciencia que examina, a natureza do-Corpo, e Eſpirito, mediante os efeitos que conhecemos. Do-Eſpirito nam é agora queſtam, ſim do-Corpo. Os corpos tem própriedades gerais, e particulares: e eſtas dependem daquelas. Deſorteque para conhecer bem, os fenomenos corporeos, e ſuas cauzas, é neceſario primeiro ſaber, que coizas ſam comuas a todos os corpos, para as-ſeparar, das-que ſam particulares de diferentes corpos. Para iſto é neceſario, formar verdadeira ideia do-Corpo: e, pondo de parte todos os prejuizos, examinar, qual é a natureza daquilo, a que todos conſtantemente chamam, *Corpo*. Certo é, que nós nam conhecemos claramente nos-corpos, ſenam extenſam, impenetrabilidade, figura, e mobilidade. Eles podem ſer outra coiza muito diferente, e ſeria temeridade negaſo, ſe uma autoridade infaſivel o-afirmaſe. mas devendo-ſe iſto determinar com a luz da-razam, nam podemos com verdade afirmar, que conheſamos outra coiza mais, que a dita. Onde para julgar-mos, que conheſemos alguma coiza bem, é neceſario, que a-poſamos explicar, ſegundo as coizas, que claramente intendemos: como fazemos a um relogio, que ſe-abre ; e no-qual ſe-ve o movimento, e figura de cada parte. A ideia de corpo aſim for-

formada, nos-conduz a examinar diferentes coizas, que sam necefarias, para bem intender, o que é corpo. Porque da-*Exten-*
fam, pafamos à *Divizibilidade*. da-*Impenetrabilidade*, pafamos
à *Dureza*, *Denfidade abfoluta*, *Porozidade*, *Raridade*, e diverfidade de corpos, nacida da-mefma, ou diverfa figura das-particulas.

Das-outras particulas da-ideia de corpo, *Figura*, e *Movimento*, nace outro exame principal, que fe-deve fazer, fobre o
corpo. Todo o corpo é limitado, que é o mefmo que dizer, é
figurado: reprezentando aredor diverfas fuperficies; as quais,
como compreendem todo o corpo, confideram-fe como limites
dele: que é o mefmo que dizer, que conftituem a medida, de
toda a mafa, ou mole do-corpo. Ora é certo, que da-dita grandeza da-mafa, depende e fe-alcanfa, a quantidade das-forfas
dos-corpos. De que fica claro, que, para conhecer as forfas cor-
poreas, é necefario o conhecimento das-fuperficies: que é o
mefmo que dizer, é necefaria a Geometria. Quem pois quer
indagar, as forfas dos-corpos, deve conhecer, a velocidade
do-movimento do-corpo movel, e a fua grandeza. E como a
grandeza do-corpo, dependa da-fua fuperficie; daqui vem, que
quem quer faber, as forfas dos-corpos, deve medir as fuperficies, e a velocidade do-feu movimento. Ora é certo, que o Fizico deve conhecer, as forfas dos-corpos: das-quais rezultam
todos os efeitos, que fe-obfervam na natureza, como moftrarei;
e como as tais forfas, fe-deduzam da-figura, e movimento; deve o Filozofo faber conhecer uma, e outra: faber as fuas propriedades, moftralas &c. o que requer totalmente a Geometria.
Defta é infeparavel a Aritmetica: em que, na era prezente,
necefariamente fe-compreende a Algebra: que é uma Aritmetica
literal, mediante a qual fe-facilitam as demonftrafoens, e fe-defco-
brem muitas coizas que antigamente fe-ignoravam; e algumas
nam fe-fabiam provar. Com eftas preparafoens, é que o Fizico
poderá moftrar, as leis, e propriedades do-movimento: fem o
conhecimento das-quais, nam fe-pode dar um pafo na Fizica.

Comque a Geometria, e o Calculo, é a chave meftra de toda a Fizica, e Matematica. Com elas moftra o Fizico, as leis
do-movimento dos-corpos: a asám mutua dos-corpos duros, e
elafticos: e compreende tambem o movimento de gravidade tanto
abfoluta, como equilibrada, a que chamamos *Mecanica*, ou
Statica &c. Com elas explica as leis dos-corpos fluidos, a que
fe-chama *Idroftatica*, e *Idraulica*: fegundo as coizas que confidera:

dera: como tambem a concorrencia dos-folidos com os fluidos: Noticia indifpenfavelmente necefaria, para intender o movimento dos-fluidos nos-tubos, e tambem nos-vazos do-corpo umano: o que tudo fe compreende, debaixo defta palavra, *Mecanica*. Creio, que V.P. nam me-negará, que o conhecimento deftes fenomenos, feja proprio do-Fizico, por-fer coiza bem manifefta. o que admetido uma vez, deve conceder, que, fem a Geometria, e Aritmetica, a que chamamos, Matematica Simplez, nam fe-podem confeguir. Alem difo, V.P. nam ignora, que aquilo a que chamam, *Matematicas Mixtas*, como a Mecánica, Statica, Idroftatica &c. Aftronomia, Optica, Perfpetiva, Geografia, Gnomonica &c. fem a Matematica Simplez, nam fe-podem intender: motivo por-que comumente fam tratadas, polos Matematicos. Mas por-pouco que V.P. refleta fobre ifo, achará, que nada mais fam, que conhecimentos fizicos, examinados com os principios da-Matematica Simplez; e que devem pertencer à Fizica. A coiza é tam evidente, que os mefmos Peripateticos, em parte a-confefam: viftoque eles tambem tratam, dos-fiftemas dos-Ceos, das-orbitas dos-Planetas &c. Outros, dam alguma ideia da-Geografia: e eftes meios modernos, tambem tratam dos-fluidos, folidos &c. E nam fe-podendo ifto faber, nem feparar, em modo algum, da-Geometria, &c. fica claro, que a Fizica requere abfolutamente, a Matematica.

A prova melhor difto é, abrir os livros, nos-quais fe-reconhece a verdade. vg. Intendem os Peripateticos, que a Aftronomia, é verdadeira Matematica. A Aftronomia porem, nada mais faz, que explicar os fenomenos dos-Ceos, que nós vemos, digo, os movimentos dos-Planetas. e como nam pode explicar ifto, fem faber as propriedades dos-triangulos, e linhas curvas; porque eftes é que enfinam, a nam errar nos-raciocinios; daqui vem, que lhe-chamam Matematica. Mas efta mefma razam milita, na Fizica. Explique-me V.P. a acelerafam do-movimento de um grave, que caie perpendicularmente, ou por-um plano inclinado: ou que penetra um fluido: ou qualquer outro fenomeno natural: nam poderá dar, perfeita razam difto, fem os principios da-Matematica. motivo tambem porque digo, que a Fizica difcurfiva, é Matematica Mixta. Nela a experiencia, reputa-fe por-*Dato*: e o raciocinio, é deduzido da-Matematica, que enfina a nam errar nos-difcurfos. Onde, quem fepára uma coiza da-outra, contrareia a boa razam, e tambem os antigos Filozofos: entre os quais Matematico, e Fizico, fignificava o mefmo;

co-

como V.P. pode obſervar , na iſtoria da-antiga Filozofia . Eſta ſeparaſam de Fizico , e Matematico , entrou nas eſcolas ſomente, nos-ſeculos da-ignorancia ; e eſpecialmente deſpoisque os Peripateticos reduziram a Fizica , a uma mera eſpeculaſam impertinente : na qual certamente nam tem lugar a Matematica . Porem os antigos Filozofos , eram igualmente Matematicos . Chamam-ſe uns Filozofos , outros Matematicos , olhando para as coizas que eſcrevèram : porque alguns eſpecialmente eſcrevèram , ſobre a Geometria , Seſoens Conicas &c. e daqui naceo o ſimplez titulo de Matematico . Mas , tornando ao cazo , .

Quando a Matematica , nam foſe totalmente neceſaria , para a Fizica; ſerîa neceſaria , na prezente providencia : pois , ſem ela , nam é poſível, intender os livros , dos-melhores Filozofos modernos , e os ſeus raciocinios , que ſe-fundam na Geometria : mediante a qual , provam o que propoem ; ou mediante a Algebra , que é um metodo ainda mais curto . Onde , como eſtas duas ciencias ſam as que deram , e vam dando , luz à Filozofia , ſem elas , é ſuperfluo entrar na Fizica . Tem alem diſto a Geometria a propriedade , de acoſtumar o intendimento , a nam admitir ſenam aquilo , que é evidente : e em certo modo , ſerve de nova Logica , para a Fizica . Em muitas Univerſidades, coſtuma-ſe explicar Geometria , e Aritmetica, antes da-Fizica, pola meſma razam . O certo é , que ninguem contraſta eſta prerogativa , a eſtas duas ciencias . Nelas diſcorre-ſe com tanta evidencia , que fica o intendimento plenamente ſatisfeito : e enche-ſe a memoria de verdades evidentes , que ninguem pode negar : com as quais ſe-exercita a diſcorrer bem , em todas as materias . Platam intendeo muito bem eſta verdade , quando pregou na porta da-Academia , eſte edito : *Nullus Geometria expers intrato* . Os Pitagoricos , de quem Platam o-aprendeo , praticavam o meſmo : e muitos outros tanto da-ſéta Jonica , como Italica. O meſmo Ariſtoteles declarou , nam ſer apto para a Filozofia, quem nam ſabia Matematica . Mas , ſem buſcar exemplos remotos ;

A Fizica nam recebo aumento ſenam , deſpoisque a-comeſáram a tratar os Matematicos. Galilei , Cartezio , Gazendo , Hobbes , os dois Paſcoais , o P. Merſeno , Borelli , Torricelli , e outros grandes Filozofos , que nos-principios do-ſeculo paſado , reſtablecèram a Fizica ; foram os maiores Matematicos do-ſeu tempo : e a alguns deles devemos , o aumento da-Geometria , e Algebra. Deſpois , Huygens , Montmort , e outros que promovèram conſi-
dera-

deravelmente a Fizica ; foram tambem os que moſtráram , como
ſe-pode aplicar a Algebra , a queſtoens provaveis . Depois,
Newton , os dois Bernoulli , Cheyne , o Marquez do-Oſpital , e
outros famozos omens, que, nos-fins do-ſeculo paſado , introduziram , o verdadeiro metodo de filozofar , foram tambem os que
levantáram a Matematica , àquele degrao de perfeiſam , em que
oje ſe-acha : inventando , ou iluſtrando o calculo *integral* , e
diferencial , com o qual excedemos muito aos Antigos inventores da-Matematica , na facilidade , e nos-deſcobrimentos . Alèm
diſto , os que fundáram as Academias Experimentais , eram fa-
mozilimos Matematicos : e os que as-cultivam , ſam o meſmo .
Deſorteque, entre os omens doutos , querer ſer Fizico , ſem Matematica , é erezia .

　　Moſtra tambem a experiencia , quanta utilidade ſe-recebe dela:
porque os rapazes , que tem alguma tintura deſtas doutrinas , fazem mui diferente progreſo na Fizica , que todos os outros .. o
que é tam manifeſto , que quem oje quizeſe duvidar diſto , repu-
tarſeia louco . Nam digo , que deva ſaber eſtas coizas , como
Newton , ou Leibniez , ou Bernoulli &c. o eſtudante que quer
ſomente , intender os livros , e nam quer , deſcobrir novos problemas &c. nam neceſita tanto . Baſta ſaber bem Geometria : o
que pode fazer polo P.Tacquet , com as notas de Whiſton : quando nam intendeſe o Francez , e Italiano : porque neſte cazo,
acharia algumas breves , e bonitas , vulgares . Deve alem diſo
ver , os Teoremas de Archimedes; e o tratado das-Seſoens Conicas do-P.Grandi , com as notas de Cameti , que ſam claras: aindaque as do-P.Orlandi, parece-me que ſam mais claras, e facis . Para
a Aritmetica , baſta o meſmo Tacquet , no-tradado que fez dela;
em que dá as demonſtraſoens : com o ſuplemento de Nicolao de
Martino , que é a melhor ediſam . Antes ſerá neceſario , que o
eſtudante no principio deixe , muitas coizas menos neceſarias , que
ſe-acham nele ; e ſaiba ſomente as principais . Em falta deſta , o
P. Paolino de S. Joze , compoz uma Latina , breve , e clara : e o
meſmo compoz uns elementos Latinos de Algebra , bons para principiantes , porque ſam claros. A Algebra , nam é tam dificultoza , como muitos imaginam ; principalmente a quem ſomente
quer , intender os autores : mas é ſumamente neceſaria : porque
todos ſe-ſervem oje dela , para provar com brevidade , e facilidade : e ainda na Geometria demoſtram com Algebra . E ſerá
ſuperfluo , procurar bons livros , quem nam tem eſtes principios:
porque para eſte omem , cada regra ſerá um enigma . Onde per-

fuado-me , que quem o-nam-tem feito antes da-Logica , deve-o fazer imediatamente antes da-Fizica , ou junto. Quem pois , tivefe ja alguma ideia da-Matematica , ou tivefe algum meftre , que lha-explicafe ; podia fervir-fe dos-5 tomos de Matematica do-Wolfio ; que faz um curfo inteiro, e é o melhor, e mais moderno. Efte autor porem nam é para todos: porque diz muito em poucas palavras ; e requer voz viva do-meftre : por ifo o advirto. Para as Sefoens Conicas , é mais claro, aindaque mais difuzo, o Marquez do-Ofpital : mas efcreve em Francez.

Creio, que quando V. P. aqui chegar , terá alguma dificuldade , nefta minha propozifam : talvez porque nam eftá acoftumado , a ouvir efte novo metodo : mas tenha por-certo , que nam á mais verdade que ifto . Abra os livros dos-melhores Filozofos modernos, de Huygens , Newton , com os comentarios de Jacquier, e le Sueur, de' Sgravefande , Muffchenbroek , Manfredi, &c. e outros femelhantes a eftes , que fam eftimados de todo o mundo ciente ; ou alguma das-Colefoens das-Academias ; e achará , que, para fe-dar razam certa das-coizas, recorrem logo à Matematica. O mefmo Purcocio, que é Carteziano de pés, e cabefa , eftava tam perfuadido difto, que la poz na fua Fizica, uma ideia da-Geometria : aindaque feja coiza ridicula. Mas nam receio, que V.P. tenha dificuldade em fe-capacitar : de quem duvido muito é , do-P. * * ou algum deftes Catoens Peripateticos , que tem quazi por-blasfemia dizer-fe , que a Matematica , é necefaria para a Filozofia. O pior é, que alguns omens doutos em outras materias, cairam nefta fimplicidade . Certamente o P. Belleli , que foi Geral dos-Agoftinianos, omem mui douto na Teologia, como confta dos-feus livros ; tinha efta erezia na cabefa . Falando com ele algumas vezes, nunca lhe pude perfuadir efta verdade. Fora Peripatetico nas efcolas, e deforte bebèra a tal doutrina, que eftava impofibilitado, para intender o cazo. Mas cá em Portugal, em que eftes conhecimentos fam raros, achará V. P. muitos Bellelis. Contudo ifo eu creio, que nam tem razam : porque do-que alguns praticam, podiam outros tomar regra. Os doutos Jezuitas obrigam os feus Filozofos, a irem trez dias na femana ouvir, alguma explicafam de Euclides. E aindaque defpois, nam fafam uzo dele, porque o feu metodo de filozofar, nam o-permite ; contudo, moftram a boa intenfam , e podiam ter fequazes.

Sei, que a maior parte dos-Profefores defte Reino, confideram a Matematica, como alheia da-Fizica : e quando ouvem fa-

lar

lar em Matematico , logo lhe-proguntam , fe á-de chover , ou
fazer bom tempo : confundindo loucamente , as conjeturas de alguns maos Fizicos , e piores Aftrologos , com a verdadeira Matematica . E ja afifti a umas concluzoens de Matematica , em que,
vendo-fe o defendente obrigado , a moftrar o que dizia , com uma
figura ; gritou o arguente : *Que bixaroco é efe ? tire para la ifo.*
O auditorio aplaudio muito efte dito : mas eu tive compaixam
de uns , e outros . tal é a ignorancia deftes paizes ! Os mefmos
Jezuitas , que conhecem a ignorancia defte Reino , quando fazem
concluſoens de Matematica , fempre lhe-introduzem , queſtoens
de *Materia prima* , e outras da-fua Fizica : porque , fem ifto,
nam tem arguentes . E finalmente , nunca vi concluzoens de
de Matematica , em que nam ouvefem rizadas . deforteque vam
às ditas concluzoens , como quem vai à comedia : porque intendem , que fam ridicularias , que só fervem para divertir .

Naverdade nam fei , fe á coiza mais vergonhoza , doque
um omem , que fobe à cadeira , e tem nome de Meftre em Artes , nam faber , que coiza é um Angulo , ou Retangulo : nem
poder explicar dificuldade alguma , que da-Matematica fe-tire.
Muito diferentemente o-intendia um douto Jefuita , que era o
P. * * Efte omem me-dife algumas vezes , que , tendo tomado
alguma ideia da-Geometria na mocidade , em todos os feus eftudos reconhecèra , a necefidade que tinha dela : e que fempre cho-
rava o tempo , que nam empregára nela. Acrecentáva , que , fe
dependefe dele , daria outro metodo às efcolas : e faria fem duvida , que a-eftudafem antes da-Fizica .

Tendo pois o eftudante vifto a Geometria , e Aritmetica,
tenho que fazer outra advertencia , antes que entre na Fizica.
Digo pois , que devemos diftinguir , duas fortes de eftudantes. Se
ele nam eftudou Filozofia alguma , em tal cazo devem-lhe dar,
uns Elementos de Fizica , de que nefte feculo acham-fe alguns Latinos bons. Se o eftudante foi primeiro Peripatetico , nefte cazo,
o primeiro pafo deve fer , mandar-lhe ler algumas iftorias , das-melhores experiencias , que fe-tem feito em toda a Fizica ; fegundo
a ordem das-materias. Sei , que as melhores fam em vulgar : mas
muito fe-pode tirar , dos-livros Latinos (*). Efta leitura é o melhor :

(*) *Nefte particular só te-*
mos dos-Antigos Arifoteles , e
Plinio : os quais , aindaque bons
para os feus tempos , nada va-
lem no-nofo , e eftam cheios de
infinitas fabulas .

Dos

lhor confelho que fe-pode dar , a um Peripatetico : dezengana muito : perfuade muito : e impede muitas repetifoens . Nem pode dezagradar uma iftoria deftas, na qual nam a paixam , ou intereſe , o que fucede nas outras, encobre muitas coizas, e altéra outras . naquelas acham-fe muitas falfidades : neftas fomente verda-

Dos-Modernos , as melhores obras de obfervaſoens , ſam as ſeguintes . Memorias da-Academia das-Ciencias de Pariz. deſde o ano 1666 , em que ſe eſtableceo , até 1739. publicou tomos 54 em 8. em lingua Franceza . Tem alem diſo a iftoria da-dita Academia, eſcrita por Du Hamel em Latim , e comeſa no-ano 1665. até o ano 1698. em 4. ⇒ Tranzaſoens Filozoficas da-Regia Sociedade de Londres . confirmada em 1662. a qual defde o ano 1665. até 1732. publicou 34 volumes em 4. em duglez. Lowthorp compendiou toda a obra , em 3 tomos Inglezes . Os primeiros trez tomos defta obra , ja ſe-acham em Latim : e ultimamente em Napoles comeſáram a traduzir efta obra em Italiano . comeſa em 1720. até 1730. ⇒ Experiencias da-Academia del Cimento em Florenſa . ſam Italianas . fol. 1667. ⇒ Academia de Petersbourg . que comeſou em 1725. até 1744. tem publicado 13 tomos em 4. ſam Latinos. ⇒ Miſcelanea-Curioſa Medico-phyſica Curioſorum Natura . comeſou em 1670. que a-confirmou Leopoldo , até 1742. tem 32 volu-

mes em 4. ⇒ Aĉta Eruditorum Lipfiæ . comeſáram em 1682. e ſempre ſe-continuam , dando todos os anos um tomo em 4. Aqui ſe-acham , entre outras coizas , algumas de Fizica boas . Tem-ſe feito o compendio defta obra , recolhendo ſomente , o que pertence à Fizica ; e tirando tudo o que era ſuſpeito na Fé . efta cuiloſam faz-ſe em Veneza . Acham-ſe mais outras Academias, mas de menor confideraſum .

Alem diſo nos-Diarios . que ſe-tem publicado , e publicam , encontram-ſe frequentemente beliſimas coizas , pertencentes à Fizica : folhas volantes , diſertaſoens avulfas de infinito preſo. Apontarei alguns : outros acham-ſe facilmente.

Diario dos-Sabios . comeſa em 1665. até 1743. tomos 131 em 12. Frances. ⇒ Diario dos-Eruditos de Italia . comeſa em 1710. ate 1740. tomos 44 em Italiano. ⇒ Bayle, Republica das-Letras . em 1684. até 1709. tomos 46 ⇒ Iftoria Critica da Republica das Letras . Utrech 1712. ambos Francezes. ⇒ Memorias de Trevoux . em 1701. até 1744. tomos 132 Franc. ⇒ Memorias Literarias da-GranBretan-

dadés obſervadas , e aprovadas por-todos . A meſma diverſidade das-materias agrada : e experimenta-ſe um particular goſto , em reconhecer a origem de muitas coizas , que todos os dias eſtamos obſervando ; e que talvez nam advertimos ; ou , ſe advertimos , igno-

tanha 1714. até 1744. tomos 40. ═ Jurnal Literario . na Haja. Francez . 1713. até 1732. tom. 19 em 12. ═ Biblioteca Germanica : ou , Iſtoria literaria de Alemanha &c. 1720. até 1740. tomos 50. ═ Biblioteca Univerſal , e Iſtorica . 1686. até 1692. tom. 22. Joam le Clerc ═ Biblioteca Selecta . 1703. até 1713. ſam tom.26. eſta é o ſuplemento da-antecedente : ambas Francezas . Biblioteca Antiga, e Moderna do-meſmo Clerc, para o ano 1714. ═ Biblioteca volante. 1697. tom.5 em 8. ═ Racolta, ou Colefam de Opuſculos Cientificos , e Filologicos.. Veneza 1728. até 1744. tomos 36. em 12. Italiano . ═ Diario dos-Eruditos Ultramontanos : traduzido do-Francez . 1722. até 1744. tomos 26o. ═ Reflexoens ſobre as Obras de Literatura . em 1728. até 1740. tom. 12. Franc. ═ Biblioteca Italica , ou Iſtoria Literaria de Italia . 1728. até 1722. tom.18.Franc. ═ Biblioteca Diſcurſiva das-Obras dos-Doutos de Europa . 1728. até 1743. tomos 31.

Alem deſtes , acham-ſe outros Diarios , que agora nam me-ocorrem : e outras , que todos os dias ſe-publicam novamente , em varias partes de Italia , e Franſa , e Olanda &c.s que é bom ſabelos , e buſcalos, para nas ocazioens ter promtas aquelas diſſertaſoens , que neles ſe-acham. A verdade porem é , que eſtes , que temos apontado , ſam os melhores , e mais buſcados . mas todos os dias podem aparecer coizas novas : e é bom, ter noticia delas .

Dos - autores particulares no-ſeculo paſado , acham-ſe tres omens. grandes , antes da-abertura das-Academias . O primeiro foi, Bacon de Verulamio : deſpois , o P. Merſeno : o terceiro , Roberto Boyle : que eſcreveram bem, e em Latim . Tambem no-fim do-dito ſeculo , eſcreveo bem Leeuwenhoek : que publicom as ſuas obſervaſoens em 4 volumes de 4. Latinas : alem de alguns outros . Neſte preſente ſeculo decimooitavo , é que tem aparecido , iſtorias de obſervaſoens Fizicas maravilhozas : mas quaſi tudo em linguas vulgares . Deſorteque poſo dizer , que das-Latinas , acham-ſe algumas , que tem boas obſervaſoens : mas nam temos ainda em Latim, um corpo inteiro, digno de ſe-ler.

ignoramos. Tem máis outra circunſtancia , que nam pede eſtudo canſado : porque nam ſendo eſpeculaſoens , facilmente entram , e ſe-conſervam ; nem é neceſario decoralas , pois baſta telas lido , e ſabelas procurar na ocaziam propria.

· Ora um tal eſtudo , perſuade muito , nam com oraſoens eſtudadas , mas com a evidencia : e dezengana muito . Porque vendo eu , que a agua na ſiringa , ſobe polo pezo do-*Ar* : vendo , que o *Ar* tem uma forſa elaſtica prodigioza , e conſequentemente , peza mui bem ; quando ouſo dizer ao Peripatetico , que o *Ar* é ſumamente leve : que a *Agua* ſobe por-medo do-vacuo : nam tenho neceſidade de lhe-reſponder , mas com uma rizada , lhe-dezato o argumento. Damelma ſorte , moſtrándo-me , que a cor da-tintura do-*Chá* , da-*Ourina* &c. provèm das-particulas que nadam no-fluido ; ſeparadas as quais , o fluido fica tranſparente como primeiro ; fico dezenganado , que , quando o Peripatetico me-diz , a ſua coſtumada arenga das-qualidades , diz uma puerilidade . Alem diſo , moſtrando-me a experiencia , que muitas doenſas provèm , de uma quantidade de bichos inſenſiveis &c. v. g. a ſarna &c. quando me-falam em qualidades ocultas , devo rir-me : pois conheſo muito bem , que ſó me-curará aquele remedio , que matar os ditos animais . E iſto , intendido uma vez , impede cem mil repetiſoens , que ſeriam neceſarias , no-metodo contrario . Eſta , como digo , é uma leitura neceſaria ao Filozofo , que foi Peripatetico ; para o-dezenganar , e poupar todos os momentos uma bulha , que ſe-devia originar , ſobre cada fenomeno natural . Os que porem nam ſam prejudicados neſta materia , utilmente a-podem , e devem ler, junto com a Fizica . porque como nos-Compendios de Fizica , em que ſe-diſcorre ; as eſperiencias ſupoem-ſe , ou ſó brevemente ſe-apontam ; eſta noticia nam dá , quanta erudiſam é neceſaria . E aſim pode o Fizico , nas oras menos ocupadas , ler aquelas experiencias , que conreſpondem à materia , que atualmente eſtuda . digo, o que nam foi Peripatetico : porque o que o-foi , deve primeiro lela . Com eſte conſelho , curei algumas peſoas , daquela geral doenſa que padecem os Peripateticos , de contradizerem tudo , e quererem raciocinar onde nam devem ; e perſuadi-lhe , (o que eles nunca puderam intender) que nem tudo ſe-pode ſaber na Fizica. E quanto amim , ſeguro a V.P. , que eſte metodo , me-utilizou muito . Aquelas noticias excitáram-me a curiozidade , de fazer algumas experiencias , ou para me-dezenganar , ou para me-ſatisfazer : e confeſo ingenuamente , que ſemelhante eſtudo abrio-me os olhos melhor , que os longos raciocinios . De ler o que os ou-

tros

tros fizeram, quiz eu tambem experimentar : e defcobri algumas coizas, que certamente nam tinha lido . deforteque pafiando no-campo, ou em algum jardim, e ainda dentro da-Cidade, fiz algumas obfervafoens, que nam foram infrutuozas, e deram-me maravilhozos ditames. Defta forte (diz um omem douto, que tambem falava por-experiencia) quando um Fizico obferva a natureza, acha-fe Filozofo por-divertimento.

E aqui, ocorre-me advertir outra coiza a V.P. que o omem, que em Portugal quer faber Filozofia bem, eftava para dizer, que o-nam-pode fazer, fem intender Francez, ou Italiano : porque neftas duas linguas ou fe-compoz, o que á melhor, ou nelas fe-acha traduzido, o que outras Nafoens compuzeram . Poucos omens efcrevem oje em Latim : porque os Modernos, perfuadîram ao mundo uma coiza, que os Peripateticos nunca intendèram ; vem afer, que, para fer bom Filozofo, nam é necefario faber Latim. Cuido, que ja em outra carta adverti a V. P. fer efte o defeito comum defte Reino . todos afetam explicar-fe em Latim : e com tanto falar Latim, é coiza digna de admirafam, que tam poucos faibam Latim . Eu fou um dos-mais apaixonados, por-efta lingua: e intendo, que um omem verdadeiramente douto, deve fabela com perfeifam, para ler os belos modelos da-Antiguidade, na lingua original. Muito mais, porque nam á coiza mais bela, que faber falar, e efcrever bem Latim : nam só para efcrever cartas; mas para orar em publico entre os doutos, e intender os autores, que tratáram varias faculdades. Mas no-mefmo tempo conhefo, que para fer douto, nam é precizamente necefaria . Tudo o melhor da-antiguidade, fe-acha oje traduzido em Francez, Italiano, e alguma outra lingua. Os mefmos poemas Epicos de Virgilio, o Omero ; como os de Lucrecio, Oracio, Terencio &c. tudo ifto eftá oje traduzido em verfo Italiano elegantifimo, e alguns em Francez &c. As Orafoens e obras Retoricas de Cicero, de Plinio &c., e as fuas epiftolas tambem eftam traduzidas. Os Iftoricos Latinos, e Gregos. Deforteque, pofo fer bom Poeta, Iftorico, Retorico, Orador, fem fer Latino. O mefmo digo da-Logica, Geometria, Algebra &c. tudo ifto temos em Vulgar. Na Fizica, tem praticado o mefmo : quazi todos oje compoem em Vulgar. A Teologia Dogmatica, acha-fe em Vulgar : porque a Efcolaftica traduzida, perde a fua forfa. Os prolegomenos, e aparatos Biblicos, os comentarios da-Efcritura, tambem os-temos em Vulgar: como V. P. pode ver no-P. Calmet, que é o melhor comentador literal, que até aqui tem aparecido. As Leis temos oje em Francez., na Italiano. A mefma pratica delas, acha-fe em Italiano , como V. P. pode ver , no *Doutor Vulgar* do-Cardial de Luca . Deforteque na prezente era , podemos faber muito, fem faber Latim .

Sei., que em Portugal pratica-fe o contrario , com tanto empenho., que quem defendefe umas concluzoens de Filozofia em Portuguez , perderia o conceito . Quando nam ouvem *arfe* , e *arfui* ,com todos os termos Arabios, nam ficam confolados. Chega ifto a tal extremo, que quem estuda polo *Larraga* , ou *Filie Poteftas* em Portuguez , perde o conceito na opiniam de algunas Moralistas.. E dife-me pefoa de autoridade , que certo autor compuzera um deftes livros , com efte titulo: *Cafos de moral em Portuguez , para os Clerigos barbaros defte Arcebifpado* : e que fe o S. Oficio, nam lhe-rifcara o epiteto, *barbaros* : fo-imprimia afim . Reconheho , que aos Clerigos é precizo , faber Latim : mas nam lhe-chamaria barbaros , fe , nam o-fabendo , foubefem outras coizas . Condeno fim , a leitura do-Larraga , e outros tais Moralistas : nam por-ferem em Portuguez , mas por-ferem maos livros., e perigozos . O certo é , que os Filozofos Gregos., nam efcrevèram em Arabio., nam em Caldeo , mas em Grego: o mefmo fizeram os Romanos : o melmo os Arabios.. Onde, digam o que quizerem os Portuguezes., é fem duvida , que podemos fer o-mens mui doutos., fem faber Latim .

Mas, tornando à Fizica, todas as Nafoens cultas tem-na efcrito., na fua lingua . Olandefes , Tudefcos., Inglezes todos efcrevem em Vulgar. Mas quazi tudo ifto, acha-fe oje traduzido em Francez : e ., fe ajuntamos as muitas obras Francezas., que nefta materia aparecem todos os dias ; vem daqui, que a lingua Franceza feja oje necefaria , e quazi vulgar das-Ciencias :: defotteque quem a-nam-fala , polo menos intende-a . Os mofos Italianos , que até aqui aprendiam o Francez., para lerem as tais obras ; picados difto , começaram tambem a efcrever em Vulgar , paraque os Francezes aprendefem a nofa lingua : como protefta o Valifnieri nas fuas obras . Alem difo, traduziram em Italiano , tudo, ou quazi tudo o que fae em Francez , para utilidade de-Italia : como tambem muitas coizas Inglezas.. E como nam me-confta, que os Francezes &c. traduzam na fua lingua, os nofos livros ; por-efte principio me-perfuado, que a nofa lingua , é oje a mais rica deftes monumentos ; porque tem os feus , e os alheios . Sei, que algumas coizas fe-tem traduzido em Latim., mas pouco . de quem oje quer ver., o que fe-tem compofto , é necefario que

in-

intenda, alguma daquelas linguas. O eſtudo, como ja diſe, nam é tam dificultozo, e é de ſuma utilidade. Mas quando nam ouvéſe outro remedio, podia-ſe procurar algum livro Latino, que ſupriſe a iſto. Verei; ſe me-lembro de algum melhor, e o-apontarei, querendo V.P. mas, para lhe-dizer o que intendo, nam ſam dos-que mais me-ſatisfazem.

Tendo feito eſtas preparaſoens, deve o eſtudante paſar para a Fizica: buſcando nam autores difuzos, mas breves, e que exponham com boa ordem, os elementos da-Fizica. Para falar niſto como devo, ſeria neceſario, fazer um Curſo de Fizica: e aſim, apontarei ſomente a ordem: o mais, deve-ſe procurar, nos-autores que a-tratam. Se V.P. tiveſe o Curſo de Fizica, daquele * * * em que ja lhe-falei, eſcuzava eſtas explicaſoens: porque ali, acha-ſe diſpoſto tudo, como deve ſer. Mas, como nam tem noticia deſte manuſcrito, direi o que me-ocorre, aindaque vareie alguma coiza do-metodo da-dita Fizica. Parece-me, que é mui natural o ſeguinte.

Deve o eſtudante comeſar, polos principios univerſais. E primeiro, examinar a natureza da-Materia: nam ſegundo as ideias metafizicas: mas ſegundo as ideias que temos daquilo, a que todos chamam, *Materia*, ou *Corpo*. Deſpois, explica-ſe o que ſe-intende por-*Fórma*. poſto o que, devem-ſe explicar, as propriedades da-Materia, eſpecialmente a divizibilidade. Tem logo lugar examinar, quais eram os principios dos-outros Filozofos, como Democrito, Epicuro &c. onde ſe-examina tambem o Vacuo, Materia ſutil &c. os principios de Leibnitz, Empedocles, e Chimicos &c.

Paſe daqui a examinar as coizas, que convem a todos os corpos, a que chamam propriedades. Primeiro, a natureza do-movimento local, ſuas *propriedades* &c. movimentos compoſtos, e curvas que nacem deles. movimento de gravidade: onde ſe-examinam os principios de Monſieur *Nevvton*, de Monſieur de *Mairan*, e os principios da-*Statica*. os diverſos movimentos dos-graves que caiem: a comunicaſam do-movimento, e os principios da-*Dinamica*. Segue-ſe examinar, os movimentos dos-fluidos, e deſcobrir, os principios da-*Idroſtatica*. conſiderar bem, os movimentos dos-fluidos, tanto nos-tubos, como fóra: ſua rezistencia: e os fenomenos que dependem, da-gravidade do-Ar.

Deſpois diſto, examinam-ſe, as diferentes conſtituiſoens dos-corpos, das-quais nacem aquelas coizas, que nós chamamos *ſenſaſoens*, a ſaber, corpos Calidos, Frios, Duros, Elaſticos, Fluidos, Moles &c. Sabores, Cheiros, Sons, e ſuas eſpecies, com as

con-

confonancias muzicais &c. Particularmente fe-deve confiderar a Luz, e fuas propriedades: fua refrafam nos-vidros: reflexam nos efpelhos: vizam directa, reflexa, refracta: e a natureza das-Cores: em que á muito que dizer.

Ifto pofto, antes de examinar as coizas em particular, examinará o Mundo geralmente. Primeiro a Esfera: defpois os Tempos: logo os diferentes fiftemas, de *Tolomeo*, de *Copernico*, as orbitas dos-Planetas, e o de *Tico Brahe*. Viftos eles todos, deve determinar, qual deles fe-deve abrafar: examinando fundamentalmente, as razoens de *Nevuton*, de *Cartezio*, de *Leibnits*. Defpois trata-fe das-eftrelas Fixas, das-Errantes, e dos-Cometas.

Segue-fe o globo terreftre. E primeiro, os Meteoros umidos, fpirantes, igneos, emfaticos. Defpois, o fluxo e refluxo do-mar, fegundo as opinioens de *Galilei*, *Walis*, *Cartezio*, e *Nevuton*: determinando, qual parece mais provavel.

Defpois difo, examinam-fe as trez efpecies de corpos, que á na terra. primeiro, os Minerais: defpois, os Vegetais: e em terceiro lugar, os Animais brutos. Defpois o Omem: confiderado primeiro, fegundo os orgaons, e machina do-corpo, que é a Anatomia: defpois, fegundo a origem das-paixoens, e forfa da-imaginafam. Mas neftas duas partes de Vegetais, e Animais, é necefario, ter grande advertencia, de fe-conformar em tudo e por-tudo, com as experiencias modernas: porque os Antigos, ignoravam algumas deftas coizas.

Parece-me, que efta ordem de compreender a Fizica, é natural. Nam condenarei porem, quem a-nam-feguir em tudo: mas quizer feguir, a ordem do-Tofca, ou do-Purcocio &c. comtanto-que nam lhe-figa as opinioens: pois, como dife, aqueles livros, e outros femelhamentes fam, os que nam devem eftudar os rapazes: pois tem mil fupozifoens falfas, e enfinam muito mao gofto de Filozofia.

Tendo examinado a natureza dos-Corpos, deve examinar, a dos-Efpiritos. Deve pois o eftudante, feguindo o mefmo metodo, provar a exiftencia, e efpiritualidade da-nofa alma. tendo advertencia de fugir, quanto pode, as fupozifoens: porque é uma materia mui melindroza, na qual, quem nam admite provas fem replica, perde o feu tempo. A razam difto é, porque avendo tantos omens que negam, a efpiritualidade da-alma, é necefario eftar muito advertido nas provas: porque, fem ifo, nam fe-podem convencer. antes pode fervir de impedimento, para provar a exiftencia de Deus. Ifto para os Peripateticos, é

pior,

pior que lingua da-China . Commmente recebem efte ponto , e
nam o-provam : pois todas as fuas provas fe-reduzem , a fupozifoens , e metafizicas pouco fofriveis , que fe-desfazem com grande facilidade : como V. P. pode obfervar , nos-livros deftes vulgares Peripateticos . Onde deftes , ninguem fe-deve fervir . Nem
menos dos-Cartezianos , ou Gazendiftas em tudo : porque tambem fupoem muito . O verdadeiro metodo , é o feguinte .

Provar , que á uma coiza em nós , que conhece , e quer : e
que efta nam é corpo . A' primeira parte , é evidente : a fegunda prova-fe , comparando as propriedades do-corpo , com as
do-intendimento : e defcobrindo a diverfidade em ambas . Efte
argumento , fe o-fabem dilatar bem , é de tal evidencia , que
perfuade . Feito ifto , nam fe-deve demorar com examinar , fe os
intendimentos todos fam damefma efpecie : ifto é advinhafam .
Nem menos deve difputar , fe as potencias fe-diftingam da-alma : fe
á *verbum mentis* , efpecies inteligiveis , e outras deftas arengas .
Ifto é uma rapaziada , originada polos prejuizos dos-Peripateticos ; que nam tem lugar , quando os omens argumentam com
razoens : pois fóra da-opiniam Peripatetica , é evidente , que nam
fe-pode fazer tal progunta . Unicamente tem lugar , expor o modo , com que a alma conhece , e pafa de um conhecimento para
outro femelhante : a que chamamos *difcurfo* . Mas tudo ifto por-
conjeturas , viftoque nefte particular , nada temos de certo . E
aqui tem lugar , outras duas queftoens : examinar , fe o que dizem
os Peripateticos , dos-conhecimentos diftintos do-intendimento ,
ou dos-abitos diftintos , a que chamam , *naturezas mere facilitan-*
tes ; feja verdade . Nam , porque ifto em fi tenha dificuldade ,
ou utilidade alguma ; mas paraque , examinando bem os argumentos dos-Peripateticos , fique novamente perfuadido , que , a
quem nam admite os feus prejuizos , nam fazem forfa femelhantes
fundamentos . Quanto aos abitos de Fé , Efperanfa , e Caridade ,
Grafa Santificante , Lume da-Gloria , e outras virtudes efpirituais;
pertence à Teologia moftrar , que fe-explicam maravilhozamente ,
e mais conforme aos SS. PP. fem tais fórmas diftintas : como em
outra parte infinuei .

Defpois , deve provar o outro ponto efencial , que vem
a-fer , que efte principio inteligente , que em nós experimentamos,
é de tal natureza , que pode querer , e nam querer uma coiza ,
ou a fua contraria : ao que chamamos *liberdade* , no-fentido comum . Efte ponto é mais facil de provar , doque a efpiritualidade : mas nam tam facil , que nam tenha contra fi , alguns Filozofos

zofos modernos, de muito bom nome. E aqui, tendo intendido, que coiza é *voluntario*, e *livre*; nam deve em modo algum demorar-fe com examinar, fe a liberdade, é intrinfeca ao
ato, com outras ridicularias deftas; que fam palavras fem fignificado: nem menos deve proguntar, por-que fe-determina a vontade: porque ifto intende-fe melhor, quando fe-nam-explica. Eftes
fam os dois pontos principais nefta materia, Efpiritualidade, e
Liberdade.

Alem difto, pode-fe confiderar a alma, no-eftado de uniam
com o corpo. E como fuponho, que o eftudante terá examinado, no-principio da-Fiziça, em que confifte a uniam da-alma
efpiritual, com o corpo; nam tenho que lhe-repetir. Tambem
nam fe-deve canfar em examinar, fe a alma é fôrma do-corpo:
e fe em cada omem, fe-aoha uma fó alma. Porque alem de que
ifto, eftá definido pola Igreja; é evidente, que o que nos-faz
fer omens, e diftinguir dos-que nam fam omens, é efte principio inteligente: no-qual fentido fe-deve chamar, fôrma do-Omem.
E como nam á razam alguma para dizer, que no-Omem aja duas
almas; tambem ifto, fem falar nas provas, reputa-fe, por-prin-
cipio evidente. Tambem é ridiculo examinar, fe a alma eftá
em todo o corpo, ou fó na cabefa: nam avendo certeza alguma
nefte particular. Se nifto tem lugar as conjeturas, deve dizer-fe,
que eftá fomente na cabefa: afincomo nam á duvida alguma,
que fomente na cabefa intende. Se a alma feparada eftá violenta: fe fala: fe fe-move: fam queftoens que difputam os Peripateticos com grande calor; mas fam coizas, que totalmente nam
fe-devem difputar: pois ou fam mui claras; ou tam ofcuras, e
inutis, que perderemos o nofo tempo falando nelas. O que fupofto, fomente fe-deve examinar, ou explicar com alguma
probabilidade; que a alma fe-chama fôrma do-corpo, porque
o-governa, e dirige, e ele lhe-obedece, quando ela manda: polo
contrario o corpo, chama-fe *comparte* da-alma, porque a alma nam
recebe os primeiros conhecimentos, fenam dependente do-corpo:
e fente, e conhece tudo, o que o corpo lhe-prezenta. O fato
é certo: e bafta pouca reflexam, fobre as nofas operafoens, para
o-conhecer é intender. Porem como ifto fe-fafa, e fuceda, ifo
é o que nós nam fabemos explicar, fenam por-conjetura:
e nenhuma parece mais verofimel, que aquela que o-explica,
mediante a lei eftablecida entre o corpo, e alma.

Ifto é, quanto pode faber um Filozofo, dos-Efpiritos criados. Quanto ao tratado dos-Anjos, nam pertence ao Filozofo:

fendo

sendo certo, que nenhuma razam natural, quanto mais demonstrafam, persuade, que ajam Anjos. Asimque somente, por-meio da-revelasam, sabemos, que os-á: e somente por-ela podémos saber, o que lhe-compete. Tudo o mais que podemos conjeturar é, que se entre o omem, e o mais estupido animal vg. a ostra; á tanta diversidade de viventes, uns dos-quais conhecem mais, doque outros; entre o mesmo omem e Deus, é verosimil, que ajam outros entes, mais perfeitos *in infinitum* &c. Mas isto nam tem mais forsa, que de conjetura. Onde nam cefo de admirar-me, que muitos, debaixo do-especiozo nome de Filozofos modernos, introduzam na sua Metafizica Real, uma longa difputa sobre os Anjos; fundada em textos da-Efcritura, e razoens de conveniencia, e verofimilidade: que tem tanto que fazer, com a Filozofia, como o Gran-Turco, com o Papa. O certo é, que estes omens pervertem, a ordem das-coizas: nam fendo proprio da-Fizica, fe nam o que fe-alcanfa, com a luz da-razam. Mas de pafagem direi a V. P. que o dito tratado dos-Anjos, está cheio de infinitas ridicularias: e nada mais é, que uma advinhasam, indigna de omens prudentes. Quando provafem, que á Anjos: que tem diverfas gerarchias: que tem aparecido aos omens: que Deus fe-fervio deles, para muitas coizas: e permetio, que fizefem outras: é tudo o que, com verdade, podemos faber dos-Anjos. Examinar como falam: como fe-movem: e outras coizas deftas, é puerilidade: e querer falar em uma coiza, de que nam fabemos nada. Mas na Teologia reconhefá V. P., a nenhuma utilidade do-dito tratado.

Finalmente deve o Filozofo examinar, a exiftencia do-efpirito incriado, cauza e principio de todas as coizas. Efte deve fer, o principal empenho do-Filozofo, pois efte é o fundamento, de toda a Filozofia, e religiam: e tudo fe examina, com a luz da-boa razam. Nenhum dos-Peripateticos prova efte ponto; mas fupoem-no: viftoque as provas que dam fam tais, que moftram fupolo, e nam provalo. Efte ponto, como V. P. fabe, foi fempre, e ainda por-nofos pecados é, debatido entre alguns Filozofos: pois em todos os feculos, fe-acháram omens, que procuráram ofcurefer efta verdade: e ainda no-pafado, ouveram alguns ingenhos fublimes, que efcrevèram largamente, contra efta materia: e arraftáram muitos, para a fua parte. Eftas difputas foram cauza que vifemos, que o modo, com que até aqui nas efcolas fe-provava, a exiftencia da-Divindade, nam era o verdadeiro: e era expofto, a mil refpoftas, pois era fundado, em

mil

mil fupozifoens. Devo dizer a V.P. que aindaque efta verdáde, feja tam clara, contudo ainda até aqui, nam fe-acháram provas, que a-puzefem longe de toda a objefam, e tapafem a boca aos Ateiftas. Mais facil é moftrar, que os argumentos deles nada valem; doque perfuadir-lhe, que os nofos fe-devem admetir. Mas, para abreviar, digo, que o metodo que me-parece mais proprio, e eficaz, é efte. Provar primeiro, que efte Mundo foi criado *in tempore*: pois fe o-admitimos eterno, perde-fe a melhor razam para provar, que á um Deus. Defpois, moftrar que efte tal Mundo, nam foi feito cazualmente; mas com fuma advertencia, e por-alguma cauza inteligente. Em terceiro lugar, que efta cauza inteligente, nam pode fer materia, mas é algum ente feparado da-materia. Em quarto lugar, que nam só o Mundo foi feito *in tempore*, por-uma cauza inteligente, que nam é materia; mas que foi feito de uma materia temporal, nam eterna: quero dizer, de uma materia criada com o mefmo mundo. Efta ferie de propozifoens, vi em uma obra bem moderna: e achei, que era necefaria: porque alguns concedem umas, e negam outras razoens. Mas defta forte, fam todos obrigados a reconhecer, que exifte uma cauza inteligente, que nam é materia; a qual produzio nam só o Mundo, mas á mefma Materia. Provado ifto, fica claro, que á Deus: porque ifto queremos fignificar, por-efta palavra, *Deus*.

Defpois, tem lugar provar, que efta tal cauza nam só criou, mas ainda oje governa o Mundo: ao que chamamos, ter providencia do-Mundo: Além difo, que nam fam duas, mas uma só. Eftes dois pontos, provam-fe com os mefmos fundamentos: e ambos, em quanto pertencem ao Teologo, feguem-fe da-exiftencia de Deus: principalmente provada, do-modo que apontamos. Onde, deve o eftudante procurar, alguma outra prova, mais como confirmafam das-ditas, que como provas novas.

Pofto ifto, pode moftrar brevemente, que aquela tal cauza, deve ter muitas propriedades fingulares: deve fer livre, omniciente, omnipotente &c. o que tudo fe-infere, de fer a primeira cauza, e nam fer feita por algum'outra. Ifto, bafta ao Filozofo: o reftante, eftudará na Teologia.

Tenho expofto em breve a V.P. o que é Fizica, e o modo com que fe-deve eftudar, e ordenar um curfo de Fizica. Digo porem agora, antes que pafe adiante, que efte eftudo, que parece canfado, pode-fe fazer com muita facilidade, avendo metodo.

todo. Ponho por-maxima fundamental , que em dois anos pode
o eſtudante, ver toda a Filozofia, do-modo que digo . No-primeiro ano , pode o eſtudante, aindaque ſeja preguiſozo, eſtudar
Geometria , Aritmetica , e ter alguma ideia de Algebra . Nam
cuide V. P. que peſo muito : conheſo rapazes, que em dois mezes
eſtudáram os Elementos de Euclides : e intendo, que em quatro
mezes pode ſabelos muito bem , quem nam fizer outra coiza:
A Aritmetica é mais facil , que a Geometria : em um mez ,
ſe-pode ſaber perfeitamente : poſto o que , facilmente ſe-intende
a Algebra : porque, alem de ſer uma Aritmetica literal, do-que
tem de particular , pode-ſe dar baſtante ideia em um , ou dois
mezes, para poder intender os livros : porque para ſabela perfeitamente, quer-ſe muito mais tempo .

Mas , para nam amofinar os rapazes, com a eſpeculaſam
ſeca da-Matematica ; parece-me mais proprio, unir os eſtudos,
como fazem em infinitas partes da-Europa, e principalmente em
Italia : e a experiencia moſtra , que produz mui bom efeito.
No-primeiro ano , que enſinam Logica, todas as menhans explicam uma ora, Matematica. Em um mez, ſe-acaba a Aritmetica , e nam ſó as regras principais, mas tambem as particulares : mas nam podendo ſer em um mez , ſeja em dois. Acabada a Aritmetica, entra-ſe com a Algebra, uma ora cada menhan : a qual , nam ſe-podendo acabar neſe ano , continua-ſe
no-ſeguinte da-Fizica. E de tarde , neſe primeiro ano de Logica, a primeira ora é de Geometria.

No-ſegundo ano , que é de Fizica, pratica-ſe o meſmo . Pola
menhan a primeira ora, Algebra : de tarde a primeira ora, Seſoens Conicas , Problemas de Archimedes &c. No-reſtante do-tempo , digo , da-liſam, explicam a Fizica. Onde , em dois anos,
acabam o curſo de Filozofia . Mas , quando nam ſe-pudeſe,
nos-Eſtudos Publicos, acabar neſtes dois anos , podiam prolon-
gala até a metade do-terceiro ano : e na ultima metade outra
materia .

Nem pareſa maravilha, dizer eu a V.P. que , eſtudando pola
menhan Aritmetica, ou Algebra , e de tarde Geometria ; com
tudo iſo poſa acabar-ſe a Logica neſe ano. porque como a verdadeira Logica nam embaraſa os rapazes, com diſputas de coizas
claras ; mas ſimplezmente as-propoem , e explica bem ; daqui
vem , que ſe-percebe melhor com a converſaſam de omens doutos,
que com o eſtudo. E ſe o meſtre ſabe expor os documentos com
clareza , e veſtilos de algum exemplo ſenſivel ; pode enſinar mais

TOM.II.   H   Lo-

Logica, em uma converſaſam , doque outros nam fazem , em um ano. Em certa parte de Italia, me-pedio uma peſoa grande , que deſe alguns documentos de Logica a um ſeu filho : e lhe-enſináſe , de que livros ſe-podia ſervir . Na primeira converſaſam , que eu tive com o dito filho, adverti logo, que tinha frequentado um eſtudo publico , em que certos Religiozos tinham-lhe enchido a cabeſa, de mil eſpeculaſoens e prejuizos. Neſte cazo, para livrar o rapaz de prejuizos, e moſtrar ao pai, que dezejava , e ſabia ſerviſo ; ſem me-obrigar ao nome de meſtre, ſegui uma eſtrada de enſinar Logica, que a V.P. parecerá nova, mas para ele ſoi muito util. O metodo foi eſte. Aconſelhei ao pai, que fechaſe todos os livros, e manuſcritos , que o rapaz tinha: e nam lhe-deixaſe, uma só folha de papel eſcrito. Começei pois a converſar com o rapaz, e em cada converſaſam fui-lhe dando liſoens , tanto mais eficazes , quanto eram ſenſiveis : pois nas meſmas converſaſoens que tinhamos , e reſpoſtas que ele dava, lhe-moſtrava eu evidentemente , o artificio da-verdadeira Logica. Com eſta circunſtancia de mais, que aprendia no-meſmo tempo, a formar juizo critico, em toda a materia: pois eu nam deixava paſar propoziſam , ainda das-ſuas meſmas , ſemque lhe-proguntaſe o motivo, e chegaſe com ele a deſcobrir, a verdadeira origem do-raciocinio. Converſava-mos duas , e trez tardes na ſemana , ſegundo ſe-oferecia . Tive eu cuidado , de começar por-divizoens gerais, e facis de ſe-intenderem : deſpois , paſei às mais particulares. E ordenava deſorte as minhas converſaſoens , que a ſeguinte entroncáſe com a antecedente : e com eſta ocaziam pedia-lhe conta, do-que lhe-tinha explicado antes. A converſaſam nam era ſempre em caza , mas muitas vezes paſiando polo campo. Deſta ſorte paſados trez mezes, ſabia o rapaz mais Logica, doque o meſtre que primeiro lha-enſinára . No-fim dos-trez mezes aconſelhei, que compráſe uma Logica moderna bem ſeita : e a-leſe ſegundo as reflexoens que tinhamos feito : e notáſe as particularidades, que eu nam pudera dizer na converſaſam . Deſte modo ſaio bom Logico , em breve tempo . Ele me-confeſou ingenuamente , que ao principio, formára mao conceito do-meu metodo: mas com o andar do-tempo, ele meſmo ſe-maravilhou, do-progreſo que tinha feito. Eſquecia-me dizer , que quando eu o-deixava, eſcrevia a liſam que eu lhe-dava: o que lhe-aconſelhei, cazo mais que nam tiveſe memoria.

Com ſemelhante metodo, enſinei a uma Senhora Logiça : e a-introduzi na Fizica . e , o que mais é , enſinei-lhe Latim,

por-um metodo totalmente novo , que talvez algum dia explicarei a V. P. Agora digo fomente , que nam eftudou por-Gra-
matica alguma : pois fomente tinha as lifoens , que eu lhe-di-
tava , e ela efcrevia . Deforteque com a pena na mam , foube
nam fó Gramatica , mas boa Latinidade : e oje nas Belas
letras , e Filozofia pode-fe ouvir . V. P. perdoe a digrefam ,
que foi necefaria para moftrar , que eu nam pedia coizas
que excedefem , as forfas de um rapaz : principalmente quando tem cuidado , de o-inftruir com metodo . Onde torno
a repetir , que quem nam tem eftudado Aritmetica , deve eftu-
dala no-primeiro ano , é Algebra : e de tarde , Geometria , e
Sefoens Conicas : pofta a qual coiza , a metade do-dito ano ,
bafta para a Logica . Muito mais , porque os preceitos dela ,
executam-fe na Fizica , nas converfafoens particulares , e em
todos os difcurfos : e afim tem o eftudante ocaziam , de os-tra-
zer à memoria mil vezes . E ifo mefmo , é eftudar Logica .

Segue-fe a Fizica : a qual , a quem tem eftudado o que digo , é facilifima , e nam cufta trabalho . Porque quando entra
na Fizica , com o eftudo do-Calculo , e Geometria , intende
mais Fizica em um dia , doque outros em um mez . e vendo
a aplicafam da-Matematica Simplez aos fenomenos da-Fizica ; intende a Matematica fem trabalho , porque ve o fim paraque
ferve ; e a Fizica com gofto , porque chega a reconhecer , as
verdadeiras cauzas das-coizas naturais . Alem difo , nas ferias
defe meio tempo , pode ler alguma iftoria , das-obfervafoens
exatas que fe-tem feito na Fizica; ou a iftoria da-Filozofia Natural , que vale o mefmo . Seria muito util , que o eftudante ,
afimcomo vai lendo as materias , fofe tambem lendo as experiencias ; confagrando cada dia , uma ora a efta leitura , feguindo
a ordem das-mefmas materias . Nam é crivel , quanto efte metodo facilite a percefam da-Fizica : porque , fabendo o que na
verdade pafa na natureza , as confequencias que dali fe-tiram ,
e o modo de as-explicar , mediante os principios da-Matematica , (em que confifte a Fizica) naturalmente fe-oferecem , e entram no-juizo . Além difo , efte eftudo é a primeira parte da-Fizica : e afim parece-me , que nam fe-deve feparar dela . Contudo,
nam condenarei , quem , eftudando por-um bom curfo de Filozofia experimental , nam ler logo a iftoria das-experiencias;
mas quizer rezervala para as ferias , ou coiza femelhante .

Ifto é , o que fe-me-oferece dizer por-carta . Reconhefo , que
feria necefario , apontar muitas rezolufoens particulares , em ma-

teria de Fizica ; para dezenganar o eftudante , que nem tudo o que pafa , com o nome de Filozofia moderna , fe-deve admetir . Mas ifo , ferîa fazer um tratado ; e nam dar uma ideia , como V. P. pedia . Creio porem , que tenho dito o que bafta , para um omem fe-regular . Quem afenta , em nam admetir ipotezes , mas fomente o que fe-prova claramente : e foge de toda a forte de livros de Peripateticos : e le as experiencias fem paixam : e fabe confultar as obras das-Academias , e feus membros , em que as coizas fe-expoem bem : Alem difo , quem le por-Newton , Muffchenbroek , 'S Gravefande , De Martino , Keill , e outros Filozofos femelhantes ; efte omem , aindaque fe-encontre , com um Fabri , ou Tofca , ou Saguens , ou Cordemoi , ou Regis &c. e outros modernos ipoteticos ; faberá neles deixar o que deve : efcolher o melhor : emendar algumas coizas : e finalmente , feparar o branco do-negro . Mas a melhor , e mais emportante advertencia é efta : que o verdadeiro Filozofo deve perfuadir-fe , que nós nefte mundo , fabemos pouquifimas coizas com certeza : e das-cauzas dos-efeitos naturais , fabemos ainda menos : e que é melhor , faber pouco com certeza , que acumular conjeturas , e nam concluir nada . Proguntarmeá V. P. paraque deixo a fegunda parte do-terceiro ano vazia ? eu o-direi em outra carta : que agora nam tenho tempo . Guarde Deus a V. P. &c.

CARTA

CARTA UNDECIMA.

SUMARIO.

Moſtra-ſe, que a Etica pertence legitimamente ao Filozofo . que é neceſaria, ao Juriſconſulto, e Teologo Moral . que é util, para todos os empregos da-vida . que é neceſaria , aos que ám-de ocupar alguns empregos . Apontam-ſe os defeitos que ſe-acham nos-Juriſtas , e Teologos , por-falta da-Etica . Particular neceſidade que tem dela os Nobres , para formarem conceito do-Vicio , e Virtude , e fazerem as ſuas obrigaſoens . Prejuizos de muitos Nobres , neſta materia : e modo de os emendar . Dá-ſe verdadeira ideia , do-que é Etica , e ſuas partes . Aponta-ſe um modo breve de a eſtudar , com facilidade, e utilidade .

PROMETI a V. P. no-correio paſado apontar , em que ſe-devia empregar , a ſegunda parte do-ultimo ano de Filozofia : e a iſo ſatisfaſo agora . Digo pois , que ſe-deve empregar , na Etica : a qual , ſendo diſpoſta como deve ſer , pode-ſe eſtudar ſofrivelmente , nos-ditos ſeis mezes . Mas, para evitar confuzoens , explicarei primeiro o que digo . Nam intendo por-Etica , aquela infinita eſpeculaſam , que nam eſtablece maxima alguma util , para a vida civil , ou religiam ; mas que paſa o ſeu tempo , em diſputar mil queſtoens curiozas , e ſuperficialmente toca as neceſarias : e , em lugar de moſtrar ao Omem as ſuas obrigaſoens , é cauza de perder tempo , con coizas ridiculas , e metafizicas ſumamente desneceſarias . O que intendo por-Etica é , aquela parte da-Filozofia , que moſtra aos Omens , a verdadeira felicidade : e regûla as aſoens , para a-conſeguir . Cicero (1) dá a Socrates o louvor , de ſer o primeiro que reduziſe as maximas

mas

(1) A Socrate omnis , quæ ſophia manavit . Cicer. Tuſcul. eſt de vita & moribus , Philo- Quæſt. l. 3. n. 8.

mas do-direito natural, a corpo de doutrina. Seu dicipulo Platam, e Ariſtoteles, eſcrevèram neſta materia bem, em quanto à ſuſtancia. Cicero tambem o-fez famozamente, nos-livros *de Offi-ciis* &c. e mais alguns. Os que a-eſtes ſe-ſeguìram, tratáram pouco da-Etica: menos alguns Juriſconſultos inſignes da-Antiguidade, que muito bem ſe-ſervìram dela. Os mais modernos, cuidáram pouco niſo. Somente no-fim do-Seculo XVI. é que comesáram a reconhecer a neceſidade dela, para regular o juizo do-Omem, e facilitar a percefam de muitas ciencias. No-ſeculo paſado, comesáram alguns, a eſcrever bem neſta materia. Contudo, muitos tratáram-na com tal eſpeculaſam, que com razam ſe-pode dizer, que é mais Logica, que Etica: defeito que condenam muito, os omens de melhor doutrina. Somente no-prezente ſeculo, é que ſe-comeſou a diſcorrer bem niſto.

E certamente (como adverte bem o doutiſimo Muratori) os que tratam a Etica, com tanta eſpeculaſam, nam intendem que coiza é Etica, nem paraque ſerve. A Etica, rigorozamente falando, deve ſervir de inſtruſam aos omens, em duas coizas principalmente. Primeiro, deve enſinar, em que conſiſte a ſuprema felicidade do-Omem. depois, explicar as virtudes, e o modo de as-conſeguir. E iſto, nam ſe-faz com eſpeculaſoens, e ſutilezas; mas com boas doutrinas, e ſolidas, expoſtas com clareza e facilidade. Sem duvida é coiza vergonhoza, que o Filozofo conheſa, como deve regular o juizo, para diſcorrer bem; ſaiba como pode alcanſar o conhecimento da-natureza; e ſomente ignore o fim, paraque foi criado, e qual é aquela felicidade, que ele procura, e à que todos aſpiram. Eſte omem nam pode fazer coiza alguma boa. Quem nam ſabe, para onde vai, nem que eſtrada ſeguir; forſozamente cairá, em infinitos precipicios. Polo contrário, quem ſabe o fim para onde deve ir, naturalmente deſcobre a eſtrada, que o-conduza para o dito fim: e reconheſe as obrigaſoens, de quem quer encaminhar-ſe para ele.

Perſuadem-ſe muitos, que a Etica ſomente pertence aos Teologos, a que chamam Moraliſtas, ou Cazuiſtas: e com eſta opiniam, ſeparam-na da-Filozofia. Acháram, que S. Tomaz na ſegunda parte da-ſua Suma, trata da-Etica; e, ſem mais exame, intendèram, que ſe-devia tratar bem no-meio da-Teologia. Achei muitos deſta opiniam em Portugal, ainda dos-que ſe-chamavam meſtres. Mas ſemelhantes omens, julgam muito mal neſta materia, aſimcomo em muitas outras: e o menor mal que têm é, nam intenderem o que dizem. Conſiſtindo a Etica na coleſam

de

de preceitos, que a luz de uma boa razam moſtra, ſerem neceſarios ao Omem, para fazer aſoens oneſtas, e tambem utis à ſo-
ciedade civil; pertence legitimamente ao Filozofo. Alem diſo,
os antigos Filozofos, que nos-deram os primeiros principios deſta ciencia, nam eram Teologos, nem Criſtaons, mas Etnicos. A
queſtam do-Sumo bem, foi ſempre diſputada, polas melhores penas da-Antiguidade. Baſta ler, os livros *de Finibus bonorum, &*
malorum, de Marco Cicero; para ver, com que empenho era tratada polos Antigos. Academicos, Eſtoicos, Peripateticos, Epi-
cureos todos trabalháram ſobre eſte ponto. A queſtam dos-diver-
ſos *Oficios* ou obrigaſoens do-Omem, tambem ſe-diſputou mui bem.
Panecio Grego, e Cicero Latino eſcreveram mui bem ſobre ela.
Os Eſtoicos, tirando algumas ſutilezas de Logica, quazi nada mais
faziam, que empregar-ſe na Etica, e por-ela regular as ſuas aſoens: cuja ſeta foi famoza na Antiguidade, pola inteireza da-ſua
vida. Pois aindaque erraſem no-eſtablecer, qual foſe o Sumo
bem; contudo, as aſoens externas da-vida, regulavam-nas com
tal inteireza, como ſe o-tiveſem acertado. De que nos-ſuminiſ-
tram bons exemplos, os dois Catoens, Seneca Filozofo, Epiċte-
to, Marco Aurelio Antonino, e outros. Deſorteque ſendo a vida dos-mais iluſtres Filozofos da-Antiguidade, um perpetuo exercicio de Filozofia; e ſendo as ſuas eſcolas, aquelas em que ſe-da-
vam, beliſimos preceitos para a vida; loucamente ſepáram eſtes
Peripateticos a Etica, da-Filozofia: e pouco conformemente aos
ſeus principios, pois o ſeu Ariſtoteles eſcreveo muito diſto.

Mas a principal razam, porque a conſelho ao principiante,
eſtudar a Etica é, porque como vejo, que a maior parte deſtes
moſos, paſam da-Filozofia, a eſtudar Juriſprudencia, ou Moral;
em todos eſtes cazos acho, que é ſumamente neceſaria ao eſtudante, para formar verdadeira ideia dos-eſtudos: porque ela é a Logica da-Teologia Moral, e Juriſprudencia. Iſto nam intendem
muitos, dos-que eſtudam uma e outra deſtas faculdades: mas eſta
é a verdade. Sendo a Etica deduzida da-boa razam, excita nos-O-
mens, os principios do-direito natural; dos-quais ſe-tiram as decizoens, dos-cazos particulares. A falta deſta erudiſam é cauza, que
tanta gente erre neſta materia: porque poem infinita diſtancia,
entre cadauma deſtas leis. Mas a verdade é, que a Lei Divina,
a Natural, a das-Gentes, ſam a meſma lei; toda a diverſidade
eſtá, no-modo da-publicaſam. A Divina, foi publicada pola boca de Deus: a Natural, é a meſma lei Divina propoſta aos O-
mens, pola faculdade que a alma tem, de conhecer o bem; a

das

das-Gentes, é a mefma lei Natural, pofta em execufam por-Povos inteiros. Alem difto, a lei Civil, e Ecleziaftica, polo que refpeita a oneftidade das-afoens umanas, é em tudo conforme à boa razam. Efte é o motivo, porque Povos tam diferentes, de lingua, de paíz, de coftumes, abrasáram o Direito Romano: por-fer uma Filozofia Moral, reconhecida jufta, pola maior parte dos-Omens. Onde, dife com razam Cicero (1), que eftimava mais as leis das-XII. Tabbas, que todas as bibliotecas dos-Filozofos. O certo é, que elas foram, e fam eftimadas, nam por-outro princípio, fenam por-ferem racionaveis. e lei, que nam é deduzida da-boa razam, nam merece o nome de lei. A lei Ecleziaftica, ja fe-fabe, que fe-conforma em parte, com a Efcritura, e Tradifam, e em parte, com a Civil: onde fica fuperfluo provar, que é racionavel.

Efta é a conformidade das-leis entre fi: a qual moftra bem, a dependencia que tem da-Etica. Mas, falando efpecialmente da-Etica a refpeito da-Teologia Moral; é certo, que convem ambas em algumas coizas: porem diferem em outras. A Etica, e a Moral, tratam ambas do-Sumo bem, e das-infermidades do-animo: Diferem porem, porque a Teologia, tira as fuas concluzoens das-verdades reveladas: a Etica, da-razam. A Filozofia, moftra a verdadeira felicidade, mas nam fugére meios baftantes, para a-confeguir: porque fomente confidera o Omem, com as forfas da-natureza corruta: nem chega a conhecer, a verdadeira origem das-infermidades do-animo: nem enfina outra coiza mais, doque conformar-fe com a lei Natural. A Teologia porem, reconhece a verdadeira origem da-natureza corruta: aponta os meios fobrenaturais, quero dizer, tirados da-revelafan, para emendar as infermidades do-animo: e nam só enfina, conformar-fe com a lei Natural, mas tambem com a *Pozitiva Univerfal*: deforteque enfina alguns *Oficios*, que o Filozofo ignora. Defta forte ferve muito a Etica ao Teologo: porque lhe-prepara a eftrada: confirma as fuas concluzoens, com a autoridade dos-Filozofos: e difpoem o Omem, para receber a religiam.

Afen·

---

(1) *Fremant omnes licet, dicam quod fentio: Bibliothecas mehercule omnium Philofophorum, unus mihi videtur XII. Tabularum libellus, fi quis legum fontes, & capita viderit; & auctoritatis pondere, & utilitatis ubertate fuperare.* Cicer. de Orat. l. 1. n. 44.

Afentando nifto, fica bem claro, quam util, e quam neceſario é, o eſtudo da-Etica, para os que ám-de exercitar certas faculdades. Um omem, que tem na cabeſa, os principios da-*Juriſprudencia Univerſal*, a que chamam, *Direito Natural*; e tambem ſe-pode chamar, Direito das-Gentes; nam ſó intende as coizas bem, mas julga diferentemente que outros, que nas ocazioens vam conſultar os livros. Obſervei muitas vezes, que os ignorantes da-Juriſprudencia, julgáram de repente alguns cazos muito melhor, doque eſtes chamados Juriſconſultos, que praticavam grande aparato de leis, para os-decedir. Nam que as leis, nam decidam bem o ponto: mas porque muitas vezes, nam ſendo cazo uzual, a regra do-direito Natural, aprezenta-ſe mais depreſa ao juizo, doque a lei que faz ao cazo. Com eſta reflexam, aconſelhei a alguns amigos, que nam tinham noticia deſtas coizas, que, para ſuprir em certo modo eſta falta, procuraſem ter na memoria, as regras do-Direito: porque ſendo extraidas do-corpo do-Direito todo, nos-cazos repentinos, quem as-poſue, e intende bem, julga melhor qualquer cazo, doque os que afetam exquizita erudiſam. E eſta razam abraſa igualmente a Lei, que a Teologia. Mas eſpecialmente a Etica ſerve ao Teologo, porque lhe-prepara a eſtrada: confirmando as ſuas concluzoens, com a autoridade dos-Filozofos, e com os principios da-boa razam.

Da-falta deſte principio nace, aquele embaraſo, que V. P. verá muitas vezes, em Teologos, e Juriſtas. Quando propoem um cazo, a algum deſtes, ſe o-nam-tem lido, nam ſabem dizer duas palavras. Sendo que nam examinam, os principios da-lei, nam ſe-podem ſervir, do-proprio raciocinio, e criterio: e ſó ſe-ſervem da-memoria: a qual, nam ſendo ſempre fiel, ou talvez nam tendo o omem ouvido a tal eſpecie; fica mudo, ou diz um deſpropozito. Eſte defeito acha-ſe em ambos: mas principalmente nos-Moraliſtas. Eſtes, comumente nam dam razam do-que dizem: mas apontam ſomente, os autores Cazuiſtas de onde o-recebèram: os quais nem menos aſinam razam, mas fundam-ſe em outros antecedentes. E aſim, copiando-ſe uns a outros, multiplicam-ſe os livros ſem neceſidade, nem utilidade. Poſo ſegurar a V. P. que lendo Plutarco nos-ſeus livros de Moral, Cicero nos-de *Officiis*, Seneca, e outros, obſervei varias vezes, que eſcreviam melhor, que os Teologos de profiſam. naqueles verá V. P. principios de uma boa razam: neſtes nem ſombra. Ora ſendo o Teologo, e Juriſta, juizes de profiſam, cuido que ſam obrigados a conhecer, quais fam as fontes, de-que a Lei tira as decizoens, dos-cazos particulares.

Alem difo, efta noticia é necefaria, a qualquer omem particular, aindaque nam aja de feguir, alguma daquelas profifoens. Mandam-fe os mofos às efcolas, para eftudarem Filozofia. Se proguntais aos pais o motivo, dizem que é, para civilizarem o juizo, e afoens; e faberem falar; e poderem fer utis à fociedade umana. Ora eu intendo, que, para confeguirem efte fim, nam só devem eftudar Logica, e Fizica, mas, muito principalmente, a Etica: a qual é util, em todos os empregos da-vida. Um omem nam só uza da-Etica com os outros; mas com a fua familia, e configo mefmo. Os dez Mandamentos, que enfinam os principios de toda a Etica, nam fe-podem intender bem, fem efta explicafam. Deque concluo, que em todas as afoens é necefario, aquele conhecimento.

Ainda para o trato civil, é mui util, e necefario. Todos os omens goftam de julgar, das-afoens dos-outros, ou fejam fuditos, ou Soberanos. nam é converfafam em que nam entre, um bocado defte negocio. Mas as tais cenfuras comumente fam erradas, porque quem as-faz, nam tem o fundamento necefario. Nam é coiza mais ridicula que ver, nam digo eu alfaiates, e fapateiros &c. mas Clerigos, Frades, omens de letras, de nacimento, de empregos, eftarem falando tardes inteiras, em coizas pertencentes ao direito Natural, ou das-Gentes, ou Politica; fem faberem, os primeiros elementos deftas coizas. Dizem mil parvoices: publicam leis mui deftemperadas: condenam umas fem motivo: louvam outras por-ignorancia: finalmente dizem coizas indignas de omens, que veftem camiza lavada. O pior é, que fam pertinazes nas fuas teimas: e, quando decidem a materia, nam admitem apelafam, nem agravo: como varias vezes obfervei, com fuma confazam minha. Cuido, que o remedio difto é, beber em tenra idade, a doutrina necefaria: porque fe nam fizer, que vomitem fentenfas, ao menos impedirá, que digam defpropozitos. Onde, a confiderao bem, a Etica em toda a fua extenfam, é emprego de todas as profifoens, e de toda a gente civil.

Alem difo, a Etica é necefaria, para formar verdadeiro conceito das-coizas, e faber dav-lhe aquela eftimafam, que cada uma merece. faber diftinguir a Virtude, do-Vicio; reprovando efte, e eftimando aquela. Ninguem pode duvidar, que o omem, que nam fabe diftinguir eftas coizas, nam é omem, muito menos, é omem civil.

civil : e tambem ninguem pode duvidar , que , sem Etica , nam
se-conhece isto . Desta falta rezulta um grande dano , em todas
as republicas : porque nam sabendo os omens , qual é a Virtude,
para a-seguirem , e estimarem ; nem promovem estas com o exemplo , nem reprimem os vicios . Daqui tambem nace , qua se-esti-
mam coizas , de que nam se-deve fazer cazo : e nam se-dá à
Virtude , o preso que se-deve : ou se-chama Virtude , àquilo que
o-nam-é . defeito mui comum das-pesoas nobres , e grandes . Estes
Senhores , preocupados com a sua nobreza , chamam a esta , virtude : e , por-legitima consequencia , tiram , que tudo o mais é
vicioso , e desprezivel . Em todos os seculos do-mundo acham-se
estes prejuizos : mas nos-seculos da-ignorancia , quero dizer , despoisque os Barbaros destruîram o Imperio Romano ; ou , para falar com mais precizam , desde o seculo X. até os tempos do-Concilio de Trento ; teve mais vigor esta preocupasam . Nestes dois
ultimos seculos , alguma coiza tem o mundo aberto os olhos :
porque finalmente omens mui doutos escrevèram , e faláram muito sobre isto . Mas estes sermoens sam como os das-Misoens : em
que os viloens choram , gritam muito , esbofeteiam-se , em quanto ouvem o Pregador : despois , continuam como de antes.

Nace este prejuizo , como digo a V. P. , deque o Grande
ignora , que a origem de toda a nobreza , é a Virtude (1) . Esta
nobreza , aindaque adventicia , podese-lhe chamar *natural* : os empregos , sam a nobreza *civil* : os filhos destes , tem nobreza *ereditaria* , que é o infimo grao da-nobreza . Os Omens nacèram todos livres , e todos sam igualmente nobres . O direito das-Gentes introduzio , com as divizoens , as Republicas , e Monarchias:
mostrando a experiencia , que , nam se-obedecendo a alguem , con-
fundia-se toda a sociedade umana : e mostrando tambem a boa razam ,

I 2

(1) ---- *Quis generosum dixerit hunc , qui*
    Indignus genere , & praclaro nomine tantum
    Insignis? Juvenalis Satyra VIII.
Et ibidem:
    Tota licet veteres exornent undique cera
    Atria , nobilitas sola est atque unica virtus.

Non facit nobilem , Atrium   *Animus facit nobilem : cui ex*
plenum fumosis imaginibus . Ne- *quacumque conditione , supra*
mo in nostram gloriam vixit: nec *conditionem licet assurgere . Se-*
quod ante nos fuit , nostrum est. *neca &c.*

zam, que, no-eſtado em que a natureza umana ſe-acha, nam ſe-pode conſervar, ſem obedecer a alguem . O emprego foi cauza,
que ſe-eſtimaſem aqueles primeiros reinantes, porque dependiam
todos deles. Com o tempo, paſou com titulo de eranſa, o que
tinha ſido eleiſam : Mas muitas Republicas, e talvez as mais famozas, conſerváram o governo eletivo. Eſtes Principes buſcáram
entre os cidadoens, os melhores, e mais virtuozos omens, paraque lhe-aliſtiſem, e de quem ſe-ſerviſem na guerra, e na paz.
Eſtes foram mais conſiderados, que os outros cidadoens : e eſte é
o principio de toda a nobreza. Os filhos erdavam dos-pais as
virtudes, e, conſeguentemente, a eſtimaſam : porque, na verdade, os pais tinham cuidado, de os-inſtruir como deviam . Eſte
coſtume conſiderou-ſe por-obrigaſam . e com o tempo foi o meſmo, conſideralos filhos de nobres, que julgalos erdeiros, das-ſuas
virtudes, e eſtimalos por-eſte motivo (1). Talvez entrou aqui,
a condecendencia de alguns Principes, que, nam podendo premiar
os pais, premiáram os filhos : para animar os outros, a ſeguir a
Virtude, vendo que a decendencia, era remunerada. Abuzáram
os Nobres deſta benignidade : e pertendèram, que foſe divida do-
nacimento, o que ſó era premio da-virtude. Pertendèram, que a
onra ou eſtimaſam foſe tributo. Sem advertirem, que ſendo a eſtimaſam, e onra, uma aſam exterior, com que eu exprimo o conceito que tenho, da-excelencia, ou virtude de outro ; nam poſo
fazelo a um, que nam tem excelencia ſobre os outros ; ou de quem
nam ſe-deve formar eſte conceito .

Mas, por-pouco que refletiſem ſobre iſto, conheceriam eſtes
Senhores, que manifeſtamente ſe-enganavam. O ſer filho de um
omem iluſtre, nam é o meſmo que ſer iluſtre. Poderá o abuzo
introduzir, que tenha entre o Povo, a meſma eſtimaſam do-pais
mas aſimcomo eſte coſtume nam faz, que ele tenha em ſi meſmo,
excelentes virtudes ; aſim tambem nam faz, que ſeja verdadeiramente nobre. Conſiſte pois toda a nobreza deſte omem, em
ſe-dizer, que é filho de um omem nobre, e que ſe-trata com
mais fauſto, que os outros . averá outros que tenham tanto, e
mais dinheiro : mas porque nam eſtam naquela opiniam, nam
ſam nobres . O que, examinado bem, quer dizer, que a dita
nobreza, é uma pura opiniam do-Povo . Diſpa V. P. dos ſeus
veſti-

(1)   *Fortes creantur fortibus, & bonis*
         Eſt in juvencis, eſt in equis patrum
         Virtus &c. Horatius .

veſtidos eſte Grande : ſepare as carruagens e criados : e nam poderá diſtinguilo , do-omem mais ordinario do-Povo . Onde , ſem
fauſto , tem perdido toda a nobreza . E ſe neſte eſtado , o-tranſ-
fere a outro paîz diſtante , nam ſó nam é nobre , mas é pozitivamente vil . Mas nam o-intendem aſim muitos Grandes : pois
eſtam tam perſuadidos , que a excelencia , é propriedade da-ſua
natureza ; que , com eſta opiniam , colocam-ſe na primeira esfera
dos-nobres : na ſegunda , poem os que tem cargos : na terceira ,
os que ſam inſignes pola virtude . Mas tudo é polo contrario .
Os omens inſignes , é que ſam os verdadeiros nobres . eſta nobreza é natural : de que ninguem os-pode deſpojar . Reſpondeo
com galantaria uma peſoa a outro , que lhe proguntava , como
diſtinguiria um nobre , de quem o-nam-era ; deſte modo : *Diſpiles
ambos nûs , e ouviles falar* . dando a intender , que os acidentes
do-veſtido , e tratamento enganam muito , e impedem formar ,
verdadeiro conceito da-Virtude . Em ſegundo lugar entram , os
que tem cargos na Republica . Aos magiſtrados , e ſemelhantes ,
que ſe-dam , ou devem dar , a omens capazes , é devido todo
o reſpeito . Na ultima , e infima claſe , ficam aqueles , que nem
pola virtude , nem polo emprego merecem eſtimaſam : mas ſó
a-tem pola acendencia .

Temos outra caſta de Nobres , ainda mais prezumidos , que
nem menos admitem , duas ſegundas claſes de nobreza . tudo o
que nam ſam eles , deſprezam . ſó para eles valem os titulos .
Quando vem ſubir algum omem na Republica , a cargos grandes,
logo vam buſcar , o ſeu nacimento umilde : e , nam podendo
negar-lhe a eſtimaſam polo emprego , cuidam muito em desluſ-
tralo , nas converſaſoens particulares . Eſtes , ou ſam mais ignorantes , ou mais maliciozos . Deviam eſtes advertir , que os titulos ſam a coiza mais acidental , que á no-mundo . porque
no-eſtado em que eſtam muitos Reinos , e Republicas da-Europa,
melhor direi , de todo o mundo polido , ſomente os cargos , e
o dinheiro , é que ſe-reputa nobreza : pois com o dinheiro ou
ſe-conſegue a eſtimaſam , ou o cargo . Alem diſo , os titulos nem
em todas as partes correm , polo meſmo preſo : pois um titulo
de Portugal , tranſplantado em Franſa , ou Italia &c. vale pouco,
ſe ele nam tem , com que lhe-de preſo . Nam aſim os cargos,
e o dinheito : que ſempre conſeguem a meſma eſtimaſam . Um
Inviado , ou Embaixador &c. ſeja quemquer que for , ſempre
conſegue eſtimaſam , em toda a parte : e um omem rico . Mas
nam ſucede aſim com outros Senhores . e eu vi alguns , de anti-
qui-

tiquifimas familias, que, achando-fe em paizes diftantes, fazem bem mizeravel, e vergonhoza figura. * * Alem difo, fe a nobreza de um titular ou fidalgo nace, da-vontade do-Principe, que quer, que aquele omem feja onrado, ifto é; feja fidalgo; o mefmo Principe, que dá o titulo, ou nobreza à um, pode dala a demiir: e confequentemente todos ficam igualmente pobres. Nam afim a nobreza, que confifte na virtude: pois nem o Principe ma-pode dar, nem tirar. A mefma lei confirma ifto: pois degrada os omens da-nobreza, em certos cazos (I): de que as iftorias nos-dam mil exemplos. O que moftra evidentemente, que efta chamada nobreza ereditaria, ou jus à eftimafam dos-omens, é coiza que fe-pode dar, e tirar: E confequentemente, ninguem fe-deve defvanecer, porque a-tem; nem defprezar outro, porque a-confeguio mais tarde.

E na verdade feria coiza digna de rizo, fe nós oje defprezafemos, tantos Imperadores, tantos Reis, Generais &c. tantos Pontifices, Cardiais, &c. porque tiveram nacimento umilde: fendo certo, que neles ou as virtudes, que os levantáram àqueles cargos, ou os mefmos cargos, lhe-conciliáram a eftimafam. Vefpaziano nam era nobre: nem Tito, ou Domiciano, ou Pertinaz, ou Macrino, ou Mafimino, ou Felipe, e outros femelhantes: antes muitos deftes eram filhos, de pais umildes. Mas todos eram Cezares, e Senhores do-mundo: e muitos deles, como os dois primeiros, e o quarto, eram nobres polas fuas virtudes. Omefmo pofo dizer, de muitas pefoas grandes do-mundo. Onde quem nam reconhece ifto, ou é muito ignorante, ou louco.

Certamente fe eu examino as antigas Republicas, acho-as nifto, muito mais advertidas, que as nofas. Em todos os Reinos do-mundo civil, achó fingularmente eftimada a virtude, ou nobreza natural: mas quanto à nobreza civil, vejo no-Oriente que confiftia fempre, ou no-dinheiro, ou na vontade do-Principe, que fez nobre, quem lhe-pareceo, fem olhar para acendencias, ou coiza femelhante. Afirios, Perfianos, Egicios praticáram fempre o mefmo. Jozé era cum pobre omem, e efcravo: mas Ramefses Mimnon, ou o Faraó daquele tempo, nam reparou nifo, para-o-levantar ao lugar de Vice-Rei do-Egito: olhou fomente para a fua capacidade, e utilidade que podia rezultar ao Reino. Ainda defpois de ver, a umildade da-fua familia, e a profiſam, a que os Egicios tinham aborrecimento ; nam lhe-rebaixou nada, da-eſtimaſam que tinha. E o que mais é de admirar, que ſucedeſe iſto no-Egito : onde, pola maior parte, os empregos ou grandes, ou pequenos, eram ereditarios nas familias, e nam paſavam de umas para outras diferentes. Iſto chama-ſe conhecer verdadeiramente, o merecimento dos-omens. *Aman* era Amalecita de vil nacimento : mas nada diſo baſtou, para nam fazer a ſegunda figura, no-Reino. *Mardocheo* polo contrario, era um omem de ordinario emprego, na familia de *Aſuero*: mas nem menos iſo impedio, que o dito Rei o-onráſe tam diſtintamente, com aquele celebre pregam, (que devia abrir os olhos aos Grandes, e perſuadir-lhe, que a ſua nobreza nada mais é, que a vontade do-Principe) ⹀ *Aſim ſe-deve onrar, quem El-Rei quizer onrar* ⹀. Nam aponto exemplos da-iſtoria Profana, porque ſam menos notos.

Na Grecia, é coiza bem nota, que os cargos quazi ſempre ſe-conferiam a omens, por-ſi iluſtres ; e que ſó eſtes foram reputados nobres. Ariſtides, Temiſtocles, Pericles, Traſibulo, Epaminondas, Eumenes, e muitos outros grandes omens, que ocupáram os primeiros empregos ; ſó foram eſtimados polas ſuas virtudes. Mas ſobre tudo a iſtoria Romana ſuminiſtra eſtes exemplos. Nunca floreceo mais eſta famoza República, ſenam deſpoisque ſe-abrio a porta para o conſulado, e outros cargos, nam ſó a toda a Cidade, mas tambem a todo o imperio Romano. Concorrèram de todas as partes omens grandes, com a mira de ſubirem, às primeiras dignidades do-Imperio. o merecimento ſervio-lhe de eſcada, para os-conſeguirem. Acham-ſe mais Generais famozos, Conſules, Oradores entre as familias plebeias, que entre as patricias. a virtude e merecimento ſervia-lhe de nobreza. E ainda que os patricios muitas vezes julgaſem diferentemente ; o Povo, e os omens grandes, ſentenciáram comumente, polo merecimento. E é muito de notar, que ainda quando a plebe, eſporiada polas ſedioziozas arengas dos-ſeus Tribunos, obteve com tanto furor do-Senado, poder tirar de entre os Plebeos, os Tribunos Militares, que eram os unicos, que governavam a República naquele tempo : quando chegou a eleiſam, cedeo das-ſuas pertenſoens, em obzequio do-merecimento. Os Patricios, para conſeguirem o ſeu fim, introduziram entre os Candidatos, alguns Patricios de notorio merecimento : e a plebe, venerando neles a virtude, cedeo dos-ſeus empenhos, ſó para eleger os Patricios. E nam obſtante as muitas repreenſoens dos-meſmos magiſtrados

ple-

plebeos ; continuou muito tempo , em eleger Patricios , quando lhe-propuzeram omens de merecimento . Afim fe-eſtimava naquele tempo a Virtude ! Ainda̧a meſma diſpoziſam da-Republica no-eſti-mar os nobres , me-agrada muito . Avia Cenſores , cujo emprego era , examinar as aſoens , e rendas dos-nobres , e plebeos . Um Senador , ou Cavaleiro que o-deſmerecia , por-algum titulo ; era degradado do-ſeu poſto , e nobreza . Muitas vezes a pobreza , quando nam era acompanhada da-virtude , ſervia de motivo . nam aſim a ſolida virtude , aindaque ſem renda : eſta ſempre conſeguia o premio e a renda : e muitas vezes do-erario publico dotáram as familias. , de omens iluſtres pobres . Deſta ſorte entre aqueles graves Senadores , nem o cargo , ſem proporcionada ren-da , conſeguia eſtimaſam ; nem ambos , ſem a virtude , ſe-podiam reputar nobreza .

Mas como muitos nam intendem iſto , por-iſo vemos tan-tos nobres cheios de prejuizos , como aſima dizia , ſobre a ſua nobreza : que nos-querem inculcar , por-uma coiza diferente da-opi-niam do-Povo : quetendo batizar a virtude , como apendiz da-na-tureza . De que vem , que V.P. terá muitas vezes ouvido dizer , que o *Sangue puxa* : *que cadaum procede como quem é* : *que um filho de tal pai , nam podia obrar de outra ſorte* . palavras que ou ſe-devem tomar em diferente ſentido , ou nam ſignificam coiza alguma : e que eles teſtemunhas proguntados , nam ſabem expli-car . Pois ſe acazo nam querem dizer , que é propriedade do-Nobre, fazer boas aſoens ; nam ſei que poſam ſignificar . Que pois nam ſeja propriedade , parece-me que ſe-ſegue claramente do-que aſima diſemos : e ficaria ainda mais claro , ſe quizeſem fazer a expe-riencia , em um filho de um Grande , que acaba de nacer . Se conduzirem eſta crianſa a um paiz incognito , e for criada por-vi-loens ; á-de ſer vilam , e nam principe : e em tudo ſe-parecerá com quem a-criou : de que ja ſe-tem feito varias experiencias no-mundo . Eſta opiniam nace nos-omens da-ignorancia . Se o Nobre ſoubeſe , que coiza é Virtude , e como ſe-adquire ; co-nheceria , que o nacimento nam tem , influxo algum nela . Se um moſo nam tem talento para intender bem , docilidade para receber os documentos , e boa educaſam ; ſeja quemquer que for , rarif-ſima vez obrará bem : viſtoque ainda muitos que a-tiveram , obráram muito mal , porque neles a malicia desfazia , quanto produzia a educaſam . Caio Caligola Imperador era de uma caza iluſtriſſima . tinha ſido bem educado : dera na mocidade indicios de boa indole : contudo , ſaío um tirano . Nero era de outra

familia

familia iluftre, e por-adosám da-mefma familia. Quem teve melhor educafam-que ele? Um Filozofo tam grande como Seneca, inftruio-o desde rapaz: um Politico tam grande como Afranio Burro, dirigio-o nos-primeiros anos. Deu ao principio moftras de virtude: e nam ouve coiza mais bela, que o primeiro quinquenio do-feu governo: mas pouco defpois foi Nero. Que Imperador Romano ouve, que tivefe as virtudes, e doutrina de Marco Aurelio? quem inftruio melhor feu filho Comodo? e que filho faio mais defemelhante ao pai? Nam cito mais exemplos: fendo que para os ignorantes, ou baftam eftes, ou fam fuperfluos: os inteligentes fabem mui bem, que o fangue do-pai poderá comunicar ao filho, alguma infermidade ereditaria, como Gota, Efcorbuto, Galico, Epilepfia &c. mas de nenhum modo lhe-comunica nem vicios, nem virtudes. Eftes omens confundem as coizas, e os termos. Quando fe-diz, *Que um omem procede como quem é* &c. quer dizer, que conhecendo, que é filho ou decendente de um omem iluftre, polas fuas afoens e virtudes; tem obrigafam, de imitar os feus antepafados, e exceder os inferiores tanto nas-afoens, quanto os-excede no-tratamento. Onde, nefte fentido, procede como quem é, porque tem obrigafam, de proceder afim. procede como filho de tal pai, porque fe-fupoem, que um pai virtuozo, educa bem os feus filhos, e lhe-infpira aqueles documentos eroicos, que fam necefarios para a vida. Efte conhecimento é, que deu ocaziam àqueles proverbios: dos-quais porem abuzáram os omens, intendendo outra coiza diferente.

Ora é certo que, fe confiderafem bem eftes Senhores, todas eftas coizas: fe reconhecefem que o Nobre, (falo fempre da-nobreza ereditaria) em nada fe-diftingue do-Plebeo mais, que no-tratamento: fe advertifem que efte titulo, o qual fupoem a virtude, traz configo a obrigafam de a-pofuir, e exceder os plebeos nas virtudes: Sem duvida, que formariam mui diferente conceito do-mundo: e ou procurariam a virtude com empenho; ou nam defprezariam os que a-pofuem; e muitos fe-envergonhariam de fi mefmos. Nam veria-mos aquelas ridiculas afetafoens, que fazem nauzea aos omens que tem vifto mundo; e em que muitos colocam toda a fua nobreza: digo, nam tratar, nam converfar com toda a gente, nam frequentar os doutos, nam ter conrefpondencias literarias &c. Muitos para fingirem uma nobreza mui elevada, até fam defcortezes. nam comprimentam quem os-fauda: nam refpondem a quem lhe-efcreve: ou fe o-fazem, é de uma maneira mais injurioza, que civil. Em uma palavra, fam como os Fariseos, que até tinham medo, de tocar con o vestido um Judeo, que nam fofe damesma seita, persuadindo-se, que ficavam impuros. Estes defeitos achei em varias partes da-Europa, mais ou menos: mas principalmente * * * e sobre tudo em Portugal. O que atribuî, a que estes Senhores Portuguezes tem menos pratica, das-Nasoens do-mundo, que os Estrangeiros: dificultosamente saiem do-seu Reino, e sua caza: e asim, ignoram como se-vive, nas outras partes do-mundo civil. o que ja adverti a V.P. em alguma das-nosas conversasoens. Verdade é, que algum Senhor achei neste Reino, diferente dos-outros: mas eu falo do-comum, que se-regula polas opinioens que apontei: as quais como digo, nacem da-ignorancia da-Istoria, e do-trato do-mundo.

Estas duas coizas sam, as que emendam estes defeitos. Nam quero buscar exemplos na-Grecia: pois é certo, que nam ouve regiam, em que se-fizese mais estimasam da-Virtude, sem excetuar as cortes dos-Principes, e Monarcas. Todos sabem, que estimasam tiveram, na corte de um Rei tam rico como Crefo, os famozos Filozofos da-Grecia. que cazo, e uzo fazia aquele grande general, e politico Pericles, das-lisoens de Anaxagoras. com quanta diligencia concorriam os nobres de Atenas, a caza do-Filozofo Socrates. com quanto respeito recebeo Dion a pesoa de Platam, em uma corte tam depravada como a de Dionizio. que bom gosto de literatura infpirou Aristoteles, em seu discipulo Alexandre Magno: e como o-estimou seu pai Felipe, e com que atensam lhe-escreveo. Finalmente é noto que Pitagoras, e seus dicipulos foram muito estimados, polos Principes daquela parte de Italia, a que chamáram Magna Grecia. Nomiar a Grecia é o mesmo, que nomiar o exemplar de toda a virtude, e bem gosto em artes, e ciencias. Nam quero sair da-Republica Romana, que conheceo mais tarde, todas estas virtudes.

Nam á duvida, que qualquer Senador Romano, ou pesoa confular, tinha outro tratamento e estimasam, tam diferente dos-Grandes desta era, como o dia da-noite. O luxo e magnificencia da-maior parte daqueles Senhores era tam grande, que igualava o de muitos Reis. Contudo a Istoria nos-suministra mil exemplos, da-afabilidade, e dosura daqueles grandes omens, e estimasam que faziam da-Virtude. Lucullo aquele insigne Filozofo, grande general, e riquisimo Romano, seguindo o exemplo de Cipiam, o segundo Africano, (este nas suas expedisoens militares, sempre fora

ra

ra acompanhado por-dois omens doutos , Polibio , e Panecio)
teve ſempre no-ſeu campo, o Filozoſo Antioco : e diz a iſtoria ,
que dezejou , e procurou com todo o empenho , a amizade do-Fi-
lozoſo . Que carater amavel de um tam grande omem ! Gneo
Pompeo , aquele grande omem , que arruinou imperios imenſos:
que era omnipotente na Republica : tornando a Roma vencedor
de tantas gentes , depropozito entrou na Ilha de Rodes , só para ver o Filozoſo Poſidonio . e chegando à porta , ordenou ao li-
tor , que era uma das-guardas conſulares , que nam batèſe com
o baſtam , ſegundo o coſtume. Onde , exclama Plinio (1) , a-
quele Pompeo , a quem o Oriente , e Ocidente abaixou a cabeſa,
ele meſmo reſpeita e ſe-abaixa , à caza de um Filozoſo , só para
o-ouvir ! Caio Cezar , aquele Ditador , que dominava tantos Reis;
nam só eſtimava os omens doutos , mas nunca deixou de con-
reſponder-ſe com eles , e com os amigos ; ou reſponder a quem
lhe-eſcrevia , ainda peſoas ordinariiſimas .

Tambem Otaviano Auguſto , entre os cuidados de todo o imperio Romano , tinha oras de deſcanſo , em que ſe-empregava na
converſaſam dos-literatos daquele tempo : e nam só converſava
com eles , mas os-amava , e eſtimava . é noto que falo de Virgilio , e de Oracio : aos quais tratou nam só como letrados , mas como
amigos . Auguſto tornando do-Oriente , quiz reſtaurar-ſe do-grande trabalho das-ſuas jornadas , ouvindo a leitura , das-Georgicas
de Virgilio . O Poeta lia cada dia um livro : e diz a iſtoria , que
Auguſto , quando lhe-parecia que eſtava canſado , ordenava a Mecenas que o-ſocorreſe , lendo por-ele . Que bondade de Principe!
Um omem ſenhor do-mundo uzar tanta familiaridade com um
Poeta , que eſtima a ſua ſaude , como a coiza mais precioſa ! O
meſmo Auguſto , ocupado na guerra contra os Biſcainhos , ſabendo
que o ſeu amigo , compunha a Eneide , eſcreveo-lhe repetidas cartas , pedindo-lhe , que lha-mandáſe para a-ler . Virgilio deſculpou-ſe
ſempre , com a imperfeiſam da-obra : dizendo-lhe , que ainda nam
eſtava completa , para lha-moſtrar (2) . Auguſto nam ſe-ofendeo
deſta reſpoſta : e contentou-ſe de a-ouvir ler , quando chegou a
Roma , em companhia de ſua irman Otavia . Com Oracio teve o

K 2   meſ-

(1) *Pompeius confeclo Mi-*
tridatico bello, intraturus Poſ-
ſidonii, ſapientiæ profeſſione cla-
ri , domum , fores percuti de
(2) Macrob. *l. 1. c. ult.*

more à lictore vetuit : & fa-
ſces lictorios janua ſubmiſit is ,
cui ſe Oriens Occidenſque ſub-
miſerat . Plin. *l. 7. c. 30.*

mefmo Augufto igual amizade . Mecenas , aquele grande omem ,
que só fe-aproveitava da-amizade de Augufto , para utilidade dos-omens doutos , introduzio-o na-Corte : e eftimou tanto o Poeta ,
que no-feu teftamento o-recomendou a Augufto , como afimefmo .
Augufto , em obzequio defta recomendafam , felo feu fecretario : e
afim o-efcréveo a Mecenas : prometendo-lhe , que pafaria da-fua
meza , para a meza imperial (1) . Oracio regeitou efta onra , e def-
culpou-fe com as fuas moleftias : do-que nam fe-ofendeo Augufto.
Antes pouco defpois lhe-efcreveo , dizendo-lhe , que bem o-deze-
java na fua meza , fe as fuas infermidades lho-permitifem (2).
Quem pode ler ifto , fem ficar vivamente penetrado da-bondade,
e afabilidade de um tal Principe , que entre as adulafoens da-pur-
pura , fabe tomar o gofto à amizade , como faria um particular?
Quem nam admira , na liberdade com que Oracio refponde , a lha-
neza daquele comercio , e a diferenfa daqueles coftumes aos modernos? Um fecretario de gabinete , à meza de um Principe ! um
Poeta , que recuza efta onra ! um Principe fenhor do-mundo , que
nam recebe ifto por-injuria ! que lhe-conferva o mefmo amor:
que o-comprimenta por-cartas : que nam cefa de explicar-lhe o dezejo que tem , da-fua companhia !

A mefma liberdade das-cartas me-recreia . O tratamento fempre é o mefmo : o titulo do-emprego é que diftingue a pefoa , com
quem fe-fala . Eles efcreviam afim : *Oracio a Augufto Imperador.*
Augufto Imperador a Virgilio , ou Mecenas , ou Oracio &c. Mar-
co Cicero Proconful fauda Apio Pulcbro Imperador . Cezar Impe-
rador , a Cicero Imperador . ou , com confianfa , *Cicero a Peto ,*
Cicero a Atico , Cicero a Tiro . Que nobre fimplicidade é efta !
quánto mais eftimavel é efte modo de efcrever , doque aquela ridicula afetafam , que as fecretarias modernas tem introduzido,
de falar por terceiras pefoas : ou com mil exprefoens que nada
fignificam : e para confeguir as quais , tanta gente perde a paciencia , e o juizo. Chega ifto a tal extremo , que , ainda efcrevendo em Latim , fe-efcandalizam alguns ; fe os-nam-racham com
Excelencias , e Senborias : ou fe quem efcreve fe-poem em primeiro lugar : ao que chamam injuria. Sem advertirem , que afim
fe-de-

---

(1) *Veniet igitur ab ifta parafitica menfa , ad hanc regiam.*
(2) *Sume tibi aliquid juris   id ufus mibi tecum efe volui ,*
apud me , tanquam fi convictor   fi per valitudinem tuam fieri
mibi faeris . Recte enim , &   poffet . Suet. in vita Virg.
non temere feceris ; quoniam

ſe-deve eſcrever nã dita lingua : como admiravelmente nota o douto Luiz Vives , repreendendo eſtes reparadores . Pois ſendo certo
que a primeira coiza , que ocorre a quem le a carta , é a peſoa
que a-eſcreve ; e comumente a primeira coiza que ſe-le , é o nome de quem a-eſcreve , para ſaber quem é : que dezatenſam ou impropriedade é , que quem a-eſcreve ſe-nomeie (o que fizeram muitos
doutos nos-dois ſeculos paſados , eſcrevendo a grandes Principes)
em primeiro lugar ? Verdadeiramente eſtes que reparam niſto , e ci-
fram toda a ſua nobreza , neſtes tratamentos ; ſam almas pequenas,
e vis , que ſe-enchem com poucas coizas : as almas iluſtres e grandes , nam reparam neſtas ridicularias . Quam diferentemente os Antigos , ainda eſcrevendo a Reis , e Imperadores ! (1) *Platam a
Dionizio . Ariſtoteles a El-Rei Alexandre . C. Plinio Secundo ſauda o ſeu Tito Veſpaziano . C. Plinio Cecilio ſauda Trajano Imperador* . E é muito de notar , que ainda no-V. ſeculo Auzonio,
pondo o nome de Paolino antes-do-ſeu , deſculpa-ſe com o ver-
ſo (2). E ſe Marcial em alguma parte , fez o contrario a Domiciano , ninguem duvida , que a maior parte , ou quazi todas as
inſeriſoens , nam ſam ſuas . Nam falo no-Imperador Marco Aurelio : o qual nam ſe-envergonhava de ir às eſcolas publiças , ouvir as liſoens de um celebre Filozofo . Deixo por-brevidade mil
outros exemplos . E , concluindo ao noſo cazo , que proporſam,
progunto , acha V.P. entre os Grandes da-noſa era , e os exemplos que aponto ? eu certamente nenhuma . ſam formigas à viſta
de montes . Contudo iſo vemos , que aqueles faziam , o que eſtes
deſprezam fazer . De que eu concluo , que aqueles intendiam as
coizas como deve ſer , e eſtes nam .

Perdoará V.P. eſta digreſam que fiz , ſobre os coſtumes dos-noſos antepaſados , ou dos-abitantes daquela parte da-Europa , em
que eu naci : porque falando da-Republica Romana , nam poſo
menos que ficar penetrado, dos-belos exemplos de virtude , que
nela encontro . a admiraſam me-tranſporta , e conduz fóra de mim:
como creio que faſa a todo o omem , que ſabe pezar as coizas .
Tudo era grande entre os Romanos . As meſmas reliquias das-ſuas
fabricas , a que eu chamo cinzas da-antiga Roma , moſtram , o
bom

---

(1) Πλάτων Διονυσίω . Αρισοτελης Βασιλεῖ Αλεξάνδρω .
    C. *Plinius Secundus T. Veſpaſiano ſuo Sal.*
    C. *Plinius Cecilius Traiano Imperatori* .
(2) *Paulino Auſonius . metrum ſic ſuaſit , ut eſſes
    Tu prior : & nomen praegrederere meum.* Epiſt. 20.

bom goſto, e a grandeza daqueles Senhores. Eles nacéram pará
dar leis ao mundo: e ainda oje as-dam em toda a materia: mas
ſobre tudo na Juriſprudencia Natural, e Civil: a qual só ſe-aprende bem, obſervando aqueles antigos exemplares, que foram
a admiraſam de todo o mundo. Por-iſo naqueles paizes eſtrangeiros, em que ſe-lem muito os livros da-Antiguidade, acham-ſe
algumas virtudes civis, que ſam ignoradas em Portugal. Devemos potem fazer juſtiſa, a muitos Principes modernos, que ſabem
eſtimar a virtude, e uzar grande cortezia e afabilidade, ainda
tratando com os ſuditos. E, para nam ſair dos-Eſtrangeiros em
que falo, podia citar a V.P. mil exemplos, que nam tem reſpoſta. Os Francezes excedem muito niſto. E eu li a beliſima reſpoſta que deo o Duque de Orleans Regente do-Reino, à Univerſidade de Pariz, que lhe-fazia um comprimento; que ſeguro nam
ter viſto, coiza mais cortez. A meſma Rainha Izabel de Inglaterra, a que alguns chamam imperioza, e politica, deo moſtras
de infinita afabilidade. Quando o Baudio Profeſor de Umanidades, lhe-fez um comprimento Latino, por-parte dos-ſeus companheiros; ela lhe-deo uma reſpoſta Latina, que nam ſe-pode con-
ceber nem mais cortez, nem juntamente mais grandioza (1).
Eſtes exemplos, e outros que encontra, quem paſeia polo mundo, perſuadem muito aos ſenhores Grandes. Onde eſte é o motivo porque dizia a V.P. que o ſair fóra do-Reino, ſeria coiza
útil útil, para aquiſtar eſtas virtudes. Em falta diſto, nam acho
melhor meio que a Etica, ornada de exemplos civis tirados da-Iſtoria. Um moſo educado deſta ſorte, principalmente por-um o-
mem, que ſaiba propor-lhe, e dilatar-lhe os exemplos; nam pode menos que fazer, um grande progreſo em toda a materia, a
que deſpois diſo ſe-aplicar. Como intende as coizas polos ſeus
principios, julga diferentemente as ditas: e aſim ſerá util em todos

os

(1) *Ego bene animadverto,*
ex tua perdocta oratione, quod
veſtra dominatio me non ſatis
novit. alioqui non attribuiſſet
mihi tam immodicas laudes;
quibus me potius onerasti, quam
honoraſti. Equidem eas in me
non agnoſco: ſed accipio a te
amanter, tanquam ab homine
amico, & benevolo. Amor tibi
dictavit, tam bona verba. ubi
autem amor dominatur, ibi ju-
dicium non-poteſt eſſe rectum.
Interim gratias tibi babeo, quam
poſſum maximas, propter tuum
tadem erga me affectum. & ob-
nixe te rogatum cupio, ut ve-
lis in ea voluntate conſtanter
perſeverare. Vide Orationes Bau-
dii.

os feus empregos. Torno a repetir, que na Etica fe-devem inftruir os rapazes. porque ou dela pafem à Teologia, ou às Leis,
em ambas as partes é necefariílima: ou figam a milicia, ou fiquem governando a caza, em todos eftes empregos é util, e necefaria a Etica.

Quero porem repetir nefte particular uma advertencia, que
cuido fiz ja no principio da-nofa conrefpondencia; vem afer, que
eu falo com V.P. como fe faláfe com um principiante. O eftilo
didatico permete-me eftes defcuidos: e a minha repetida protefta
deve defculpalos, no-animo de V.P. o que feja dito uma vez, para fempre. Conhefo que V.P. concorda comigo nefte ponto: mas
tambem prezumo, que, tendo tido apaciencia de me-ouvir até
aqui, quererá tambem ouvir, qual é o melhor metodo de aprender ifto com facilidade. o que eu farei brevemente.

Digo pois, que a Etica em toda a fua extenfan, ou a Filozofia Moral naturalmente fe-divide, em duas partes principais. uma,
trata do-fumo bem, e modo de o confeguir; e a efta comumente chamam Etica: outra, expoem as diverfas obrigafoens do-O-
mem, a que os Eftoicos chamavam *Oficios*, que é o mefmo que
dizer, indica o que deve fazer o Omem, que fe-quer regular pola boa razam: Eftas afoens ou fam oneftas, ifto é, conformes á
lei da razam: ou fan utis fomente; de que nace outra nova divizam, defta fegunda parte. A Filozofia que confidera, as afoens
oneftas, chama-fe *Jurifprudencia Natural*, *ou Univerfal*: que é
aquela que aponta, as obrigafoens do-Omem com Deus, confìgo,
e com os outros. v.g. de um Pai com um Filho: Marido com
a Molher: Amo com Criados: Rei com Suditos: e Nafam com
outra Nafam. Em cadaúma deftas coizas aponta a *Jurifprudencia
Natural*, que coiza deve fazer, ou nam fazer, o Omem, para
fe-conformar com a reta razam: e promover a fua felicidade, e
de todos os outros omens. A parte da-Filozofia Moral que confidera, as afoens utis, chama-fe *Prudencia Civil*, *ou Politica*.
Efta trata das-afoens utis a Cidades, e Reinos: no-que fe-compreende, dirigir as afoens utis a uma familia, a que chamamos
Economia. Efta é a divizam.

Porem para formar um omem verdadeira ideia da-Etica, deve primeiro formar conceito difto, a que chamamos, *Omem*,
em quanto aos coftumes. Deve pois trazer à memoria, que o O-
mem, compofto de corpo, e alma, é uma creatura infeliz; fugeita a mil mizerias, e infirmidades do-corpo, e do animo. Porque os conhecimentos do-Omem fam muito limitados, e expoftos
a mil

a mil erros; de que a experiencia nos-dá mil exemplos; que pode confirmar com o que leo na Logica, e Fizica: e porque as
propensoens do-animo, a que chamam afetos da-vontade, padecem os mesmos inconvenientes, e nam abrasam o que podem,
e devem: o que cada omem pode provar, com o que experi-
menta em si. Considere tambem, que os costumes do-Omem, ou
aquela propensam que nos-move a obrar mais desta, que daquela
sorte, depende em muito, do-temperamento do-corpo; e às vezes
de algumas coizas exteriores ao Omem, como sam as onras &c.
o que a experiencia nos-confirma, com mil exemplos. Considerò
alemdiso brevemente, que de todas estas infirmidades tanto do-corpo, como do-animo, é cauza, a vontade-do-mesmo Omem. De
que se-conclue, que deve o Omem, em quanto pode, procurar o
remedio, a todas esas infirmidades. cujo remedio deve ser, a *suma felicidade*, ou pose de um *sumo bem*, se este é posivel: o
que por-agora nam provo, mas suponho.

Tendo estes prolégomenos, deve o estudante, para poder
examinar se o-á, e qual é este ultimo fim e samo bem, deve,
digo, ver brevemente, quais foram as opinioens dos-antigos Filozofos, sobre este ultimo fim: ou para conhecer os erros de
todas elas: ou para escolher entre elas, a mais verosimel, re-
futando as outras todas. Estabelecido isto, segue-se examinar, se
se-pode conseguir nesta vida, uma tal bemaventuransa natural.
Despois notar brevemente, (porque pertence à Teologia) qual é
a bemaventuransa sobrenatural do-Omem, e os seus dotes.

Daqui pasará a examinar, por-que meios se-alcansa ese fim.
E como os meios sam sómente, os atos umanos, deve saber,
que coiza é ato umano, e suas variedades: despois, qual seja a
liberdade dos-atos umanos. E aqui tem lugar, servir-se das-verdades da-Escritura, e algumas expresoens de PP. que nos-ensinam
como devemos falar: visto estudar *Filozofia Cristan*, nam Etnica.
Nam deve porem nesta materia embarasar-se o estudante, com as
disputas da-Escola, sobre o modo com que a ciencia divina, e
tambem o auxilio divino, nam impede a nosa liberdade. Neste
lugar basta abrasar, a opiniam mais provável; rezervando para
a Teologia, a disputa. Onde basta saber, o que a Igreja defenio
nesta materia, contra Pelagio de uma parte; e contra Lutero,
Calvino, e Jansenio da-outra. Despois, tendo intendido que coiza
é, ignorancia, medo, concupiscencia; trez coizas que se-opoem
à liberdade dos-atos; deve-se examinar, que coiza seja bondade,
e malicia dos-atos umanos, e como se-distinguem.

E sendo

E fendo que a bondade, ou malicia deles depende da-Lei, deve intender, que coiza é Lei, e qual é a origem dela. Advertirá pois, que todas as leis tem, o mefmo principio. v.g. Lei Natural, é a mefma Divina: com a diverfidade, que aquela conhece-fe pola luz da-razam: efta foi publicada, e efcrita por Deus: a lei das-Gentes, é a mefma Natural, em quanto olha para as afoens externas. A razam difto, é manifefta: porque a mefma Jurifprudencia natural que enfina, a conformar as afoens com a lei Natural, tem dois fins: o primeiro, fubordinado à Etica, paraque os omens que amam a Deus, tenham regra certa de regular as afoens. o outro fim, a que chamam fegundo, é, promover a externa felicidade de todos os omens: para o que bafta a asám externa: namobftanteque para fe-obrar bem, deva unir-fe uma com a outra. Onde, fe olhamos para cada omem só, o fim da-lei Natural confifte, na asám interna, e externa. fe olhamos para a mefma, como aplicavel a todas as Gentes, a que chamamos *Jus Gentium*; só fe-olha, para a asám externa, que é o fim imediato que Deus teve, quando criou a natureza umana. O que moftra, que lei Natural, e das-Gentes, é a mefma lei: a primeira, aplicada a cada omem: a fegunda, a todos. O que é necefario intender bem, para fe-livrar de alguns prejuizos, e mal fundadas opinioens, que fe-acham nefta materia.

Segue-fe faber, qual feja a lei divina pozitiva Univerfal, e Particular: qual a umana tanto Civil, como Canonica: ifto iftoricamente. Finalmente deve advertir, quais fam as propriedades da-Lei, *publicafam*, *interpretafam*, *revogafam* &c. o que é muito necefario, para os ditames civis. E aqui entra por-coroa faber, qual é aquela particular prudencia do-intendimento, que nos-enfina, a conformar as afoens com a Lei, a que chamam *Conciencia*: e fuas divizoens: e como fe-deve regular o-Omem, por-ela. Compreende ifto, a longa difputa das-probabilidades, que certamente nam é propria defte lugar. Onde parece-me, que baftará ao eftudante faber, o que nefte particular é condenado, e o que é tolerado: intendendo a razam natural difo, que comumente fe-enfina: que fe-reduz a ifto. Que ninguem deve obrar, contra a conciencia verdadeira, ou feja certa, ou provavel. Que a opiniam mais provavel fe-deve preferir, à menos provavel. Que a mais fegura deve preferir-fe, à provavel, fe efta tem mais fracos fundamentos. Que contra a conciencia duvidoza, nam fe-deve obrar coiza alguma. Que de dois males morais, nenhum se-deve eleger. Que os escrupulos sem fundamento, se-devem desprezar. Que quando o Omem tem conciencia erronea invencivelmente, deve obrar conforme ela. Como tambem se é vencivel, em materia indiferente. Sendo porem materia proibida, ou mandada, nam pode obrar, sem primeiro examinar, a conciencia. Isto, é o que basta saber por-agora: o mais, rezerva-se para outro tempo.

Da-conformidade das-asoens com a Lei, nace no-Omem aquilo, aque chamam *Virtude*: como tambem dos-muitos pecados se-gera o costume, a que chamamos *Vicio*. Deve pois aqui intender, qual é a ideia de Virtude. Que esta se-divide em quatro especies, a que chamam *Cardiais*, ou *Fundamentais*; porque delas nace n todas as outras. E deve saber, como obram as Virtudes. Esta doutrina, tendo recebido os principios da-Fizica que sugerimos, facilmente se-percebe: e bem se-compreende, que nam á mais que uma virtude, que é a *Prudencia*: a qual, segundo diversas aplicasoens, tem diversos nomes. Onde deve formar; verdadeiro conceito das-coizas, sem fazer cazo, do-que dizem muitas Eticas neste particular. E daqui, por-contraria razam, conhecerá, que coiza é Vicio.

A segunda parte da-Etica divide-se, como disemos, em duas partes. A primeira, é a que trata, dos-varios oficios ou obrigasoens do-Omem: da-qual agora discorreremos. Deve pois o estudante saber, quais sam as obrigasoens, que a lei Natural mostra, devo uzar com Deus, e comigo em quanto ao corpo. Despois, os oficios que um omem tem, com outro omem, ou uma Nasam com outra: tanto os *absolutos*, como lhe-chamam os Juristas, e de que nace perfeita obrigasam; como os *ipoteticos* &c. Seguem-se as obrigasoens dos-Cazados: dos-Pais, e Filhos: Amos, e Criados: Principes, e Suditos. Finalmente, para compreender tudo bem, deve saber os meios, por-que os Omens se-movem a observar as leis: a saber a Pena divina, e umana: a Guerra, com as suas antecedencias, e consequencias: Patos de guerra, e de paz &c. Esta materia nam é tam difuza, como muitos crem: pois pode-se compendiar muito bem; e com facilidade se-pode tomar ideia, de todas estas obrigasoens: porque o que agora se-procura, nam é uma longa istoria; mas a razam primaria, de todas estas obrigasoens.

Parece-me, que nisto se-compreende, o que basta ao estudante. A outra parte da-Etica, aque chamam *Jurisprudencia Civil*, ou *Politica*; e que ensina o modo, de regular as asoens dos-omens

par-

particulares , em quanto fam membros da-fociedade civil ; nam julgo fer tam necefaria , ao eftudante de Filozofia ; que nam quer fer , miniftro de-Eftado , nem ter empregos publicos . Onde por-a-gora fomente explicaria , a primeira parte da-Etica , e a Jurifprudencia Natural , que é necefaria a todo o omem . Porem quando o eftudante quizefe , feguir a Lei , &c. nefte cazo obrigaloìa , a que a-eftudáse , e completáse o eftudo da-Etica , antes de entrar na Lei . A razam difto é , porque a Jurifprudencia Civil , tam necefaria a todos os que tem empregos publicos , nam fe-pode feparar da-Etica , fem cair em infinitos erros : porque omem , que nam defpe primeiro , por-meio da-Etica , os vicios do-ani-mo ; todas as afoens defte omem , nam fam oficios , mas vicios e maldades . A Politica fem Etica , é arte de enganar : pois só é bom cidadam , o que é omem bom . Onde quem quer feguir aqueles empregos , deve unir a prudencia , com os principios da-Etica . Mas difto falarei a feu tempo : que nefte lugar nam é necefario .

Sei que alguns , que abrafam uma divizam nam defemelhante da-que infinûo , executam-na muito mal : pois enchem a Etica de difputas , futilezas , divizoens impertinentes , com o pretexto de feguir em tudo Ariftoteles . &c. Outros , introduzem longuifi-mas difputas , mais proprias de Teologos , e Juriftas , doque de Filozofos . Mas no-nofo cazo deve-fe fugir um , e outro extremo. As coizas que fam incontroverfas , ou claras , devem-fe expor brevemente : e naquelas que fam difputadas , pode-fe dar a razam clara do-que fe-diz ; e talvez refponder aos argumentos contra-rios , fem declinar para o-fofifma . Efte é o motivo , porque a Etica dezagrada a muitos : porque devendo tratar-fe iftoricamen-te , viftoque a maior parte afim fe-deve expor ; eles enchem-na de tais arengas , que nem menos um omem feito os-pode inten-der . Dificultozamente fe-acha uma Etica , feita polo modo que digo. Os que efcrevèram bem nefta materia , fam Grocio (1) , e o Baram de Puffendorf (2) : Porque aindaque antes de Gro-cio , o famozo Bacon de Verulamio defe os principios , e enfináse a eftrada nefta materia ; nam dèu porem um fiftema inteiro , com bom metodo , como o Grocio : e melhor que efte , Puffendorf.

L 2 Mas

(1) *De Jure Belli & Pacis.* 4.º *volum.* 2.
(2) *De Officia Hominis & Civis.* 16.º = *de Jure Natura & Gentium* 16.º

Mas estes sam autores difuzos, é sómente proprios para os mestres, e ambos erejes ; aindaque comumente os-leiam todos . O Muratori escreveo uma Etica em Italiano : mas tambem é difuzo, e em varias partes nam agrada a muitos , pois declina muito para sermam. Alguns Alemaens vg. Heinecio, Vitriario &c. tem escrito bem nesta materia, principalmente nestes ultimos tempos : mas nem a todos agradam. Certo amigo noso o.*** tem composto uma, que me-parece proporcionada ao intento : a qual seria util que se-imprimise : e é Latina. No-emtanto, pode-se ler Pusfendorf : e quem nam tiver outra, pode ler o compendio de Purcocio : aindaque na minha estimasam, e tambem de omens doutos, nam valha nada , porque disputa muito . Se o mestre vise, que o estudante nam podia acabála toda , bastaria que lhe-explicáse as principais partes : e lhe-encarregáse , que antes que se-aplicáse a outro estudo, a-lese e consideráse bem. Por-iso digo, que para estes principios , deve-se buscar nam livro grande, mas compendio, e claro : e em Portugal, onde ainda nam se-introduzio este estilo , é necesario uma Etica particular : e nam servem todos os livros, que em outras partes agradam .

Mas tambem devo advertir a V.P. que neste particular tanto cuidado se-deve ter , em buscar uma Etica boa , como em fugir , de todas as que sam más : achando-se muitas nocivas, e outras impias, ou pouco menos . Na clase das-nocivas, ponho a Etica do-Conde Tezauro : pois por-querer seguir muito Aristoteles, fez uma obra descarnada, cheia de muitas divizoens, e poucas doutrinas boas : o que quero se-intenda tambem, de outras semelhantes a esta. Entre as impias, a primeira é a de Mathiavelo : porque nam dizendo ele senam aquilo , que se-pratica todos os dias nas cortes, e outras partes ; facilmente inspira o veneno dos-seus principios , apadrinhado polo uzo comum . Ponho em segundo lugar, a de Spinoza Olandez , que é impia por-outro principio, tira a liberdade ao Omem : e confunde o Omem com Deus : e tudo isto debaixo de belisimas expresoens, que podem enganar qualquer. Ponho em 3. lugar Tomaz Hobbes Inglez : Este omem foi um grande Filozofo , e Geometra : e tambem em materia de *prudencia Civil* escreveo mui bem, nos-seus trez livros intitulados: *Elementa Philosophica de Cive* , aonde trata do-direito Natural , e das-Gentes . mas entre eles introduzio mil ipotezes falsas, e temerarias, e é um verdadeiro Epicureo. Locke outro Inglez famozo, tratou tambem do-direito Natural &c. com a sua costumada penetrasam, e profundidade : mas á muita gente a quem
nam

nam agrada por-certas razoens : polo menos, nam fez um corpo inteiro de doutrina. Cuido, que polos mesmos principios, nam agrada o Barbeirac. O certo é, que estes autores tem muita coiza boa, e tambem muita má. onde nam servem, senam para omens feitos, e bem fundados nos-principios da-religiam Catolica : que os-podem ler sem perigo, e deles tirar o que é util. Digo isto a V.P. porque como creio nam terá toda a noticia, destes livros estrangeiros, nam suceda enganar-se ; aconselhando a algum dos-seus amigos, ou dicipulos, a leitura destes, e semelhantes autores ; que frequentemente se-acham citados com grande louvor, por-alguns, que nam explicam, nem distinguem isto bem.

Tenho dito a V.P. o que me-ocorre, sobre o modo de completar o estudo filozofico. A alguns dezagradará este metodo, porque nam costumam aprovar, senam o que eles praticáram ; sem examinarem, se foi bem, ou mal feito. Com estes nam disputo : nem para estes escrevo. Escrevo sim para V. P.: que sei nam me-condenará, sem primeiro ouvir, e examinar, as minhas razoens. Mas nem menos amo tanto a minha opiniam, que me-persuada, que nam se-pode dispor tudo, de outra maneira : bem que a minha se-conforme, com a de muitos omens doutos. Antes sou tam docil nisto, que pode admetir, diversidade de pareceres, que eu mesmo confeso, que se o estudante quizer empregar todo o ano terceiro, com a Fizica ; nam o-condenarei : contantoque, antes de estudar alguma das-profisoens apontadas, estude a Etica, que sam os primeiros elementos. Porem devendo dizer a V. P. o meu parecer, dise como se-podia ordenar, um curso de Filozofia completo, e util nam só para regular o juizo, mas tambem as asoens da-vida : coiza que ou o omem fique em caza, ou siga alguma faculdade, sempre é necesaria. Alem diso, dei a ideia, de seguir um curso muito mais util, no-mesmo, e ainda menor tempo, doque comumente empregam em coizas desnecesarias. Se pois falamos das-Universidades, em que se-determinam 4. anos para a Filozofia, com muita mais facilidade, se-pode fazer este estudo no-4.º ano. Aindaque eu intendo, que nesas mesmas Universidades bastavam os trez anos : e nos-estudos particulares podia encurtar-se o tempo. E quando se-executáse este metodo como digo ; facilmente se-conheceria, quam diferente utilidade se-tirava da-Filozofia, doque até aqui se-tem tirado. Deus guarde a V.P. muitos anos &c.

CARTA

CARTA DUODECIMA.

SUMARIO.

Rata-se da-Medicina, que é uma consequencia da-Fizica: Nam é impropria aos Religiozos. Requizitos da-Medicina. Que o Medico, alem de Fizico, deve ser um grande Anatomico. Ignorancia da-Anatomia em Portugal, e principalmente na Universidade. Prejuizos que os Portuguezes tem nesta materia: por cuja razam, nam podem saber Medicina. Odio que os Galenicos tem aos Anatomicos, e por-que razam. Abuzo dos-remedios per-falta de boa Fizica, e Mecanica. Que os remedios, pola maior parte sam imposturas: principalmente os segredos mais louvados. Que o Galenico, nam pode ter boa pratica. Que a Cirurgia em Portugal, é totalmente ignorada. Aponta-se o metodo de estudar, a verdadeira Medicina, e Cirurgia. Apontam-se os melhores autores em Anatomia, Chimica, Medicina, Cirurgia.

MEll amigo e senhor, Recebi com grande gosto a carta de V.P. de 13. de Julho, em que me-dá noticia da-sua saude, e dos-seus trabalhos literarios felizmente concluidos. Tenho particular consolasam dos-seus lustres, e aumentos: e dezejára com todo o gosto, poder concorrer para eles. Mas se nam tenho esa fortuna, terei ao menos a satisfasam de lhe-obedecer, em coizas do-seu agrado, e empenho; como farei agora nesta carta. Devo porem advertir a V.P. que eu nam sigo o metodo, que me-insinúa nesta sua carta: porque altéra sumamente a ordem, que eu tinha establecido. Pasar logo da-Filozofia à Teologia, aindaque posa ser util aos Religiozos, é, alterar a ordem dos-tratados, e confundir as ideias aos principiantes. A materia que propuz a V.P. nas minhas duas ultimas, conduz-me a falar em duas faculdades, que sam consequencias das-ditas. Falo da-Medicina, e Jurisprudencia: porque aquela, é uma continuasam da-Fizica, e esta, da-Etica: com as quais tem mais proximo parentesco, que

com

com a Teologia . Onde , feguindo o plano ideiado, falarei nefta
carta , fobre a Medicina : na feguinte , fobre as leis Civis : venci-
das as quais dificuldades , obedecerei a V.P. no-que me-ordena.
E efpero , que , ouvindo as razoens que me-movèram , me-def-
culpe , nam feguir o fio que me-infinûa , fó por-feguir outro mais
natural .

Afimque a Medicina , é o argumento da-prezente carta . E
aqui me-parece ouvir ja , um confuzo fufurro dos-leitores , e deftes Socrates Portuguezes , que fe-efcandalizam , que um omem de
profifam regular , e de um inftituto tam apertado como o meu ,
queira entrar em feara alheia , e difcorrer em uma materia tam
diftante , fegundo eles dizem , do-meu inftituto. Tambem nifto ,
feja dito aqui entre nós , reconhefo a infinita ignorancia déftes
paîzes . Primeiramente , fe a Filozofia nam é impropria aos Religiozos , nem menos o-deve fer a Medicina : da-qual mais de
trez partes , fam pura Filozofia . Alem difo , nam acho algum canone de Concilio , que proiba aos Religiozos , dizer o feu parecer fobre a Medicina , ou Cirurgia . Polo contrario acho , que
por-muitos feculos os Clerigos Seculares e Regulares , foram os
unicos Medicos defe tempo , e os que fe-aplicáram à Fizica , e
Medicina . No-XI. e XII. feculo da-Igreja , nam avia coiza mais
frequente , que efta . Obicio Religiozo de S. Vitor , era Medico
de Luiz VI. Rei de Franfa : Fulberto Bifpo de Chartres , Pedro
Lombardo chamado o Meftre das fentenfas , Rigordo Monge de
S. Dionizio , deixando agora outros muitos , eram Medicos . Finalmente ifto era tam vulgar , que o Concilio Lateranenfe congre-
gado por-Inocencio III. no-ano 1139. confidera como um abuzo
envelhecido nos-Monges , e Conegos Regulares , exercitarem a
profifam de Medicos , e Advogados , para confeguirem riquezas .
Nam condena o uzo , mas o abuzo : viftoque defpois defe Concilio quazi trezentos anos , os Clerigos exercitáram a Medicina :
aindaque nam a Cirurgia . O que baftava , para convencer éftes
criticos , que fogem de ouvir as reprezenfoens , con o pretekto
de nam ferem feitas , por-omens da-fua profifam . Mas efta nam
é a queftam . o ponto eftá fe o que cenfura , faz ifo com razoens
boas , ou mas. O que fupofto , fem fazer cazo doque dizem éftes Senhores , darei a V. P. as minhas razoens . Se efés a quem
as-propuzer , fouberem intendèlas , e confutálas , terei particular
confolafam : quando nam , nam devem olhar para quem o-diz ,
fenam para o que diz . Aindaque fem vaidade alguma podia dizer a V. P. que talvez tenha eu eftudado mais Medicina , e afif-
tido

tido a mais anatomias, e converſado mais dias, com os que eram inſignes neſtas materias ; doque muitos , que as-profeſam neſte Reino . Mas, deixando de parte tudo iſto, digo da-Medicina, o que ja diſe da-Fizica, que neſte Reino, nam ſe-ſabe de que cor é : e que neſa Univerſidade, ſabe-ſe ainda menos . viſtoque na, Corte, à forſa de converſar com alguns eſtrangeiros , tem al‑gumas peſoas aquiſtado, noticias menos más : que certamente nam ſe-acham nas provincias . Cuido, que provarei a V.P. com fa‑cilidade eſte ponto, ſe lhe-trouxer à memoria, o que é a ver‑dadeira Medicina, e o que ja lhe-diſe, da-Filozofia deſte Reino.

A Medicina é a Ciencia, *que enſina a conſervar, e recupe‑rar a vida perfeita, e ſaude do-corpo umano.* Eſta definiſam nam tem controverſias, porque é clara, e abraſada geralmente. Da‑qui fica claro, que coiza deve ſaber o Medico: porque examina‑da eſta definiſam, e cadauma das-ſuas partes, conhece-ſe até onde ſe-deve eſtender, o conhecimento da-Medicina. Deve pois o Me‑dico ſaber 1. que coiza é corpo. 2. que coiza é corpo umano. 3. que coiza é vida do-corpo umano inteira e perfeita. 4. que coiza é vida imperfeita, e ofendida . 5. que coiza é ſaude per‑feita . 6. que coiza é ſaude ofendida. 7. que coiza até aqui tem deſcuberto o ingenho umano, para conſervar, e recuperar a ſau‑de. Eſtes conhecimentos pode ter qualquer Filozofo, ſem ſer Me‑dico. O 8. e particular do-Medico é , ſaber aplicar eſta medi‑cina, em certo tempo, e certo modo, e certa dóze &c.

Cadauma deſtas partes divide-ſe em outras, que abraſam le‑gitimamente tudo, o que é neceſario a um bom Medico. O pri‑meiro conhecimento, que é ſaber, que coiza é Corpo, traz con‑ſigo o conhecimento, de quaſi toda a Fizica. Porque ſomente ſe-ſabe que coiza é corpo, quando, poſtos de parte todos os pre‑juizos, ſe-forma verdadeira ideia do-corpo, examinando qual é a natureza daquilo, que todos conſtantemente aſentam, que é *cor‑po*: deſpois as propriedades , e todos os acidentes que lhe-com‑petem. Em uma palavra: lembre-ſe V.P. do-que lhe-diſe na Fi‑zica, que era neceſario ao omem, que queria ſaber que coiza é corpo; e aſente que tudo iſo, é neceſario ao Medico. Onde de‑ve ſaber a Geometria, e Calculo: porque ſem eſe conhecimento, nunca chegará a conhecer, que coiza é corpo, e quais ſam as forſas dos-corpos duros, e elaſticos : como tambem dos-fluidos, e mutua concorrencia deles.

Eſta noticia, é indiſpenſavelmente neceſaria , a quem quer conhecer, que coiza é corpo: e eſpecialmente neceſaria , a quem

do-mo‑

do-movimento dos-corpos deve deduzir os fenomenos, que fucedem no-corpo umano, tanto entre os folidos, como nos-fluidos
que correm por-eles : o que compreende, a maior parte da-Fizica. E nem só ifo, mas, rigorozamente falando, nem menos pode o Medico pafar-fe de examinar, os fenomenos que rezultam,
das-diverfas unioens de partes infenfiveis de corpos, a que chamam principios de fenfafoens : como fam as *cores*, *calor*, *frio* &c.
e todo o fiftema dos-Ceos, com as fuas confequencias. Das-quais
duas coizas, juntas com o que difemos, fe-compoem ifto a que
chamamos, Fizica completa. A razam difto é, porque fe nam
fe-acoftuma, a difcorrer bem neftas materias ; e em todas elas nam
faz um fiftema fundado nas experiencias, como *datos* ; e regulado
polos principios da-Matematica, que nam deixa errar nos-raciocinios, que dela fe-deduzem ; todos os momentos achará dificuldades infuperaveis. Tambem fe nam fouber, o fiftema das-Cores;
nam intenderá bem, que coiza é vizam : de que fervem os orgaons : como fe-podem curar as infermidades dos-olhos : nem poderá de repente julgar, fe efta ou aquela coiza é nociva à vifta
&c. Tambem o fiftema Planetario bem intendido, (intendo por-ifto,
nam só o diferente fitio dos-Aftros no-Univerfo, mas a confti-
tuifam fizica deles) pode livrar o Medico, de mil terrores pa-
nicos : v.g. nam querer fangrar em Lua nova, e outras ridicu-
lárias deftas. Finalmente, pode efta erudifam dar ao Medico, mil
noticias utis fobre o Ar, e mui necefarias para alcanfar a cauza,
de muitas infermidades. De que venho a concluir, que nam só o
que convem ao corpo geralmente, mas uma inteira noticia da-verdadeira Fizica, é fumamente necefaria ao Medico : e que daqui é,
que deve comefar, o eftudo da-Medicina. E tendo dito a V. P.
ifto, fica fuperfluo repetir-lhe particularmente os motivos, porque
ao Medico é necefario, faber Geometria, e Aritmetica, e as outras
partes da-Fizica. Tudo ifto explico com uma palavra, dizendo,
que o Medico deve fer, um perfeito Fizico : ifto é, deve faber
que coiza è corpo, e todas as fuas propriedades : faber bem a
iftoria dos-fenomenos naturais, e mediante o que fabe com certeza dos-corpos, ifto é, mediante a noticia da-Matematica fimplez,
deve defcobrir as cauzas, dos-particulares fenomenos que obferva.
Ifto claramente fe-colhe, da-definifam da-Medicina, e concedem-no
fem repugnancia, os mefmos Peripateticos.

Defte primeiro principio fica claro, que conceito fe-deve formar, da-Medicina defte Reino. Porque fendo todos eftes Medicos
Peripateticos, que vale o mefmo que dizer, ignorando a Filozo-

fia, e especialmente a Fizica ; é certo , que nam podem saber , coiza alguma da-Medicina . Aindaque estes Medicos lesem , algum dos-livros de Aristoteles das-coizas naturais ; como da-Gerasam e natureza dos-animais ; Meteoros &c. em que se-acham bastantes observasoens boas ; nam podiam discorrer melhor. E' certo , que o Medico que estudou aquilo , a que nas escolas se-chama , *Fizica de Aristoteles* , que consiste , em palavras gerais ; tudo explicará segundo o dito sistema : servindo-se de trez vozes , *materia* , *fórma* , e *uniam* : de 4 *elementos* , *qualidades* &c. com as quais certamente nam se-intende , o que dise Aristoteles nos ditos livros: nem se-pode tirar documento algum util , para a Fizica . Mas o pior é , quem nem menos iso lem . e apostarei eu , que nam acha V.P. um só , que saiba , que materias tratou Aristoteles . O que digo por-experiencia : pois nem menos até aqui achei , leitor algum de Filozofia nestes paizes , que me-respondese coerentemente , a esta progunta .

O Medico , pasa para a Medicina , com a noticia que tem na Fizica . e como ja em outra carta mostrei a V.P. que os que seguem o Peripato , nam podem saber Fizica ; fica claro , que coiza pode saber o Medico , que nam estudou , as coizas necesarias para a Fizica : que ignora , que coiza é corpo : e que nem menos sabe , que esta noticia nam se-pode ter , sem um perfeito conhecimento da-Matematica simples. Nem cuide V. P. que engrandeso muito a minha propozisam : eu o-deixo à sua experiencia , e fico certo , que , se difer a algum Medico , que a Medicina nam se-pode saber , sem estas Ciencias ; á-de ouvir grandisimas rizadas . o que certamente provèm , de nam saber , que coiza é Fizica . Na verdade intender , que podem saber que coiza é corpo , sem considerar o corpo , polo modo que apontamos , é loucura . E nam menos Aristoteles apadrinhára tal opiniam : pois conhecia ele muito bem , que sem o movimento , e suas propriedades ignora-se que coiza seja a natureza corporea : e o-deu mui bom , a intender com o exemplo , vistoque estudou a Matematica : nem podia ser de outro modo , tendo estudado na escola de Platam .

O segundo requizito consiste em saber , que coiza é corpo umano . E este é o principal emprego do-Medico : vistoque neste é , que se-deve empregar , a sua ciencia . Onde nam basta saber , que coiza é corpo , e o que compete em geral ao corpo : mas particularmente deve saber , o que é corpo umano . Damesma sorte que o relojoeiro , nam basta que saiba , que coiza é metal , mas é necesario saber , de que partes se-compoem o tal relojo , e que

figu-

figura, e uzo tem . Sem efte conhecimento, poderá falar muito; mas nam faberá, que coiza é relojo : que lhe-falta: e como fe-corfexta . O nofo corpo é uma machina idraulica, muito mais perfeita, que um relojo: pois nele vemos os vazos, e fluidos, que correm por-éles ; e os ofos, que fuftentam toda machina . Bafta ver o corafam, e as arterias, e veias que nacem dele (as arterias produzem novos ramos laterais, para diftribuirem o fangue por-todo o corpo: o qual recebe-fe nas veias, que o-reftituem ao corafam) e alguns outros vazos, para fazer as feparafoens ; para fe-capacitar bem, do-que dizemos. Quem nam tem efte conhecimento da-Anatomia, e os que dele fe-feguem, nam é capaz de faber Medicina . Difcorra quanto quizer o Galenico, fobre as quatro qualidades ; fe nam chegáfe a conhecer, a circulafam do-fangue, ignoraria o que fam muitas infermidades, e como fe-curam . Quem nam conhece, a machina dos-vazos, nam pode faber, por-qué razam a fangria na veia, pode fer util às vezes; e na arteria comumènte é prejudicial : mas pode aver ocazioens, em que feja necefaria na arteria : Nem menos poderá faber, como fe-curará a arteria picada com a lanceta, e outras coizas femelhantes. Concedem os mefmos Galenicos, que defpoisque Harveo defcobrio, a circulafam do-fangue, a Medicina tem-fe adiantado e aumentado muito . Mas fe quizefem confiderar melhor a materia, achariam, que fe nam fe-continuar, o eftudo da-Mecanica do-corpo, feguindo o mefmo metodo de Harveo ; nam fe-poderám faber, as cauzas de outras infermidades. Finalmente, nifto convem todos, os que tem juizo.

Mas efte conhecimento Anatomico, é o que nam fe-acha nefte Reino, e muito menos nefa Univerfidade : onde de Anatomia, nam fabem fenam o nome. Eftes Portuguezes vivem perfuadidos, que profefor Anatomico, rarifimas vezes é bom Pratico . e com efta ideia lem só alguns termos, para uzarem deles nas-confultas; (que é o mefmo que dizer, para enganarem o mundo, dando a intender, que fabem Anatomia) e tudo o mais, dizem que pertence, ao Cirurgiam pratico. Na Univerfidade, aindaque aja uma cadeira de Anatomia, nam tem exercicio : pois só duas vezes no-ano fazem a tal Anatomia, em um carneiro ; cujas partes fe-moftram na efcola. Nam fei fe V.P. póderá ler ifto fem rizo : eu certamente eftou-me rindo, quando o-efcreveo. Querer faber a anatomia do-omem, pola do-carneiro, é uma ideia nova. Pois aindaque as anatomias dos-animais ajudem, para formar conceito, de algumas partes do-omem ; contudo, primeiro fe-devem examinar mui bem no-cadaver do-omem : e ainda defpois de obfervar nos-animais, é necefario tornar a confirmar, a mefma noticia no-omem, para ver fe concorda. Obferve V.P. a *vulva*, ou *madre*, como aqui lhe-chamam, de uma cadela, de uma corfa, de uma coelha, e achará, que nam só fam diferentes entre fi, mas diferentes do-utero da-molher. Alem difo, o que eles moftram no-carneiro, fam as partes maiores : e nam fam eftas, as que dam ideia da-Anatomia. Quanto ao perfuadir-fe, que os Anatomicos fam maos Praticos, efta ideia é já mui velha nos-Galenicos, porque nem fabem Anatomia, nem Medicina : e afim dizem mal, daquilo que nam intendem. E coiza digna de rizo, que a um omem que cura o corpo umano, aja de fer prejudicial, conhecer que coiza é efe corpo umano. E é coiza digna de compaixam, que a omens que eftudam Medicina, faia da-boca femelhante erezia ! Por-pouco que eftes omens confiderafem a materia, conheceriam, que faber o uzo das-partes do-corpo umano, é indifpenfavelmente necefario na Medicina : coiza que o feu Galeno conheceo, pois efcreveo um tratado defta materia, e chamou à Anatomia, *Oculus dexter Medicinæ*. Ora é certo, que, fem perfeito conhecimento das-partes, nam pofo faber o uzo delas : e confeguentemente, da-Anatomia depende tudo.

Alem difo, fe a pratica confifte, em conhecer a cauza particular, defta determinada infermidade, e podèla curar ; que impedimento feja para ifto, faber Anatomia, eu nam alcanfo. Formará melhor conceito, da-cauza de uma infermidade, quem nam fabe onde ela fe-forma, doque quem o-fabe ? intenderá melhor a cauza, de qualquer dor do-corpo, quem nunca vio um corpo aberto, doque quem é pratico das-entranhas ? Que omem de juizo fe-perfuadirá defta propozifam ? Como é pofivel, que pofa um omem, emendar algum vicio dos-olhos, fe nam conhece a eftrutura deles ? Como á-de julgar, que coiza é uma aneurifma na Aorta, na Celiaca, nas arterias Iliacas &c. fe ignora a fituafam, e eftrutura defas partes ? Porque modo chegará a conhecer, fe em alguma parte fe-acha algum cirro ; fe a molher tem algum defeito organico nas partes da-gerafam, v.g. a boca do-utero torta, ou coiza femelhante ; como advertio bem o doutifimo *Lifieri* ; fem ter um perfeitifimo conhecimento, da-Anatomia defas partes ? Certo é, que fem efte conhecimento, poderá aplicar mil remedios : mas todos inutilmente. Mas efta é antiga cantilena dos-Arabes Galenicos : querem curar as coizas, com difcurfos aereos : E como a fua Fizica aprende-fe fomente nos-feus livros,

mas nam na natureza ; afim tambem a fua Medicina , intendem
fe-deve eftudar no-Gabinete , e nam no-Ofpital , ou teatro Anatomico. Dizem mal dos-Anatomicos , porque eftes , confiderando
o corpo como uma machina , como na verdade é , conhecem,
que muitas infermidades fe-podem curar , fem tantos remedios . Os
Galenicos polo contrario , fundam-fe em receitas grandes , e cu-
ram às apalpadelas . Efte é o principio , de odio tam intranha-
vel .

Defte principio fe-colhe , que devem ignorar o 3. e 4. requizito , da-Medicina . Aindaque feja preocupado o Galenico ,
cuido que nam poderá negar , que o faber que coiza feja , vida
inteira e perfeita do-corpo umano , e vida mutilada e imperfeita,
é indifpenfavelmente necefario ao omem , cuja ocupafam confifte,
em fazer que defa vida imperfeita , fe-reftitua o doente para uma
perfeita vida e faude . Tomára pois que me-difefe efte tal Galenico , como fe-pode faber , como vive o Omem , fem faber dif-
tintámente , de que partes fe-compoem ? O faber como vive,
confifte no-faber , o uzo das-partes : e o faber efte uzo , fem faber
quais fam as partes , é um paradoxo bem galante !

O mefmo digo do-5. e 6. requizito , que fam confequencias
deftes dois . A faude perfeita confifte principalmente , no-devido
uzo das-partes necefarias à vida : a imperfeita polo contrario : e
tudo ifto fe-funda em faber , quais fam as partes , e o feu uzo.
Deixo agora o 7. e 8. requizito : porque deles falarei em feu
lugar . O que difemos dos-feis apontados moftra bem , que , fem
um perfeito conhecimento da-Anatomia , nam fe-podem faber as
cauzas , de muitas infermidades : fem conhecer as quais , nam é
pofivel dar-lhe remedio , ou dezenganar um doente , que o-nam-tem,
e poupar-lhe efa defpeza . Achám-fe infermidades extraordinarias,
cuja cauza só fe-defcobre , quando fe-abre o cadaver . Li em
Boerhaave a iftoria de uma doenfa fingular , que dois Medicos
tam grandes , como ele , e Albini , nam puderam conhecer, pola
fua fingularidade . Aberto o corpo , achou-fe que era , uma rotura no-*efophago* perto do-ventriculo , pola qual faiam todos os
liquidos que bebia o doente , e entravam na concavidade do-peito,
produzindo orriveis fenomenos , e martirios no-pobre doente.
Achám-fe mil relafoens de femelhantes infermidades , cujas cauzas
só fe-defcobriram , com a Anatomia . E que faria um Galenico
em tal cazo ? aplicaria mil remedios , empobreceria , e confumi-
ria o doente.

Bafta ler o famozo tratado do-*Boneli* , intitulado *Sepulcre-*
tum

tum Anatomicum , fem falar agora em outros , para intender ,
que fem a anatomia dos-cadaveres , nam podiamos defcobrir a
cauza, de infinitas infermidades : fem conhecer as quais cauzas ,
nam fe-podem curar. Que Medico , ou Cirurgiam dará pronto
remedio , à infoportavel dor do-Panaricio interno malino , que im-
provizamente afalta , cauzando às vezes dezefperadas dores , convulfoens , dilirios , febre , gangrena , e a morte ; e tudo ifto fem
ver-mos ao principio , aparente tumor no-dedo , nem outro final:
fe acazo nam for perfeitamente informado , da-eftrutura do-dedo:
que tem o feu tendine cheio de vazos , nos-quais pode formar-fe
uma obftrufam , ou inflamafam : A qual certamente nam faberá
remediar promtamente , quem nam conhece bem , que partes á
no-dedo . As obfervafoens Anatomicas do-diligentifimo *Santorini* ,
confirmam o prezente afumto : alem de infinitas obfervafoens , de
famozos Anatomicos , e Medicos . No-tempo de Galeno nam faltava quem julgáfe , que nas arterias nam ouvèfe fangue : e nem
menos na *aorta*: porque , fegundo diz *Cornelio Celfo* , intendiam,
fundados na opiniam de Erafiftrato , que a inflamafam fe-origi-
náfe , quando o fangue entrava nas arterias : que eles cuida-
vam eftarem vazias : e dos-quais galantemente zomba Galeno .
Mas oje , defcuberta a circulafam do-fangue , manifefta a Anatomia , que continuamente corre polas arterias o fangue : e que
obftruindo-fe as extremidades defas arterias na-parte eftreita , nace
a inflamafam . Mas eu profigo ; e progunto , quem enfina a fangrar copiozamente na Apoplexia procedida da-Pletora , fenam
o-ter conhecido , por-meio da-Anatomia , as extravazafoens fu-
cedidas no-cerebro , por-cauza da-muita copia de umores ? E,
tornando outra vez ao mefmo *Boerhaave* , nam deixarei de fazer
memoria , de outro cazo que lhe-fucedeo , em que a Anatomia , e
o bom raciocinio , livrou úm omem da-morte . O cazo é efte . A
certo cavalheiro fucedeo uma forte convulfam , na queixada infe-
rior , cauzada de grave contrafam do-mufculo crotofite : e tam
violenta , que nam podia comer , nem abrir a boca de modo algum . Nam deixáram os Medicos de lhe-fazer tudo , o que enfi-
nára uma longa experiencia , com medo , que nam morrèfe de fo-
me : e até procuráram abrir-lhe com forfa a boca : mas fem fruto.
Chamado *Boerhaave* , e informado do-cazo , difcorreo afim : Os
mufculos tem a fua asám de contrair-fe , por-cauza do-influxo
do-fangue , que conduzem as arterias , e do-fuco nerveo , que
conduzem os nervos . onde deminuindo-fe a copia de um deftes,
diminue-fe a asám dos-nervos. Ifto pofto , ordenou a arteriotomia

mia

mia na fonte: e no-mefmo inftante abrio o doente a boca. Progunto: intende V.P. que efta dedufam pode fazer-fe, fem noticia
da-Anatomia, e grande noticia da-Mecanica? certamente quem
nam tivefe eftes fundamentos, aindaque tivefe mil anos de pratica, nam concluiria, nem tiraria documento algum util. Finalmente, digo tudo em uma palavra. Quem diz, que a Anatomia é
prejudicial ao Medico, nam fabe a antiga obrigafam do-Medico,
de fer bom Cirurgiam, e, por-necefaria confequencia, otimo
Anatomico: paraque do-conhecimento das-doenfas externas, pafe
a conhecer as internas, como nos-enfina *Boerhaave*, e *Ipocrates*.
E ainda aqui me-fica outra circunftancia, e vem afer: que até
para a Republica, é necefaria a Anatomia. Pois proguntado um
Medico, ou Cirurgiam polo Magiftrado, que declarem, fe uma
ferida é mortal, ifto é, fe fe-acha ofendida uma das-partes, necefarias à vida: como pode formar reto juizo, fe ele nam fabe,
por-meio da-Anatomia, quais fam efas partes? Finalmente ifto é
tam claro, que só os cegos ou loucos o-nam-intenderám. E de
pafagem note V.P. que os Portuguezes fem o-querer, o-confefam: porque eles elegem um Medico, para Cirurgiammór do-Reino. uma de duas, ou ifto é uma aparencia de comedia, e tanto vale nomiar aquéle, como um fapateiro: ou o Medico deve
tambem fer Cirurgiam; que é o mefmo, que Anatomico.

Mas, dirá V.P., com toda efa Anatomia os omens morrem, e muitas doenfas nam fe-curam. Concedo: E o mefmo,
ou pior fucederia, fe os omens fofem compoftos de canais de
bronze: e talvez nefe cazo morreríam mais de prefa, que agora:
como vemos nos relojos, que certamente duram menos, que os
omens. Nunca me-pafou pola imaginafam, querer que os Medicos, tivefem a virtude de fazer milagres, ou de emendar os
defeitos da-natureza, corrutá polo pecado. Sempre ouveram, e
averám doenfas incuraveis. Se muitos morrem, por-necefidade
da-natureza, é certo que muitifimos faram, com o beneficio
da-Medicina. O que digo é, que conhecendo a infermidade, ou
aplicará o remedio que tem, ou dezenganará o doente. Se os
que eftudam muito nos-corpos mortos, as cauzas das-infermidades, fabem ainda muito pouco; confidere V.P. o que faberá,
quem nada eftuda, e nunca vio corpo aberto?

Nem eu pofo intender, a incoerencia deftes feus Medicos
Portuguezes, em materia de Anatomia. Se ela é fuperflua, e
prejudicial à Medicina, nam deviam nem menos confentir cadeira
na Univerfidade; nem permitir, que fe-moftrafem as partes nas

aulas. Se é util, deve-fe enfinar bem : e nam bafta moftrar as partes principais : mas as miudas, e miudifimas. Todos fabemos, que os carneiros tém bofes, figado, bafo, corafam, bexiga, tripas, miolos. &c. para moftrar ifto, nam é necefario abrir os corpos. Se nifto á utilidade, é necefario conhecer, a cónftituifam intrinfeca dos-vazos, para formar conceito dos-fenomenos, que fucedem neles. o que certamente nam fe-ve na fuperficie, mas com um exame canfado, e repetido. Ainda nam achei Medico Portuguez, que formáfe verdadeira ideia, de como circula o fangue nos-vazos, e de que naee o movimento do-corafam. Polo contrario achei muitos, que nem menos fabiam, onde eftavam as veias. Em certa caza me-achava um dia, em que um Medico famozo receitava fanguixugas, no-orificio do-*podex*, para aliviar certas dores de cabefa. Proguntei-lhe a razam da-receita: e ele com voz magiftral refpondeo, que era clara: Viftoque da-cabefa até a dita parte, vinham duas veias direitas, pola qual via fe-defcarregava. Confefo, que nam podia conter o rizo: mas a prudencia, e atenfam que devia à dita caza mo-fufocou. faí porem bem capacitado, de quanto valia o dito doutor em Anatomia: e quanto bem intendia, aquilo mefmo que receitava.

Se V.P. me-progunta, d'onde provèm o odio, que os Galenicos tem à Anatomia: cuido que nam me-canfarei muito, em lho-provar. Provèm dos-principios que bebèram, na Filozofia Peripatetica. Efta Filozofia nam fórma ideia das-coifas, fobre as mefmas coizas: quero dizer, nam fórma idea da-natureza, fobre a mefma natureza: mas das-ideias que tem formado, pola leitura dos-fens autores, é que finge a natureza. Afentam, que a natureza é aquilo, que lèram nos-feus livros; e ao defpois reduzem tudo, o que obfervàram na natureza, aos principios que tém bebido. Nenhum Peripatetico toma o trabalho de examinar, que coiza é aquilo, a que todos chamam *corpo* : quais as fuas propriedades, nam Senhór. Leem-no-feu livro, que *corpo* é a *quantidade* : e que efta fe-diftingue da-*materia* : e daqui faiem dizendo, que a *materia* nam é corpo, mas corporea : que a luz nam é corpo, mas corporea : e outras coizas femelhantes : As quais quando V.P. aperta que lhas-próvem, nam acham que refponder : quando lhe-moftra experiencias, que nam fe-podem explicar naquela fentenfa, ficam mudos.

Defta mefma forte difcorrem fobre o corpo umano. Dos-principios que tem bebido, faiem as qualidades do-corpo; faie a fórma cadaverica; e outras ridicularias deftas. Se o Peripatetico to-

tomáse o trabalho de confultar efe corpo, e ver, que fe-intende muito bem, o movimento do-fangue polos vazos, (efte é o que tem em pé efta machina, a que chamamos, *corpo umano*) fem recorrer a qualidades ocultas &c. conheceria, que as *qualidades*, e as *fórmas cadavericas*, fam palavras fem fignificado. Tornemos ao exemplo de um relojo que parou, porque fe-entortou um dente de uma roda, ou fe-rompeo a cadeia. Tambem eu poſo dizer, que entrou a fórma cadaverica no-dito relojo, porque lhe-faltou a ultima difpozifam, para a fórma de relojo, que produzia o movimento. Mas dizendo ifto, moftro nunca ter vifto relojo: e qualquer relojoeiro me-dirá, que fou louco: que nam á tais fórmas, que fejam vida do-relojo; ou por cuja falta ele pare: mas que tudo confifte, no-fimplez artificio: o qual nam fe-pode mover, fe alguma roda fe-defmancha, ou fe-embarafa. O mefmo digo do-corpo umano. Se os omens nunca tivefem vifto, a eftrutura interna do-corpo umano; eu lhe-perdoàra, que conjeturafem: mas fe nós eftamos vendo manifeftifimamente, que é um relojo, que recebe a vida da-circulafam do-fangue; feremos loucos fe comefar-mos a falar, em fórmas, ou qualidades; coizas de que nam temos ideia, nem prova alguma. Bafta olhar para a fabrica dos-bofes, para intender ifto. Nós fem ar nam podemos viver, nam por-outra cauza, fenam porque efte ajuda, a circulafam do-fangue: o que fe-moftra, com as experiencias feitas, na machina de Boile: ou nas experiencias que fe-fazem, em animais abertos vivos. Do-que claramente fe-colhe, que um determinado movimento, tem em pé efta machina: para conhecer a qual, é necefario conhecer, o principio defte movimento. Certamente que o movimento dos-liquidos polo corpo, fem olhar para as qualidades, é o que fuftenta efta machina. Onde, efte conhecimento é necefario ao Medico: o qual cura muitas infermidades, fomente com fazer, que fe-movam os umores adelgafados, folidar os leves &c. e ifto fem recorrer, *a peleijas de fais, chamas de exxofre, qualidades ocultas do mercurio*: que fam vozes, de que uzam muito os Chimicos, e que comumente nada fignificam. Prova muito bem Boerhaave com varios exemplos, que, eftando inteiro o folido, e liquido do-corpo vivente, e fomente cefando o movimento, cefa a vida: tornando, refucita. Ve-fe ifto claramente, em um omem que defmaia: no-qual pára o movimento, que faz circular os umores. bafta mover os nervos, deforteque a materia movente do-corafam fe-mova; e no-mefmo tempo refucita o omem: fem tantos fermentos, e efervecencias &c.

Como fe-vio naquele omem, que, tendo-fe efvaido em fangue;
fomente cóm beber um caldo de vitéla, que lhe-faia puro polas
roturas das-veias; fe-confortou, e vivea. As Aves, Infectos &c.
interifados com o frio, quando recebem algum moderado calor,
refucitam. E alem difo um animal morto, porque fe-deftruira
o *Torace*, aplicando-lhe um fole à *laringe*, e afoprando-lhe os
bofes, refucitou.

Se advertife mui bem ifto o Peripatetico, reconheceria quantas falfidades afirma, quando diz, que a alma racional é aquela,
que faz comque viva o corpo: que eftá unida ao corpo por-uma uniam corporea &c. Nada tém que fazer a alma efpiritual,
com a vida fizica do-corpo: fendo certo, que a alma nam pode
fazer coiza, que nam conhefa: e a alma ignora, o que fucede
dentro do-feu corpo. Deus infundio a alma no-corpo, para o governar, e fervir-fe dele como inftrumento, para algumas coizas.
mas quanto à vida fizica, é certo que a alma ignora, o que fucede nele. Ifto baftava; para dezenganar os Peripateticos, e
moftrar-lhe, que efta tal vida nam depende da-alma: e confequentemente que outra coiza, e a que o-tem em pé. Se acazo, con-
fervando-fe a machina inteira, Deus feparáfe a alma do-corpo;
é fem duvida, que efte corpo viviria, e fe-confervaria, como
atualmente fe-move. O que fe-colhe manifeftamente, do-que fucede ainda nefta uniam: pois, ou a alma efteja efperta, ou impedida com o fono; as funfoens do-corpo fazem-fe da mefma forte, femque a alma conhefa nada difto: e muitos andam dormin-
do &c. Onde concluo, que fe o Peripatico quizefe fazer reflexam nifto, fe-dezenganaria, que o corpo deve-fe confiderar, como uma machina: e que nam devemos mifturar a alma, com
as funfoens do-corpo. Defta forte intenderia melhor, que coiza
era corpo: e diria coizas, que todos intendefem, e tivefem a-
parencia de verdade, e podefem fervir à Medicina, e Anatomia.
Mas falando em *qualidades, difpozifoens*, e outras coizas deftas, contrareia a propria vifta: embrulha tudo: e nam pode
fervir em modo algum, para a Medicina: a qual nam deve curar um corpo imaginario: mas deve curar efte corpo que nós temos, polos finais que obferva nele. E efte é o motivo, porque
V.P. ve aqui, tanta ignorancia nefte particular.

Deftes mefmos principios nacem muitos danos: nos-quais
todos tem influxo, a Filozofia Peripatetica. pois nam fó obriga
defprezar a Anatomia, com a qual fomente fe-pode formar, verdadeiro conceito do-corpo umano; mas impofibilita um omem

para

para buſcar autores, que o-dezenganem. Examine V.P. o metodo que ſegue um eſtudante, que entra neſa Univerſidade, para
eſtudar Medicina; veja que autores eſtuda; e ficará bem perſuadido, que nam é poſivel, que eſte omem ſaiba nunca Medicina. Todos eſtes Medicos ſam Galenicos: e todos fundam o ſeu
ſiſtema, na Filozofia Peripatetica: e todos ſe-enganam dameſma
ſorte, que ſe-enganou Galeno: o qual, aindaque intendèſe bem
Ipocrates, e às vezes obſerváſe bem; quando porém quiz dar razam da-experiencia, ſempre recorreo à ipoteze, e explicou-ſe mal.
Galeno era Ariſtotelico, e com a capa de interpretar Ipocrates,
introduzia as ſuas opinioens por-uma arte nova: e as-atribuía algumas vezes, a Ipocrates, quando naverdade eram ou ſuas, ou
Ariſtotelicas. Ainda deſpois que reſucitou na Europa, a Medicina
Ipocratica, o que ſucedeo no-ſeculo 16.º, em que os Medicos
reconhecèram a neceſidade da-experiéncia para a Medicina; acham-ſe
muitos, que obſerváram bem, e diſcorrèram muito mal. Tam
certo é, que o mào principio de Fizica deſtrue tudo, o que ſe-aprende, aindaque ſeja bom! Tem alem diſto outro perigo: porque
quem eſtá preocupado por-alguma opiniam, nam obſerva mais, que
o que lhe-tem conta: e tudo regûla polas idéias que tem: deſorteque nam eſcreve a iſtoria ſincera, do-que naverdade foi o fenomeno. E aſim, pouco ſervem as ſuas relaſoens a um omem, que
ſó buſca dezenganos.. Onde ſem mais exame digo a V.P. que tudo o
que ſe-chama Medicina, deſde o ſeculo de Auguſto, até o fim do-ſeculo decimoſexto, ſe-deve deſprezar. Para nam parecer enca-
recida a minha propozifam, lance V.P. os-olhos, para o que era a
Medicina neſe tempo; e para as mudanſas que teve, até o ſeculo paſado.

Os primeiros omens foram os primeiros Medicos de ſi, e
dos-outros: pois é crivel, que aſim que ouveram infermidades,
procuráram livrar-ſe delas. Coſtumavam os que ſaravam, eſcrever
os remedios, com que o-tinham conſeguido: cujas receitas ſe-de-
pozitavam nos-templos. No-Egito, e Babilonia (1) expunham-ſe
os doentes nas praſas publicas, paraque os que paſavam, os-acon-
ſelhaſem, cazo mais que tiveſem padecido, os meſmos males: e
todas eſtas noticias ſe-conſervavam. Mas, a falar verdade, eſta
ſorte de Medicos eram puros mezinheiros, e toda a ſua Medicina
era *Empirica*, ou experiencia. Digam o que quizerem os que, fundados em Omero, pertendem moſtrar, que no-tempo do-ſitio de

N 2 Tro-

____

(1) Herodot. *l.* 1. *c.* 197. Strabo *l.* 3. *p.* 195. & *l.* 16. *p.* 746.

Troja avia alguns Medicos famozos, o certo é, que nam fabemos nada defe tempo: e fomente uns 450. anos antes de Crifto, é que a Medicina comefou a tratar-fe, com algum fiftema. Eftes primeiros Medicos nada mais eram, que os Filozofos defe tempo. *Pitagoras* era Medico (1). *Empedocles*, *Democrito*, e alguns outros tambem o-foram. Eftes omens, como tinham profunda noticia da-Fizica, facilmente defcobriram as cauzas, de algumas infermidades, e as-curáram. Mas *Ipocrates*, que floreceo 400. anos antes de Crifto, foi o que deo metodo, à Medicina daqueles tempos. Nacido na Ilha de Coo, em que era adorado Efculapio Deus da-Medicina, pode informar-fe das-receitas, que, fegundo o antigo coftume, fe-guardavam naquele templo. E como era bom Matematico, e Fizico, foube obfervar bem, e verificar efas mefmas experiencias: deforteque foi o primeiro que nos-deo, um corpo de Medicina. O que digo principalmente, dos-Aforifmos; que, nam obftante alguns erros que tem, fempre os-confirmou a experiencia. Os que feguîram *Ipocrates*, e os confelhos que ele dava, a feu filho, fizeram algum adiantamento, na Medicina: como *Areteo* de Capadocia, e *Cornelio Celfo* Romano, dos-quais exiftem as obras; e algum outro. Mas pouco defpois degenerou. No-feculo de Augufto, acha-fe um certo *Afclepiades*, de Bitinia, que parece fer o primeiro, que reduzio a Medicina, a pouca ciencia, e muitas palavras. Defviou-fe totalmente das-regras de *Ipocrates*, e fez um metodo novo, que agradou muito aos feguintes. Dos-Romanos rarifimo fe-aplicou à Medicina. No-fegundo feculo de Crifto floreceo *Galeno*, de Pergamo. Efte omem, que tinha grande merecimento pefoal; e que obfervava com atenfam; e que curava muitas infermidades bem; e que, alem da-Filozofia, tinha eftudado Matematica; fegundo o eftilo dos-melhores Medicos daquele tempo: foi porem a cauza principal, de degenerar a Medicina, como ja dife. Comentou *Ipocrates* bem, em quanto a alcanfar o fentido: mas em quanto as explicafoens, muito mal. Quiz dar razam de tudo: e como a fua Filozofia era Peripatetica, que, aindaque naquele tempo era menos má, doque no-prezente, contudo inclinava infinitamente para a efpeculafam; daqui veio, que tropefou nas ipotezes: e, explicando as coizas por-efte metodo, fez mui mao fervifo à Medicina. Defpois difo, fe tiramos um ou dois, que floreceram ate o 4.º ou 5.º feculo, os quais, aindaque Galenicos, nam diferam

(1). *Cornelius Celfus, in Præfat*

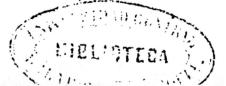

feram mal em algumas coizas ; tudo o mais que fe-fegue *inclufive* até o feculo 16.º é ignorancia . As inundaſoens dos-Barbaros, impedîram os progreſos das-Ciencias : e os que entre eles ſe-qui-zeram aplicar a elas, arruinaram-nas ainda mais . Falo dos-Mao-metanos : os quais deſde os principios do-feculo IX., tendo tra-duzido as obras dos-Gregos em Arabio , e deſprezando tudo o mais , só ſe-agradáram de *Ariſtoteles*, e *Galeno* : mediante os quais, e ſegundo os ſeus principios , é que abrasáram *Ipocrates* . Toda a ſua Filozofia era Peripatetica : a qual comentáram deforte, que dalí naceo eſta nova ciencia . E como por-ela ſe-regulavam os diſcurſos de Medicina , fica claro , que coiza podiam adiantar nela .

Foram os Arabes aqueles, que nos-comunicáram as ditas duas ciencias : pois no-tempo em que no-Ocidente tudo era ignoran-cia , os Arabes na Azia , Africa , e Eſpanha floreciam na Medi-cina , Chimica , Geometria , Aritmetica , Aſtronomia . E nunca eſtudáram ¡mais , doque no-tempo emque no-Ocidente, era maior a ignorancia , por-cauza das-muitas guerras dos-Normandos &c. o que ſucedeo no-ſeculo X. e XI. Como nam ſe-canſavam , com os livros Fizicos de *Ariſtoteles*, mas ſomente eſtudavam , os oito de *Phyiſico auditu*, que tem parenteſco com a ſua Metafizica , e Logica ; bem ſe-ve , que coiza podia ſer a ſua Fizica . Acre-cento a iſto , que nam cultiváram a Anatomia : a qual, ainda que muito imperfeita entre os Gregos , contudo era conhecida, e eſtimada entre eles . Comque faltando-lhe a Anatomia , e na Fizica diſcorrendo com palavras gerais ; na Medicina nam podiam diſcorrer melhor . Com efeito eſta era a ſua Medicina . Funda-va-ſe toda em diſcurſos ſobre as quatro *qualidades*, ſobre alguns antigos remedios , ſem mais exame : e aprendiam a ſua Medicina, nam obſervando no-campo , ou nos-oſpitais , mas diſcorrendo , e ſutilizando no-gabinete . Eſte era o eſtado da-Medicina entre os Arabes : a qual juntamente com a Filozofia de *Ariſtoteles*, nos-co-municáram no-XII. ſeculo . E como todos os Medicos , que ſe-ſe-guíram deſpois , diſcorreſem , com pouca diferença , fundados nos-meſmos principios ; devemos fazer deles o meſmo cazo , que dos-Arabes .

Ainda deſpois que os noſos reconhecèram , a neceſidade da-Ana-tomia , e ſe-aplicáram a ela com fervor , o que ſucedeo no-meio do-feculo XVI. continuàram os Medicos , a diſcorrer muito mal. Nem podia ſer de outra ſorte : continuando de ſervir-ſe da-Fi-lozofia Peripatetica ; a qual impede fazer as-experiencias , e

eſas

esas que se-acham, as-explica muito mal. Ouve ainda outra razam, e foi, que nese tempo apareceo *Paracelso*, e os seus sequazes, como *Helmont*, que resucitáram a Chimica: e querendo fugir de *Galeno*, e dos-*Arabes*, de quem diziam muito mal, deram em outro extremo pior, que foi, querer curar tudo com a Chimica: reduzindo tudo a alguns *sais*, *enxofres*, *terras* &c. que sam palavras, ou explicasoens sem significado. Agradou esta Medicina a muitos: outros continuáram com a Galenica. o que durou até os principios do-seculo XVII. em que *Harveo* abrio os olhos aos Medicos, com a circulasam do-sangue, que mostrou no-ano 1628. Onde, desde o seculo de Augusto, ou, a fazèlo mais barato, desde *Galeno* até *Harveo*, nam se-deve fazer cazo, de escola alguma de Medicina. Despois de *Harveo*, nam se-abríram os olhos ao mundo derepente. Ouveram naverdade nese tempo alguns omens, que escrevèram muito bem, e reformáram o estudo da-Filozofia, e consequentemente da-Medicina, mas V. P. nam ignora, que nese tempo aparecèram os Cartezianos, e Gazendistas, que duráram até o fim dese seculo: os quais com as suas ipotezes fizeram muito mal à Fizica, e Medicina: supondo coizas, que nam avia. Ainda os que nam eram Cartezianos, mas somente seguiam a Medicina Mecanica, fundando-se na Matematica; como *Borelli*, *Bellini*, *Bernoulli*, *Keill* &c. aindaque fosem tam praticos da-Matematica, e mostrasem o modo, de racionar sem engano; contudo algumas vezes se-enganam, porque supoem coizas, que nam estam provadas. Finalmente, somente despoisque se-abríram as Academias Regias, que foi despois do-ano 60. do-seculo pasado, é que a Medicina comesou a melhorar em tudo, porque tambem a Fizica o-comesou: da-qual depende em tudo, e por-tudo. *Newton*, que entam floreceo, deo-lhe a ultima mam: e pouco a pouco até o fim dese seculo, se-foi introduzindo, e no-prezente, se-pratica com aplauzo. De que concluo, que até *Harveo*, nam devemos fazer cazo destes Galenicos: tirando algumas observasoens, que fizeram alguns dos-ultimos, menos prejudicados. Despois de *Harveo*, até o tempo das-Academias, é necesario proceder com cautela e escolher o que dizem com verdade, e separálo das-supozisoens: e nam admetir nada, que nam seja admetido por-todos, e provado evidentemente. Verdade é, que em muitas partes v.g. nas Espanhas continuáram nese tempo, e ainda no-prezente, os autores Galenicos: e em outras partes ainda se-acham Cartezianos, e Gazendistas. Mas deses nam falamos; porem somente do-metodo

que

que fe-defcobrio para adiantar , e emendar a Filozofia , e Medicina.

Sendo pois efte o fiftema defte Reino , em que todos fam
Galenicos; baftava ifto para provar , que aqui nam fe-fabe Medicina : viftoque nam á outra efcola nefte Reino mais , que a
defa Univerfidade : na qual cegamente fe-fegue , o antigo metodo.
Onde , aindaque nela florecefem , os mais agudos ingenhos &c.
nam era pofivel , que com tais livros , fe-produzife coiza boa.
Muito mais porque fei , que ainda ifo que enfinam , é fegundo
o coftume das-outras faculdades , fem metodo , nem ordem alguma : fendo necefario ler muito , para vir a faber muito pouco.
Senam veja :

O primeiro ano de Medicina , coftuma pola maior parte fer
o quarto de Filozofia : no-qual fazem Concluzoens , e Licenciado . E como ja falei a V. P. nefta materia , na-carta de-Filozo-
fia ; é fuperfluo repetir-lhe , que coiza fejam as Filozofias naturais daquele ano : as quais fam todas talhadas , pola medida Peripatetica . Nos-feguintes , obrigam a eftudar , temperamentos ,
umores , efpiritos , partes , faculdades &c. defpois , cauzas das-doenfas , febres , pulfos , crizes : em algumas das-quais materias fazem
no-3.º e 4.º ano as duas Tentativas . Defpois difto , de *locis af-
fectis* , de *victus ratione* , *fanguinis emiffione* , *purgatione* &c.
em que faz 3.º ato no-quinto ano . No-6.º ano , *de methodo* , *cor-
recto praefidiorum ufu* : em que faz quarto , e ultimo ato , e vai
algumas vezes à Pratica . E com ifto lhe-dam licenfa , para curar . Mas fomente nifto que aponto , vejo claramente a confuzam , e pouca ordem do-tal metodo . Confundem a teoria , com
a pratica : e a efpeculafam , com a anatomia , e uzo das partes : e fazem uma felada de materias , fem ordem , nem
metodo . Nam apontam aos rapazes , que eftudem por-algumas
Inftituifoens Medicas , que os-dirijam : mas obrigam-nos a pafar
de uma materia , para outra , talvez bem diftante . De que nace ,
que nam é pofivel , formar conceito da-Medicina , quem eftuda
por-efte eftilo . Acrecento a ifto , que fe-fervem de *Vila Corta* ,
Heredia , *Bravo* , e outros tais Galenicos , que fam capazes de fazerem perder , nam digo fó a paciencia , mas o juizo , e em-
brulharem a mefma Logica Natural , quanto mais a Fizica , com
os maos principios que enfinam .

E daqui nace , aquele mao metodo de curar , que V. P. ve
praticar todos os dias : no-qual nam fe-aplicam os remedios ,
porque fe-tem formado conceito deles , e da-infermidade ; mas
por-

porque afim fe pratica, e afim o-fizeram os meftres, que os-enfi-
náram. Sei, que merecem defculps, porque nam eftudáram outra
coiza: mas o que nam pofo fofrer é, que nam cedam à evidencia, quando outras pefoas lhe-moftram a razam. Efte é o motivo porque ja dife a V.P. que *Galenico*, e *Mezinheiro* eram
finonimos no-meu vocabulario. O Galenico nam pode formar,
verdadeiro conceito da-infermidade: porque nam tem os principios necefarios, para ifo. e aindaque fale trez oras na infermidade, tudo o que fe-tira dali é, que aplica aquele remedio,
porque o-vio aplicar em outras ocazioens, ou afim o-leo. E ifto
que diferenfa tem, de um mezinheiro? Aindaque um deftes Medicos tenha grande pratica, nam mudarei de conceito: mas direi,
que tem muitos anos de erro: E em tal cazo, devo fiar-me menos do-Medico velho, que do-novo: porque efte, poderá mudar de opiniam: mas aquele eftá radicado no-engano. A pratica
nam enfina os principios, mas enfina o que fucede nas infermidades. Onde fe o Medico obferváse miudamente, e fem alguma
preocupafam, os fenomenos das-doenfas, como fez *Sydenham*; e
fofe mui acautelado no-dar remedios; em tal cazo quero adme-
tir-lhe, que a fua pratica fofe mais util: Mas fe o Medico Galenico, nunca fe-afafta do-feu fiftema, que é rachar os doentes
com remedios; ou tenha um, ou quarenta anos de Medicina,
tudo á-de fer o mefmo.

Ri muito quando li no-*Curvo*, que em 58 anos de Medico,
fempre o olio de nabos v.g. fizera o feu efeito em certas ber-
bulhas &c. Tomára primeiro que me-prováse, que o efeito pro-
vinha, de fer olio de nabos, e nam mero olio. Que com outros
olios que fe-aplicáram, nunca fucedèra o efeito; e com o de nabos fempre. Se ele me-prováse ifto; entam veria o que avia refponder: em quanto mo-nam prova, devo dizer, que todos os
58 anos de pratica, nam concluem nada. E, fem fair do-mefmo *Curvo*, que era um omem acreditado entre os feus nacionais;
abra V.P. qualquer dos-feus livros, veja a razam que dá das-cauzas das-doenfas; e ficará bem capacitado, do-que lhe-digo, que
tudo ifto fe-reduz, a mezinhas puras, fem fombra de Filozofia.
A cada pafo efte omem inculca os feus remedios, fundado talvez
em uma, ou duas experiencias. Eftranho modo de provar! quem
revelou ao *Curvo*, que aquela melhora procedeo daquele remedio? quem o certificou, que com outro remedio mais facil, uma
fimplez bebida de agua quente, ou de olio de amendoas doces;
ou talvez deixando a natureza a fimefma, nam fucederia o mefmo
efei-

efeito, e mais deprefa? O que confirma melhor a falta de Filozofia, fam as reflexoens, que às vezes faz o *Curvo*. Falando
na fua Atalaia da-Vida dos-Feridos, aconfelha, que onde eles
fe-acham, nam entrem molheres formozas : porque as feridas.
fe-afanham. Se disèfe, que nam entrafem molheres, porque o
alito, ou efluvio da-molher, era perniciozo; aindaque dizia uma
falfidade, moftrava difcorrer menos mal : mas excluindo-as fomente por-formozas, é nam intender a materia. Se acrecentáfe,
que a molher formoza podia excitar penfamentos fenfuais, e eftes,
alterar a armonia dos-umores, e nacer daqui algum prejuizo; pafe:
mas que fem eftas circunftancias, a molher formoza produza tam
maos efeitos, nam fe-pode ler fem rizo. A feia, e formoza só
fe-diftinguem, em ter a boca maior, ou menor : o nariz direito,
ou torto: os olhos negros, ou defmaidos: a cor branca, ou negra &c. e eftas diferentes modificafoens da-Materia, nam fam capazes de produzirem, tantos eftragos. Alem difo, eu fei por-experiencia, que ifto é falfo. Achei-me em um exercito, em que
molheres mui formozas afiftiam a feus maridos, e amantes; e
tambem em cazas particulares o mefmo; e nunca vi eftes prejuizos: nem queixar-fe ninguem de tal coiza. E proguntando, defpois de o-ler, a um bom Cirurgiam, fe ifto era verdade; refpondeo-me com uma grande rizada. E elfaqui tem V. P. o que
fam os remedios, e a Filozofia Galenica que os-aplica.

Efta reflexam conduz-me naturalmente, a falar no-7.º requizito, que deve ter o Medico : que é faber, que coiza até aqui
fe-tem defcoberto mais fegura, para confervar, ou recuperar a
faude do-corpo umano. Efta materia é de toda a confiderafam,
principalmente em Portugal; em que o abuzo dos-remedios tem
chegado a termos, que nam fe-pode fuportar. Efte abuzo pro-
vém principalmente, daquele primeiro principio que apontamos,
que é, o exercicio da-Filozofia Peripatetica, e Medicina Galenica: porque é confequencia necefaria defta Filozofia. Um Medico
que afenta configo, que um corpo umano fe-compoem de quatro
qualidades: da-diverfa combinafam das-quais, rezulta a doenfa,
ou faude; efte tal omem por-forfa á-de cuidar, em bufcar remedios ou frios, ou quentes, para curar a qualidade morboza,
que ele intende exifte no-doente. Se um nam produz o efeito,
aplica outro: aproveita-fe de tudo o que ouvio dizer, que é bom
para defterrar a dita qualidade : e defta forte com longas receitas canfa a paciencia, e a bolfa dos-doentes; e muitas vezes
encurta-lhe a faude. Polo contrario, o omem que confidera o

córpo umano , como uma machina : e que reconhece , que a
infermidade pode suceder no-solido, e no-fluido : e que por-meio
da-Anatomia chega a compreender , em que parte está a doensa :
este omem fórma muito diferente concéito da-cura ; e procede
muit diferentemente nas receitas . Se a infermidade está no-solido,
v.g. uma rotura de vazos maiores ; sabe ele muito bem , que
aqui nam valem emplastos , nem remedios : e que só a-curará,
se puder unir aquela parte ; como sucede nos-que sam quebra-
dos , ou áquem se-furou uma arteria &c. Se a doensa consiste
no-fluido , conjetura e examina , que efeito pode este fluido fazer
no-solido , para poder buscar o remedio , proporcionado a nam
destruir a machina . Ora para aplicar este remedio , nam basta o
que dizem quatro livros : mas é necesaria a constante experiencia , da-bondade do-remedio : sem a qual , louca , e temeraria-
mente aplica o dito remedio . E como os remedios desta qualidade , sejam pouquisimos ; daqui vem , que com grande parsimo-
nia os-deve aplicar . Ponho exemplo.

Sucede um irritamento nos-intestinos , a que chamamos *có-
lica* . Formo eu conceito que procede , da-crispatura das-fibras.
Neste cazo devo julgar , que só me-fará bem aquele remedio,
que me-relaxar as fibras . E como a experiencia ensina , que todo o oliozo é relaxante ; pois o olió produz este efeito , em qualquer coito que se-ensopa nele ; tiro por-consequencia , que devo
tomar olio pola boca , v.g. de amendoas doces , ou de semente
de melam , que é mais agradavel : e ajudas de aguas quentes
com azeite , deitando-lhe alguma materia emoliente , como *malva*
&c. Este juizo é fundado , na mecanica do-corpo . Mas abra V.P.
um livro de um Galenico , v.g. do-*Curvo* , achará mil remedios
diferentes , que tem tanto que fazer , com o juizo que se-deve
formar da-colica , como o dia com a noite . E que se-chama a
isto , senam mezinhas ? Note porem de caminho , que a maior
parte daqueles remedios consiste em tais , e tais coizas fritas em
olio ; e untar a barriga , ou tomar ajudas do-dito olio , e agua.
Mas se a virtude está na semente , ou erva , que necesidade tem
de olio , ou agua? Eu vejo que a *quinaquina* produz o mesmo
efeito , ou eu a-coma , ou beba , ou engula em pirolas : o mesmo
digo do-*mânâ* , e outros remedios . pergunto agora , porque nam
sucederá o mesmo efeito na colica ? Mas é clara a razam . O
azeite é o que faz o efeito , e nam os outros ingredientes . Porem como o Galenico nam fórma , verdadeiro conceito da-infermidade , e do-lugar em que está ; mas vai sempre com a ideia
das-

das-qualidades claras, e ocultas; nam tem dificuldade de aplicar tudo, faia o que fair. O certo é, que para relaxar, e abrandar um coiro, aindaque lhe-apliquem cem mil coizas, fe nam lhe-deitam olio, nada fucede. O mefmo digo dos-nofos inteftinos, que fam compoftos de fibras carneas, e nerveas: e devem-fe ebrandar damefna forte.

Em certa parte de Italia conheci um omem, de quem formára bom conceito, por-um ato publico que lhe-vira fazer: e principalmente porque diziam, que eftudára em uma famoza Univerfidade. Sucedeo, que efte omem me-veio bufcar um dia, e pedir-me, que lhe-defe introdufam com um Principe meu amigo, que era paralitico, para o-curar da-paralizia: de cuja cura nam queria outra remunerafam, que concluir-lhe uma pertenfam que tinha. Admirado eu da-propozifam do-negocio, pedi-lhe me-explicáse, em que fundava a fua promefa: pois, fem bons fundamentos, nam queria falar em tal materia, paraque nam me-defem uma rizada. Ele entam, reveftindo-fe de certa feveridade magiftral, me-dife, que tinha o fegredo, de fazer o oiro fluido: com o qual curaria fem duvida, a dita lezam. Confefo, que, ouvindo tal refpofta, intendi que o omem zombava, ou era louco: onde para certificar-me, e juntamente divertir-me, lhe-dife: Que ele me-propunha dois cazos, igualmente admiraveis: e que eu, em obzequio da-fua palavra, admetia o-primeiro: mas que me-ficava nova dificuldade, e era faber, como o oiro fluido curáse todas as infermidades, fendo procedidas de cauzas tam diferentes. Aqui o dito Chimico me-refpondeo, que fe-admirava, que eu nam intendése a razam. Que todos os corpos eram compoftos, das-primeiras quatro qualidades, as quais eram filhas da-Materia: Que as doenfas confiftiam, na confuzam delas: onde fendo o oiro o fermento defas qualidades; devia reduzilas ao feu eftado natural, e farava o doente. Sam palavras formais dele. Balhei as trepecinhas interiormente, quando ouvi o omem; e para prolongar o divertimento, lhe-dife: Tenho intendido a razam dos-fluidos: quizera agora que V.M. me-explicáse, efta lezam do-folido na paralezia, como fe-cura. Ao que ele fatizfez limpamente, com o mefmo metodo: dizendo-me, que a mefma materia primeira do-oiro, endireitava os nervos. Mas tem V.M. proguntei eu, feito ja experiencia, em algum paralitico? Diz, fim fenhor: certo cozinheiro do-convento N. tinha um brafo tolhido: dei-lhe o remedio em agua quente: fuou muito, e moveo o brafo. Finalmente, para-abreviar a iftoria, digo a V.P. que eu tive um

O 2 bom

bom rato de divertimento com o omem : fazendo-lhe mil proguntas, e ouvindo galantiſimas reſpoſtas : atéque o-deſpedí com
caixas deſtemperadas, e nunca mais me-falou . Eſte cazo moſtra,
o que pode a preocupaſam, em materia de remedios. Ponho de
parte a ſua Filozofia , que era galante : direi ſomente , que, ele
achára algum omem, que tinha alguma conſtipaſam no-braſo ; a
qual batizou pór-paralizia : deu-lhe agua quente : ſuou : e ficou
livre . E o Chimico atribuio o milagre , a alguma agua que lhe-deram, ou enſináram a fazer, com o nome de agua d'oiro. Eiſaqui tem V. P. o que ſam., eſtès bons efeitos dos-remedios.

Quando nam ouvèſe outra prova da-falſidade dos-remedios,
que comumente ſe-aplicam, que conſiderálos em ſimeſmos ; ſerĩa
facil conhecer, que tudo ſam impoſturas. Deve-ſe v.g. curar
uma colica : e o Medico receita-lhe eſterco de rato bebido, ou
a cotovia com a ſua pena, queimada em vazo de barro, e pul-
verizada . Acha V. P. coiza mais ridicula que eſta ? Conſidere,
quantas ſuſtancias diferentes, entram nos-pozes de cotovia queimada . penas, oſos, entranhas, carne, ſangue, eſterco &c. tomára que me-diſeſe o Medico, a qual deſtas ſe-deve atrebuir a
melhora . Se a pena negra, é boa ; porque nam á-de ſer a pena
ſó ? o meſmo digo de qualquer das-outras partes . Fez porven-
tura o Medico a experiencia, de queimar cada coiza ſeparada,
e aplicála? fez a experiencia, de queimar duas ou trez juntas?
fez mil outras diferentes combinaſoens ? pois tudo iſto era neceſario, para poder dizer, que ſe-devia queimar toda . Eſte
meſmo conceito ſe-deve formar, quando em outras infermidades
receitam, olio de caens fritos, e outras mexerofadas ſemelhantes.
Tantas ſuſtancias diferentes, nam é poſivel, que tenham o meſmo efeito'. Veja V. P. tambem quando eles dizem, que em certas doenſas, é bom o eſterco de pavam: com a diferenſa poram,
que o eſterco de pavam macho, para o omem : o de pavam fe-
mea, para a molher. Nam á eſquipaſam mais ridicula que eſta.
Deixo mil remedios ainda mais extraordinarios. v.g. que os ſu-
mos dos-dentes da-caveira, ſam bons para os omens, que eſtam
ligados, para os atos matrimoniais . Se o-eſtar ligado, é efeito
do-Demonio, como eles ſupoem ; que tem que fazer a caveira,
com o Demonio ? ſe é efeito natural, que mais tem o oſo
do-dente, que o do-cranio, ou do-braſo ? nam é tudo do-meſmo omem, e da-meſma eſpecie ? Dirá V. P. que contra a experiencia conſtante nam á argumento . concedo : mas iſo é o que
eu quizera me-provaſem, que avia uma experiéncia conſtante : e

iſo

isó é que eu nego. Tenho visto fazer todos eses remedios, sem
efeito: ou, para melhor dizer, nam vi ainda algum que os-fize-
se, e lhe-sucedese bem. Polo contrario os remedios constantes,
sempre produzem o seu efeito, quando nam lhe-poem impedimento: se nam em todos; ao menos na maior parte deles.
Ainda nam vi quem tomáse banhos, e nam traspiráse mais.
Talvez os remedios nam produzem os seus efeitos, porque
lhos-aplicam mal, e fóra de propozito, e tempo: o que é diferente nestes que digo. Onde concluo, que de semelhantes remedios, nam se-deve fazer cazo.

A iluzam tem muita parte nestas sonhadas melhoras, quando as-aja. A razam é, porque muitos imaginam, que estam doentes: e persuadindo-se, que os tais remedios os-ám-de curar; a-
cham-se livres, nam da-infermidade, mas da-imaginasam. Outros aplicam os ditos remedios, no-tempo das crizes: e atribuem
à eficacia do-remedio, o que só é efeito da-natureza ..onde dizia bem aquele grande Medico: *Maledicta vetula, qua venit in
die critico*. Conheci um Cavalheiro Florentino, a quem sucedeo um cazo semelhante. Entrou em caza de um ámigo, que
gritava com dores de almorreimas: e a quem os Medicos deter-
minavam fazer, uma cura violenta. O Florentino pedio ao amigo, que lhe-deixáse ver a parte. e observando, que estavam sumamente inchadas; aconselhou-lhe, que mandáse buscar um nabo, e feito em polme, o-aplicáse. Feito isto cesáram as dores;
e no-dia seguinte dezincháram: e pouco a pouco melhorou. Proguntando ao Florentino a razam, dise-me, que ele nunca ouvira
dizer, que o nabo tivese tal virtude: mas que sabendo, que avia
trez dias estavam inchadas: e conjecturando, que as fibras sumamente estendidas, ou aviam romper-se; ou a materia se-avia determinar, para alguma outra parte; o que mais facilmente suce-
ria, aplicando-lhe coiza fria, e umida, que corroboráse a fibra:
lhe-ocorrèra, servir-se dos-nabos: e sucedèra bem. A verdade porem é, que o padecente ficou persuadido, que nabos eram famozos, para a sua queixa. Se naquela ora lhe-aplicava um chi-
chelo velho, o um prato roto, sucederia o mesmo: porque a
natureza fazia a crize: e teria-mos chichelos, ou cabos como u-
nico remedio para as almorreimas. Desta sorte resucitam muitos remedios: e os Medicos os-apadrinham, como se o-fosem.

Acha-se alem diso outra razam extrinseca, para mostrar, a
pouca virtude deses remedios. Se V. P. abre um livro de
remedios, a que chamam Farmacopea, achará remedios,
para

para toda a forte de infermidades : e nam só um para cada especie : mas cada infermidade particular tem duzias de remedios : e tam diferentes uns dos-outros ; que fica um omem pafmado, vendo aplicálos todos, ao mefmo achaque. Qualquer omem de mediocre juizo é capaz de conhecer, que fendo a infermidade uma só, e os remedios tam diferentes, nam é pofivel, que produzam o mefmo efeito todos. ponho de parte a infermidade do-folido, e falo fomente na do-fluido. Quem pode perfuadir-fe, que a mefma infermidade do fangue pofa curar-fe, com cen pozes diferentes? Quem tem alguma pratica de Chimica reconhece, que cada liquido, tem o feu coagulo &c., e que nem todos fervem para tudo. O que fupofto, querendo eu refreiar uma febre ardente, ferei louco fe lhe-aplicar outra coiza mais, que os nitrados, e outras coizas que fejam aptas, para aquietar o fervor do-fangue. Ifto enfina a experiencia, e perfuade a boa Filozofia. Nam o-intendem afin os Galenicos, que tem duzias de remedios para tudo. E quando a boa razam os-nam-defmentife, que moftra, que tudo aquilo fam mentiras, nacidas dos-prejuizos que beberam na-Filozofia; a mefma experiencia os-defmentiria: fendo certo, que de todos aqueles remedios, apenas fe-acha um, que confole alguma coiza o doente. O pior é, que preocupados com as ideias do-que lèram, em outros livros, matam os doentes com fede : fem advertirem, que para curar certas fermentafoens, e febres, o unico remedio é, amendoadas, e coizas frias.

Os outros mezinheiros, que fam menos toleraveis, fam os *segrediftas*, ou inventores de fegredos. Eu nam diftingo efta gente dos Charlatanos (que fam certos mezinheiros, que fe-encontram frequentemente em Italia, e Franfa; os quais nas prafas publicas publicam com muitas palavras, a virtude dos-feus fegredos : e vendem-nos com boa reputafam, aos plebeos, e ignorantes.) Eftes Medicos Portuguezes, que fam inventores de fegredos, prometem com toda a feguranfa, perfeita melhora : a qual pola maior parte nam fucede. Mas eu quero fupor, que fuceda : progunteria ao tal Medico, quem lhe-dife, que fe-deve a melhora ao feu fegredo? Eftes fegredos confiftam pola maior parte, em doze, ou quinze ingredientes diferentifimos. E aqui efta a minha dificuldade, como ja apontei : pois para dizer, que tudo aquilo é necefario, é precifo primeiro, ter provado cadaum feparadamente: depois dois : depois trez : e fazer infinitas combinafoens das-ditas efpecies. O que certamente nenhum deftes faz: mas cazualmente amontoáram aqueles remedios : entre os quais

alga-

alguma vez fe-acha algum, que é proprio, e produz a fua virtude: e a ignorancia do-Medico atribue-o a todos, e chama fegredo, ao que é fimplez, e bem uzual.

Se o Galenico foubéfe, quanto é necefario, para publicar uma coiza, por-conftante e fegura, ficaria pafmado da-fua leveza, em publicar fegredos. Eftes omens fazem as experiencias dos-remedios, como as da-Fizica: e fendoque na Fizica, de uma falivel experiencia tiram, um documento conftante; afim tambem na Medicina. E' porem coiza bem notoria, que os remedios conftantemente recebidos entre todos, fam os mais fimplezes, e naturais. O *fogo*, a *agua*, o *azeite*, ou qualquer efpecie de oliozos; a *quina*, a *ipecaquana*, o *azougue*, os *amargozos*, os *purgantes*, o *opio*, e outros bem poucos, que geralmente fam recebidos; fam remedios fimplicifimos: contudo o efeito, pola maior parte, é feguro: quando feja a verdadeira infermidade. O que como nam advertem muitos Medicos ignorantes, nam vem o bom efeito deftes remedios. Ignoramos, como muitos deftes remedios obrem: de outros provavelmente, ou claramente fe-conhece, pofto o conhecimento que temos, da-machina do-corpo. Comque, fe os fenhores inventores de fegredos advertifem ifto; reconheceriam, quam ridicula coiza é, querer recorrer a mexerofadas de tantos ingredientes, fem faber, o que cadaum vale por-fi. Donde vimos a concluir, que de Medicos fegrediftas, deve fugir todo o omem, como de coiza fufpeitoiza.

Argumentará V. P. com a *Teriaga*, que produz mui bons efeitos. Mas a ifto refpondo, que da-Teriaga digo o mefmo: e os Filozofos, que penfam bem, rim-fe defte tal antidoto: tendo para fi, que aquele pouco que obra, provem fomente de dois, ou trez ingredientes: v. g. *opio* &c. Nem eu jamais pude intender, como pofa fer a Teriaga, antidoto univerfal, obrando os venenos por-tam diferentes maneiras. Acham-fe venenos, que tem a fua afám fomente no-folido: outros, só no-fluido: outros, em ambos: como moftra *Boerhaave*, *de Viribus Medicamentorum*, e o doutifimo *Mead*, no-feu tratado *de Venenis*. O que fupofto, quem poderá perfuadir-fe, que a mefma Teriaga á-de fervir, para curar o folido, e o fluido? E daqui tiro outro argumento, e vem afer: que fe o veneno é fimplez, e obra um efeito maravilhozo; porque razam o antidoto á-de fer compofto, de mil ingredientes? O mefmo digo, da-maior parte deftes remedios Orientais: pedra *Bezoar*, pedra *Cordial*, pedra de *Porco Efpinho*, *Aljofares*, e outras arengas deftas, que cuftam muito dinheiro,

e só

e só fervem de fujar a agua, em que fe-desfazem. os Medicos advertidos tem reprovado oje ifto, como azilo de imposturas. Os abforbentes da-India eftimadifimos, fam oje efcuzados; achando-fe entre nós muitos abforbentes feletos. Tanto fazem *os olhos de caranguejos*, como a terra *boloza de Nocera*, em Italia, e outros bólos, que fe-acham em varias partes. O que pofto, é fuperfluo, gaftar tanto dinheiro naquelas coizas : as quais parece que tem mais virtude, porque vem de longe. Outros Medicos atribuem às rafpas de *Cornu Cervi*, virtude diaforetica: porem bebidas em agua quente: a qual agua tem por-fi só, a virtude diaforetica: e o *Cornu Cervi*, como dizem os Medicos doutos, aindaque fe-coma um barril inteiro, nam provoca o fuór. A razam ultima de tudo ifto, é a que difemos, nam confiderar a machina do-corpo, como é em fi : como tambem as cauzas das-infermidades tanto internas, como externas : e as feis coizas ditas nam naturais, *cibus, potus, vigilia, fomnus, aer &c.* Certo é, que as infermidades defta machina, fam muito diferentes doque fe-cuida : de que fe-fegue, que fe-devem curar por-um modo, tambem muito diferente doque fupoem, os que admitem as qualidades, e outras arengas deftas.

Finalmente nam fe-pode fazer maior fervifo à Republica, que dezenganar os Medicos, que a maior parte dos-remedios, fam imposturas. Poucos fam os bons : pouquifimos os certos : e efes pola maior parte bem uzuais, e todos fimplezes : tirando alguns chimicos, que eu tambem ponho, na clafe dos-fimplezes. Mas ifto nam tem feito os Galenicos : nem é pofivel que o-fafam, feguindo o feu metodo. Porem ifto tem feito alguns modernos : que, examinando bem as forfas dos-medicamentos, rezolvèram, quais fe-deviam preferir: e ainda efes com muita cautela ; viftoque nem de todos é provada a virtude. Achei grafa ao famozo Medico Cocchi de Florenfa, que ainda vive. Efte grande omem, tendo uma grave doenfa, e fupondo que cairia na mam, de algum Medico ignorante, que o-matáfe com remedios ; fez o feu teftamento, no-qual inftituia erdeira fua molher. Mas no-cazo, que ela confentife, que lhe-aplicafem os finapifmos, ou caufticos, fubftituia outro erdeiro. Tam perfuadido eftava, que efte remedio, mui uzual, mas pouco confiderado por-alguns, é a cauza de muitas mortes.

Efta noticia entronca naturalmente com o 8. requizito da-Medicina, que ao princípio difemos : que confifte, em faber aplicar efa Medicina, em certo tempo, certo modo, e certa dóze.

Ja

Ja V. P. fabe, que para fe-fazer ifto, requer-fe diftinta noticia da-Praxe Medica, que compreende os requizitos, que afima difemos. E' pois a Praxe Medica a que enfina, a conhecer no-infermo, por-finais particulares, as particulares doenfas: e enfina a curar as ditas doenfas, com os feus particulares remedios. Compreende duas partes: a Cirurgia, que cura as doenfas externas; ou que fe-podem tocar: e a Medicina, que cura as internas. defta falaremos primeiro. Bem claro é, que importa muito acertar, com os finais das-infermidades, para nam matar o doente: e tambem é claro, que a felicidade defte defcobrimento, depende dos-principios, que eftableceo na Fizica. Cada doenfa tem feus particulares finais, que a-diftinguem das-outras. Mas, aindaque eu diftinga perfeitamente, uma doenfa da-outra; fe nam formo conceito jufto, do-que é a dita doenfa; nam pofo acertar com a cura, fenam por-acazo. Porem eu digo mais, e vem afer, que fe acazo nam tenho bons principios, nam conhecerei facilmente a doenfa, e facilmente a-confundirei com outra: como é facil moftrar. Vemos, que muitos dos-Antigos, conhecèram bem as infermidades, e efcrevèram bem fobre a Semiotica; mas nam acertáram nas curas, porque ignoravam as cauzas, atribuindo-as aos feus prejuizos. Por-efte principio devo dizer a V.P., que o metodo de curar em Portugal, á-de fer mao, porque a fua Filozofia é pefima. E como do-que dife fobre a Farmacia, bem fe-moftra, que efte metodo é unicamente Galenico; é fuperfluo, acrecentar mais nefta materia.

Nem vale, ler por-bons livros, que enfinem o modo, de conhecer bem as infermidades, e curálas. nada difto aproveita: e a razam é clara. Porque os autores que efcrevèram, em Medicina moderna, fundam as fuas razoens, no-conhecimento da-machina do-corpo, e leis da-Mecanica, e na conftante experiencia. E quem nam tem eftes fundamentos, primeiramente nam os-intende: defpois, aindaque os-intenda, nam os-pode feguir: porque como tem principios totalmente diverfos, que enfinam um metodo diferente de curar; ou fe-á-de rezolver, a deixar o feu metodo, ou os ditos livros. E por-efte razam digo a V. P. que quem oje quizer mandar um Medico Portuguez, a Londres, Leiden, Amfterdam, Haia, Pariz &c. para aprender Medicina, deve perfuadir-fe, que o-manda aprender, nam Medicina, mas Filozofia: e que por-forfa fe-á-de efquecer, do-que tem eftudado, para aprender Medicina. A boa Medicina, ou a moderna Medicina, é unicamente uma moderna Filozofia mais cir-

circunſtanciada. Os Filozoſos modernos paſam brevemente por-algumas co'zas, que os Medicos eſtudam com eſcrupulo, e diligencia infinita, por-ſer aquele o ſeu ultimo emprego. E daqui ſe-fórma um metodo de curar, totalmente diferente. Onde ou Medico a-do renunciar os principios, da-Filozofia Galenica ; ou deixar de eſtudar, a boa Medicina. Que á-de dizer um Medico Portuguez em uma Univerſidade, em que ſó ſe-fala, em Filozofias modernas, que todas ſam fundadas na Matematica? Eſte omem ficará paſmado : e tudo o que ouvir, lhe-parecerá enigma ! O menos ſerá, nam intender o que lhe-dizem : o que porem ſucederá, ſe quizer ralhar, ſerá ouvir rizadas, e que todos fujam dele. De que ſaie por-boa conſequencia, que um deſtes Medicos velhos, que cre muito na Galenica, nam é capaz de ſe-aproveitar, dos-bons livros ; ſe acazo nam tem uma alma iluſtre, que, conhecendo os ſeus erros, queira deixálos, e eſtudar coizas melhores ; o que ja neſta vida vi ſuceder, a algum Portuguez ; mas nam a Medico. Fóra deſte cazo, ſó aprenderá bem Medicina um rapaz, que nam eſteja preocupado, com outras doutrinas : e que nam tenha que batalhar com os prejuizos, para receber bem os ditames certos. Pudera provar iſto com mil exemplos, ſe o-permetira a brevidade de uma carta, ou nam falára com V.P., que conhece mui b.m, de quais eu podia valer-me. Quem intende o que eu aponto, compreende mui bem, que nam pode ter boa praxe, quem tem maos principios de Medicina. Onde o Medico que for capaz, de fazer de ſua cabeſa alguma coiza boa; deve na Medicina Pratica, ſomente admetir por-certos aqueles remedios, que obſerva, (deſpidos todos os prejuizos) ſerem conſtantemente utis, e bons : ou com a ſua propria pratica, ou na leitura dos-livros, dos-mais famozos modernos. No-que ainda deve proceder, com muita cautela.

Paſemos à outra parte da Medicina Pratica, que é a Cirurgia : da-qual nam ſou eu o que digo a V.P., que ſe-ignora em Portugal ; ſam os meſmos Portuguezes, e alguns Cirurgioens, que confeſam ſerem pouco praticos dela. Eles fundam-ſe neſte principio : que os Eſtrangeiros tem mais pratica, das-operaſoens de maons, e mais ligeireza. E com efeito nos-cazos graves, v. g. para cortar perna, ou coiza ſemelhante ; ſempre ſe-chama algum eſtrangeiro, porque os Portuguezes nam ſe-arriſcam. Cuidam os Portuguezes, que a boa Cirurgia conſiſte, na maior ligeireza das-operaſoens : e nam paſam para diante, mas niſto manifeſtamente ſe-enganam, e moſtram nam intender, que coiza é Medicina.

Com

Com efeito os Cirurgioens Portuguezes, quazi todos fam meros
fangradores. Sabem dar alguns pontos: e os que fabem mais, e
fam pofos de ciencia, murmuram alguma coiza, fobre os quatro
elementos, ou qualidades ocultas. Porem a verdade é, que a
Cirurgia pede outros fundamentos, que eles nam intendem. Primeiramente, o bom Cirurgiam deve fer, bom Fizico: e ifto pola mefma razam, que ja difemos do-Medico. Porque compreendendo a fua jurifdifam, todas as infermidades externas; as quais
podem provir de muitas, e diferentes cauzas; fe ele nam fabe raciocinar fobre elas, fará muito defpropozito, e errará as curas.
Nos-primeiros tempos da-Medicina, em que ela nam eftava tam
maltratada, como ao defpois fucedeo; quero dizer no-tempo de
Ipocrates &c. Medico, Cirurgiam, Boticario era a mefma pefoa: e por-muito tempo a Medicina, nam fe-feparou da-Cirurgia:
o mefmo Ipocrates era Medico, e Cirurgiam, e muitos outros.
Com o tempo, querendo os Medicos abrafar muitos doentes, e
nam fe-querendo aplicar à pratica, feparáram as profifoens. Mas
a verdade é, que todos os Medicos devem ao menos faber, a
teoria da-Cirurgia, para enfinarem o Cirurgiam, em cazo de erro: e todos os Cirurgioens, fe nam devem fer perfeitos Medicos, devem ao menos, ter alguns requizitos: boa Filozofia, A-
natomia, uzo das-partes, e perfeitas Inftitufoens Cirurgicas. Porque finalmente o Cirurgiam é um Medico Operativo: cujas operafoens nam pode fazer, fem conhecer o como. E nifto mefmo
quero dizer, que o Cirurgiam deve fer, um perfeito a Anatomico, e conhecer todas as partes, ainda minimas, do-nofo corpo: no-que convem Cirurgiam, e Medico. O que porem o Cirurgiam tem de particular é, que nam só deve conhecèlas, mas
deve faber moftrálas, uzando dos-inftrumentos proprios, com
grande experiencia, e deftreza. Nifto é que confifte, a felicidade
do-Cirurgiam. pois é certo, que um Cirurgiam douto, e deftro, prezerva um omem da-morte, e impede que padefa tanto.
Porque em uma operafam dificultoza, pode prezervar um omem
da-morte, com a fua ligeireza: v.g. quando tira a pedra da-bexiga; ou coze a rotura interna; ou ata uma arteria em uma a-
neurifma &c.: e tambem quando algumas vezes corta perna, ou
brafo &c. Nefte cazo, fazer a operafam em mais, ou menos mi-
nutos, pode dar a morte, ou a vida: e nenhum a-poderá fazer
com ligeireza, fem eftudo bem fundado da-Anatomia. Nem é
coiza extraordinaria dizer eu, que os Medicos antigamente eram
Cirurgioens: achando-fe, defde que fe-reftableceo a Anatomia,

Me-

Medicos·infignes·, que foram·perfejtifimos Anatomicos . O que ainda nefte feculo fucede : avendo muitos Medicos famozos, que goftam de abrir os cadaveres. Defte numero foram os dois infignes, Filozofos , e Medicos , *Boerbaave*, e *Albini*, e feu·dicipulo *Van-Svvieten*; e alguns outros que conheci. O certo é, que nas melhores·partes da-Europa , um bom Cirurgiam fempre é Filozofo : e·muitas vezes é Medico.

A fimplez·confiderafam defte ponto perfuade , que a Fizica experimental , e racional, é tam necefaria ao Cirurgiam , quanto é necefaria àquele, que deve faber o uzo, das-partes do-corpo umano, nam fomente externas , mas ainda internas . O Cirurgiam deve faber, a conexam, o fitio, e uzo das-partes internas. fam infinitos os exemplos que o-perfuadem. Como poderá faber, fe fe-deve abrir um tumor, ou nam; fe nam fabe, fe no-dito tumor fe-acham vazos fanguiferos, ou nam? Como diftinguirá em uma ferida, fe-ofendèram os vazos arteriozos, ou venozos maiores, ou menores: como conhecerá fe-feriram o duto toracico, fe nam fabe, qual é a fua fituafam ; e que ferve, para conduzir o chilo ao fangue; e que, ferido ele, ofende-fe uma parte, mui necefaria para a vida? Suponhamos , que deram uma·cutilada na cofta da-mam : fe o Medico ou Cirurgiam conhecer, com a Anatomia , que ali á tendines dos-mufculos, que fervem para eftender os dedos ; poderá ordenar ao ferido , que levante os dedos: e fe nam poder levantar o indice ; concluirá, que cortáram o tendine, formado de muitos tendines do-mufculo indicador , e do-extenfor comum. Porem fe poder endireitar os dedos, pode afegurar , que as extremidades dos-mufculos cortados poderàm unir-fe : e que a cura ferá dificultoza , mas fairá perfeita . Se pois fucede, que nam pofa movèlos, feguramente pode proferir, que, farada a ferida, ficará aleijado o ferido, e nam ferá pofivel com arte alguma , recuperar o uzo dos-dedos . Eftas noticias fam necefarias para a cura , e utis à Republica: Mas fem faber a fituafam , e uzo das-partes, como fe-podem faber, e pronofticar? Deve alem difo o Cirurgiam , faber conhecer a imprefam, e forfa que tem o ar, nas feridas , e chagas : os temperamentos dos-doentes : os afetos do-animo &c. porque fem ifto nam é pofivel, regular-fe bem na cura. *Pareo* queixava-fe, que com o rumor de cada defcarga de artilharia, fe-renovavam as hemoragias, principalmente naqueles que eftavam feridos na cabefa: pola qual razam, aumentavam-fe os fimtomas, e a muitos fe-acelerava a morte. Certamente nam conhecèra ifto *Pareo* , fe nam

fou-

foubèfe perfeitamente, quais eram as coizas que chamam, *nam naturais*. Acham-fe omens, que tem o fiſtema nervozo, tam facilmente irritavel, que pola minima cauza padecem efpafmo, convulfoens, e femelhantes males. Outros quando vem fangrar, ou coiza femelhante, em que fe-veja fangue, tem um verdadeiro defmaio, ou fincope. Se em omens de tal tempra, tendo alguma ferida de nada, fucederem fintomas gravifimos; um Cirurgiam ignorante atribuirá o dano, à ferida: mas o douto conhecerá, que provem da-qualidade do-temperamento.

O conhecer os efeitos de um mal preventivo, em um doente, ou ferido, nam é proprio fenam de um Cirurgiam, de bom raciocinio, e bom Fizico. Todos fabem que a Lue Venerea, e Efcorbuto roem de tal forte, a durifima fuſtancia dos-ofos, que apodrecendo-fe, com o minimo toque fe-quebram. Suponha V.P. que alguem deu levemente na caveira, digo, no cranio de um deſtes, e o-quebrou, e morreo: Um ignorante, atribuirá falfamente a morte, à pancada: um douto, nam. Quantos e quantos nam morrem por-ignorancia dos-Cirurgions, que ignoram a Fizica, e nem menos tem um bocado de bom raciocinio! Certo Cirurgiam ignorante, cozeo uma ferida a um foldado, debaixo de-teta direita. no-feguinte dia chamáram *Pareo*, o qual achou o omem com grande febre, dificultoza refpirafam, palavras interrutas, e com todos os fintomas de morte. Abrio promtamente a ferida, e voltando o ferido com a cabefa para baixo, fechada a boca, e nariz, tirou fóra da-concavidade do-peito, oito onfas de fangue ja fedorento. Lavou delicadamente a concavidade do-peito: tiroulhe outro fangue congelado: e farou repentinamente o doente. Deſtes exemplos, podia eu citar infinitos. Muitas vezes por-ignorancia de alguns Cirurgioens, que aplicáram às partes tendinozas, e membranozas caufticos terriveis, nacéram males orrendos. O Arfenico aplicado por-ignorancia, a algumas féridas, cauzou grandes dores, febres, vigilias, anfias, defmaios, e perigo de morte. Tudo iſto por-falta de Fizica, e bom raciocinio. E como muitos intendem, que nam fam obrigados a ifo, os Cirurgioens: por-ifo fucede tanto inconveniente, na Republica.

Mas deſta faculdade á grande falta em Portugal: onde intendem, que para fer Cirurgiam, baſta faber talhar a veia. E ainda niſto á baſtante ignorancia: porque os-enfinam a fangrar omens vivos, fem lhe-moſtrar primeiro, a difpozifam das-veias nos-cadaveres. De que vem, que eſtes aprendizes aleijam baſtantes
tes

tes doentes , ou lhe-fazem padecer dores incriveis . E obfervei uma coiza mui galante, que, quandó lhe-falam em Anatomia, refpondem com uma rizada. Proguntei a alguns barbeiros, que tinham carta de Sangrador , e Cirurgiam, fe tinham frequentado a Anatomia: e refpondèram-me, que alguma vez tinham ido ver um cadaver , para fatisfazer ao eftilo: e contudo ifo eram Licenciados. Ifto digo na Corte , aonde no-ofpital Real , á um Anatomico eftrangeiro . Mas fe faimos fóru dela, acharemos, que nenhum Cirurgiam vio cadaver aberto : o que fei com toda a certeza . E chamam-fe eftes , Cirurgioens ! e á quem fe-meta, nas fuas maons !

Eu ja lhe-perdoára, que nam fofem Filozofos, e nam foubefem curar por-principios: o que nam pofo fofrer é , que nam faibam nada da-Anatomia, fendo efta a parte mais necefaria em um omem, que é-de fazer operafoens de maons . De que vem, que a quem fucede uma defgrafa , e os-chama ; fe nam é coiza de pouco cuidado , ou á-de chamar um eftrangeiro , ou á-de morrer. E o que acho mais galante é , que feparam da-Cirurgia, as fuas dependencias ; como fe-fofem faculdades diverfas, e contrarias. v.g. Deslocou-fe um ofo do-pé, ou do-brafo: nam é Cirurgiam, que faiba curar ifto . é necefario recorrer a um omem, a quem, com um vocabulo novo, chamam *Algebrifta*. o qual é um tremendifsimo ignorante , que com tanto voltar a parte , fe nam tem a felicidade de a-confertar logo, aleija o doente . Conheci uma Senhora , a quem um Clerigo deslocou duas coftelas, querendo confertar-lhe uma : e ficou toda a fua vida, com uma deformidade nas coftas. Nem pode fuceder de outra forte: porque fe o Cirurgiam nam fabe Anatomia, como á-de fabèla o outro, que cura às apalpadelas ? Certamente fem ver diftintamente os ofos, no-feu eftado natural, e confiderar a fua figura , e o modo com que fe-encaixam uns nos-outros: como tambem fem conhecer, de quantos modos fe-podem deslocar, e que coiza fe relaxa , ou rompe, quando fe-deslocam ; nam é-pofivel, conhecer efta infermidade: e fem efte conhecimento, nem menos é pofivel, curála . Mas pior é, quando fe-fervem de algum omem do-campo, de quem dizem , que tem virtude de curar. Eftes fam os mais perigozos. é melhor dar outra queda, que meter-fe na mam de um deftes. Emfim parece-me que nefte Reino , necefita-fe mais de Cirurgia , que da-mefma Medicina; nam obftante fer efta tam má, como fe-ve.

Tendo apontado breuemente a V. P. os defeitos da-Medicina defte Reino; fegue-fe fugerir-lhe o metodo, com que fe-pode eftudar Medicina, que feja proveitoza: que é o ponto que V.P. me-encomenda, em todas as faculdades deque me-fala. o que farei brevemente. Digo, que o Medico deve eftudar primeiro, boa Filozofia: e fe tem eftudado alguma má, efquecer-fe dela, para eftudar outra melhor. o que pode fazer com brevidade, fegundo apontei em outra carta. Pode-fe fazer ifto, em dois anos e meio muito bem, fem falar na Etica: ou ainda em menos, fegundo a capacidade do-eftudante.

Entrando na Medicina, para poder formar conceito dela, deve primeiro faber, a iftoria da-Medicina: como comefou, e fe-aumentou, e defcaio, e fe-reftaurou, e profegue atualmente. E fendo que a Medicina deftruio-fe, e fe-alterou com mil coizas falfas; para evitar ifto, é necefario intender, que a Medicina nada mais é, que a *arte de evitar a dor, fraqueza, e morte: ou de confervar a faude prezente, e recuperar a perdida.* Ifto confegue-fe com duas coizas 1. com a exata obfervafam, de tudo o que fucede, no-omem fam, doente, e morto. 2. com o exame daquelas coizas, que nam defcobrem os fentidos, mas alcanfam-fe com o difcurfo: comparando umas com outras, para faber o que é comum, e particular a algumas. Intendendo ifto, e lembrando-fe do-que é corpo, e alma: deve afentar o eftudante, que o exame, principalmente fendo demaziado, de todos os principios Metafizicos, e Fizicos infenfiveis do-corpo umano, nam é necefario ao Medico: e afim da-Fizica bafta faber a Chimica, Mecanica, Iftoria Natural: como ja apontei em outra parte. Tendo eftudado ifto, deve no-primeiro ano examinar, que coiza é efte particular corpo, ou compofto, em que á-de ocupar, todo o feu cuidado. Onde

No-primeiro ano de Medicina, deve o eftudante aprender bem a Anatomia: porque aindaque tenha tido, alguma noticia dela como Fizico, efta nam bafta a um Medico: mas quer-fe maior e mais particular eftudo, do-corpo umano. Divide-fe a Anatomia em duas partes: uma trata dos-*folidos*, outra dos-*fluidos*. Sobre os folidos, deve o omem formar conceito, de que-partes fam compoftos os ofos, e canais: da-futileza das-fibras, e vazos do-nofo corpo: que fam impercetiveis com o microfcopio. Ifto requer pouco eftudo. Efta confiderafam dos-folidos naturalmente fe-divide, em 4 partes. A 1. trata dos-*Ofos*. Aqui deve conhecer, nam só a figura deles, que confifte na definifam da-fuperficie; mas tambem a eftrutura, que confifte na figura por-todas

das

das as partes, ou compozifam. Primeiro, estuda-se alguma coizã difto, nos-livros: despois, na-propria ofadura do-cadaver: na qual mais facilmente fe-ve, a difpozifam dos-ofos: tendo fempre à vifta autores, que expliquem ifto. A 2. trata dos-*Mufculos*. Onde deve confiderar, a defcrifam dos-mufculos, e de que fe-compoem: notando que coiza é carne, tendines ou nervos, que unem os mufculos com os ofos: e examinando como fe-unem com as partes, e qual feja o feu uzo. Ifto primeiro veja-fe nos-livros, e figuras; despois no-cadaver: pois nam é pofivel, que as eftampas exprimam tudo. A 3. parte é o conhecimento das-*Entranhas*. Compoem-fe elas de vazos, nos-quais fe-mudam os umores, em nutrimento do-corpo: no-que fe-diftinguem dos mufculos: que aindaque tenham vazos, nam fervem para converter o nutrimento. Defta efpecie fam o Corafam, Cerebro, Bofe &c. Despois deve eftudar, a defcrifam das-*Glandulas*. A 4. trata dos-*Vazos* feparadamente: em que fe-progunta, onde nafam: onde eftejam: como penetrem polas outras partes. E nefte numero podem entrar os *nervos*, que tambem fam vazos. Tudo ifto primeiro fe-deve ler, por um autor, que tenha figuras grandes: despois, velo no-cadaver: obfervando tudo bem, para fazer memoria local.

Do-eftudo fundado da-Anatomia, deve pafar no-fegundo ano, a ler algumas Inftituifoens Medicas; que exponham em breve, e diligentemente, todas as partes da-Medicina. A primeira parte das-Inftituifoens, expoem o uzo das-partes do corpo umano. A Anotomia moftra fomente as partes: mas nam bafta ifto ao Medico: é necefario faber miudamente, o uzo defas partes, para conhecer, em que coiza fervem à vida, e fe pode efta confervar-fe, ou recuperar-fe fem elas. Eftes conhecimentos feguem-fe naturalmente, e necefariamente uns dos-outros. v. g. Para conhecer o uzo das-partes, é necefario ter noticia da-Matematica, da-Fizica, e alguma coiza de Chimica: que é uma particular parte da-Fizica. Eftes fam os principios. A ifto fe-fegue o conhecimento da-Anatomia: que expoem a materia, em que fe-am-de exercitar, efes principios. Pofto ifto fegue-fe examinar, o uzo das-partes. pois fabendo o que é comum, a todos os corpos; e tendo ideia da-machina umana; é facil defcobrir o uzo das-partes, de que fe-compoem. Efte é um dos-pontos fundamentais da-Medicina: e quem nam afenta neftes principios, erra. O que fucede nam fó a todos, os que nam eftudáram eftas ciencias; mas ainda aos mefmos que as-eftudáram, quando algumas vezes quizeram

ram afaſtar-ſe deles. Ja diſe a V.P. que Borelli, Bellini, Bernoulli, Keill, e outros inſignes Matematicos, e Medicos do-ſeculo paſado, que ajudáram conſideravelmente eſtas ciencias, quando diſcorrem fundados nos-principios ditos, ninguem ſala melhor: mas quando ſe-afaſtam do-ſeu ſiſtema, e querem tomar como *datos*, certas coizas, que nam ſam demonſtradas; v. g. que
no-ſangue ſe-acha *terra*, *ſais*, &c. erram: e o meſmo lhe-ſucede,
quando querem dar razam de tudo. Onde quem nam toma por-
dato aquilo, que é evidentemente demonſtrado por-todos, erra na
explicaſam do-uzo das-partes. E neſte particular nam valem nada os Medicos todos, (ſem excetuar Ipocrates, nem Galeno,
nem a eſcola Grega, ou Arabia) que eſcrevèram antes do-ano
1628: no-qual Harveo moſtrou ao mundo erudito, a circulaſam
do-ſangue. Antes de Harveo era Senerto, como diz um grande
omem, um famozo teoretico. mas quando quer dar razam do-uzo das-partes, diz muita parvoice: porque ignorava a circulaſam do-ſangue, com a noticia da-qual é que viemos a conhecer,
o verdadeiro uzo de muitas. Nos-tempos de Harveo, e ainda
deſpois, acham-ſe mil coizas, prejudiciais à boa Medicina: porque os Chimicos, que entam aparecèram, quizeram dar razam de
tudo, por-meio das-ſuas fermentaſoens, e efervecencias dos-fluidos. No-que ſupunham, o que deviam provar: pois nunca prováram, que avia tais efervecencias. Outros quizeram com a pura Anatomia, dar razam de tudo: o que nem menos pode ſer.
Eſtes pola maior parte ſam Cartezianos: os quais, eſquecidos
da-Matematica, que moſtram eſtimar, tambem ſupoem, o que nam
provam. Aſimque neſta materia deve o eſtudante, ter muita advertencia, de nam abraſar na Fizica, ſenam aquilo, que a experiencia conſtante moſtra, ſer aſim: e nos-raciocinios abraſar ſomente, o que ſe-funda em principios, de que ninguem pode duvidar. Sam poucos os autores, que em tudo e por-tudo ſigam,
eſtá moderaſam: mas acham-ſe alguns mais modernos, que procedem com eſta regra; como abaixo apontaremos.

Neſta parte explica-ſe, como o Omem come. Trata-ſe da-ſali-
va, aſám do-ventre, inteſtinos, chilo, limfa, ſeparaſam do-eſ-
cremento: como obra o meſenterio no-chilo: dutos chiliféros:
fabrica das-arterias, e veias: circulaſam do-ſangue: coraſam, e
ſuas aſoens: bofes, e forſa das-arterias nos-bofes: natureza do-ſangue, partes, e ſeus fenomenos: modo como as arterias entram
no-cerebro, e cerebelo: fabrica das-glandulas, e ſeus uzos: aſám
do-baſo, omento, figado, rins, bexiga: aſám dos-muſculos, e

da-cutis : suor, tranfpirafam, nútrimento, e diminuifam dos-fentidos internos, e externos : vigilia, fono, voz, &c. femente, menftruos, e parto.

A outra parte das-Inftituifoens, é a *Patologia*. Efta trata geralmente, do-conhecimento das-doenfas, fuas diferenfas, cauzas, e efeitos : Conhecidas as afoens, que obram no-corpo umano os liquidos, dentro dos-vazos, a que chamam *funfoens* : deve-fe advertir, que ou fam *vitais*, fem as quais nam fe-pode viver : ou *naturais*, que fuminiftram ao intendimeuto, e à vontade objetos, v. g. os fentidos &c. Conhecido ifto, conhece-fe em que confifte a vida : e fem que coizas pofa durar : como tambem em que confifte a faude, que é a faculdade de executar perfeitamente, todas as fuas afoens. De que fe-conclue, que o eftado do-corpo, que impede executar alguma afám, chama-fe *morbo* ou *doenfa* : as quais fam tantas, como as afoens. Deftas é que trata a Patologia. Efte conhecimento fegue naturalmente a Fifiologia, ou uzo das-partes. pois é certo, que quem conhece bem, o uzo das-partes, facilmente reconhece os impedimentos, que rezultam nefas partes : e com grande probabilidade, pode defcobrir as cauzas.

A 3. parte das-Inftituifoens é a *Semeiotica*. Aindaque as doenfas fejam ofcuras, como fempre vem acompanhas de alguns finais ; por-eftes-pode vir no-conhecimento delas. Afimque a *Patologia* enfina a conhecer, polos finais pafados, prezentes, e futuros ; os finais proprios da-faude, ou infermidade atual, a que chamam *Diagnofe* : ou futura, a que chamam *Prognofe*. Efta é a principal parte da-Medicina, e a mais dificultoza. Nela os antigos efcrevèram melhor, que em outra alguma : aindaque muitos ignorafem, as cauzas das-infermidades. pois é certo, que eu pofo faber os finais todos, de alguma particular doenfa v. g. da-*pleuritide*, fem faber, que coiza feja efa doenfa, nem como fe-cure. Mas como eles nam conheciam, qual era a machina do-nofo corpo, e a circulafam do-fangue ; nam podiam defcobrir, as verdadeiras cauzas de muitas infermidades. O pior é, que ainda defpois de Harvéo, fe-tratou ifto muito mal, pola razam que dá Boerhaave : pois os Chimicos, que entam florecèram ; defprezáram os finais : e todo o feu ponto eftava, em querer curar. Os Cartezianos, e Gazendiftas só cuidáram, em fazer fupozifoens, e inventar fiftemas. E afim só ne-fim do-feculo pafado, e principios defte, é que comefou a refufcitar efte eftilo, das-obfervafoens dos-finais, para fazer os pronofticos acertadamente. E

com

com efeito a isto è que o Medico Pratico, se-deve aplicar mais.
Mas co.n esta advertencia, que deve servir-se dos-Antigos,
para as duas partes da-*Semeiotica*, que sam *Diagnose*, e *Pro-*
gnose: em que alguns deles escrevèram bem: porem para dar razam das infermidades, e metodo de as-curar, servir-se dos-Modernos.

A 4. parte da Medicina, é a *Hagieine*, ou *Dietetica*: que
explica a arte, de conservar a saude prezente, e prevenir as do-
enças, que o temperamento pode produzir: e dispor a vida, para durar muitos anos. Ela expoem o uzo das-coizas, com que
se-pode conservar: o que se-pode conseguir, com poucos preceitos. Onde basta observar, o que pode ser proprio ao temperamento, e à idade: variar as ocupasoens: fugir de toda a sorte de segredos, que inculcam muitos Medicos: a abstinencia de
comer, é as vezes grande remedio. Alguns antigos escrevèram bem,
nesta materia: mas os modernos excedem-nos muito.

A 5. parte, é a *Terapeutica*. Esta ensina a conhecer nos-do-
entes, que doença tem: e em virtude destes preceitos saber,
que remedios se-requerem, para a cura, e como se-aplicam: a
que os Medicos chamam, descobrir os *indicantes*, *indicasam*,
e os *remedios*, ou instrumentos da-Medicina. Comprende duas
partes. 1. explica como se-conhecem estas tres coizas; mostrando, quais sam os instrumentos da-Medicina. 2. expoem o metodo de curar: que consiste, em propor regras, polo indicio
das-quais pode o Medico conhecer, os indicantes, contraindican-
tes, repugnantes &c. Uma destas partes segue-se da-outra. pois
conhecendo o Medico, a vida do-doente, suas cauzas, natureza,
sequelas, e graos: e observando a doença prezente, cauzas, indole, sequelas, sintomas: conhece facilmente, que coiza deve fazer, para conservar a vida prezente, restaurar à debilitada, e
remover o embaraso: como tambem que instrumentos deve aplicar: de que modo: em que tempo: e com que ordem o-deve
fazer. Nisto se-compreendem as Instituisoens, que dirigem todo
o estudo da-Medicina. Estas deve estudar o principiante no-2º.
ano, para formar ideia, de toda a Medicina em breve: e com
esta noticia pode, polo tempo adiante, examinar e dilatar as suas
partes, e formar verdadeiro conceito, de cadaüma delas. Mas
aqui devo advertir, que quem tem bons principios de Filozofia,
e se-serve de Instituisoens Medicas claras, pode, em menos de
um ano, compreender maravilhozamente isto.

Despois das-Instituisoens, segue-se a Praxe Medica: que é

uma

uma aplicaſam de todas as partes das-Inſtituiſoens, ao doente. Nas inſtituiſoens, dam-ſe regras gerais : a Praxe, enſina as particulares. Conſiſte pois a Praxe 1. Em conhecer no-infermo por-ſinais particulariſimos, as particulares doenſas : o que ſupoem o conhecimento da-vida, e ſaude do-omem, quero dizer a *Fiſiologia*, que enſina o uzo das-partes. 2. Curar cadauma das-doenſas, com os ſeus particulares remedios, e com um particular metodo, proprio de cadauma. Iſto ſupoem, que deve conhecer, a virtude dos-medicamentos, e a Cirurgia. Alem diſo, o aplicar o dito remedio, pertence a um omem, que ſaiba conhecer o efeito futuro : onde, requer a doutrina dos-ſinais, e do-metodo de curar. Ponho exemplo no-deſmaio. O Medico nam conſidera, o que é deſmaio em geral, porque ja o-ſupoem ſabido. Eſte pode proceder de medo, de falta de forſa, de algum cheiro agudo &c. mas no-cazo particular, diverſamente ſe-cura, cadaum deſtes deſmaios. E por-iſo devo conhecer, a cauza ſingular de cada infermidade, para lhe-ſaber aplicar um ſingular, e propriiſimo remedio. Reduzem-ſe os remedios, a trez claſes. 1. operaſoens de mam : 2. ſuſtento do-infermo : 3. outros remedios exteriores &c. Onde toda a Medicina Pratica ſe-reduz, à *Cirurgia*, que é a que cura, com as operaſoens de mam : à *Dietetica*, a que comumente chamam *Dieta* : e à *Farmaceutica*, que trata dos-outros remedios. Mas deſtas trez partes ſe-compoem duas profiſoens, de Medicina Pratica. Uma, é a Medicina Cirurgica, que enſina a conhecer, e curar as doenſas, que ſe-podem tocar com a mam mediata, ou imediatamente. v. g. cortar um tumor : conſertar um oſo do-braſo, coſtela &c. Outra parte, é a que enſina a curar, todas as doenſas internas, que encerra a *Dietetica*, e *Farmaceutica* : aindaque deſtas ſe-ſirva às vezes o Cirurgiam. A eſta chama-ſe ſimplezmente *Medicina* : e em alguns Reinos, *Medicina Fizica*, para a-diſtinguir, da-*Medicina Operativa*. E niſto novamente conhecerá V. P. que aindaque eſtas duas profiſoens, eſtejam oje ſeparadas ; ambas ſupoem os meſmos fundamentos. Onde deve o Cirurgiam, ſaber algumas coizas, que ſabe o Medico : ſem as quais, nam é poſivel conhecer as cauzas, de muitas infermidades : que, aindaque externas, tem muitas vezes internas cauzas. Sem as conhecer, nam as-pode curar bem : e por-conſequencia, eſte deve ſer todo o ſeu emprego. Mas, deixando agora o Cirurgiam, torno ao Medico.

Digo pois, que no-3.º ano deve eſtudar a *Praxe Medica*, com todo o cuidado : indo no-meſmo tempo aos Oſpitais, reconhe-

hecer a verdade, dos-ditames que lé. Com eſta ocaziam, pode
tambem obſervar, algumas partes da-Anatomia miudamente: ſendo certo, que duas coizas nunca deve deixar o Medico. 1. a A-
natomia, em todas as ocazioens, que ouver difesám de cadaver, e comodidade para iſo. 2. a obſervaſam dos-ſinais no-doente, para poder acertar, nos-ſeus pronoſticos. Se um Medico
vivèſe cem anos, ſempre teria necefidade diſto, principalmente
do-ultimo: e aſim algum dia na ſemana é necefario, que vá ver
eſtas coizas, ainda deſpois de eſtar adiantado na Medicina. O
metodo de o-fazer é eſte. Nam deve correr por-muitos doentes:
mas eſcolher cinco ou ſeis: e neſtes obſervar miudamente, todos
os ſinais, e iſtoria da-infermidade: e eſcrevèla, ſendo necefario.
Aſim o-fizeram, e fazem omens mui grandes: de que lhe-rezul-
tou, grande utilidade. Com eſte metodo, pode em trez anos,
compreender toda a Mediciña. o 4. ano fica para os atos publicos: e deſpois, dois ou trez anos, para exercitar a pratica.
Apoſtarei, que ſe-fizerem eſta experiencia, reconhecerám, quam
diferente utilidade ſe-tira. Toda aquela machina de anos, que
comumente ſe-empregam na Medicina, mete medo, e nam ſerve
para nada; porque falta o metodo. Aqueles atos que eles fazem,
tem belos e pompozos nomes; mas nam aproveitam nada. Com
um exame particular, no-fim de cada ano, e trez atos publicos,
no-quarto, ſe-concluia tudo melhor, e com menos trabalho.
Vamos aó Cirurgiam.

O que devo dizer do-Cirurgiam, ſe-reduz a poucas palavras: porque manifeſtamente ſe-colhe, do-que aſima digo. Deve
o Cirurgiam ſaber Latim, e ſofrivelmente Filozofia, antes de intrar no-Oſpital. Deſpois a Anatomia, e uzo das-partes deve o-
cupar, toto o ſeu cuidado. Deſpois, deve eſtudar as Inſtituiſoens de Cirurgia: mas principalmente deve aplicar-ſe, à Praxe deſa Cirurgia: cortar pernas, abrir cadaveres, trapanar o cerebro, tirar a pedra da-bexiga, cozer uma arteria &c. e outras
operaſoens igualmente dificultozas, que utis aó genero umano.
Se aſiſtir cinco ou ſeis anos, em um Oſpital, pode fazer iſto
maravilhozamente, como vi muitas vezes. Quem nam ſegue eſta
eſtrada, é um mero ſangrador: e nem menos é cupaz, que
lhe-entreguem a lanceta, ſem grande medo.

Tenho dito a V.P. o meu parecer, ſobre o metodo de regular
o eſtudo da-Medicina, e Cirurgia: para poder, com menos tempo, chegar ao fim, de ſaber alguma coiza util. Mas nenhum deſtes documentos aproveitará, ſe o eſtudante nam ſouber, que livros

vros deve eſtudar : porque aindaque um omem tenha, boa vontade de eſtudar ; ſe nam tem mais que livros maos , nam pode ſaber nada bem. Conheſo, que um omem que eſtudou Filozofia, polo modò que ja apontei , ſaberá abraſar ſomente , as coizas que ſam certas , e rejeitar as duvidozas . Mas alem deque iſo pede infinito trabalho, e dicernimento , o que nam coſtuma ter um principiante ; acha-ſe outra forte razam , e vem aſer , que a maior parte deſtes livros uzuais , eſtam tam cheios de fabudas , e ipotèzes ridiculas , que quazi me-atrevo dizer , que neles nam á que eſcolher . Eſta conſideraſam me-obriga, em uma matèria tam emportante, em que corre riſco nam menos que a noſa vida ; apontar alguns dos-melhores autores, para eſte eſtudo. Daqui rezultarám duas utilidades : 1. terá V. P. noticia dos-melhores, quando os-quizer conſular : o que nam é pequena ventagem , para um Filozofo ; ſaber onde podé achar noticias certas, das-partes da Fizica . 2. pode fazer um grande ſerviſo, aos ſeus amigos Medicos ; ſe lhe-comunicar eſtas noticias : pois nam ſó lhe-epſinará , o que eles ignoram ; mas poupar-lhes muito dinheiro , que podian , e deviam empregar , em livros de nenhoma utilidade : quando com muito menos, podem conſeguir o fim , que devem .

Sei muito bem , que neſta particular, acham-ſe infinitos prejuizos em Portugal : e omena conheſo eu , prezados de doutos, que ſe-rim dos-que tem noticia , dos-livros bons, chamando-lhe , Ciencia de livreiro : mas deſtes tenho compaixam, porque nam intendem o que dizem. Aindaque um omem nam tiveſe aberto os livros, mas ſomente ſoubèſe os autores, que tratam bem as materias ; era eſta noticia util , para ſi , e para os amigos : e nam deviam zombar dela eſtes , que nem menos eſa ciencia tem . Muito menos devem rir-ſe, dos-que tem eſta ciencia , e tambem a noticia das-materias. Eſtes amigos nam ſabem , que uma parte de qualquer ciencia , é a iſtoria dos-celebres eſcritores dela . Quem jamais condenou S. Jeronimo, Focio, Belarmino, Owdin, Cave, Warthon , Dupin, e outros muitos , porque eſcrevèram a iſtoria , dos-eſcritores Ecleziaſticos ? Quem condenou os outros , porque eſcrevèram a Iſtoria, dos-outros eſcritores , ou o Index dos-autores polas materias ? Todos reconhecem , que nam á coiza mais util, que eſta. E ſe iſto é louvavel, nos eſcritores mortos, porque á-de ſer condenavel, nos-vivos ? Alem diſo, que utilidade nam rezulta a um omem, de ſaber, quais ſam os melhores autores ? tem promta a materia , para o que quer : e poupa muito

dinhei-

dinheiro; pois com poucos livros, pode ter uma grande biblioteca. Nam tenho falado com omem douto, que nam eftimáfe muito efta notícia. E eu confefo, ter empregado nifto, baftante tempo: e todos os dias experimento, a utilidade. Onde, fem fazer cazo deftes cenfores, apontarei os autores necefários: parte dos-quais eu li: outros achei citados por-autores grandes: e de todos me-enformei, com Medicos de grande fupozifam.

Sobre a Fizica ja dife a V.P. em outra carta, o que avia que dizer. A Fizica experimental acha-fe fomente, nas obras das-Academias, que fe-abrîram nos-fins do-feculo pafado &c. e nos-Diarios Francezes, e Italianos, que entam comesáram: e tambem nos-Diarios Inglezes, e Olandezes &c. Neftes fe-acham muitas difertafoens volantes, que os coletores unîram, e tratam materias importantifimas. Antes das-Academias Regias, só acho trez autores, que fe-pofam ler com utilitade: *Bacon de Verulamio*, o P. *Merfeno*, e *Roberto Boile*, o qual ultimo é coetaneo, da-de Londres.

Os autores que no-feculo pafado (antes tudo é ignorancia), efcrevefem a Fizica Racional fem ipotezes, mas deduzida de boas experiencias, tambem nam fam muitos. Antes de *Nevuton* acham-fe rarifimos: e nem em tudo fam iguais, pois devem-fe reformar, em certas coizas. Os melhores fam *Galilei, Torricelli, Caftelli, Borelli*: aindaque efte tropece baftantemente na Chimica, e efpeculafam: *Bellini*, e *Huygens*: o qual ultimo no-fim da-vida, renunciou o Cartezianifmo, que feguîra. *Mariotte* nas fuas *Experiencias Fizicas*: *Perrault*, *Amontons*, *de la Hire*: Mas fobre tudo *Ifaac Nevuton*, que abrio melhor os olhos ao mundo, com todos os que o-feguîram, alguns dos-quais com outros mais acham-fe, nas Colefoens das-Academias. Efta forte de autores fervem, para examinar fundamentalmente as materias, nas ocazioens necefarias. Verdadeiramente nam fam para todos: e os rapazes, como ja avizei, devem primeiro eftudar, por-um mais moderno Newtoniano, que trate tóda a Fizica: v.g. o *Martino*: e a feu tempo confultar os autores, no-que tratam.

CHIMICA.

Pafando à Chimica, que é parte da-Filozofia experimental, mui necefaria ao Fiziço, para faber as naturezas fingulares dos-corpos; as quais conhecem-fe, mediante aquélas feparafoens: e é tambem necefaria ao Medico, que deve faber fazer algumas experiencias, e excitar alguns movimentos &c. efta, como digo, tratáram alguns omens grandes feparadamente. Quem nam á-de pafar

far a vida nela, bafta eftudar por-algumas Inftituifoens. Os que melhor efcrevèram Inftituifoens, fam os feguintes. Monfieur *l' E- mery*: fam melhores as ultimas edifoens, principalmente defte fe- culo. *Corrado Barkaufen*, 4.ª *Leiden* 1717. *Monfieur le Fevre* 12.ª 2. *v.* mas fobretudo *Hoffman* 4.º e *Boerhaave* 8.º

Alem deftes Inftitucionarios, que enfinam as operafoens, inf- trumentos, objetos da-Chimica: é necefario ao Chimico faber, quais fam os que, feguindo efte metodo, experimentáram bem: e, por-efte meio, deram novas luzes à Medicina. Foram nifto infignes, *Boile*, *Kunchel*, *Nehemias Grevv*: e outros que fe-a- cham, nas Colefoens das-Academias, como fam *Homberg*, *Geo- froi*, *Viewffens* &c.

Acham-fe Chimicos, que tratáram mui bem, da-Farmacia Me- dica, enfinando o modo de conhecer, e preparar os *Simplezes* &c. Para as *Plantas*, que podem fervir, fam bons *Boile*, *Grevv*, *Dedu*: que fe-acham em um tominho em 12.º imprefo em *Leiden* 1691. *Michelli* em um volume in fol. *Dodart*, *Bignon*, *Geo- froi*: as obras dos-quais fe-acham nas Academias &c. Para tirar das-Plantas os remedios, fam infignes *Angelo Sala* = Chimica 4.º e *Schrodero*, Farmacia 8.º *Quercetano* é pafavel, em 4.º mas tudo ifto traz *Boerhaave* bem, na fua Chimica.

MATERIA MEDICA.

A Materia Medica, ou o que fe-acha no-mundo, util para curar, que pola maior parte fam fimplezes; tratáram muitos au- tores: mas poucos bem. Para os principiantes aponto dois. *Marcgravius* = *Materia medica contracta*. 4.º *Schroderus*, na fua Farmacia. Em falta deftes, pode-fe ler *Samuel Daale*: e em qualquer deles fe-achará, o que é necefario, e com boa ordem. Os que quizerem noticias extenfas, podem lelas no-*Fallopio*: fam trez tomos fol: ou no-*Diofcorides*, da-edifam de *Bauhino*. Ef- tes compreendem tudo: e efpecialmente o ultimo moftra, a diferenfa que fe-acha, entre os remedios antigos, e modernos.

Nam é necefario ao Medico, fer confumado *Botanico*: pois com tanto que conhefa as ervas, que fervem para a Me- dicina; as quais fe-reduzem a pequeno numero, pode curar bem, fem fe-embrulhar com a noticia, de todas as outras ervas. Mas quando quizefe, profundar efta noticia, ou para fi, ou pa- ra enfinar aos outros; deve fervir-fe, das-Inftituifoens de Mon- fieur *Tournefort*, que enfina o melhor metodo, de as-conhecer. Para diftinguir as antigas, das-modernas, fam otimos *Fabio Colo- na* em 2. volumes in 4.º e *Joam Bauhino* 3. v. fol. do-qual ultimo

copiá-

copiáram os feguintes . Para as virtudes , *Dodoneo* , fol. mas das-ultimas edifoens , com efcolios . *Morifon* , 2. v. fol. e *Joam Raio* : os
quais aindaque acrecentafem algumas coizas fuas , contudo , a
fuftancia dela tiráram-na de *Baubino* , como advertio entre outros *Boerhaave* .

A N A T O M I A .

Pafemos à Anatomia , na qual achará V.P. mil autores : mas
a maior parte com defeitos . Os modernos devem-fe preferir , aos
antigos , porque tem mais expériencias , e vîram mais : mas nem
por-ifo os-antigos , defmerecem em tudo . Acham-fe autores , que
excedèram em alguma parte da-Anatomia : outros , que efcrevèram
fomente de uma parte , e bem . E' necefario ter noticia de todos eftes , para as ocazioens . Efta é a ordem que feguirei : no-fim
apontarei , os que compreendem tudo .

Dos-*Ofos* e fua gerafam , efcreveo melhor que ninguem *Jozè
du Verney* . Mas as fuas obras publicáram outros , ou dicipulos,
ou fequazes . um foi Monfieur *Clerc* $=$ *Cirurgie Complete* : 8.°
Par. 1706. mas nam tem figuras : outro é *Palfyn* , na fua *Ofteologia* . Também efcreveo muito bem *Derelincourt* $=$ *Conceptus de
Conceptu Humano* . 12.° 1685. e *Clopton Havers* $=$ *Ofteologia* 8.°
1691. Eftes todos fam modernifimos . Dos-velhos , fam infignes
dois : *Vefalio* $=$ *Anatomia* : porem deve fer da-edifam de *Boerhaave* em *Leiden* 1725. na qual acham-fe emendados alguns erros ,
e tem excelentes figuras : outro é *Joam Riolano* $=$ *Anatomia* fol.
nam traz figuras , mas copiou tudo o bom , que fe-acha nós-ante-
cedentes .

A fegunda parte da-Anatomia trata dos-*Mufculos* . A iftô-
ria dos-mufculos, tratou *Covvperus* in 8.° mas é Inglez : e *Ridleus* $=$
Anatomia do-Cerebro 8.° A uniam dos-mufculos com os ofos ,
mediante aquelas partes , a que chamam *tendines* , e fam quazi
femelhantes aos nervos , defcrevem alguns Anatomicos . Para as
figuras , é infigne *Vefalio* : para a defcrifam deles , *Fallopio* é ini-
mitavel : mas deve fer da-edifam de *Wechelio* , *em Francfort* 1600:
as outras tem varios erros : e efte emenda o *Vefalio* , em varias
coizas . *Riolanus* , o filho , é bom para os diferentes nomes . é um
livro in fol. 1650. Pariz . Mas para os-diferenciar bem , ninguem
melhor que *Monfieur Clerc* , que nifto excede a todos os outros.
Para o uzo dos-mufculos , é famozo *Gabriel Covvperus* , na fua *Myo-
logia Reformata* : *Lovverus* $=$ *de Cordis Mufculis* : e tambem falam mui bem nifto , *Vefalio, Fallopio , Riolano , le Clerc* : e o mefmo *Borelli* , nó-feu livro , de *Motu Animalium* , pode dar alguma

luz sobre os musculos: porque se-servio das-noticias, dos-melhores Anatomicos viventes. Para saber descobrir por-simesmo no-cadaver, os musculos, e mostrar todas as suas partes; dam boas regras *Covoperus*, e *Laserus*. Mas ninguem melhor, que *Vesalio*, expoem as figuras dos-musculos, e o-modo de os-descobrir, tambem as Tabulas do-*Spigelio* sam bons.

A terceira parte da-Anatomia sam as *Entranhas*: materia vastisima. Brevemente apontarei os melhores, sobre as entranhas principais. Do-corasam, tratou bem *Lowero*, e *Ruyschio*. mas melhor que nenhum, *Vieussens*, in 4.º Do-cerebro tratou *Willis*, cujo livro é famozo polas figuras: as melhores edisoens sam Londres 1664. e 1670.: e *Vieussens* da-edisam in fol. é ainda melhor para as figuras. *Ridlei* 8.º 1695. é bom, e tambem *Malpighi*. Dos-bofes, *Julio Casserio*, mas da-edisam de *Padova* in fol: e *Malpighi*, nas suas Epistolas postumas. Do-ventriculo, e intestinos, *Conradus Peyerus*, no-tratado *de Glandulis*, e no-tratado *de Ruminantibus*. *Aquapendente* escreveo bem sobre o mesmo, fol. Do-baso, o melhor é *Dorelincourt* 8.º tambem *Veltbuysen*, e *Malpighi*. Do-pancreas, *Brunerus*, *Peyerus*, e melhor de todos, *Wartbon*. Do-mesenterio, *Wartbon*, *Aquapendente*. Do-figado, escreveo bem *Glissonio* 8.º despois, *Malpighi*, e *Ruyschio*. Dos-rins, *Eustachio*, *Bellini*, *Malpighi*. Dos-vazos destinados à gerasam normaem, dois Anatomicos escrevèram insignemente: *Leal Lealis*, e *Graaf*: despois destes, *Morgagni*, e *Ruyschio*. Dos-vazos destinados à gerasam nas femias, o melhor é, *Dorelincourt*: despois, *Graaf*, *Svvamerdam*, *Vieussens*, *Malpighi*. Das-glandulas, o que trata melhor é, *Wartbon*, e tambem *Malpighi*, e *Nuckio*.

A quarta parte da-Anatomie trata dos-*Vazos*. As *arterias* ninguem as-pinta melhor, que *Vesalio*. l. 3. p. 485. e *Covupera*, tab. 8. *Appendic. Ridleiana*: tambem Ruyschio explica bem algumas coizas. Das-ultimas arterias trata bem *Bellini*, na epistola *ad Pitcarnium*. Para mostrar as diferentes ramificasoens das-veias, ninguem melhor que *Vesalio*, no-dito livro 3. p. 450. 505. Das-valvulas nas veias, trata *Aquapendente*. Para conhecer o fim das-veias, e arterias, basta recorrer ao diligentisimo *Leeuwenhoek*, no-seu 3.º tomo, *Secreta Natura Ope Microscopiorum Detecta*. Muitos destes autores sam estimaveis, porque acháram o modo, de introduzir a cera nas veias, e arterias, em modo que sejam viniveis; e nam só os troncos, mas os ramos aparesam. Sobre os vazos da-linfa, o melhor de todos, e que compreende tudo o que diseram outros, é *Hremsterbuys*, *Nossis Aurea Anatomica*

tomica 4.º A efte fe-podem ajuntar dois infignes , *Olaus Rutbe-ckius* 2. t. 4.º *contra Bartholinum* , e *Joannes Jacobus Pauli*: tambem o *Gliffonius* , e *Bartholinus* 8.º nam efcrevèram mal.

Alem dos-que efcrevèram fobre as ditas 4. partes da-Anato-mia , feparadamente ; acham-fe alguns , que tratáram bem , de al-guma determinada parte do-corpo. v.g. *De oculo* , efcreveo bem *Ruyfchius* , *in Obfervationibus* : tambem *Hovius* , e *Nuckius* . Da-*aure* , os dois melhores fam , *Bartolomeu Euftachio* , e *Jozé du Ver-ney* . De *lingua* , *Malpighi* , e *Bellini* &c.

Tenho apontado a V. P. os melhores em cada parte : agora direi os melhores em tudo: nam , que efcrevefem tudo bem ; mas que entre os que efcrevèram tudo , e fizeram curfo , fam os melhores . Um deles é *Vefalio* : que efcreveo no-meio do-feculo 16º. tinha feus erros: mas eftes emendáram *Boerhaave* , e *Albini* : e a edifam que nos-deram eftes dois Medicos , em 1725. é famo-za : nela fe-emenda o texto , e fe-acham famozifimas figuras. Alem defte , temos dois bons autores fem figuras . um é *Joam Riolano* fol. Par. 1650 outro , *Realdo Columbo* fol. e tambem fe-fez outra edifam em 8.º Dos-que publicáram as figuras fem o texto , fó dois fam eftimados polos inteligentes . um é *Euftachio* , com as notas de Monfenhor *Lancifi* : outro é o *Albini* , *Ta-bula Anatomica* folha grande. Mas como qualquer deftas taboas, nam tem fuficientes explicafoens; quem as-quizer intender , de-ve recorrer , ao curfo Anatomico de M. *Winslou* , em Francez , ou Italiano , 4. volumes em 16.º O *Ruyfchio* no-*Thefaurus Ana-tomicus* 4. v. 4.º é bom para bufcar nele , algumas coizas par-ticulares . o mefmo digo do-*Morgagni* , *Adverfaria Anatomica*. Dos-Compendios , os melhores fam *Heiftero* 8.º *Bacchetoni* 4.º e fobre tudo , *Winslou* : efte acha-fe em Francez , ou Italiano : os outros dois em Latim.

INSTITUISOENS.

Daqui pafando aos que efcrevèram , cada parte das-Inftitui-foens Medicas , apontarei em breve os melhores , fegundo a mef-ma ordem que apontei , nas ditas inftituifoens . Poucos efcrevè-ram do-uzo , das-partes do-corpo umano , que nam pecafem con-tra a Anatomia , ou Mecanica , ou Fizica : contudo os melhores, e dos-quais , tirando algum erro , fe-pode tirar muito , fam eftes. *Borellus* , *de Motu Animalium* . *Bernoulli* , *de Motu Mufculorum*. *Bellini* , *de Urinis* , *Pulfibus* , *Emiffione fanguinis* . 4.º 1684. & *in Epiftola de Motu Refpirationis* año 1670. & *de Motu Cordis* &c. *Pitcarnius* , *Differtationes Medicæ* 4.º 1701. *Keill*: mas efte pede muita Matematica, para se-poder intender. Os que sam menos ipoteticos sam os seguintes: *Matthæus Georgius, Elementa Scientia Naturalis*. Lucæ 4.º 1707. *Della Ragione Vera, e Temerità nella Medicina*. Genova 8.º 1709. = *Phlebotomia* 4.º *Geneva* 1697. *Ascanius Maria Bazzekallibe, Novum Systema de Tumoribus*. *Perrault, Essais de Physique* 4.º 1721. Este omem é insigne Filozofo: e o mesmo digo do-*Lamy, Dissertations Anatomiques* 1685. Tambem escreveo bem *Guilelmus Kook, de Secretione animalium* 12.º 1674. Os que escrevèram melhor dos-*Sentidos* sam estes. De *visu, Nevuton*. De *aure, Nevuton, Lamy, Perrault, Verney, Valsalva*. De *gustu, Fracassatus, Malpighi, Bellini*. De *olfatu, le Clerc, in Osteologia: Scheinederus, de Catharris*. De *tactu, Malpighius*. Os que tratáram bem do-uzo das-partes da-gerasam, *Derelincourt, Conceptus de Conceptu*. 12.º *Leal Lealis, de Seminis ortu: Couuperus, Ruyschius, Leeuvenoeckius, Aquapendente, Malpighius, Harveius*.

PATOLOGIA.

Nesta materia da-*Patologia*, deve-se fazer muito cazo, da-escola Ipocratica. O primeiro é *Ipocrates*: depois *Cornelio Celso*, e *Galeno*. Dos-modernos antes de *Harveo*, alguns escrevèram bem dos-sinais das-doensas: mas quando querem dar razam delas, erram, porque sam ipoteticos: o que tambem sucedeo a *Galeno* &c. Entre estes os melhores sam *Joam Bernelio*. fol. 1697. e o douto *Senerto*, que escreveo 6. volumes in fol. 1667. o qual só basta para dar noticia, de tudo o que nesta materia escrevèram, os antigos Gregos, Romanos, Barbaros. Quanto aos que se-seguem depois de *Harvea*, pouco servem; porque pola maior parte sam ipoteticos.

SEMELOTICA.

Nesta parte da-Medicina, é insigne *Ipocrates*, em todas as suas obras. O melhor Comentador dele é *Ludovicus Duretus, in Cohcas Hipocratis* fol. 1658. Este reduz todas as coizas de Ipocrates, a seus lugares determinados. *Galeno* nam é meo, mas tem seus defeitos. *Celio Aureliano* para a *Diagnose*, e *Prognose*, é muito bom. Mas tudo o melhor que diseram Ipocrates, *Galeno*, e os *Arabes*, expoem *Prosper Albinus, de Presagienda vita & morte Ægrotorum*. 4.º 1710. Para saber o verdadeiro modo de raciocinar na Medicina, veja-se *Bellini, de Pulsibus*.

UGIEINE.

Esta parte da-Medicina ensina o modo, de conservar a saude prezente. Neste particular os melhores sam, *Melchior Sebisius* bifius , de *Alimentorum Facultate* 8.º 1651. e melhor que este , *Santorius , de Medicina Statica* : e tambem *Verulamius , de Prolunganda vita* . Tudo o que os Antigos souberam , e fizeram nesta materia , traz *Mercurialis , de Arte Gymnastica Veterum* 4.º 1577.

TERAPEUTICA.

Para os instrumentos da-Medicina , que é o mesmo que dizer, remedios , veja-se *Fallopio* , e *Samuel Daal* , *Pharmacologia* , *Londres* 8.º mas melhor que todos *Marcgravius* , *de Materia Medica Contracta* . Para o metodo de curar , os que escrevèram antes da-circulasam do-sangue , nada valem . Despois dela , acham-se tres autores , que sam bons : *Bernaldus Luvalve* , *Disquisitio Terapeutica Generalis* . 12.º Amst. 1657. *Fridericus le Boe Sylvius* , *Methodus Medendi* : as outras obras deste autor nada valem . *Walleus* , *Methodus Medendi* 12.º 1619. Nisto se-compreende , o que á de melhor nas Instituisoens .

PRATICA.

Para a praxe Medica , ou conhecer nos-infermos , os singulares males , e despois cutálos , acham-se muitos autores ; mas poucos deles bons . falo primeiro dos-Medicos , despois dos-Cirurgioens . Dividem-se comumente os autores Medicos , em trez clases : uns sam *Sistematicos* , que fazem corpo de doutrina . outros *Tratadistas* , que fizéram tratados sobre estas materias . os 3. *Observadores* , que escrevem observasoens ou suas , ou alheias. Dos-sistematicos , o melhor é *Ipocrates* , nos-seus *Aforismos* . De todos os seus comentadores modernos o melhor , é *Hollerio* , e *Francisco Valesio* . Estes dois omens tiveram a felicidade de o-comentarem , sem recorrer à ipotezes . *Areteo* de Capadocia deu melhor ordem , aos tratados de *Ipocrates* , e o-comentou muito bem : era na verdade um omem doutissimo . *Aetio Amideno* compendiou *Ipocrates* , e *Galeno* . Estes acham-se oje traduzidos em Latim . *Cornelio Celso* Romano tambem compendiou *Areteo* , e *Ipocrates* : e é muito necesario , para intender este ultimo . Mas tudo o que dise de bom a escola Grega , acha-se em *Oribasio* . Tirando estes , tudo o mais Latino , Grego , e Barbaro , para nada presta , porque tudo é Galenico . Somente no-século 16.º *Capivacci* é menos mao ; porque se-contenta , de apontar as coizas , sem querer filozofar . No-seculo 16.º resucitou a Medicina Ipocratica em Fransa : e alguns Francezes comentáram bem Ipocrates , como ja dise . *Hollerio* fez a sua Pratica in 4.º que nam é má . Alguns modernos escrevèram da-Medicina dos-Egicios ,

vios , Indios , Chinezes : e corrèram aquelas regioens , para as-exa-
minarem. Estes podem servir muito , para mostrar , como se-cu-
rou muita gente , sem se-valer das-nosas ipocezes.

Os melhores Tratadistas antigos sam , *Ipocrates* , *Areteo* ,
Galeno , e *Celio Aureliano* , que compendiou todos os *Gregos* ,
e *Latinos* , e nos-sinais é otimo. Dos-modernos , o *Ballonio* escreveo bem , *de Morbis Virginum & Mulierum Epidemicis*. 4.º
v. 4. tambem *Ludovicus Mercatus , de Morbis Virginum . Mori-
fans , de Morbis Gravidar. Parturient. Puerperar.* todos estes
sam otimos. *Morton , Harris , Listeras* , sam trez Inglezes modernos famozisimos : achiam-se juntos em um tomo in 4.º *Sydenham ,
de Febribus* é otimo , e fidelisimo nas observaçoens : nas materias que escreve , ele só basta. Da *Tisica* , escreve bem *Christo-
phorus Benet. Londinensis* 8.º 1654. *De Morbis Catharrosis , Schei-
naderus. Bellini , de Morbis Capitis , Pectoris , Febribus* é famozo : mas pola maior parte nam dá remedios , aponta somente os
sinais. Da *Lue Venerea.* escreveram muitos : mas poucos bem. os
melhores sam estes : *Aloysius Luisinus. fol. 2. t. 1566.* compreende tudo o que diseram outros , antes dele. Porem os melhores e
mais estimados sam , *M. Didier* , e *M. Astruc. 2. tom. 4.º* que
esgotam a materia.

Observadores , que escrevem a istoria das-observaçoens , sam tantos , que se-podem aquentar fornos. Mas de todos estes devemos
fazer pouco cazo : porque pola maior parte escrevem a istoria
de-doença , para concluirem , que se-deve a melhora , ao seu remedio. O que nada serve aos outros : sabendo nós neste particular , quantas mentiras se-dizem. Asimque só devemos fazer cazo
de autores , que refiram fielmente , toda a istoria da-doença , e
como acabou ; ou lhe-desem remedios , ou nam : e destes , como
dixe , sam poucos os que sejam sofriveis. Os melhores nesta materia sam *Carolus Piso , de Morbis a Colluvie Serosa Ortandis.*
8.º vel 4.º escreveo antes de *Harveo* : mas escreve bem , e contrareia os Galenicos. *Theophilus Bonetus , Sepulcretum Anatomicum. fol. 3. t. 1700.* Este omem compreende tudo o que se-ob-
servàra , nos-cadaveres abertos , e é famoze : *Nicolaus Peltinus ,
Observationes Medica Anatomica. 4.º Tulpio , Observationes 8.º*
Alguns acrecentam a estes , *Petrus Forestus , Joannes Schenkius ,
Felix Platerus* : mas o certo é , que tem bastantes coizas mas : porem o primeiro pode pasar , porque dá noticia do-que diseram
Gregos , Romanos , Arabes , sobre os tais males. Pode-se ajuntar a *Academia Leopoldina* , ou do-Imperador Leopoldo : e o

Zo-

Zodiaco-Medico-Gallus de *Nicolao de Blegni*, em que se-dá noticia, de muitas observasoens: mas nestes á bom, e mao. Intendido isto, deve-se fugir, de todos os outros observadores: pois, como adverte bem *Sydenham*, perderemos o tempo, e embrulharemos o juizo.

DIETA.

Da-Dieta entre os antigos escreveo bem *Ipocrates*, nos-seus tratados *de Victu*; que comentou famozamente *Pedro Girardet* em 8.º *Galeno* tambem escreveo sobre esta materia: e esta é a sua melhor obra. Alem destes, *Arnoldus de Villa Nova* é famozo.

CIRURGIA.

Pasaremos daqui para a Cirurgia, na qual tambem á *Sistematicos*, e *Tratadistas*. Dos-Sistematicos, devem se preferir os que escrevéram o que viram, despois de muito exercicio, aos que copiáram dos-outros. Dos-antigos os melhores sam, *Ipocrates* na 6. sesam das-suas obras, da-edisam de *Phoesio*. Devemos ajuntar-lhe *Galeno*, nos-Comentarios da-Medicina Ipocratica. Mas mais claro que nenhum destes, é *Cornelio Celso*: que tem belisimas reflexoens, principalmente no-tratado *de Calculo*, e de *Fistula lacrymali*. Nisto acaba, o melhor da-Antiguidade: daí para baixo tudo, é ignorancia. Dos-modernos o *Fallopio*, e *Joam Andre da-Cruz*. Estes sam bons: mas melhores ainda sam, *Aquapendente*, e *Marco Aurelio Severino*, que compoz de *Trimembri Chirurgia* 4.º 1653. e de *Chirurgia Efficacia*. fol. destes dois tratados diz um grande Medico, que sam necesarios, nam só ao Cirurgiam, mas ao Medico Pratico. O terceiro é *Vidus Vidius*, de *Chirurg.* fol. este só compreende tudo, o que tem os outros. pode-se ajuntar *Hornius*, *Sistema Chirurgicum* 4.º 1708.

Tratados particulares escrevéram alguns mui bem. *Jacob Berengario Carpo*, *de Fractura Cranii*. *Aurelio Severino*, de *Abscessuum natura* 4.º *Fabricius Hildanus* escreveo de Gangrena, & Sphacelo; de *Combustione per ignem* &c. de *Meliceria* &c. Dos-Tumores, escreveo belisimamente *Schelhamer*, *Onchologia Parva*. Dos-Olhos, escreveo bem M. *Maitre Jean* Pariz 1707. Do-Ouvido, M. du *Verney*. Das-infermidades dos-Osos, M. *Petit*. Cada autor destes no-seu genero é insigne: mas escrevem em Francez; onde quem os-nam-intende, é necesario que se-sirva, de outros Latinos apontados.

Quanto aos observadores em Cirurgia, parece que nam sam de tanta necesidade: mas se algum os-quizer ler, deve saber, que

os

os dois melhores fam: *Ruyfchio, Obfervafoens Anatomicas* 4.º e *Hildano* ja citado.. os outros valem pouco.

Acham-fe tambem Cirurgioens, que efcrevéram do-modo, de fazer as operafoens : e eftes fam mui necefarios ao Cirurgiam, que quer fazer a fua obrigafam. Com razam fe-dife, que o *Palfyn* é um dos-melhores, pois compreende o metodo de excelentes omens. 8.º 2. v. mas efcreve em Olandez, aindaque ja oje fe-acha em Francez. Igual a efte é M. *Dinis, Operations de Cirurgie*. 8.º 1716. tambem Francez. Em falta défte, *Cornelius Van Solingen, Operationes Chirurgicæ* 1714. e *Antonius Nuckius de eodem*. Para tirar a pedra da-bexiga, é infigne M. *Tollet* Parizienfe : enfina um novo metodo de a-tirar.

Tenho expofto a V. P. os maiores omens neftas faculdades. ainda me-ficam alguns autores que fam bons, e outros que nam fam maos : e pode fer que cada dia vam faindo, outros melhores, de que eu nam tenho noticia, nem as pefoas com quem falei, nefta materia. Mas a verdade é, que eu nam efcrevo iftoria cómpleta : porem aponto o metodo : e tenho liberdade de fervir-me, dos-que parecerem melhores. Devo porem advertir, que advertidamente deixei muitos autores, ainda dos-que parecem bons : e nada fiz, fem motivo particular. Quanto aos Compiladores, fuperfluamente repetiria todos, tendo apontado as fontes, onde tem bebido. Deixei porem alguns na ferie que aponto, paraque o eftudante, que nam poder alcanfar um que aponto, pofa procurar outro igualmente bom. Aponto muitos modernos de edifoens pequenas, que cuftam pouco. Onde a noticia fervirá, para grandes, e pequenos. Quem tiver juizo, pode, com poucos livros, ter grandes tezoiros : que ifto é o que comumente nam fe-intende neftes paizes. Quem tiver mais dinheiro, pode comprar uma boa porfam, querfeja mui util, e decoroza, como as Academias &c.

Mas para dizer a V. P. finceramente o meu parecer, no-eftado prezente, e para abreviar a eftrada, fomente aconfelharia ao eftudante, comprar ao principio dois livros, *Boerhaave*, e *Hoffman*, ambos modernos. O *Boerhaave* efcreve as *Inftituifoens Medicas* em úm tomo em 8.º ou 4.º os quais comentou féu diçipulo *Haler*, em 4 tomos até agora: mas nam explica fenam a Fifiologia. Efpera-fe que complete a explicafam da Fifiologia ; e outro tomo, que explique as outras quatro partes, fem coménto algum do-*Haler*, mas fomente com as explicafoens poftumas, de *Boerhaave*. Imprimíram-fe em Amfterdam, Leiden, Torino : e
nefte

neste ultimo lugar tem tambem o texto . Para a pratica escreveo um tratado , *de Cognoscendis* , *& Curandis morbis* , que vale
um mundo inteiro . Mas como é escrito aforisticamente , outro
seu dicipulo publicou , as explicasoens do *Boerhaave* , e as-ampliou;
que é *Van-Suvieten*: sam 3. tomos em 4.º ja saîram dois , cuido
que em Leiden &c. e se reimprime em Napoles . Alem disto ,
fez um pequeno tratado , *de Viribus Medicamentorum* , em que
aponta , o que á mais provavel , na Farmacia . Compoz tambem ,
as *Instituisoens Chimicas* . Desorteque ele só basta , para o que
apontamos . Tambem compoz um livro de Botanica intitulado,
Orto Botanico Leidense . Escreveo belissimas *Consultas Medicas* ;
das-quais apareceo ja um tomo , e espera-se outro . Fez alem diso
varios tradinhos , mas famozos , *de Morbo Gallico* , e *de Materia*
Medica : que sam otimos . O Metodo de estudar a Medicina,
nam é obra sua , mas dos-dicipulos , que nele publicáram as
noticias , que lhe-dera seu mestre . Intendia bem a lingua Grega,
e Latina : sabia bem Matematica : era um perfeito Anatomico :
por-cuja razam escreve com acerto , em todas as coizas . Tenho-me
servido mui bem deste autor : e devo em agradecimento , fazer-lhe
esta justisa . O seu metodo está oje geralmente recebido ; porque
é um Medico perfeito , e nada ipotetico . O *Hoffman* tambem
é um grande autor , e tem quazi todos os requizitos , do-outro .
Tambem compoz as *Instituisoens Medicas* , e um Curso inteiro
de Medicina , em que segue as opinioens mais fundadas : aindaque em muitas partes , incline bastantemente , para à ipoteze . Sam
trez tomos in fol. de Germania : e a de Veneza em 7. ou 8.
Estes autores devem-se estudar bem , principalmente o *Boerhaave* :
e só asim se-pode aprender Medicina . Mas advirto logo , que
sem ter estudado , a Filozofia que digo , nam se-intendem . Para
a Anatomia ao principio , bastará o *Heistero* , ou o *Kulmo* , que
tem taboas sofriveis . Em falta destes o *Bacchetoni* em 4.º Despois , é necesario comprar o *Vessalio* , de *Boerhaave* . Todos estes
sam Latinos .

Quanto à Cirurgia , despois de ter estudado a Anatomia ,
deve procurar umas boas *Instituisoens* , das-que apontei mais modernas . v. g. *Heistero* in 4.º 2. tom. Com o tempo é necesario
comprar , um Curso difuzo ; e saber quais sam os outros , para
os-consultar . Especialmente deve procurar , a colesam que agora
se-faz em Pariz , de tudo o que á melhor , na Cirurgia : que será
obra perfeita . Os mestres sam os que necesitam , de mais livros.
Deve tambem comprar , um dos-que ensinam , a fazer as opera-

foens, para se-aproveitar dos-tais ditames: aindaque a vista nestes particulares ensina mais, que a lisam.

Esquecia-me dizer, que o estudante deve ter, alguma noticia da-*Botanica*, nam só póles livros, mas ter algum Catedratico, que lha-ensine: sendo certo que neste particular vale mais, meia ora de vista, que dez de ditames. Mas disto falarei em outra ocaziam, quando me-occorrer falar dos-Catedraticos. Conclûo pedindo-lhe perdam, desta longa matraca: mas a materia nam se-podia tratar, em menos: e V. P. obrigando-me a dizer tudo o que intendo, ja deve estar preparado, para estas longuisimas cartas. Deus guarde a V. P. &c.

CARTA DECIMATERCEIRA.

SUMARIO.

ORigem da Jurifprudencia Romana. Mao metodo de a eftudar em Portugal, e pefsimas confequencias, que dali rezultam. Defmedida prezunfam que os Portuguezes tem, de Juriftas, e desprezo das-outras Nafoens, fem fundamento. Naõ bafta o corpo do-Direito, ào Jurifconfulto: requer-fe Politica, e muitas outras coizas, para fatisfazer dos empregos. Moftra-fe com razam, e exemplos, qu'eftes eftudos fam compativeis, com as Leis. Dá-fe uma ideia do-Direito Civil, até os prezentes tempos. Necefidade da-Iftoria, para o Direito: metodo de a-eftudar. Metodo de eftudar o Direito. Tocam-fe os defeitos intrinfecos, e extrinfecos da-Jurifprudencia. Aponta-fe o melhor modo, de ter uma pratica util, tanto para o Advogado, como para o Juis.

Em V. P. muita razam, de fe-queixar de mim, porque verdadeiramente eu padeci, algum defcuido: mas terá menos quando fouber, que eu tambem tive razoens, para o-nam-fazer. Nam é preguifa, tudo o que o-parecee. onde ao menos deve rebaixar-me, metade da-culpa, e da-pena. Eu porem eftimo tanto efta fua queixa, como quem conhece dela, que nace de um verdadeiro amor, e particular eftimafam que faz, da-minha pouca literatura: a qual feria ainda muito menor, fe nam achàfe um omem como V. P. para a-refucitar, e exercitar. Efe pouco que eu fei, V. P. o-conhece, e intende: mas o feu amor, e a fua eloquencia o-engrandece deforte, que nas fuas cartas, ou me-nam-conheso, ou me-confidero maior, doque nam intendia. Mas fe a minha vaidade, por-quanto grande pofa-fer, nam chega a-conceber, tam grande ideia de mim, o conceito que tenho da-fua grande capacidade, me-obriga a crer, que nam fou tam pouco, como julgava. Onde fico obrigado a V. P. por-dois diftintos principios: um, porque me-enfina o que fou, e o que pofo : outro, porque mo-expoem com tam particular afeto, que, ainda quando fe-enganáfe de todo, me-obrigára eternamente.

Neftas duas ultimas cartas repete V.P. que lhe-agradára muito, a dédufam natural, com que da-Filozofia tirei, eftas duas faculdades, que muitos intendem tam feparadas : e me-diz, que com gofto efpera ler, o que eu intendo, da-Jurifprudencia. Onde para fatisfazer o dezejo de V.P. e a minha promefa, farei algumas reflexoens fobre a Lei, e modo de a-eftudar. Mas certamente fe nam efcrevèfe a V. P. que me-tem prometido; nam divulgar as minhas cartas, ou ao menos, fupremir-lhe o meu nome ; nam me-rezolvèra a fazèlo. Que feria de mim, fe efes feus Coimbrenfes ouvifem dizer, que um Religiozo Capuchinho, punha a boca nas Leis ? que alaridos ! que rizadas ! que divertimentos ! parece-me que os-eftou ouvindo. 'A Univerfidade de Coimbra, dar leis em Leis ? a uma Academia tam celebre, *Qua non in toto clarior orbe micat*, vir dar os dias fantos ? uma Academia na qual, fe faltafem no-mundo os Digeftos &c. fe-achariam na cabefa de qualquer famulo: e em que fe-pode enfinar aos Romanos, a compor Bulas, Breves, e Refcritos : finalmente em que as mefmas paredes produzem textos, com mais fecundidade, e brevidade, que a era ? Verdadeiramente efte Padre endoideceo, e nam merece atenfam. Ifto, e muito pior, diriam eles. Mas eu, meu P. do-corafam, afim como nam tenho medo, me-digam ifo, porque confio no-feu fegredo: devo declarar a V.P. com toda a finceridade, que nem menos o-temeria, fe mo-difefem na-cara : porque quando dei as coftas ao feculo, lozo afentei em duas coizas : uma, nam fazer cazo, dos-rumores do-mundo : outra, fofrer com paciência, as fraquezas do-nofo proximo. Cadaum diga o que quizer: eu devo dizer a V. P. o que intendo.

A Jurifprudencia, como ja dife na minha ultima carta, é uma confequencia da-Filozofia. Compreende a Filozofia duas partes : uma, que regula o juizo, para conhecer as coizas bem ; e efpecialmente para conhecer, o que é a natureza corporea, e efpiritual ; a que chamam Logica, e Fizica: outra, que nam fó regula o juizo, e vontade, mas as afoens da-vida, para confeguirmos a felicidade nefte mundo ; a que chamam Etica. Efta ou confidera, como dife, o fumo bem, e modo de o-confeguir: e efta é a rigoroza *Etica* : ou expoem os diverfos oficios e obrigafoens do-Omem, que deve fazer, para fe-conformar com a reta razam, a que chamam *Jurifprudencia Natural, ou Univerfal.*

Ou

ou confidera as afoens dos-omens, em quanto fam utis à comunidade Civil, a que chamam *Politica*. Todas eftas leis reconhecem, como ja difemos, a mefma origem : porque lei Natur-
ral, lei Divina, lei das-Gentes fam a mefma lei, com diverfos
refpeitos. Da-Jurifprudencia Natural, nacèram todas as leis civis,
e principalmente as leis Romanas, de que nós oje uzamos. De
que fica claro, que quem nam fabe os principios, da-Jurifprudencia Natural, nam pode intender bem a Romana, que é a mefma Lei Civil. Efte é aquele ponto mui dificultozo, que nam
intendem os que eftudam, nefa Univerfidade, e nem menos os que
enfinam : porque fe o-intendefem, deveriam regular diferentemente os eftudos. Em parte eftá V. P. onde pode com a vifta confirmar, quanto lhe-digo.

Emprega um eftudante um ano na Logica, que confifte em
Univerfais, e Sinais. Se eftuda em Lisboa em algum convento, coftumam alem difo explicar-lhe, uma pouca de forma filogiftica,
mui má fazenda. Faz o feu exame nifto : Se a Logica tem
por-objeto os conhecimentos, ou as coizas de que trata : Se á
criatura indeputavel : Se o filogifmo em *Cameftres* fe-pode reduzir, para *Celarent* : e Se os trez modos *Febas*, *Hedas*, & *He-*
cas, podem dar de fi, alguma coiza boa. Com ifto vai para a
Univerfidade, e lhe-dam as inftituifoens de Juftiniano : que ele
eftuda polo *Manzio*, ou outro femelhante. Acabado efte primeiro ano de *inftituta*, como eles lhe-chamam, no-qual talvez nam
acabou de pafar, o primeiro livro ; dam-lhe uma ou duas poftilas das-gavadinhas, fobre algum tratado particular de Leis : e
nelas fe-empregam, até fazerem concluzoens, em uma materia : o que fucede no-quinto ano : fe acazo nam teve, algum
ano de Teologia &c. No-feguinte, faz o feu Bacharel, com um
ponto que lhe-faio por-forte : cuja lifam o Bacharel nem faz,
nem intende : mas um Doutor a-faz, e explica mui bem : e até
lhe-aponta os argumentos, que lhe-devem por. Segue-fe o ato,
no-qual fe o eftudante é confiado, e repetio bem de memoria a
lifam ; ou refponda, ou nam aos argumentos, faie aprovado,
e com boas informafoens : e, fe o prezidente tem empenho, é infalivel o bom fucefo. Faz Licenciado no-feguinte ano ; que é
outro ato femelhante, metade em Portuguez : e, tomando o grao,
fica capaz de feguir a Curia, ou Univerfidade. Acompanhemos
efte omem, nos-feus progrefos. Se fica na Univerfidade, e quer
fazer atos grandes, como apontei, só èntam comefa a eftudar, alguma coiza : ou, para melhor dizer, só eftuda defpois que é

Dou-

Doutor; e quer opor-fe às Cadeiras. Nam digo que eftuda com metodo: mas mete na cabefa muito texto, e fuas refpoftas &c. que é o que lhe-bafta. Mas, deixando efte na Univerfidade, e feguindo as pafadas do-outro, que fegue o Foro: vem para a fua terra, fem outra alguma noticia, e comefa a advogar. Outros, provando por-ceremonia, dois anos de pratica, vam ler no-Pafo: cujo ato confifte, em uma lifam de ponto, com feus argumentos. Do-qual ato ainda nam ouvi, que ninguem faife reprovado; polo menos em mil eftudantes, nam fe-reprova um fó: namobftanteque eu conhesèfe muitos, que tinham pouco talento para o-fazerem: porque é um ato por-ceremonia. E temos o omem, Opozitor aos Lugares, Juiz, Corregedor &c. Efte é o metodo defte Reino: confiderando o qual, conhecerá bem V.P. que nam é metodo proprio, de enfinar Leis.

Primeiramente aquele ano de Logica, que lhe-levam em conta, tem tanto que fazer com a Lei, como o Alcoram, com o Evangelho. Que utilidade fe-tira de Univerfais, e Sinais, para a Lei: ou ainda daquela tal fôrma Silogiftica, de que faiem enlabuzados eftes rapazes? eu nam vejo alguma. O modo com que os-enfinam nas efcolas, é a melhor ideia que fe-tem inventado, para nam faber formar, um filogifmo perfeito. Mas aindaque o eftudante foubèfe perfeitamente, todas as arengas da-Filozofia Peripatetica; defendo eu conftantemente, que para nada lhe-fervem, na-Lei. O Jurifta tem pouca necefidade de filogifmos: o de que tem necefidade é, de um juizo claro, acoftumado a formar verdadeira ideia das-coizas, e difcorrer fem engano. O que certamente nam enfina, a fôrma Silogiftica: mas muito menos o-enfinam, os Univerfais, e Sinais, com que fe-ocupa, o primeiro ano de Logica. Alem difo efta tal Logica, é pozitivamente prejudicial, aos Juriftas: porque acoftumando ela o intendimento, a mil fatilezas metafizicas, fem fundamento algum; obriga o Logico, que fe-guia por-ela, a fazer o mefmo na-Lei. De que rezulta, como muitas vezes vi, que eftes chamados Filozofos, fam os piores Jurifconfultos do-mundo: nam permetindo a Lei, femelhante modo de difcorrer: nem tendo lugar nela, o *formaliter*, *materialiter*, *effentialiter*, *in priori* & *pofteriori figno*, e outras curiozidades deftas, de que eftá cheia, a Logica das-efcolas. Defórteque quem fabe ifto bem, dificultozamente pode faber bem Lei: e afim féria melhor, nam ter perdido aquele ano, com a Logica.

Pafemos às Inftituifoens: cujo metodo infinitamente me-de-

zagrada. E' coiza digna de rizo, que reduzindo Juſtiniano o corpo do-Direito, a poucas palavras, nas ſuas Inſtituiſoens; paraque os
eſtudantes pudeſem formar em breve, a ideia de todo o Direito;
a qual com o tempo foſem ampliando: queiram os meſtres, que
os eſtudantes comècem polo *Maurio*, *Oinotom*, *Vinio*, e outros
autores difuziſimos: os quais nam dizem palavra, que nam con-
firmem com dez textos: e com tanta erudiſam, confundem o juizo, e impedem a percesám. De que naçe, que os eſtudantes tanto intendem as Inſtituiſoens, como a lingua da-China: e paſam
aquele primeiro ano, lendo muito, e intendendo pouco: e comumente nam acabam, o primeiro livro. Daqui paſam a eſtudar
uma poſtila, de algum tratado particular. Mas diga-me V.P. como á-de intender bem, uma poſtila *de Dote*, *de Subſtitutionibus*,
de Jure acreſcendi, &c. um que nam ſabe, que parenteſco ela
tem, com o Direito, ou porque ſe-trata, no-corpo dele? Iſto é o
meſmo que um alfaiate, o qual, em lugar de enſinar, a talhar
um veſtido, ſomente ſe-ocupáſe, em cortar mangas. Quem ſabe
ſomente quatro poſtilas, aindaque as-tenha prezentes na memoria,
eu o-nam diſtingo de um papagaio, que repete aquilo, que ouvio
muitas vezes. Iſto nam é ſer Juriſta, nem para la vai. As Concluzoens, o Bacharel, a Formatura, nam ſam coizas, que poſam dar melhor conceito, de um omem: Porque as Concluzoens,
fazem-ſe em uma materia, que eſtudou em cinco anos: as outras duas coizas, ſam efeitos da-felicidade de memoria. Creio que
nam direi uma parvoice, ſe-eſtender eſte meſmo juizo, até às
concluzoens Magnas, e exame Privado. Onde venho a concluir,
que um omem, que aſim emprega o ſeu tempo, por-forſa nam
á-de ſaber Direito; aindaque nam ſe-doutóre, ſenam deſpois de 9.
anos completos.

Deſte principio nace, que encontrará V. P. muitos omens,
que comumente ſam tidos, por-grandes Juriſconſultos; os quais,
tirados do-puro texto, que tem eſtudado, ſam tam rudes, que
parecem chegados novamente do-Paraguai, ou Cabo de boa Eſ-
perança. Falando em certa ocaziam, com um deſtes de grande
fama, e guiado deſta comua preocupaſam, intrei em uma materia erudita, propria daquela faculdade: em que cazualmente ſe-fa-
lou, no-Imperador Alexandre Severo, e ſuas aſoens, e proteſam
que concedeo, aos Juriſconſultos &c. E fiquei mui paſmado, quando vi, que o omem nam me-intendia: e ainda me-admirei mais,
quando me-diſe, que, ocupado com as ſuas Leis, nam tivera
tempo de ſe-aplicar, à Iſtoria. Cuido, que ſe V.P. fizer algumas
ve-

vezes efta experiencia, achará muitos defte parecer. Nam é poſivel, que ifto fuceda a um omem, que tenha eftudado com metodo : porque efte omem naturalmente ve, a conexam que tem a ſua materia, com outras de que depende. Quando V.P. ouvir dizer a um Jurifta, que nam ſabe a iftoria Civil, principalmente a Romana ; e a um Teologo, que ignora a iftoria da-Igreja : ſem mais outro exame afente, que nem Leis, nem Teologia ſabe : porque a Iftoria é uma parte principal, deftas duas faculdades : ſem a qual nam é poſivel, que um omem as-intenda.

Mas deixemos por-agora o Jurifconfulto Catedratico, e paſemos ao Forenfe, ou Advogado, ou Juiz. Intende V.P. , que os ſete, ou oito anos, que paſou na Univerfidade, lhe-ſervem alguma coiza, para os empregos ditos? eu quanto a mim, digo que nam : e fundo-me na experiencia que tenho, defte Reino. Primeiramente eu ſuponho, que o eftudante de que ſalo, aſiftio ſempre na Univerfidade, e ſe-aplicou às Leis : que ſe ouver de falar, dos-que fazem matriculas, ou dos-que na Univerfidade nam eftudam, que ſam os mais ; entam recebe nova forſa, o meu argumento. Conheci infinitos moſos matriculas, que paſáram todo o ſeu tempo em Lisboa, ſem abrirem livro : e quando lhe-chegou o tempo, fizeram os ſeus atos com luftre : tiveram mui boas informaſoens na Univerfidade : e oje ſe-acham em lugares grandes, com muito boa aceitaſam : e dezempenham as ſuas obrigaſoens tam bem, como os outros. Muitos deftes ſam oje Advogados de muito bom nome, ſem terem eftudado Leis, nem quazi mais aberto livro : o que ſei da-ſua propria boca. Daqui faſo argumento, para os outros, que la eftudam : porque ſe eftes empregos ſe-executam bem, ſem aquele eftudo ; com razam digo eu, que aquele eftudo, no-eftado em que as coizas oje eftam, de nada lhe-ſerve.

Proguntará V.P. como é poſivel, que faſam bem as ſuas obrigaſoens, omens que nam eftudáram? Mas eu reſpondo, que V.P. deve admetir o fato, como verdadeiro ; perſuadindo-ſe, que eu nam ſou capaz, de afirmar uma falſidade : porque ſe nam nomeio as peſoas, por-devidos reſpeitos ; conheſo porem tantos deftes, que podia encher boa meia folha de papel : teftemunhas nam mortas, mas todas vivas. Nem é dificultozo neſa Cidade, reconhecer a verdade do-que lhe-digo : tendo V.P. aî, tantos amigos. O que ſupofto, intendo que ſomente me-progunta, qual é a razam defte fenomeno : a qual porem facilmente ſe-alcanſa. Eftes moſos tinham bom talento : e a experiencia e uzo dos-negocios,

gocios, os-poz em eſtado, de arrezoarem. Petiſoens, e outras coizas deſtas, ſabe fazer quem quer: e niſto ſe-ocupa, uma boa parte da-avocacia deſte Reino. Mais da-metade das-demandas, ſe-decidem com as razoens *de faſto*, ſem entrar no-*Direito*: e eſtas qualquer omem de juizo, que tenha alguma experiencia, é capaz de as-buſcar, e dilatar. Quando é neceſario intrar, em algum ponto de direito, para iſo ſervem os Conſulentes, ou o Cardial Toſco, ou o Index das-Decizoens de Rota, junto com o Corpo delas &c., de que ſe-copeia fielmente a razam; e muitas vezes as razoens da-parte contraria, dam luz para reſponder, e buſcar muitas coizas. Verdade é, que às vezes os arrezoados, ſam com Deus ſabe: mas ſe uma vez erram, outra acertam: e à cuſta dos-clientes, vam aprendendo eles. Eu conheci um A-lemtejenſe, que, ſem ter lido mais que a Ordenaſam, tendo al-gumas demandas em Lisboa, ele era o que arrezoava: e ſo-mente tinha um Advogado, que lhe-aſinava. E com efeito eſcre-via e dizia tam bem, como nam fariam muitos letrados moſos. Acham-ſe Eſcrivaens velhos, que podem enſinar os Juizes de Fó-ra, a ſentenciar. E com efeito muitos Juizes, ſe-ſervem dos-ſeus conſelhos: e os que o-nam-fazem, erram muito: porque neſtes particulares, a pratica ſerve de lei.

Eſtes fatos ſam certos, e notorios. e achará V.P. mil Ad-vogados, que nunca eſtudáram Leis: e nam ſabem de memoria, uma ſó lei celebre. O que ſupoſto, cuido que ſem trabalho ſe-percebe, que o que ele foi buſcar à Univerſidade, foi o grao de Bacharel; deſpois de perder ſete, ou oito anos nas jornadas. Verdade é, que eſtes tais quando devem eſcrever, em um ponto de Direito, acham-ſe em calſas pardas: e aqui é ela: As pala-vras faltam: os textos nam aparecem: as razoens nam ſe-encon-tram. Contudo iſo, nam á algum deſtes, que ou bem, ou mal; ou por-ſi, ou por-paracleto, nam faſa os ſeus arrezoados: e, ſendo Juiz, nam á algum, que nam eſcreva a ſua ſentenſa, ou *tenſam*, co-mo eles lhe-chamam; aindaque nam ſaiba Latim: pois para iſto é que ſerve, o Dicionario do-Bluteau; no-qual buſcando-ſe as pa-lavras uma por-uma, ſe-acha ſuficiente materia, para compor a ſentenſa.

Iſto fora nada: o pior ſam as conſequencias. Eu nunca condeno um omem, por-ſaber pouco, ſe ele conhece, eſe pouco que ſabe: antes tenho dele ſuma compaixam: e ſe o-poſo ajudar, o-faſo ſempre. O que nam poſo ſofrer é, que os que ſabem pou-co, tenham grande prezunſam: e eſte juſtamente é o carater,

TOM.II.   T   de-

deftes Jurifconfultos. V.P. xirá quando obfervar , a magiftralidade com que fe-prepáram , para refponder a qualquer coiza,
que fe-lhe-propoem : e o defprezo com que ouvem, qualquer refpofta, ou objefam dos-outros, que nam fam damefma profifam.
Efte eftilo é tam particular deftes Senhores, que eu diftingo logo um Advogado, ou Juiz, entre mil omens de capa e volta,
fomente pola fua vizeira. Intendem eftes Senhores, que o publicar leis, eftá na-esfera da-fua jurifdifam : e afim em qualquer
materia que falam , perfuadem-fe, que as fuas palavras devem
fer recebidas , com a mefma venerafam , que fam os refcritos
do-Principe. Se V. P. lhe-fala em Filozofia, ou Teologia ; ou-
vilosá meter a fua colherada, com tanto dezembarafo, como fe
a-tivefem eftudado. Se fucede falar-lhe em Leis , acham-fe entam no-feu elemento : e refpondem damefma forte , que fe tivefem o Digefto no-corpo : e tivefem por-muitos anos examinado, os principios das-Leis. Se ouvem falar em guerra , em paz,
em comercio ; finalmente em qualquer materia ; a nada fe-pou-
pam, e em tudo refpondem polo mefmo eftilo. Mas onde eles
fe-podem ouvir com mais gofto, é quando fe-fala, em materia
de eftudos. Se ouvem dizer , que fóra de Portugal fe-eftudam
Leis, com melhor metodo ; e fe-fabem com mais fundamento e
facilidade ; fam toirinhos, e faltam por-El-Rei de Franfa. Refpondem, que la nam fabem nada difo. que de todas as Nafoens da-Europa, fomente Portugal fabe o Direito. que os Eftrangeiros arengam, mas nam fabem com fundamento nada. que la
fazem os Doutoramentos, com dois pontos fomente. que fam
Doutores de *tibi quoque*. finalmente nam fe-acha injuria, que e-
les nam vomitem , contra os pobres Eftrangeiros. Tenho-me
achado em converfafoens, onde fe-falou em muito difto: que é
precizamente o que eu digo, fer infofrivel.

Eftes nacionais de V.P. julgam da-capacidade dos-Eftrangeiros, pola figura de quatro marinheiros, que vem pafar em Lisboa. Quem poderá perfuadir a um deftes , que aquele mefmo
Inglez, e Olandez de calfam bredo, que ele ve no-Remolares,
é de um Reino, onde fe-fabem Umanidades, Filozofia , Matematica, Leis, e todas as ciencias umanas, e divinas melhor, que
em nenhuma parte? Efta propozifam é mais dificultoza para alguns, doque a quadratura do-circulo : e contudoifo nam è mais
verdade que ifto : e as Nafoens cultas reconhecem aquelas duas,
como prodigios neftas materias. Se eftes Jurifconfultos fofem
menos preocupados , dos-mefmos autores podiam inferir , que

naque-

náquélas Naſoens é omens doutiſimos. *Manzio* nam era Portuguez: *Miſingerio*, e *Oinotom* eram Alemaens: *Vinio*, e *Perezio*
eram Olandezes: e deſtas Naſoens ſam os outros famozos autores,
porque comumente ſe-eſtuda. Mas eſta reflexam é para os doutos: e eu falo com eſtes meros praticos. Que coiza mais digna
de rizo, que eſtes omens criticar, as naſoens Eſtrangeiras! Eles
nunca ſairam de Portugal, nem ſabem o que por-la vai: o pior
é, que nem menos ſabem iſo, que ſe-eſtuda na Univerſidade:
porque, como V. P. pode obſervar, eſtes que falam tanto, ſam
os que nam ſabem mais, que a pratica da-Lei: ſem ſaberem de
que cor ela é. Quanto aos Doutoramentos, que cara tem para criticarem os dos-Eſtrangeiros, eſtes Bachareis de Portugal!
Se V.P. obſervar, como aſ ſe-formam os Bachareis, ficará bem
perſuadido, que injuſtamente murmuram dos-Eſtrangeiros. A maior parte dos-Bachareis, nam ſabem mais textos, que os que eſtudáram, para a liſam de ponto. E alguns conheſo eu, que
nas ferias trouxeram para a ſua terra, uma ou duas liſoens de
ponto, para as-eſtudarem com vagar: e tiveram a felicidade, de
lhe-ſair a meſma, no-ſeguinte ano. Porque nam ſei, ſe as coizas ſe-podem diſpor em modo, que ſaia a dita liſam de ponto
premeditada. iſto nam é cazo metafizico, mas coiza bem uzual,
ver que ſaiem as que ſe-eſperavam. Onde nam poſo aſás ma-
ravilhar-me, que os que vem iſto todos os dias, murmurem
das-naſoens Eſtrangeiras.

Sei muito bem, que em muitas partes fóra de Portugal,
ſe-facilitam os Doutoramentos, tanto no-preſo, como nos-atos:
mas tambem obſervó, que neſas partes nam ſe-faz cazo de um
omem, por-ſer doutor, mas por-ſer douto: e o grao ſomente é
um teſtemunho, de ter completo o ano; e aſim o-intendem todos.
O grao ſupoem doutrina: e quem a-nam-tem, ou ſe-doutore em
Coimbra, ou Roma, ou no-Japam, ſempre ficará ignorante.
Conheci omens doutiſimos, que nunca ſe-graduáram: e vejo muitos graduados, que era juſto que-o-nam-foſem. Onde ſendo iſto
tam publico, acho ſer grande loucura eſtimar, ou deſprezar um
omem, por-ſer doutor neſta, ou náquela parte. Mas o pior é
que ainda neſas partes de grande rigor, vemos todos dias monſ-
truozidades. Conheci neſte Reino, muitos doutores em Teologia, Leis, e Canones, que ſabiam mui pouco, iſo que profeſa-
vam. pode V. P. fazer a experiencia em uma eſpécie, examinando alguns Meſtres em Artes, que aſ ſe-doutoram, os quais
nam ſabem, que coiza é Filozofia &c. E ſe iſto ſucede aqui to-

T 2

dos

dos os dias; nam acha V.P., que merecem rizadas, os que fazem beifo, aos eftudos eftrangeiros?

Mas nefte particular, nam fam menos trabalhozos os Catedraticos, que os Forenfes. * * * falam com baftante defprezo, de tudo o que é de fóra de Portugal. Proguntc-lhe V. P. porque autores eftudam, nam só entre os Expozitores, mas entre os Tratadiftas; e verá, que, menos algumas poftilas, quazi todos fam eftrangeiros. Refpondem a ifto, que as imprenfas la fa n mais baratas, que em Portugal: motivo porque cá nam fe-imprime. afim me-refpondeo ja algum. Mas efta nam é a queftam: a queftam é, fe os Eftrangeiros fabem, ou nam fabem. Eu digo, que fabem Leis melhor, que em Portugal: e o-provo com os feus livros: argumento, que nam tem refpofta. Nem é refpofta congruente dizer, Nós podemos fazer, e fariamos nefte ou naquele cazo. Ifto podem refponder tambem os Cafres da-Africa, e os falvages da-Canadá: pois fe la fe-introduzifem Univerfidades, tambem eles fariam maravilhas. Alem difo eu nam acho aqui, manufcritos completos; nem obras perfeitas nefte genero. as imprefas fam poucas, e agradam a poucos. E fe as-ouvefe, cuido fe imprimeriam: pois nam leio a Gazeta, que nam veja uma quantidade de livros imprefos, de nenhuma confiderafam; namobftante toda a careftia da-imprefam. Onde parece-me, que efta vangloria, nam afenta fobre bons fundamentos. Polo contrario pofo moftrar a V.P. entre os Eftrangeiros, muitas obras mediocres; mas muitas feletifimas: ou falemos dos-Repetentes, ou Tratadiftas, ou Confulentes. E, fem fair da-minha Italia, (onde primeiro que em outra parte, renaceo o Direito Romano no-XII. feculo: e aonde polo efpacio de alguns feculos, foram aprender os mais da-Europa) pofo apontar a V. P. duzias, e duzias de autores infignes na Cadeira, e no-Foro: de alguns dos-quais vejo, que fe-fervem mui bem, eftes Senhores Portuguezes, namobftanteque murmurem tanto dos-Eftrangeiros.

Mas nam é pequena prova, de quanto alguns fe-enganam nefta materia, o teftemunho de alguns Portuguezes mais advertidos, que fairam de Portugal. Eftes, quando fe-acham em um paíz eftrangeiro, parece-lhes eftar, em um mundo novo: e, fe acazo tem juizo, nam deixam de mudar de opiniam. D. Luiz da-Cunha, que pafou por-eftes lugares com louvor, e defpois de longos minifterios, fe-acha oje Embaixador, em Franfa; dife a um amigo meu, que quando faíra de Portugal, e ouvîra falar outra gente; o maior trabalho que tivera, fora, procurar efque-

cer-fe

cer-fe de tudo, o que tinha aprendido em Portugal; para poder
intender as coizas bem, e falar com propozito. Efta é uma teftemunha, que vale por-muitas. Nam diferentemente efcreveo o
Conde de Tarouca, Embaixador defta Coroa ao Imperio, a outro
meu amigo, que fe-achava em Roma, e me-leo a dita carta:
e acrecentava varias coizas, que eu oculto, por-juftos motivos.
Nam quero citar mais teftemunhas, de que ainda cá me-ficam
muitas: porque eftes dois que nomeio, provam quanto eu queria: fendo certo, que Portugal tem tido poucos omens, como
qualquer deftes dois, que fam infignes no-feu genero. Efta forte
de onens, nam tropefa certamente nos-defeitos de muitos, que eu
conheço: e julga retamente. Nam afim eftes Jurifconfultos, que
todos os dias vemos: os quais perfuadidos do-feu proprio merecimento, nam só nam podem aprovar, coiza nenhuma eftrangeira; mas em toda a materia falam com magiftralidade; e efas
quatro leis que fabem, as-metem em toda a parte, ou por-forfa,
ou por-vontade.

Efte é o defeito geral, dos-que fabem pouco: que em toda a
ocaziam fazem pompa, da-fua erudifam. Nam converfará V. P.
com um Opozitor, que nam oufa cem textos de Leis: damefma
forte que muitos dos-que eftudam as belas letras, racham a paciencia dos-ouvintes, com verfos e palavras Latinas; ou a gente
os-intenda, ou nam. Onde dizia com galantaría um amigo meu,
que nam achára Jurifconfulto, cuja converfafam fofe toleravel.
Na verdade efte é um grande defeito, nam só no-Jurifconfulto,
mas em qualquer outra pefoa; nam proporcionar a converfafam,
à pefoa com quem fala: e nace de ter pouco juizo. Um omem
que verdadeiramente é douto, e tem penfamentos proporcionados;
nam deve moftrar excefo, fobre as pefoas com quem fala. Primeiramente é ridicularia, e afetafam Portugueza, introduzir textos
Latinos, quando nam fam necefarios. Ainda quando a converfafam é erudita, fe acazo nam fe-faz, exprefa materia dos-ditos
textos, é puerilidade, e afetafam dizèlos em Latim: porque deve-fe intender, que uma coiza é efcola, e outra converfafam.
Mas onde fe-conhece totalmente a ignorancia, e ridicularia é,
quando fe-fala com gente, que nam é da-profifam, introduzir femelhantes modos de falar. Ifto é um infulto, que fe-faz aos ouvintes; e é lanfar-lhe em rofto, a fua ignorancia. Por-grande excefo, que um omem tenha, ou de doutrina, ou de nacimento; quando fe-acha com pefoas fimplezes, nam deve moftrálo,
mas ocultálo, por-nam confundir as pefoas, com quem converfa.

E' pro-

E' prova evidente de uma alma iluſtre, e de um grande talento, acomodar-ſe às peſoas com quem trata, conſervando uma mediania, que nam decline para os extremos ; ou ſeja converſando, ou eſcrevendo : baſta poder conſeguir o triumfo, nam é neceſſario moſtrálo. Porem iſto é o que poucos intendem, e pouquiſſimos fazem : pois tendo um real e meio de ciencia, metem-na polos olhos, com incrivel furia. Mas, tornando ao noſo Juriſconſulto,

A razam principal porque eſtes omens, nos-quebram a cabeſa, com as ſuas leis é, porque ſe-perſuadem, que nela ſe-acha tudo. onde tendo o texto de memoria, intendem que tém a chave meſtra, de todas as dificuldades, ainda em materias de Leis. Com eſta preocupaſam prezumem ſerem aptos, para todos os empregos: e os-aceitam, e buſcam : e os-executam cómo Deus ſabe. Mas niſto mizeravelmente ſe-enganam, e fazem grande prejuizo, à Republica. Porque ſendo coſtume, que das-Univerſidades ſe-tirem, os que ám-de adminiſtrar o Economico, e Politico do-Reino : é ſucedendo alguma vez, que eſtes ſejam mandados às Cortes eſtrangeiras, por-Inviados &c. para negócios de grande conſideraſam; nam tendo os requizitos neceſarios, nam podem fazer bem à ſua obrigaſam; e muitas vezes podem fazer danos. Facil é obſervar o motivo, e fazer à experiencia. Se V. P. fala a um deſtes, no-direito da-Guerra, reſponderá, que nos-titulos do-Digeſto, *de Captivis, & Poſtliminio, reverſis, & redempt. ab hoſtibus, de Re Militari, de Caſtrenſi peculio, de Veteranis, de Teſtamento militis* &c. ou nos-do-Codigo, *Qui militare poſſunt vel non, Negotiatores ut militent, de Re militari, de Caſtrenſi peculio militum, & præfecti annonæ, de Erogatione militaris annonæ* &c. ſe-acha tudo o que é neceſſario, para decedir o ponto. Se lhe-fala em Contratos entre gentes livres, achará, que val logo ao Código, e Digeſto, buſcar os titulos, *de Pactis, Tranſactionibus, Verborum obligationibus, de Duobus reis* &c. Se lhe-fala no-Jus dos-Legados, ou publicos miniſtros, vem logo o titulo *de Legationibus.* Finalmente faſe-lhe no-poder de publicar leis, criar miniſtros, pór tributos &c. e para iſto tem rezervados os titulos, *de Legibus, Senatuſconſultis, Conſtitution. Princip., Pœnis, Publicanis* &c. O Canoniſta poderá acrecentar algum texto das-Decretais, ou citar algum autor Moraliſta &c. mas perſuadem-ſe comumente, que os titulos que alegamos, e outros ſemelhantes ſam os lugares comuns, ou Topicos, de que ſe-tiram todas as decizoens, para os cazos poſſiveis.

veis. E fundados nifto, nam tem dificuldade de rezolverem, tóda a controverfia, fobre o direito da-Paz, e da-Guerra, dos-Pa-
tos, e tudo o mais que pode fuceder, entre Nafoens, e Nafoens. Mas por-pouco que fe-confidere a materia, fe-achará,
que eftes documentos nam fam bons, para rezolver tudo. Suponhamos que nace uma controverfia, entre uma nasám Europeia,
com os Turcos, ou Chinas, ou Malabares, fobre a violafam
da-paz, ou coiza femelhante: julga V. P. que ám-de ter autoridade entre eles, as Pandetas de Juftiniano, ou as Decretais, ou
Moraliftas? tanta como fe aqueles nos-alegafem, com o Alcoram:
os outros com Confucio, ou outro femelhante doutor dos-feus.
Neftes cazos ou fe-trate com Aziaticos, ou Europeos, ou qualquer outra gente racionavel, é necefario ter promtas, nam as
leis Romanas, mas as das-Gentes, ou do-direito Natural, abra-
fado por-todos, os que uzam da-razam: para poder moftrar, a
juftifa da-nofa cauza, e injuftifa da-fua. Eftas fam as verdadeiras
fontes da-juftifa, de que fe-tiram as folufoens, dos-tais cazos:
e de que fe-devem tirar, nam só naqueles, mas ainda nos-que
fucedem, entre Nafoens cultas.

E certamente que á-de fazer um puro Jurifconfulto, em uma
materia politica, fe ele nam tem eftudado, os principios dela?
Que á-de dizer em um tribunal da-Fazenda, ou do-Ultramar,
fe ele nam intende, a economia do-Reino, e das-Conquiftas: ignora as forfas, os interefes do-feu Principe, em ambas as partes?
Como á-de um Miniftro tratar bem um negocio, em uma corte
eftrangeira, premeditar um projeto avantajozo, eftipular um
contrato util: ou como á-de um fecretario Régio, que pola
maior parte coftumam fer Jurifconfultos, aconfelhar o feu Embaixador, fobre eftas materias: fe nem um, nem outro intendem, os interefes dos-Principes da-Europa, nem tem eftudado,
uma filaba de Politica? Finalmente um Secretario de Eftado, um
das-Merces &c, que coiza boa póde fazer, fe nam tem, alem
da-noticia do-direito Natural, e das-Gentes; uma perfeita inteligencia da-Politica? Certamente efte tal omem nam é apto, para
eftes empregos: e tambem é certo, que ifto nam fe-aprende,
nos-livros das-leis Romanas. Nam pofo deixar de trazer à memoria, o cazo que fucedeo ao Filozofo Socrates, com Glauco
Ateniez (1). Era efte um mofo nobre de Atenas, a quem,
sem

(1) Veja-fe Xenf. Memor. l. 3. p. m. 772.

fem ter completos vinte anos, fe-meteo em cabefa, afpirar aos primeiros cargos da-Republica : e detalforte falava nifto , que nenhuma pefoa da-fua familia, o-podia aturar. Tomou Socrates o empenho, de curálo defta frenezia : e , defpois de lhe-louvar a ideia, e a gloria que podia adquerir ; lhe-proguntou , qual fe-ria o primeiro fervifo, que avia fazer ao Eftado . E refponden-do ele, Que, aumentar-lhe as rendas: bem, dife Socrates, fem duvida faberas, em que confiftem as rendas do-Eftado : paraque no-cazo, que falte uma porfam, faibas fuprir com outra parte. Refpondeo Glauco, que nam tinha cuidado nifo . Dizei-me ao menos, continuou Socrates, quais fam os gaftos, que faz a nofa Republica ; paraque pofais conhecer, como deveis deminuir, os que fam fuperfluos ; vifto fer efte um ponto principal, de quem governa. Nem menos teve refpofta, fobre ifto . De que con-cluio Socrates, que fe Glauco adminiftráfe a Republica , nunca ela poderia enriquecer-fe. Mas adverti , replicou Glauco, que pode enriquecer-fe a Republica, deftruindo os feus inimigos . Aqui lhe-repetio Socrates, que era necefario faber, quais fam as forfas proprias , e as dos-inimigos por-mar , e por-terra ; para poder perfuadir , ou defperfuadir a guerra: ou fuprir , em cazo de uma defgrafa . E confefando Glauco, que nem menos ifto fabia, Socrates entam evidentemente o-convenceo, da-fua loucura ; vifto-que nam tinha os principios necefarios, para o tal emprego. Se efte dialogo , meu amigo e fenhor , pudefe praticar-fe com algumas pefoas, que oje tem uma boa mam travefa de prezun-fam ; feguro-lhe , que muita gente ficaria dezenganada , da-fua pouca capacidade, para os cargos que ocupa.

Conhefo , que as leis Civis nam fam inutis , para certos cazos : mas tambem conhefo, que nam baftam : e que fem ou-tros focorros, tanto emporta telas, como nam telas. Um fim-plez Catedratico pode, em cazo de necefidade, pafar fem a noti-cia da-lei Publica, e da-Politica : nam afim um Miniftro . E como dos-Catredaticos, vejamos formar de repente , muitos Minif-tros ; intendo, que todos tem necefidade, deftas noticias : e que as-devem beber, em tempo proprio, para lhe-fervirem para tu-do : viftoque o Juiz de Fóra , o Corregedor , o Provedor &c. todos tem necefidade deftas noticias, nos-ditos empregos, e nos-que com o tempo podem ter. Muito principalmente a-tem um De-zembargador, que á-de julgar de fazendas &c. porque dependendo as decizoens, das-qualidades dos-fatos, fe ele ignora eftas coizas, nam é pofivel, que julgue bem a materia. Onde tem necefidade,

nam

nam só de conhecer bem , o eſtado do-ſeu Reino , e a régra com
que é governado , ao que eu chamo lei Publica ; mas também o
eſtado dos-ſeus vizinhos , e dos-Principes , com quem o ſeu Mo-
narca tem , ou pode ter , algum intereſe . Alem diſo , deve tambem ſaber , como ſe-governam os outros Reinos : quais ſam as
coizas recebidas entre todos : quais as particulares : qual a melhor
fórma de governo : quais as melhores leis : quais os melhores
meios de conſervar a paz , e uniam entre os omens : e outras
coizas ſemelhantes , nas quais conſiſte aquela particular ciencia,
a que chamam *Politica* . A qual nam conſiſte na mera iſtoria ,
como a lei Publica ; mas alem da-iſtoria , pede grande talento ,
e um juizo elevado , e ſolido . Eſta erudiſam é indiſpenſavelmente neceſaria , ao Miniſtro : eſta é , a que nam enſinam , as leis de
Juſtiniano . de que ſaie por-legitima conſequencia , que iſto é , o
que ſe-ignora neſte Reino .

Alguns achei ja , que intendiam , que a Politica ſe-aprende
em quatro dias , ſem grande eſtudo : porque na opiniam deſtes,
lendo um tratado de Ariſtoteles , ou Platam , fica um omem con-
ſumado Politico . Mas iſto , é um engano manifeſto . Os antigos , que eſcrevèram ſobre eſtas materias , podem dar algumas
luzes , para a Politica ; mas nam baſtam : é neceſario unir os Antigos com os Modernos , e de todos tirar , o que é neceſario.
Primeiramente é neceſario , um eſtudo fundado da-Iſtoria antiga ,
e moderna : deſpois , um eſtudo particular , dos-intereſes dos-Principes : em terceiro lugar , um grande eſtudo da-verdadeira Politica . E tudo iſto certamente nam ſe-acha , em Ariſtoteles , ou
Platam ; namobſtanteque eſtes eſcreveſem bem , do-direito Natural &c. Sam bons os exemplos antigos : mas devemos procurar os modernos , que ſe-acomodam aos noſos coſtumes . Quem
quizeſe oje formar uma Republica , ſegundo o rigor da-antiga
Sparta , ou ainda ſegundo a diſpoziſam , da-Romana republica ;
emprenderia uma ideia impoſivel . Os noſos coſtumes ſam tam
diferentes dos-antigos , que nam é poſivel , que poſamos aquietar-
nos , com o rigor de uma daquelas Republicas , e com a liberdade de outra . e contudo ninguem duvida , que uma e outra ,
foram com grande juizo reguladas . A meſma lei Romana , que
oje eſtá geralmente recebida , na maior parte da-Europa , e paîzes
da-ſua dependencia ; acomodou-ſe aos noſos coſtumes . Em Franſa , Alemanha , Eſpanha , Portugal , á leis municipais , que pre-
valecem ſobre a Romana . Porque quando deſpois do-ſeculo XII.
eſta ſaio de-Italia , e introu neſtes Reinos ; eſtavam tam radica-

dos certos coftumes, que nam foi pofivel, deitálos fora: onde fomente foi recebida a lei comua, em falta da-municipal. Na
mefma Italia, e na mefma Roma, onde procuram conformar-fe
quanto podem, com as leis de Juftiniano; á eftatutos particulares, em grandifimo numero. E o que mais é de admirar, nam
á comunidade Civil, no-eftado Ecleziaftico, que nam tenha os
feus eftatutos particulares. E fe ifto procede na Lei, que fempre
fe-prezume deduzida, da-boa razam; que fará na Politica, que
fe-conforma aos coftumes das-gentes, em que á tanta diverfidade? Onde é manifefto engano intender, que ifto fe-pode aprender, polos Antigos. Devemos ler os Modernos: as diverfas
maneiras de governo, que tem avido no-dito Reino: o motivo
deftas variafoens: cuja noticia entronca com a iftoria, de todos
os outros Reinos.

Mas devemos tambem eftar muito advertidos, de nam abrafar,
com os olhos fechados, tudo o que dizem alguns modernos,
em materia de Politica, e o que praticam outros: como ja adverti a V. P. em outra carta, falando-lhe da-Etica. Acham-fe
modernos que obfervam, uma Politica impia: a qual nam tem
mais fim, que engrandecer o Eftado, fem fazer cazo da-religiam,
nem do-direito Natural. Defte genero é Nicolao Machiavelo,
Tomaz Hobbes, e alguns outros: e defte carater, fam tambem
outros, que o-praticam todos os dias, fem o-advertirem, com
efcandalo dos-omens bons, e prejuizo dos-Povos. Eftes fam
os que poem toda a fua induftria, em aumentar a potencia
dos-Principes, por-qualquer modo que feja: deixando para os particulares, a juftifa, a fidelidade, a umanidade. Eftes os que fó
procuram artificios, com que fe-arruinem os vizinhos, refucitan-
do entre eles antigas paixoens, e novos motivos de difcordia.
Eftes fam os que enganam os fuditos do-feu Principe, procurando perfuadir aos Povos, que o Reino é mais poderozo, doque
nam é: que nam fazem cazo da-fantidade dos-juramentos; que
quebram quando lhe-aparece, a minima ocaziam de ventagem:
e fazem outras coizas femelhantes, de que muitos, que querem
moftrar, ferem grandes Politicos, tem a cabefa cheia. Efta Politica é falfa, e deve-fe defprezar; para procurar uma Politica
verdadeira, fundada em boas maximas. E por-tal motivo creio,
que deve o omem, que fe á-de aplicar a efte eftudo, fazer primeiro fundamento na Etica, no-direito Natural, e das-Gentes:
do-qual é que á-de deduzir as maximas, para a fua Politica:
pois fem ifto, ferá um enganador publico; mas nam ferá nem * * *

nem

nem miniftro. Se todo o ómem tem necefidade da-Etica, muito mais o-tem o Miniftro : porque deve praticar materias, que
fem a Etica fam falfas, e perigozas.

Ifto é fem duvida : e só o-pode negar, o que nam conhece
as coizas : moftrando a experiencia, que o mefmo *Cujacio* era
ignorantifimo, dos-negocios de Franfa : e por-nam ter eftudado
ifto, nam era bom para o Foro. Mas progunto agora : Quantos Jurifconfultos acha V. P. que, antes de intrarem nos-empregos, tenham feito eftas preparafoens ; e fe-inftruifem de tudo, o
que é necefario para eles ? eu duvido, que fe-ache um só. Mas
pafo adiante, e nam teria dificuldade de apoftar, que ferá rarifimo, o que chegue a conhecer, que eftas coizas fam necefarias, ao Jurifconfulto forenfe. Em certo modo eu os-defculpo,
como ja dife ; porque é coiza, em que nunca ouvíram falar : e
porque nefa Univerfidade, nam á Cadeira de Iftoria, de Politica,
e coizas femelhantes, que fe-acham em outros Reinos : e que fam
necefarias, para eftes eftudos eruditos : e tudo fe-reduz ao puro
texto, e algumas poftilas : Mas o que nam pofo fofrer, é a prezunfam : e quanto eftam fatisfeitos de si mefmos, aqueles que
nem menos fabem, que coiza é necefaria, para fer bom Jurifconfulto. Se V. P. falar a um deftes Senhores, em varias materias, ouvirá coizas belifimas : mas fe acazo lhe-proguntar miudamente, tudo o que é necefario, para a dita profifam ; fegundo
o eftilo do-dialogo de Socrates com Glauco ; temo muito, que o
dito Jurifconfulto, fique mui caladinho, e confuzo da-fua ignorancia. Contudoifo, nam achará V. P. algum deftes, que nam
intenda, eftá bem colocado, no-emprego que ocupa : e que nam
efteja promto para receber, qualquer que lhe-pofam dar, aindaque feja, em coizas de erudifam. O Povo engana-fe com eles,
e eles enganam-fe configo. Quando um omem faie, de uma cadeira da-Univerfidade, cuidam todos, que é um anjo produzido
na-terra. Ouvem dizer, que é douto em uma materia, e perfuadem-fe, que o-é igualmente, em todas : e eles, que nam lhe-tem
conta dezenganálo, aceitam limpamente, tudo quanto fe-lhe-ofere-
ce. Tenho vifto muitos fimplezes Juriftas, aceitarem o lugar de
Academico, para efcreverem a Iftoria. nunca vi nenhum que
o-regeitáfe, com o pretexto, de nam a-ter eftudado. De que
nace ifto, fenam de que intende, que é capaz de tudo ? O mefmo digo, de alguns deftes Teologos : que, fem nunca terem
aberto livro de Iftoria, tomam u incumbencia, de efcrever uma,
e às vezes bem embrulhada. Sei muito bem, que o Jurifta, e

Teologo, se tem estudado o que devem, sam proprios para escreverem a Istoria: o que digo é, que o Jurista que estuda, polo estilo de Portugal; e o Teologo que nam tem lido mais, que Teologias Especulativas, e Morais; sam totalmente incapazes, dos-ditos empregos. A Istoria, nam se-aprende em quatro dias. Para se-divertir um omem, basta ler um livro de Istoria: para a-saber, é necesario estudar muita coiza, que sam os prolegomenos dela, e tela estudado muitos anos. Mas para escrever a Istoria, é necesario nam só sabèla, mas desorte entregar-se a ela, que nam se-fasa outra coiza. O que suposto, como posa ser que omens, que tem mil ocupasoens, posam em algumas ferias, ou dias interrompidos, estudar os primeiros principios, e satisfazer bem aos seus empregos; é um problema, que eu nam intendo. O que porem daqui se-segue, V. P. o-intende, sem que eu lho-explique * * *.

O maior favor que fazem estes, que engrandecem tanto, o estudo da-Lei, é reconhecer, que as coizas que apontamos, podem ser utis: mas acrecentam logo, que sam incompativeis com a Lei: nam sendo posivel, que um omem se-aplique com fruto, a tam diferentes coizas: porque somente a Lei pode ocupar um omem, no-curso de uma vida dilatada. Estes amigos sempre tem promtas razoens, para desculparem a sua ignorancia. Achei algum, que se-escandalizou, de lhe-emendarem alguns solecismos, e barbarismos, que cometèra em um parecer Latino: e afirmou mui seriamente, que o reparar niso, era puerilidade: porque um omem douto nam devia olhar, para tais coizas, que sam só proprias de rapazes. Mas quem se-poderá persuadir, de semelhantes razoens? Confeso ingenuamente a V. P. que quando ouso falar asim, omens que profesam letras, envergonho-me de os-ouvir. Quem chega a reconhecer, a utilidade daqueles estudos, para intender a Lei, e nam confesa a necesidade; ou é teimozo, ou louco. Porque se eu conheso, que é util, devo conhecer, que a inteligencia da-Lei se-funda, naqueles tais conhecimentos: de que saie por-legitima consequencia, a necesidade. Nem é posivel que eu conheça, que coiza é Lei, sem conhecer, que se-intende e explica, com a Istoria: que se-funda, na razam natural: e coizas semelhantes. De que se-conclue, a necesidade. O que suposto, torno a dizer, que os que asim respondem, nam sabem que coiza é Lei. Alem diso persuadir-se, que a Lei nam é compativel, com aqueles estudos; é outra frenezia semelhante. Confeso, que o-nam-seja a estes, que seguem o metodo que apontei, e pasam ſem de um tratado para outro, ſem advertencia, nem conexam : que cuidam ſomente, em encher a cabeſa de textos: e que Lem por-ſi, e reſletem polo juizo dos-outros. Mas quem eſtuda com metodo, e le primeiro o que deve ler, e ſaber ; e reconhece que coiza é Lei, e como ſe-deve eſtudar ; em trez ou quatro anos pode ſaber mais Leis, doque muitos que paſáram a ſua vida nelas. Nam conſiſte eſte eſtudo, em meter muitas leis na cabeſa ; como ignorantemente fazem muitos, que procuram nam dizer palavra, que nam ſeja fundada em alguma lei: eſta é uma afetaſam ridicula, e que ſó ſe encontra em peſoas, de pouco juizo. Se a coiza é clara, nam é neceſario lei, para que a-intendamos. Ninguem julgou nunca, que um omem que injuſtamente mata outro, é digno de morte, porque o-diſe Juſtiniano: mas porque aſim o-moſtra a boa razam. o ponto todo eſtá em averiguar, ſe neſte ou naquele, cazo juſtamente o-acometeo. Onde querer provar aquela maior, com muitas leis, é ter pouco juizo. Cicero naquele ſeu famozo arrezoado, em que defendeo Tito Anio Milo, nam ſe-canſou em provar, aquela maior: *Vim vi repellere licet*. mas ſupola nota a todos : nam polas leis Civis, mas polas Naturais (1): e paſou a provar o que devia, que Clodio injuſtamente acometèra, a Milo. O meſmo digo em muitas outras coizas, em que todos os dias, ouvimos repetir leis ſuperfluamente. Menos memoria, e mais juizo ſe-requer, tanto no-Patrono, como no-Juiz. Se o-conſideramos bem, ſomente por-eſta cauza o eſtudo da-Lei parece inſoportavel, porque ſe-eſtudam mil ridicularias, que nam ſe-devem eſtudar : e nam ſe-reduz a Lei, aos primeiros principios.

Alem diſo, ſe nós conſideramos, quanto tempo neſte Reino ſe-perde, neſtes eſtudos; fica bem claro, que todos os oito anos de Leis, ſe-reduzem a um, ou dois: e pode ſer, que ainda a menos. E aſim fica baſtante tempo, para poder eſtudar, o que é neceſario. muito mais porque lanſando bons fundamentos ao

prin-

____

(1) *Eſt igitur hæc, Judices, non ſcripta, ſed nata lex: quam non didicimus, accepimus, legimus : verum ex natura ipſa arripuimus, hauſimus, expreſſimus: ad quam non docti, ſed facti ; non inſtituti, ſed imbuti ſumus. ut ſi vita noſtra in aliquas inſidias, ſi in vim, ſi in tela aut latronum, aut inimicorum incidiſſet ; omnis honeſta ratio eſſet expedienda ſalutis.* Cicero Orat. pro Milone *num.*4.

principio, tudo o mais é facil. Toda a razam desta dificuldade:
que se-acha, se-reduz ao metodo. Quem perde seis e sete anos,
estudando a Gramatica comua, para intender um bocado de muito mao Latim: quem perde trez ou quatro años, com a Filozofia Peripatetica, que nada serve para a Lei: e despois diso perde outros oito anos, com o estudo das-Leis, segundo o estilo dito: este omem tem razam de se-queixar, do-que nós lhe-propomos
e com razam prezumirá, que, para estudar o que apontamos,
se-requer a vida de um omem: e que nunca chegará o cazo, de
poder satisfazer as obrigasoens, dos-empregos que ocupá. Mas
nam é deste omem, de quem nós falamos. Porque se-ele soubèse,
que a Gramatica, e Latim, se-podem saber em dois anos; e á
Retorica, no-terceiro: que um simplez ano de Logica, se for
boa, e bem explicada, lhe-pode dar grande luz, para intender á
Lei: que lendo bem uma Etica, antes de intrar na Lei, e intendendo bem a Istoria, tem feito a metade do-caminho. &c. Entam
comprehenderia, que lhe-aconselhamos, nam coizas impofíveis;
mas mui faceis: e que, seguindo a Lei polo método que dizemos,
nam empregaria tanto tempo, e sairia com mais utilidade. E;
tendo bebido estes principios, ficava apto para no-discurso da-vida, e dos-estudos, adiantar-se incrivelmente. Onde a razam in-
trinseca persuade, que ó Jurista pode, e deve saber, outras muitas coizas.

Temos alèm diso a razam extrinseca, que é o exemplo das-outras Nasoens: nas quais os Jurisconsultos, tem produzido obras
maravilhozas, nam só em Leis, mas em Filologia, e Letras
Umanas, e linguas Orientais. E atrevo-me a dizer, que os Jurisconsultos tem escrito melhor, nestas duas ultimas materias, do-
que muitos, que fazem profisam delas. O estudo das-leis antigas
conduz um omem insensivelmente a examinar, os antigos monumentos da-Latinidade: e a ser um grande Latino. As Leis nam
se-podem saber, sem intender o Grego; vistoque muitas consti-
tuisoens Imperiais, foram escritas em Grego: postos os quais
principios, abre-se a porta, a toda a outra sorte de estudos.
Alem de que oje, é costume moderno, que os Jurisconsultos intendam bem, estas duas linguas; e escrevam a Latina perfeitamente, contudo ainda nos-seculos menos polidos, que foram
o 16.º &c. se-executou isto muito bem. Podia citar a V.P. duzias de Jurisconsultos, que nam só escrevèram bem Latim, e
Grego; mas que nas linguas Orientais, foram insignes e muitos
que escrevèram sobre a Latinidade, como ninguem: que foram
gran-

grandes Iftoricos, Poetas &c. Quem foube melhor Grego, e Latim no-16.º feculo, que *Budeo*, *Alciato*, *Duareno*, *Latinio*, *Leunclavio*, *Pancirollo*, *Jeronimo Wolfio* &c.? Quem chegou à pureza da-Latinidade, de *Mureto*, *Gifanio*, *Antonio Agoftinho*, *Pitheo*, *Hotomano* &c. muitos dos-quais tambem efcrevèram, fobre a lingua Latina? Aonde fe-acha um poeta Latino, femelhante a *Buchanam*, e *Baudio*? Alem difo, fe V. P. examina a erudifam de muitos deles, achará, que nam paráram aqui, mas pasáram muito adiante: e que foram, alem de grandes Iftoricos, grandes Criticos, ifto é, omens de juizo exato, na noticia dos-autores, e antiguidades. *Brodeo* fabia Grego, Ebraico, Caldaico, e Latim, na ultima perfeifam, e era um critico excelente. *Mercier*, foi famozo no-Grego, Ebreo, Caldeo, Latim, e comentou otimamente a Efcritura. *Mafio*, alem de fer Filozofo, foube bem Grego, Latim, Ebreo, Caldeo, Siriaco. Acham-fe no-mefmo tempo muitos, que foram juntamente bons Teologos: defte numero é, *Mercier*, *Balduino*, *Jacob Bilio*, que alem de Teologo, foi tambem Matematico, Poeta, douto em Grego, e Latim. *Martin del Rio*, que foube o mefmo. &c. pofo acrecentar o mefmo *Cujacio*, que, alem de faber bem Grego, e Latim, foube perfeitamente a Iftoria da-Igreja. E por-nam deixar de nomiar um Portuguez, apontarei tambem o exemplo, de *Antonio de Gouvea*, Bejenfe: o qual indo menino para Franfa, onde eftudou, e enfinou; nam só foi um dos-mais doutos Jurifconfultos do-feu feculo; mas famozifimo Filozofo Peripatetico; em cuja materia efcreveo, contra *Pedro Ramo*: foi infigne Poeta, e Retorico: eruditifimo em Latim, e Grego: venerado em tudo do-mefmo *Cujacio*. Veja V. P. o que pode fazer um Portuguez, fe tem quem o-enfine bem. Se pafamos ao feculo 17.º vemos que fe-aumenta o numero, dos-doutos Jurifconfultos. *Morneo du Pleffis* nam só era um doutifimo Teologo, mas Filologo infigne: fabia Grego, Latim, Ebraico, como a fua propria lingua. *Grutero*, tambem era um Filologo, e Critico erudito: bom Grego, e Latino. *Cuneo* é um daqueles omens, que tem poucos femelhantes: a fua Latinidade parece do-feculo de Augufto: era alem difo Poeta Grego, e Latino excelente: era bom Orador: fabia bem as linguas Orientais, Ebreia, Caldeia, Siriaca. *Salmafio*, e *Gronovio o velho*, nam só, eram bons Criticos, e efcrevèram bem Grego, e Latim, mas eram Poljhiftores, e maiores que todo o louvor. *Joam Selden*, era um perfeito Iftorico, Cronologo, Filologo, e Critico: pofuia perfeitamente Grego, Ebreo, Siriariaco, Caldeo. *Rigaltio*, alem de fer muito erudito em Gregos e Latim, comentou e fez notas, a infinitos autores Ecleziafticos, e Profanos. Finalmente quem pode nomiar fem admirafam, *Ugo Grocio*, aquele milagre de Olanda! Nam fe-acha no-feu tempo, poeta Latino igual, em todo o genero de metro. Era Orador confumado, Iftoriador, Critico, Politico, Filologo. Na Latinidade é purifimo: no-Grego, Ebreo, Caldeo, Siriaco eruditifimo. Mas ifto é nada: foi um dos-maiores Teologos do-feu feculo, e um dos-mais doutos Interpretes, da-Efcritura.

Fico aqui: por-nam fazer livro inteiro. o que fucederia, fe quizefe nomiar todos, os que me-ocorrem. Dos-que tenho apontado, fe-conclue muito bem, quam grande fofe, a erudifam deftes omens. Eles eram todos Jurifconfultos de profifam: muitos deles, catedraticos: e alguns eram miniftros de Principes, e Republicas. Contudo a maior parte deles, nam só compoz, nas materias que aponto, mas fizeram alguns tratados particulares, e eruditifimos de Direito: o que facilmente conhecerá, quem revolver as fuas obras, que fam notas a todo o mundo Literario. Eftes exemplos provam bem, o que pode fazer, um Jurifconfulto aplicado. Nam cito exemplos da-India, ou Japam: os que aponto fam daquelas Nafoens, que eftam vizinhas: pola maior parte fam Francezes, Inglezes, Olandezes, Alemaens. Em uma palavra, fam das-mefmas Nafoens, que os Jurifconfultos Portuguezes defprezam: e a quem chamam ignorantes. E fe efta erudifam tam particular, fe-acha entre omens, que fe-reputam rudes; porque nam fe-á-de achar entre eftes, que fe-prezam de futileza? Acrecento a ifto, que ainda em um feculo tam ignorante como foi o XIV. conhecèram alguns Jurifconfultos, que mui bem fe-podiam aplicar, a outras coizas, *Bartolo de Saxoferrato*, que pafou toda a fua vida enfinando, e efcrevendo; contudo eftudou Matematica, e Lingua Ebraica: como nos-enfina o Genebrardo, na fua Cronologia, e o Voffio na Filologia; por-nam trazer outros exemplos. Comque verá V.P. que eftes que afim refpondem, nam tem defculpa, na fua ignorancia. Sam teimozos e obftinados, em nam admetir a razam: e fam inconftantes, nas fuas mefmas razoens. Quando lhe-tem conta, os Eftrangeiros nada fabem, e só eles fabem: quando lhe-argumentam, com o exemplo dos-Eftrangeiros; refpondem, que a Lei deve ocupár, toda a vida de um omem: no-que vem a confefar-fe inferiores, aos Eftrangeiros, os quais certamente fe-ocupam, e fabem muitas mais coizas diferentes. Sede la cura com tais freguezes! O que fe-colhe daqui

qui é, que injuſtamente ſe-condenam, as Naſoens eſtrangeiras: e que com grande razam ſe-deve condenar, o eſtilo de Portugal.

Mas ja me-parece que V. P. enfaſtiado de um tam compri- do diſcurſo, para perſuadir uma coiza, que é bem manifeſta; me-pede, que aponte brevemente, o ſiſtema de eſtudar a Lei, ſe- gundo as reflexoens propoſtas. E aindaque do-que diſe, ſe-podia intender muito bem; contudo, para facilitar a inteligencia, aos que nam ſe-querem canſar, o-farei brevemente; fazendo primei- ro, algumas reflexoens.

A lei comua é uma coleſam das-leis Romanas, que parte nos-tem- pos da-Republica, parte no-dos-Imperadores ſe-fizeram, em-diverſos cazos, e circunſtancias. Em todos os tempos, e todas as Naſoens cul- tas, achamos Legiſladores. Moizes é o mais antigo de todos: cujas leis enſinou Deus, e ele eſcreveo: Mercurio Triſmegiſto o-foi dos-Egi- cios: Minos dos-Candios. Pitagoras dos-Povos da-Magna Gre- dia: como tambem Carondas, e Zeleuco. Licurgo de Sparta. Dracon, e Solon de Atenas: A eſtes ſeguîram-ſe os Romanos. As primeiras leis deles, foram propoſtas polo Senado, que na fun- daſam de Roma criára Romulo, e confirmadas polo Povo. Pa- pirio, que vivia no-tempo de Tarquinio Priſco, foi o primeiro que compôz, a Coleſam das-leis Regias. Deſterrados os Reis, o Povo anulou as ſuas leis, em certas coizas: e Roma em parte, viveo com um Direito incerto: atéque obrigado o Senado, polos Tribunos do-Povo, mandou omens à Grecia, buſcar as melho- res leis, daquelas Republicas: de que ſe-compuzeram, as leis das-do- ze Taboas: que foram todo o fundamento, da-lei Romana. A bre- vidade, e ſeveridade deſtas leis deu lugar, à interpretaſam dos-Pru- dentes, e ao Edito do-Pretor: os primeiros, explicáram o in- tento da-lei: os ſegundos, mitigáram o rigor, e ſuprîram as faltas. E como os Patricios invejávam aos Plebeos, terem uzur- pado alguns magiſtrados, que antes nam tinham; para ſe-dif- tinguirem deſtes, e ſerem neceſarios na Republica, inventáram mil formulas novas de Direito, e as-ocultáram com todo o cuidado. Aumentando-ſe ſenſivelmente tudo iſto, comeſou o eſ- tudo da-Lei, a ſer dificultozo. E aqui comeſam a aparecer os Ju- riſconſultos, os quais ſe-aplicávam a ele, para ſubir aos primei- ros cargos da-Republica: de que largamente fala Cicero, nos-ſeus tratados Retoricos.

Eſtes Juriſconſultos eram meros Conſulentes: mas Auguſto, que queria inclinar ſuavemente, as leis da-Republica, para a Monarchia ; elegeo algũns dos-ſeus amigos , e clientes , paraque ſó eles reſpondeſem *de jure* ; e deu forſa de lei, às ſuas reſpoſtas . O meſmo fizeram , outros Imperadores ſeguintes até Juſtiniano: o qual das-ditas obras , e outras coleſoens de leis de algũns antecéfores, fez a coleſam de Leis , que oje temos . Primeiro publicou o Codigo, no-ano 529. deſpois as Inſtituiſoens, no-ano 533. e no-ſeguinte ano as Pandetas, as quais ja eſtavam acabadas, antes das-Inſtituiſoens : e neſe meſmo ano 534 reformou o Codigo . Feito iſto , mandou executálas em Italia , que pouco deſpois aquiſtou , deitando fóra os Godos : dos-quais ſeu Rei Alarico , tambem tinha publicado , um Codigo de leis ; que , aindaque paſe com o nome de Teodoziano, é diferente, do-de Teodozio . Mas poucos anos deſpois da-ſua morte , e no-tempo de ſeu ſucefor Juſtino, intráram os Longobardos em Italia, no-ano 568. Deſorteque, tirando o Exarcado de Ravena , o Ducado Romano, as Ilhas de Veneza, o Ducado de Napoles , e algumas Cidades maritimas ; que continuáram na obediencia, dos-Imperadores Gregos , e com as leis Romanas ; (e ainda neſas partes, ſó tinha alguma eſtimaſam , o Codigo , e as Novelas de Juſtiniano) toda a Italia ficou ſugeita, aos-Longobardos : os quais, deſprezando as leis Romanas, compuzeram as Longobardicas : a que ao deſpois acrecentáram outras , os Francezes que domináram em Italia . E iſto durou, até o fim do-ſeculo XI. Neſa era, que compreende Longobardos , Francezes , e Tudeſcos , nam era alguem obrigado , a ſeguir as leis Romanas : mas nem menos era proibido : e podiam os Romanos, que ſe-achavam naquelas partes, e outros por-coſtume antigo, ſervir-ſe das-leis Romanas : o que principalmente faziam , os Ecleziaſticos . Alem dos-Juizes Longobardos, aviam outros Romanos ; quero dizer , que julgavam ſegundo as leis Romanas : aindaque conjeturam os omens doutos, que ſomente ſe-ſerviam, de algum compendio do-Codigo , ou , quando muito, das-Inſtituiſoens . E avendo tantos Romanos, em Franſa , e Eſpanha , no-dito tempo ; por-eſta razam a lei Romana , ja introduzida neles , nam ſe-extinguio totalmente, nos-ditos paizes : aindaque a noticia era pouca, porque a copia de tam groſos volumes, cuſtava muito , e raramente ſe-obtinha : e os Imperadores Francezes , tinham permetido aos Romanos , ſervir-ſe de uma de trez , ou da-Lei Longobarda , ou Romana, ou Franceza .

No-principio do-ſeculo XII. apareceo o Digeſto em Bolonha: e Itnerio profeſor publico de letras umanas , na eſcola da-dita Cidade , (eſte tinha eſtudado leis , em Conſtantinopoli) namorando-ſe
do-di-

do-dito livro, publicamente o explicou. De cuja escola saíram alguns, que foram explicar leis em outras partes, nam só de I- talia, mas da-Europa, v.g. em Franſa, Inglaterra &c. Despois, polos anos 1137. aparecèram em Piza os ditos Digeſtos, a que chamam Florentinos. Mas nem o Imperador Lotario II. anulou no-ano 1136. as leis Longobardicas, como muitos intendem; nem Imperador algum daqueles tempos, expreſamente confirmou, a lei Romana, ou obrigou os Povos de-Italia, a ſeguila. Mas in- ſenſivelmente de umas eſcolas, paſou para outras: e, quando eſ- tava bem introduzida, das-eſcolas pouco a pouco, para os-tribu- nais. Com a introduſam do-direito Romano, que ſem duvida é mais racionavel, pouco a pouco ſe-foram eſquecendo, as leis Longobardicas. E eſte eſtilo de Italia, eſpalhou-ſe por-outros paizes. Neſte tempo as Cidades livres de Italia, foram fazendo os ſeus eſtatutos, conformes aos ſeus coſtumes, e por-conſequencia, menos conformes, à lei de Juſtiniano. Eſtes ſe-aperfeiſoáram no-ſe- culo XV. e XVI. e entam tiveram forſa maior, que a Lei de Juſtiniano. Deſte modo as leis Romanas, só tem forſa nos-tribu- nais, ou porque é coſtume, nas coizas que nam ſe-achaṁ nos-eſ- tatutos, ſervir-ſe da-lei comua: ou porque aſim o-manda, o eſ- tatuto. Por-eſte meſmo eſtilo, ſe-introduzio ela tambem, nas mais partes da-Europa. Nas quais vio-ſe obrigada, ceder o pri- meiro lugar, aos coſtumes, e outras leis municipais, dos-ditos Reinos.

Eſtas leis, que pareciam oſcuras, comeſáram na Italia a ex- plicar, alguns Juriſconſultos, fazendo ou Sumas, ou Glozas. Deſte numero foram, *Irnerio*, *Rogerio*, *Bulgaro*, *Placentino*, *Ba- ſiano*, *Azone*, e alguns outros: mas ſobre todos, nos-principios do-ſeculo XIII. *Acurſio* &c. Tendo aſim comeſado as explicaſo- ens, aumentáram-ſe ſenſivelmente, no-ſeguinte ſeculo XIV. no- qual apareceo, uma turba imenſa de Juriſconſultos, *Bartolo*, *Bal- do*, *Tartagna*, *Saliceti*, *Paulo de Caſtro*, *Jaſone* &c. Eſtes omens naquele tempo eram venerados: mas, para dizer a verdade, eram aindaque doutos, ignorantes das-antiguidades: deſorteque abrîram a porta, a mil ſutilezas: o que deu materia, de engroſar tanto os volumes legais, que oje nam ſe-podem ſuportar. No-ſeculo XVI. a- parecèram omens, que, ſervindo-ſe da-noticia da-Antiguidade, in- terpretáram melhor as leis. Deſte numero foram, *Cujacio*, *Mureto*, *Hotomano*, *Gotofredo*, *Antonio Fabro* &c. os quais com a ſua pro- funda erudiſam, moſtráram os erros dos-antecedentes, no-explicar o Codigo, e Digeſtos: e nos-deram mais acertadas interpretaſo-

ens.

ens . E entam é que parece , que fe-efpalhou efte eftudo , polas mais partes da-Europa . Contudoiſo ; de entam para ca , quero dizer , neftes ultimos dois feculos , é que aparecèram tantos Tra-tadiftas , e Confulentes de Direito , que todo o trabalho de mui-tos doutos interpretes, das-leis Romanas, que entan aparecèram , pouco ou nada aproveitou , à Republica civil . Efta é a ſerie do-direito Civil : na qual manifeftamente fe-conhece , a neceſſida-de que tem o Jurifconfulto , do-eftudo da-Iſtoria : vifto ſer ela a que moftra , por-que fim , e em que circunftancias , e tempo , foram feitas as ditas leis : muitas das quais parecem contrarias , às outras. Comque , daqui é que deve o eftudante , comeſar o eſtudo da-Lei.

Suponho pois , que o dito moſo tem eftudado , trez anos de Filozofia , como apontei , nas minhas antecedentes cartas : quero dizer , que tem eftudado aquela Logica , que enſina a julgar bem, em toda a materia : e aquela Fizica , que enſina a formar ver-dadeiro conceito , do-que é natureza criada , ſe incriada . Se eſ-te moſo tem lido no-terceiro ano , a Etica , podé paſar adiante: ſe a-nam-tem lido , é neceſario , que primeiro a-eftude . E nam deve eftudar fomente aquela Etica , que trata do-ſumo bem , e direito Natural ; mas tambem a que trata , do-direito das-Gentes: em breve fim , mas deve intendèla bem . Tendo vifto quais ſam as fontes , do-Direito todo , deve paſar a eftudar , a iftoria Roma-na . E como efta nam ſe-poſa intender bem , ſem intender ao menos , a iftoria Univerſal ; por-iſo deve eftudála : E no meſmo tempo tomar alguma ideia , da-Cronologia , e ſeus principios : e juntamente procurar na carta Geografica , os lugares , e provin-cias , de que ſe-faz menſam : pois defta ſorte ; nam ſó intenderá melhor a Iftoria ; mas confervará perpetuamente , a memoria dela. Sem Cronologia , e Geografia , é ſuperfluo ler a Iftoria , porque nam ſe-intende . Nam me-canſarei agora , em apontar autores: bafta dizer , que iſto ſe-pode eftudar polo *Valemont* , que eftá tra-duzido em Portuguez . A noticia que ele dá , é a que bafta , a um principiante: pois com o tempo , pode-ſe dilatar a tal noti-cia , e eftudar perfeitamente , a Iftoria . Se o eftudante tiver al-guma noticia difto , bafta que paſe logo , à iftoria Romana : a qual é neceſario intender perfeitamente : pois quem a-ſabe bem , tem o comentario perpetuo , da-Lei . Damefma ſorte que quem ſabe a iftoria dos-Judeos , ſeus coſtumes , e uzos &c. percebe facil-mente , toda a Efcritura . Onde é neceſario ſaber , a iftoria da-Re-publica Romana , defde o ſeu principio , até o tempo de Augufto: a qual ſó ſe-intende , ſabendo primeiro os uzos , e coſtumes deles .

les . Pará ifto pode fervir o Cantélio , *Refpublica Romana* 12.º
da-edifam de Utrech 1696. , que é a mais correta-: ou alguma
das-de Veneza , feita por-efta . Nefte livro fe-explicam fufi-
cientemente , as antiguidades Romanas. Pode-fe ajuntar a efte ,
o Nieuport = *Ritum qui olim apud Romanos obtinuerunt , fuc-
cinta explicatio* . 8.º Ifto bafta para um principiante : viftoque
um omem que quizefe , internar-fe nefta iftoria , deveria ler o
Rofsino = *Antiquitates Romanæ cum Thomæ Demfpteri Parali-
pomenis* 4.º o Lazio = *de Romanâ Republicâ* . ou tambem a
Notitia Imperii Romani , cum comenť. Pancirolli . fol. E quem
quizer faber melhor ifto , deve ler o Sigonio , = *de Jure Civium
Romanorum* &c. *de Antiquo Romanarum Provinciarum jure* &c.
o Bullengero , = *de Romano Imperatore* : e tambem = *de Romano Imperio , & Magiftratibus* &c. o Manucio = *de Romano Se-
natu* : = *de Romanis legibus* &c. Mas para o principiante , bafta o que digo : o omem adiantado , pode fervir-fe dos-que
aponto . Defpois difto , deve ler em compendio , a iftoria Romana . O *Nieuport* efcreveo uma Latina boa , e nam difufa em
4.º Nam aponto outros , que fe-acham em varias linguas , porque nam fazem ao cazo . Entre os Francezes , nam é mao o *Du-
pleix* fol. z. O *Catrou* , e *Rouillé* efcrevèram a iftoria da-Republica mui bem: mas fam 18. volumes in 4.º Francezes , ou Italianos : e nam fam para rapazes .

Segue-fe a iftoria dos-Imperadores , até à deftruifam do-Imperio Romano , no-Ocidente : e defpois , ler a Iftoria Romana
no-Oriente , até o tempo de Juftiniano , e feus fucefores . Quem
deixáse efta iftoria , no-fim do-fexto feculo da-Igreja , eu o-nam-con-
denaria : aindaque feria muito melhor , que continuáse a do-Oriente , até a deftruifam do-dito Imperio , no-meio do feculo XV: e
a do-Ocidente , que a-continuáse , até o tempo prezente . Ao
menos , que foubéfe a iftoria dos-Imperadores : e as revolufoens
que teve efte Imperio Romano : o o modo com que acabou em
Alemanha : onde oje exifte fomente o nome : e a razam por-que
fe-confervou , efte nome . A falar verdade é loucura perfuadir-fe,
como muitos fazem , que o Imperio Romano exifta oje , em Alemanha . Conferva-fe o nome , por-fins politicos : mas o que pofue
o Imperador em Alemanha , é nada , em comparafam do-Imperio Romano : e ainda unindo a ifto , todos os eftados que pofue,
à caza de Auftria ; nam é mais que uma pequena provincia ,
do-antigo Imperio Romano. Mas o faber efta iftoria é mui util ;
para intender as leis mais modernas , os uzos dos-Feudos &c. A
ifto-

iftoria dos-Imperadores Romanos até Honorio, efcreveo maravilhozamente M. de *Tillemont*, em Francez. Tambem o *Coeffeteau*
efcreveo em Francez, a iftoria dos-Imperadores, até Conftantino
Magno. fol. é mais breve que o *Tillemont*, e ambos fam famozos. Um só autor tratou efta iftoria, desde o principio da-Republica, até o ano 1500. defpois de Crifto, melhor que ninguem.
efte é M. *Ecbard*. Mas efcreve em Inglez: aindaque ja oje o-te-
mos traduzido em Francez, até Conftantino Magno, trezentos
anos defpois de Crifto. Quem nam tiver outro, pode ler o
Egnatius, que efcreve em Latim, a iftoria dos-Imperadores,
desde Julio Cezar, até Maximiliano I. em 8.° ou o *Cufpiniano*,
que efcreve até o mefmo tempo, fol. ou o *Eftrada*, que continua a dita iftoria desde o principio, até Matias I. fol. Eftes
fam Latinos.

Tendo o eftudante lido bem, a iftoria Romana, a qual dá
lux para intender, as leis Romanas; devo, antes de fazer outro
pafo, ler a iftoria do-direito Civil, principalmente do-Romano.
Conhefo, que a iftoria Romana bem intendida, fupre efta noticia: mas como nam é facil, que um eftudante principiante,
colha por-si mefmo da-dita iftoria, o que deve; por-ifo me-parece mui necefario, que bufque algum autor, que lha-ponha em
breve. *Valentim Forfteri* efcreveo no-principio do-feculo pafado, efta iftoria: a qual fe-imprimio, um ano defpois da-fua
morte em 1609. Nos-fins do-dito feculo compoz a mefma em 12.° o
Doujat, e é mais eftimado, que o outro. *Claudio Joaè de For-
rieres*, efcreveo a mefma iftoria em Francez: mas é moderno, e
bom. Em falta deles, pode fervir o *Paulo Manucio*, *Antonio
Agoftinho*, *Hotomano*: mas melhor que todos, *Paulo Merula*: que
efcrevèram *de Hiftoria legum Romanarum*, & *Senatufconfulto-
rum*: ou *Pancirelli*, e tambem o *Gravina*, que efcreveo no-pre-
fente feculo = *de Origine* & *progreffu Juris* 4.° aindaque é
um pouco ofcuro, e difuzo. Julga-fe porem que melhor que
todos, efcreveo nefta materia, *Guilherme Grocio*. Deve aqui o
eftudante, intender miudifimamente, toda a forte de Magiftrados,
e Leis: e a iftoria dos-Jurifconfultos, e fuas fetas. Com eftas
noticias pode pafar logo, às Inftituifoens de Juftiniano, que
intenderá facilifimamente: advertindo porem, de fugir de toda a
forte de comentarios. Eu nam permetiria, que o eftudaute lefe,
fenam polo *Perezio*, ou ainda melhor, polo *Heinecio*: que efcrevem uma breve parafraze, das-Inftituifoens: e o *Heinecio* efcreve
a iftoria das-Antiguidades, feguindo a ordem dos-titulos das-Infti-
tui-

tuifoens: e tambem uma breve iftoria, do-Direito Romano-Germa-
nico. Todos os mais comentadores fam impertinentes, e con-
fuzos: e pouco proprios, para principiantes. Dos-quais digo,
o que ja dife um omem douto, dos-comentos do-*Cardial Gaie-*
tano fobre S. Tomaz, que defpoisque os comentadores, explicáram S. Tomaz, ninguem o-intendeo. Damefma forte eu digo
de Juftiniano, que defpoisque os interpretes o-explicáram bem,
reduziram-no a eftado, de nam fe-poder intender. E a razam difto é,
porque querem defcobrir nas fuas palavras, tanta juftifa, e tais
mifterios; que lhe-atribuem muita coiza, que ele nam quiz dizer.

Eftes tais idolatras de Juftiniano fupoem, que o feu legislador teve, revelafoens divinas: e com efta ideia, nam fe-rezol-
vem a dizer, que dife mal em muitas coizas, e fe-contradife
em outras: mas tudo querem juftificar. Porem nifto inganam-fe
manifeftamente. Juftiniano era um Principe imprudente, in-
conftante, e pouco proprio para legislador. Era tam inclinado
a decedir tudo ou bem, ou mal, que tambem quiz fazer leis,
em materia de religiam. Publicou muitas leis más, e mudou
muitas imprudentemente. Os que compuzeram a colefam do-Direito, tambem fabiam pouco o feu oficio: e nam puderam evitar
muitos erros, e inganos: efpecialmente Triboniano era imprudente, e pouco veridico. Os Imperadores do-Oriente, conhe-
eéram mui bem, eftes defeitos em Juftiniano. O Imperador Bazilio Macedonico, como diz Cedreno nos-feus Anais, condena-
va a grande extenfam de Juftiniano, e falta de clareza, e de
ordem: e com efeito para uzo feu, publicou um compendio,
do-Codigo de Juftiniano. Seu filho Leam publicou, outro compendio das-Pandetas: e outros Imperadores Gregos, conhecendo
a infuficiencia daquela obra, fizeram tambem epitomes do-Direito. Os mefmos Vifigotos, preferiram o Codigo de Teodozio,
ao de Juftiniano. Onde, quem nam conhece ifto, nam é bom para
comentador. Por-efte motivo é necefaria a iftoria, para vermos,
como fe-devem intender e tomar as coizas: e por-efte mefmo principio, nam devemos fazer cazo, do-que dizem muitos interpretes.

Confefo a V.P. que tendo vifto, muitos comentadores das-Inftituifoens, e alguns bem pouco conhecidos, nefte Reino; nam vi
algum, que fe-padefe tolerar, e que nam difefe coizas indignas.
Ou dizem coizas mal fundadas, ou fe-metem a explicar coizas,
que fe-intendem melhor, quando fe-nam-explicam: e perfuado-me,
que nenhum omem de juizo, que examinar fem paixam os ditos
livros, dirá, que fe-podem ler com paciencia. Mas, fem fair
dos-co-

dos-comuns , cuidava eu uma vez , que o *Vinio* , que moſtrou bom juizo em muitas coizas , o-tinha tambem neſta : mas . examinando melhor o dito livro , achei que era o meſmo , que os outros : e talvez pior um pouco ; porque afeta muita ſutileza , e filozofia Peripatetica . Cada palavra um comento . As notas ſam ainda piores , que o comentario . Ri muito , quando achei no-primeiro titulo , explicada a palavra *Generaliter* , deſta ſorte : *curſim , obiter , ſummatim* . E eu ſeguro a V. P. que ſe-intende melhor , ouvindo dizer a Juſtiniano : *His igitur generaliter cogni= zis &c.* doque lendo a dita interpretaſam . Cada definiſam das-Inſti= tuiſoens , deve ſer feita por-genero , e diferenſa , e com todas as ſolenidades , dos-Peripateticos . Nam quero ſair da-mais celebre , que é a da-Juriſprudencia , a qual deu *Ulpiano* (1) , e repete Juſtiniano nas Inſtituiſoens = *Juriſprudentia eſt divinarum , atque humanarum rerum notitia , juſti , & injuſti ſcientia* = . Eſta definiſam tem quebrado a cabeſa , aos Juriſconſultos , que por-bem , e por-mal querem , que ſeja boa . Se *Ulpiano* paráſe em dizer , que era ciencia do-juſto , e injuſto ; podia-ſe perdoar : mas dizer , que compreende as coizas divinas , e umanas ; é querer , que lhe-chamemos Enciclopedia : ou , para-o-dizer mais claro , é que= rer , que demos uma rizada . Contudoiſo , os Juriſtas nam ſam deſa opiniam : e defendem mui ſeriamente , que diſe bem . *Acurſio* progunta , ſe ſerá neceſario , que o Legiſta eſtude Teo= logia : e reſponde que nam : *Nam omnia in corpore Juris inve= niuntur* . Famozo livro deve ſer eſte das-Leis ! Mas ainda que ele compreendèſe , o direito Canonico ; é certo , que nelo nam ſe-acha a Teologia , Filozofia , Matematica , &c. onde vem ſem= pre a dizer uma falſidade . *Gotofredo* explica aſim : = *Quia con= juncta fuit olim Juris divini , & humani ſcientia* . Se diſèſe , *Juris divini , & humani notitia* , poderſeia perdoar a *Ulpia= no* : mas nam ſe-pode perdoar o dizer , *Divinarum , & huma= narum rerum* . O bom *Vinio* , parecendo-lhe a explicaſam de *Go= tofredo* , mui popular , dá uma , a que ele chama ſutil ; mas que é pior que a popular . *Nempe hactenus res divinas , & huma= nas eſſe objectum hujus ſcientiæ , quatenus ea , cum de jure ha= rum rerum quæritur , quid juſtum , aus injuſtum ſit doceat* . Mas que coiza vè V. P. neſta explicaſam , que nam ſeja pior , que as antecedentes ? E melhor dizer , que Juſtiniano quiz falar do-Direito de entam ; doque querer defender , que a Juriſpruden= cia , ſerve para tudo . Gritarám logo os Teologos , que nam ſerve

(1) *L. Juſtitia eſt conſtans. ff. de Juſtitia , & Jure* .

ferve para eles, pois tem leis mais certas: gritarám os mefmos
Pragmaticos legais, e diram, que fe tudo fe-achàfe, no-corpo
das-Leis, feriam fuperfluos tantos doutores, que acrecentáram limitafoens. &c.

Nifto verá V. P., que tais fam, as limitafoens deftes interpretes; e, fe quizer abrir o dito livro, e examinálo em muitos e muitos lugares, achará o mefmo. Deforteque um omem
que faiba, que coiza é metodo, e intenda bem Latim; nam
pode menos que rir-fe, deftes comentarios todos. Pois que, dirmeám, nam devemos comentar as Inftituifoens? e eu refpondo,
que para rapazes, nam. Somente permetiria fazer algumas breves
notas, em dois cazos: um, quando fofe lugar ofcuro, e necefitáfe de iftoria; apontar brevemente a dita erudifam: porque ifto
bafta ao rapaz, que tem lido a Iftoria, e ritos Romanos. O
outro cazo era, quando fe-tratáfe de alguma lei velha, que ja
nam eftá em uzo, ou que fe-acha revogada, por-outra Civil, ou
Canonica; advertilo brevemente, em uma nota. Ifto baftava:
e defta forte fe-intenderiam bem as coizas, e em menos tempo.
Onde concluo, que o principiante deve fugir, de todos os comentarios: e ler a primeira vez, as Inftituifoens: na fegunda, notar no-feu caderno; em que tenha difpoftos os titulos delas, as
coizas que apontamos: proguntando ao meftre, quais fam as leis
revogadas &c. E quando nam tivefe ocaziam, de lho-proguntar;
só em tal cazo, e com algumas cautelas lhe-permetiria, ler o
mais curto expozitor: e fomente no-dito ponto. Nos-feguintes
anos, quando ja o eftudante é adiantado; entam pode ler um
expozitor, que, alem do-dito, rezolva algumas queftoens,
que nacem do-texto: e proponha todas as limitafoens &c.
porque um omem adiantado, quando abre um livro, fabe o
que deve bufcar, e deixar: mas um rapaz confunde-fe, com a-
quela machina de coizas. Digo porem, que feria mui necefario,
que algum omem douto, regulando-fe polo *Heinecio*, defpojáfe
o *Vinio*, de todas as futilezas, e fuperfluidades que tem: deixan-
do-lhe unicamente, as notas dos-lugares ofcuros: e apontando,
como digo, algumas queftoens utis para o foro. Deviam porem
advertir aos rapazes, que as fimplezes *notas*, fam para eles: e que
as *queftoens*, fam para os adiantados: porque as coizas claras, nam
tem necefidade de explicafam: e as que fam necefarias para o foro, bafta que fe-apontem, em breve. Pois é certo, que nenhum
Advogado fe-contenta, com a noticia que dam as Inftituifoens, fem
ir ver os outros interpretes do-Direito, ou Tratadiftas, ou Confulentes.

TOM. II.   Y   Efte

Efte é o defeito principal que eu acho, em todos os Juris-confultos, falta de metodo. Nenhum facilita a inteligencia, das-coizas que trata: nenhum fe-contenta de dizer pouco, contantoque diga bem: todo o ponto eftá, em acarrettar erudifam, e amon-toar textos, fem pés nem cabefa. Como fe para um omem fer bom Jurifta, tivefe necefidade, de faber quantos textos fe-acham, no-direito Civil, fobre a mefma materia! Ifto é o que fe-tem procurado emendar, no-feculo prezente: difpondo as coizas de maneira, que firvam a todos. E ifto é aquilo mefmo que, em quanto nam aparece um bom livro, deve enfinar aos dicipulos, um meftre douto, e que verdadeiramente ame, o bem do-Publi-co. Seria muito melhor, que nas efcolas, quando explica as In-ftituifoens, trouxèfe o leitor de caza um caderno, com as notas necefarias, e que o-ditáfe aos principiantes: e eftes, efcrevendo as ditas notas, evitariam o trabalho, de abrir livros que nam intendem, e fariam grande adiantamento. Nefte particular, nam pofo deixar de louvar, o *Heinecio*. Efte Jurifconfulto compoz uma breve parafraze, de todas as Inftituifoens, com algumas no-tas brevifimas, e belifimas. compoz alem difto, as antiguidades Romanas, necefarias para intender as Inftituifoens, feguindo a mefma ordem dos-titulos: fam 2. tominhos em 12.° compoz a iftoria do-Direito, e alguns opufculos belifimos. E quem nam tivefe lido a iftoria Romana, ou do-Direito; podia em cazo de necefidade, aproveitar-fe deftes livros; que fam famozos, para as dificuldades.

Tendo pois o eftudante intendido, que as Inftituifoens fam um compendio, do-que fe-contem nas Pandetas, e Codigo; que é o mefmo que dizer, de quazi todo o corpo do-Direito: deve no-tar juntamente, quais fam os titulos do-Direito, que ja nam ef-tam em uzo, para os-deixar: porque é tempo perdido, eftudar coi-zas, que nam ám-de fervir. E deve juntamente notar, quais fam os mais famozos, de que dependem, ou para os quais fe-redu-zem, os outros. Para fazer ifto é necefario, que abra os Dige-ftos, e Codigo, e leia brevemente, os titulos das-Leis: nam só para conhecer, quais deve eftudar; mas tambem para faber, em que livros fe-acham, para podèlos bufcar, nas ocazioens. Nam digo, que leia tudo: mas que bufque um autor, que brevemen-te exponha tudo ifto, fegundo a ordem dos-Digeftos &c. e nefte compendio, obferve o que digo, e fe-enfarinhe no-metodo, e or-dem das-Leis: o que fervirá de Prolegomeno para eftudar, os tratados particuláres. Efta noticia pode-fe alcanfar, em dois me-

zes;

zes: e para iſto pode ſervir, o *Sebaſtiam Braut*, que é um livro
em 12.° impreſo em Veneza em 1584. e deſpois, em outras partes: em que traz o rezumo dos-titulos, de ambos os Direitos:
ou algum ſemelhante. Pode tambem ſervir muito, o *Daniel
Venatorio*, que faz a Analize Metodica, do-Codigo, e Pandetas
Quem intendèſe o Francez, podia ſervir-ſe de M. *Domad*, que
poz todas as leis, na ſua ordem natural e metodica: ſam 2. v.
folio. Ele faz reflexoens tam judiciozas, e acomodadas ao cazo, que nam me-lembro de as-ter lido, em nenhuma outra parte. Seria mui util, que o eſtudante compuzeſe por-ſi meſmo,
um rezumo dos-ditos titulos: reduzindo a uma pagina, a ſuma de
cadaum deles: pois deſta ſorte imprimem-ſe na memoria, ſem
grande trabalho. Porque ja diſe a V.P. e nunca me-canſarei de
o-repetir, que ler ſem a pena na mam, e ſem fazer rezumos,
do-que le; é o meſmo que nam querer, ſaber coiza alguma.
Eſtes meſtres, que compuzeram eſtes livros, por-que nós oje lemos, confeſam ſinceramente, que os-compuzeram, para ſeu
uzo: mas que ao deſpois, achando-os bons, os-publicáram. A
experiencia tem moſtrado, que só quem eſcreve o que le, é que
o-intende, e ſe-lembra. Parece-nos muitas vezes, lendo um autor, que o-intendemos: mas quando queremos reduzir a duas
palavras, o que diz, entam é que conhecemos, o noſo ingano: e reconhecemos, que nam intendemos, o que quiz dizer.
Com eſte metodo, muitos omens de pouca memoria, chegáram
a ſer, grandes Juriſconſultos: e deſte numero foi *Bartolo*, que
fazia rezumos de tudo, como diz o *Boiſſard*, *in Iconibus*. Mas
eſte metodo, é totalmente ignorado, em Portugal. Nam digo ſomente dos-rapazes, mas ainda dos-meſtres nam á quem o-faſa: e
conheci alguns deſtes, que nem menos fizeram poſtila; mas ſer-
viam-ſe de outras velhas. O eſtilo comum é eſte, ler e ler muito: e por-iſo ſe-ſabe mui pouco, e com muito trabalho. Onde digo a V.P. que devemos cuidar com empenho, em perſuadir iſto, aos rapazes.

Quando o moſo vai lendo, pode notar, os que ſam de maior utilidade, e por-lhe um ſinal; para ſe-aplicar a eles, com
o tempo. Mas o principal ponto eſtá, em reduzir as Leis, à ſua
ordem natural; como deviam ſer dirigidas, ſe acazo *Triboniano*,
e ſeus companheiros conheceſem, (que certamente nam conhecé-
ram) aquilo a que nós chamamos, *Metodo*. O que nam ſe-acha,
nos-livros do-Direito; pois em diferentes partes, e com baſtante interruſam, ſe-trata dameſina materia. Onde, para formar

ver-

verdadeira ideia, do-Direito , e eſtudar o que deve, deixando
o que nam deve; é neceſario ao eſtudante, nam só fazer o rezumo dos-livros; mas em outro caderno ſeparado , fazer o ſeu
index dos-tratados , e titulos, polo eſtilo que dizemos : o qual
ſem duvida alguma ajudará muito com o tempo , para reconhecer a coerencia, ou antinomia das-Leis. E ſe neſte index notar,
a diverſidade das-Leis, e ſe ſam, ou nam corretas &c. poderá fazer uma obra, mui util para a Cadeira, e para o Foro. Torno a dizer, que iſto é um prolegomeno : e que quando muito
em cinco mezes, ſe-pode completar : ou ainda em menos, ſe
o eſtudante tiver um meſtre, que o-ajude , e a quem o-queira
proguntar .

Mas aqui é neceſario, que o eſtudante advirta algumas coizas, que comumente advertem, poucos Juriſconſultos . Deve pois
perſuadir-ſe, que eſta Juriſprudencia , e eſtes livros do-Direito,
nam merecem todos aqueles elogios, que verá nas glozas, e alguns interpretes, que ſe-oferecerem. Sam bons, é verdade: tem
muito boas regras, para conhecer o *juſto*, e *injuſto* : mas tem tambem muitos defeitos intrinſecos, e extrinſecos. Quem nam fórma eſte conceito, das-leis Romanas, ingana-ſe muito, e nam é
bom para julgar. Por-mais de ſeiſcentos anos, que os Juriſconſultos explicam eſtas leis, rariſimo antigo ſe-tem achado, que
confeſe planamente iſto: algum mais moderno, eſpecialmente os
Tudeſcos, é que o-tem confeſado ſinceramente, como diz o *Mul-
taio* (1). Antes polo contrario, como aſima diſe, todos os velhos defendem, a bondade deſtas leis, para julgar tudo. Um amigo meu, reſpondeo a eſtes argumentos, e moſtrou, que alguns
tinha.

O primeiro defeito intrinſeco conſiſte, nas meſmas leis, que
nam exprimem claramente, a mente do-legislador ; deſorteque ſam
ſugeitas, a mil interpretaſoens: ou porque nam ſe-intende bem, o
Latim, ou por-outras razoens. E iſto ſucede tambem, nas leis municipais. A ſutileza do-Juriſconſulto examina, cada palavra, ſi-
laba, virgula, ponto ; para ſaber o que ele diſe: e em lugar de
ſe-declarar o negocio, confunde-ſe com eſtas diſputas. O ſegundo

(1) *Multi de Jure Romano e
finibus Germaniæ expellendo:
alii de illo in ordinem , &
compendium redigendo, novoque* *corpore Juris formando cogita-
runt. Quorum ſententia uti-
nam obtineret.* Repræſent. Ma-
eſt. Imperial. *p.2. c.1. §.6.*

do defeito é, porque as leis nam acautelam, todos os cazos pofiveis, que fam muitos: de que nacèram tantas excefoens, e limitafoens, que os Juriftas dam a muitas leis, ou deduzidas de outras leis, ou da-boa razam. E aqui abre-fe a porta, a mil interpretafoens: pertendendo uns, que uma asám veftida de certas circunftancias, fe-compreenda na determinafam defta lei: e negando-o outros. O terceiro defeito confifte, em que nam baftam elas, para defcobrir, e interpretar, a vontade dos-omens: a qual fe-tira dos-fatos, ou das-palavras dos-tais omens: depende da-ignorancia, ou ciencia dos-notarios, que efcrevem os teftamentos, doafoens &c. E' coiza mui dificultoza, defcobrir ifto: e fempre ouveram, e avèrám demandas, fobre contratos, fideicomifsós, fuftituifoens, e outras determinafoens dos-omens: para o que nam bafta, todo o corpo das-leis Romanas. O quarto defeito próvèm, das-diferentes ideias dos-doutores, e juizes, que as-explicam. Sam fugeitos os omens, a mil incoerencias, contradifoens, inga nos &c. tem ideias gerais do-*jufto*, e *injufto*: mas quando as-devem aplicar, aos cazos particulares, acham-fe embrulhados: muito mais fe eftas, dependem da-intenfam dos-outros; para defcobrir a qual, nam á regra certa. Diverfificam muito os doutores, fobre o mefmo ponto. Os mefmos juizes de um só tribunal, uns afirmam, e outros negam: aindaque cadaum tenha bem examinado, a cauza. O pior é, que o mefmo tribunal revoga às vezes, o que primeiro tinha determinado. Ifto confefa no-feu *Doutor Vulgar*, o famozo Cardial *de Luca*, fuceder ainda na Rota Romana, que é o mais acreditado tribunal, do-mundo: = *Ainda os tribunais grandes, e primarios: onde o juiz de uma inftancia revoga aquilo, que tem feito o juiz de outra. E ainda os mefmos juizes, fem nenhuma alterafam de fato, revogam aquilo, que nam fomente uma, e duas, mas muitas vezes tem decedido* =. Deforteque ainda no-Foro, o ter tido muitas fentenfas pola fua parte, nam produz certeza de juftifa; mas fomente, prezunfam de reto juizo. E afim nos-cazos particulares difputaveis, por-confifam dos-mefmos Juriftas, só a opiniam, é a que regula tudo: nem á certeza alguma, que aquele tal fato fe-compreenda, debaixo daquela tal lei. E às vezes é tam ofcura a verdade, que fe-acháram juizes de conciencia, os quais nam quizeram julgar: mas perfuadíram a concordia, e ajufte racionavel, entre as partes. Onde conclue o dito Cardial *de Luca* ao nofo intento: = *Pofta a dita variedáde de intendimentos, a pratica frequentemente enfina, que o fucefo é diverfo daquilo,*

que

que os *Advogados promeſticáram*, que *ſucederia bem*, ou *mal*: e *ainda porque os meſmos tribunais grandes retrátam*, o que tem *decedido*. *Do-que ſe-prova*, que *nos-artigos legais*, nam ſe-dâ *verdade certa*, e *determinada*: e *principalmente em materias conjeturais*, e *arbitrarias*: *porque as coizas totalmente claras, raras vezes ſe-diſputam*, entre os *Advogados* (1). Daqui ſe-conhece concludentemente, que a Juriſprudencia nam é aquela regra certa, *do-juſto*, ou *injuſto*, que comumente ſe-diz: mas que tem defeitos tais, que nam á induſtria, que os-poſa emendar; ſenam no-cazo que os Principes, reformaſem muita coiza.

Quanto aos defeitos extrinſecos, claramente ſe-conhecem, na qualidade dos-interpretes, que, deſde que reſucitáram as leis Romanas em Italia, tudo quizeram explicar: e fizeram tais comentarios, e acarretáram tantas doutrinas, que oje ſomente deſta fazenda, acham-ſe inumeraveis volumes. Proibîra *Juſtiniano* (2) aos Juriſtas, comentar as ſuas leis: reconhecendo, por-experiencia do-Edito Perpetuo de Juliano, que os comentos eram, à deſtruiſam das-leis. Mas os Juriſtas deſde o XII. ſeculo fizeram tantos, eſpecialmente no-XIV. e XV. que oje nam ſe-podem ſofrer. Como a ignorancia do-Latim, e da-Iſtoria impedia intender, os textos todos; contentavam-ſe dos-ſumarios, e das glozas, dos-que julgavam, que os-tinham intendido melhor. Os meſtres nam faziam mais, que explicar um lugar do-Digeſto, ou Decreto, por-meio de outro: os dicipulos abaixavam a cabeſa, e ſomente ſe-aplicavam a executálo: tratando queſtoens ſobre as conſequencias, que deduziam dos-textos: dando conſelhos, e decizoens. Onde nam tendo dos-principios da-Etica, tirado boas conſequencias, ſomente procuravam, os ſeus particulares intereſes. Aqueles meſmos que buſcavam a juſtiſa, nam ſabiam outros meios mais, que os remedios particulares contra a injuſtiſa: de que nacèram tantas clauzulas, para os juizos. Nam preveniam os danos, tirando as cauzas gerais das-demandas, e delitos; que era fazer comque os Principes, propuzeſem leis certas &c. ſomente procuráram remediar, os males atuais. Deſta ſorte, quando as leis Romanas ſe-introduzîram, nos-Reinos da-Europa; achando os Povos, com certos coſtumes contrarios, que nam ſe-podiam deixar; cazàram-ſe tam mal, que a Juriſprudencia ficou

(1) De Luca, *Doutor Vulgar Cap.IX.*
(2) *L. Deo auctore. C. de vet. jur. enucl.*

cou mais incerta , e embrulhada , doque tinha fido , com as
leis Longobardas .

Ifto porẽm é nada . daî para diante é que fe-aumentáram as
futilezas . Um levantou uma doutrina nova , ou por-capricho ,
ou por-necefitar dela , para alguma efcritura : Os dicipulos abra-
faram-na : algum Advogado fervio-fe dela para outro cazo : e
defta forte ; citando uns a outros , fe-fez comua. Apareceo outro
Advogado , a quem nam agradava : impugnou-a : teve fequazes :
e temos outra opiniam comua contraria . E defta forte aparecèram tantas opinioens comuas , contrarias entre si , que é
uma piedade . Efte é o cazo que tinha fucedido , a Bartolo , Baldo , Rafael Fulgozio , e outros muitos , que pecavam defte vicio:
muitos dos-quais , nam só por-necefidade , mas por-fua alta re-
criafam , contrariavam os antecedentes : Como fez Baldo , que
muito de propozito , cenfura em varias partes , Bartolo feu meftre : e , para me-fervir das-palavras de Pancirollo , (1) Conatus
eſt ipſias nomini tenebras offundere : quem ex profeſſo mordet ,
nec fine contemptu quandoque nominat : & judices eum ſequen-
tes , cæcos vocat . Mas o pior de tudo eſtá , emque muitos louváram , eſtas contradifoens . E certamente nunca pude perdoar ,
a Paulo de Caſtro , querer defculpar a fuma inconſtancia de Baldo,
em fe-contrariar a si mefmo ; com dizer , = id non levitate , ſed
ingenii ſubtilitate eveniſſe = : como fe o dizer parvoices , foſe
futileza !

Emfim iſto chegou a termos , que oje nam fe-fabe , qual é
a opiniam comua. Joam Belloni , e Oracio Cardon , que recolhè-
ram as opinioens comuas legais , que corriam no-feu tempo ; ou
tambem , Antonio Maria Corazio , que no-principio do-feculo pafado , comprendeo em trez tomos , todas as comuas ; víram logo perdido , o feu trabalho ; porque no-mefmo tempo , Jeronimo
Zevallos Efpanhol , comprehendendo no-feu Speculum Aureum , só
as opinioens comuas , contra outras comuas ; nam fez menos ,
que quatro volumes de folha . A efte eſtado reduziram os Juriftas , as doutrinas do-Direito ! Mas iſto é nada : os ditos Jurifconfultos , nam só fizeram das-fuas opinioens , leis ; mas mudáram
efas mefmas leis privadas , fegundo o feu arbitrio . Nam queirá
V. P. melhores teſtemunhas , que o Azzoguido (2): Communis opinio ſubjacet mutationi , ut eſt notorium . Sæpe enim contingit,
ut

(1) De Claris leg. Interpret. p. 202.
(2) L. 3. c. 17. de Comm. Opin.

*ut aliqua opinio, qua a quinquaginta, vel sexaginta annis su-
pra communiter tenebatur, definat esse communis; si plurimi
ex sequentibus contrarium teneant* ⹄. e o *Cardial Tosco:* (1) ⹄
*Alia innumerabiles conclusiones similes poni possent, quas docto-
res miro labore ut communes, & magis communes, constituunt;
& tamen per directam contradictionem, similium opinionum com-
munium, destruuntur. Ex quibus constat ea, qua opinionibus
nostris consistunt, posse semper continere fallaciam; prout in
exemplis: quibus uno tempore, communis opinio indubitata fuit
apud antiquos, qua hodie communiter reprobata repetitur* ⹄.
Mas, se quer mais, leia *Jeronimo Zanchi*, que ja no-fim do-feculo XVI. defcobrio as contrariedades, dos-principais Confulentes. leia *Paulo Francifco Perremuto*, Siziliano, que defpois
da-metade do-pafado feculo, recolheo em V. tomos, as difcre-
pancias, e contrariedades dos-Interpretes, Confulentes, Decizoens
de Rota, e outros Tribunais.

Nifto conhecerá V.P. que incertêza é, a do-Direito. Por-eftes
tratados forenfes, que fe-compuzeram defpois das-interpretafoens,
neftes dois ultimos feculos; é que eftudam os Advogados, e
Juizes: e conftantemente defendem, que fem eles, nam fe-pode
faber Direito: avendo muitos que nunca abrîram o texto, fenam
é para confrontar alguma lei, que opoem o Advogado contrario:
o que raras vezes fucede. Mas fe é certo, o que eles dizem;
fica defmentida a opiniam, que o texto é baftante, para julgar
de tudo. Se nam é certo, fica claro, que é grande efte defeito
extrinfeco da-Jurifprudencia; fer tam oprimida das-opinioens, e
fantazias dos-feus doutores: e que ifto fe-deve evitar, e fe-devia
emendar, por-quem tem faculdade, de fazer leis municipais. Baftava prefcrever, quanto fofe pofível, a decizam de muitos cazos, que nam eftam bem declarados: obrigando os fuditos, a
conformar-fe com eles. *Ut pro tot indigeftis legum voluminibus,
unum breve haberemus, & perfpicuum juris compendium:* como diz o *Vernuleio* (2). pois defta forte fe-evitariam, mil demandas; e viviriam os Povos mais quietos.

Nam quero dizer, que o Juiz, ou Advogado, nam deva
ler mais, que o texto; pois é fem duvida, que a experiencia
moftra, que, fem a noticia de outras coizas, nam poderá no-ef-
tilo prezente, julgar de muitas daquelas leis, que foram feitas,

para

---

(1) *Verbo* Opiniones *Concl.* 152.
(2) *Inftit. Politic. l.* 3. *tit.* 2. *q.* 4.

para outro eftilo : a mudanfa dos-coftumes , e governos é cauza , que muitos oje nam firvam . Ja nam temos os mefmos magiftrados , e oficiais publicos . Nam fe-fala ja de *fervos* no-mefmo fentido , de *manumifoens* , *libertos* , *libertinos* , *colonos* ,
cenfitos , e outras efpecies de agricultores : nem *de veteranos* , e
outros uzos da-guerra . O *patrio poder* nam tem oje , o mefmo
vigor . Tudo ifto oje é inutil : e por-ifo fe-querem outras noticias . O que digo é , que eftes Jurifconfultos devem obfervar,
uma mediania prudente , que nam degenere neftas extremidades :
e devem fempre proceder com a reflexam , que a lei comua , e
toda a lei , é mui fugeita ao ingano : e ifto para nam nos-in-
ganárem , decantando a certeza , da-dita Jurifprudencia . Quanto
ao Catedratico , pode mui bem fervir-fe , das-ditas noticias , para
explicar as outras leis : mas deve conhecer , que ifto é mera
erudifam , que fe-acha tambem , em outras muitas partes : e nam
dar a intender , que , fabendo todas aquelas coizas , tem a ciencia
certa , de toda a juftifa : ou que tem toda a liberdade para a-in-
terpretar , como lhe-parece . Tratou efta materia eruditamente
Filipe Lietneo , em um livro intitulado , = *Defenfio Juftinianea,*
hoc eft , Demonftratio errorum hujus faeculi Jurifconfultorum ;
qui fub praetenfa legum interpretatione , & vera lectionis refti-
tutione , Jura Caefarea corrumpunt , mutilant , depravant = . Com
efeito pode o Jurifconfulto , em algumas circunftancias , feparar-fe
do-rigor das-Leis , pois as circunftancias o-juftificam : mas nam
deve encher a Lei , de tantas excefoens , reftrifoens , e amplia-
foens , nacidas da-demaziada futileza : o que nam só tem feito
os Interpretes , mas pior ainda os Tratadiftas , e pefimamente os
Confulentes . Deve alem difo intender , e confefar o Jurifconfulto , que nas leis de Juftiniano , acham-fe muitas injuftas , em
alguns cazos , ou em todos : entre as quais nam é a menor,
aquela que ordena , que percam a eranfa os erdeiros , *quos ne-*
cem teftatoris inultam omififfe conftiterit (1) . O que deu motivo
a um douto Jurifconfulto , (2) de efcrever os defeitos , da-mo-
derna Jurifprudencia : para acautelar os Juriftas , e moftrar , que
Juftiniano , entre tantas coizas boas , tem muita repugnancia,
fuperfluidade , e coizas que necefitavam de reforma.

TOM.II. Z Eftas

____

(1) *L. 1. ff. de His quibus ut indignis haereditates conferuntur.*
(2) *Philippus Burcardus* = *De hodierna Jurifprudentia naevis ,*
& remediis.

Eſtas noticias e reflexoens ſam mui neceſarias, a quem ſe-deve engolfar, no-mar do-Direito: para nam ſe-deixar arrebatar, tla-turba dos-doutores, e coizas que eles dizem. E é ſem duvida, que quem aſim conhece, o corpo do-Direito, e ordena primeiro as ſuas ideias; acha menos dificuldade nas materias, a que ſe-aplica. Deve pois o eſtudante nos-ſeguintes anos, comeſar a ler, algum deſtes tratados famozos. Aconſelho., que comèſe polo *de Contractibus*, que compreende a maior parte do-Direito util, para o Foro: reduzindo ao dito, todos os contratos, debaixo dos-ſeus titulos: e compendiando em poucas palavras, o que eſtuda. Deſpois, *Ultimas vontades*, *Subſtituiſoens* &c. Nam tem o eſtudante neceſidade, de acumular textos: uma ou duas leis, baſtam para prova, ſe ſam *in terminis*. Se o cazo o-pediſe, podia notar um ou dois interpretes dos-melhores, que a-confirmaſem: e apontar brevemente os argumentos, com as ſuas reſpoſtas: o que ſe-pode fazer, na metade do-ſegundo ano, até o quarto incluzivamente. E aqui pode ſervir-ſe, de algum Dicionario Juridico, para intender os termos de que duvidar, (o que eſtá ſucedendo, ainda a omens grandes) e as formulas: para o que podem ſervir, os Dicionarios de *Joam Calvino*, ou *Schardio*.

No-principio do-quinto ano deve o eſtudante, ler o direito Portuguez, ou as leis municipais: notando as coizas, em que diverſifica do-Comum. Sem duvida é digno de admiraſam, que ſaiam os omens das-Univerſidades, falando muito nas leis de Juſtiniano, que ſó ſervem, faltando a lei municipal; e nada ſaibam daquela lei, por-que ſe-ám-de governar! Iſto é o meſmo que um Teologo, o qual, deſpois de doutorado, ſaiſe das-eſcolas, ſem ſaber os preceitos gerais, da-lei Divina. As leis municipais ſam ſugeitas, a varias interpretaſoens, como as Romanas: e por-que nam enſinará um leitor na Univerſidade, aos que querem ſeguir o Foro, a melhor inteligencia deſtas leis, e mais ſeguida; e mais conforme às decizoens, dos-tribunais ſupremos? Negar iſto, é moſtrar que ſe-ignora, a utilidade que daqui rezultaria ao publico. Muito bem a-conhecem, em outros Reinos eſtrangeiros, em que ſe-eſtablecèram cadeiras, do-Direito municipal. O que eſpecialmente fez Luiz XIV. em Franſa: cuja memoria ſerá eterna, na republica Literaria. Sendo admiravel naquéle grande omem, que, paſando toda a ſua vida ocupado, em trabalhozíſimas guerras, nam ouve Rei algum no-mundo, que igualmente promovèſe o comercio, e as letras: pois ſó ele fundou

dou

dou mais , e mais utis Academias , que os antecedentes todos ,
e as melhores , que se-vejam na Europa . Emfim este estudo , tambem se-deve fazer , na Universidade : e talvez que asim se-pou-
pasem muitas demandas , que nacem , da-ignorancia da-Lei . O
restante do-ano deve ocupar , em fazer atos : os quais reduziria
a trez , em cadaum dos-quais fose obrigado o estudante a compreender um numero determinado , de concluzoens principais ,
das-materias que tem estudado , e compreendesem 9. Nos-primeiros , deviam argomentar-lhe em fórma : no-ultimo , fóra da-fórma fazer-lhe progontas , sobre alguma coiza das-leis municipais ,
e outras coizas de pratica . Este metodo parece-me mais util ,
doque propor um só ponto , tirado de um texto , que às vezes
é tam safado , que o Bedel é capaz de o-defender . v. g. falando do-Direito Canonico , = *An Monacbus possit esse procurator,
in caussa sui Monasterii* : = *An Abbatissa possit conferre , ordines
minores &c.* Outras vezes sáe um texto dezudado , e que de
nada serve . Onde , nunca me-agradou este metodo . E muito
menos , aquilo da-lisam de ponto , que nam serve de distinguir o
ignorante , do-douto ; que é o fim dos-exames : antes polo contrario , nam á coiza mais propria , para confundir o douto , com
o ignorante , doque fazer que isto dependa , de um ato de memoria : como a experiencia todos os dias mostra . Acabado isto ,
darlheia o grao de Bacharel , sem mais outras arengas . Os que
se-quizesem doutorar , o-podiam fazer , no-seguinte ano ; fazendo
concluzoens em duas , ou trez das-melhores materias de Direito : e acabadas elas , dar-lhe o grao , ou quando muito ,
no-seguinte dia . Este ato deveria consistir , em uma orasam Latina , feita polo lauriado , em algum ponto de Direito . Despois dos-juramentos , uma orasam breve , em louvor do-lauria-
do , e dar-lhe o grao . Aqueles Exames privados , Vesperias ,
e outras coizas destas , sam atos de amofinar a paciencia ; e
nam dam doutrina : e „ falando sem paixam , sam arengas
dos-velhos , que examinadas de vizinho , nam significam nada .
Com todas estas arengas , nam á ignorante rico , que querendo-se
doutorar , nam se-doutore . Onde querecem-me dizer , que servem
para provar , a doutrina dos-lauriados ; é mostrar , que tem
muita sinceridade , ou que nam intendem bem a materia . E isto
dos-atos se-deve intender , tanto no-direito Canonico , como
no-Civil .

Mas eu suponho ja o meu estudante , graduado . Se segue
a Universidade , pouco tenho que lhe-advertir : deve seguir o

me-

metodo que lhe-propuz, internando-fe bem na noticia, de todas aquelas coizas, e na antiga erudifam; para faber explicar do-melhor modo, os textos; e refponder aos contrarios &c. Para ifto quer-fe noticia fundada da-Iftoria, e da-lingua Latina, e Grega: pois fem efta erudifam, ferá fempre dicipulo, que le polos outros, mas nunca meftre, que defcubra por-si, ou intenda bem, os que defcobriram o fentido das-Leis. Deve efcrever os tratados de Direito, como apontamos: e por-fe em eftado de enfinar, nam só a efpeculafam feca, mas a doutrina util, para a pratica, que é o fim da-Lei: e tudo ifto, polo metodo mais facil, que pode fer. Porem, deixando efte na Univerfidade, acompanharei o outro até o Foro. Digo pois, que tanto o Advogado, como o Juiz, deve ter grande fundamento e erudifam da-pratica: nam por-ceremonia, como fazem muitos Juizes, que fabem menos difto, que os efcrivaens: mas com todo o cuidado: viftoque dela dependem, os judicatos. O metodo mais natural, fegundo o que intendo, e tenho vifto, é efte.

Deve efcrever o eftudante, o compendio da-*teia Judicial*: pondo em poucas palavras, o modo de introduzir os juizos, e ordenar, e profeguir as cauzas. Efte é o prolegomeno, que fe-deve fazer, no-Efcritorio do-Advogado. Defpois, exercitar-fe na pratica, quatro anos: para fazer fofrivelmente, a fua obrigafam. Nefte particular, nunca me-agradou, a pratica defte Reino: porque acoftumado a ver em Roma, que é a melhor efcola da-Judicatura, e Avocatura, (como tambem nas principais Cidades de Italia, em que fe-obferva, com pouca diferenfa, o mefmo eftilo) outra pratica totalmente diferente, e mais racionavel; fempre olhei para efta, com defgofto. Para evitar repetifoehs, eu a-direi em poucas palavras: e V. P. fará a aplicafam.

A Avocatura em Roma eftá dividida, em duas pefoas. A um, chamam *Procurador*, ou *Curial*, que efcreve as razoens *de facto*: faz as citafoens: introduz, e ordena o juizo: vai aos contraditorios, e informafoens diante do-Juiz &c. A outro, chamam *Advogado*, o qual fomente nas cauzas maiores efcreve, e efcreve *in Jure*: dizendo, o *quid juris*. Deforteque, as efcrituras vam de caza do-Procurador, para o Advogado: o qual faz a fua efcritura ou arrezoado, fupondo o fato ja expófto. O modo de fazer a efcritura, é efte. Expoem o Curial todo o fato: e prova-o o melhor que pode, com as razoens de fato, que confirma incidentemente, com alguma Lei, ou regra de Direito &c.

Def-

Depois, faz outra escritura separada, a que chamam *Sumario* : a qual nada contèm mais, que as depozisoens das-testemunhas, e documentos da-demanda, dispostos por-numeros : desorteque na *Escritura* remete, quando é necesario, aos numeros do-*Sumario*. O que fazem para nam confundir, a ordem das-razoens, com a introdusam dos-documentos : pois quando o Juiz as-quer ver, guiado polos numeros que se-citam, pode ver se diz, ou nam asim. As depozisoens originais e autenticas, ficam na mam do-escrivam, paraque ambas as partes as-posam ver : a copia é a que vai á mam, dos Advogados, e Juizes. Tudo isto se-faz em Latim ; somente as depozisoens se-conservam, na lingua da-testemunha : porque em Roma os instrumentos, citasoens, mandados de prizam, e tudo o mais do-juizo, é em Latim : e os que levam as citasoens, a que chamam *Cursores*, intendem-no bem. E aqui incidentemente advirto, uma circunstancia. Cada porta da-rua de Roma, sem excetuar os Palacios grandes, tem uma rotura pequena, e detraz dela uma caixinha fechada, que serve para as citasoens. Os escrivaens dam aos cursores, em uns papelinhos pequenos, as citasoens, que devem fazer : e estes de noite vam com as suas lanternas, polas partes que lhe-dizem, e vam metendo as citasoens, naqueles buracos. No-seguinte dia o cursor faz a fé, de ter citado ; e sem mais arengas, o omem é citado, e se-reputa tal. Se o omem tinha mudado de caza, ou nam se-lembrou a primeira vez, de tirar a citasam ; recorre ao Juiz, que o-restitue *in integrum*, e o-obriga asinar, domicilio certo. Comumente quem foi citado a primeira vez, elege diante do-escrivam o seu domicilio, em caza do-seu *Procurador* : e dali em diante, todas as citasoens vam, a caza do-*Procurador*.

Mas tornado ao *Procurador*, se a demanda é trivial, ele somente a-prosegue, sem *Advogado* : se é maior, vai ao *Advogado*, para escrever em Direito. Se a cauza á-de ir, diante de um só Juiz, (o que só se-pratica nas cauzas pequenas, ou na primeira instancia ; porque despois, vai aos tribunais Colegiais, quero dizer, de muitos juizes : e ainda algumas pequenas por-apelasam) vai somente manuscrita. Se se propoem em tribunal maior, imprimem-se todas as escrituras, duas do-*Curial*, e uma do-*Advogado*. Cada *Curial* litigante distribue as escrituras, polos Juizes do-tribunal, quatro dias antes, que se-julgue : e vai informar em dia determinado, os Juizes, sobre a sua cauza : e se é necesario, porque a cauza o-pesa, vai tambem o *Advogado*.

To,

Todos os Juizes no-mefmo dia votam : e defta forte em poucos dias , fe-acaba a cauza . Quando o Relator na Rota v.g. recebe as efcrituras , de ambas as partes , no-mefmo dia as-comunica , aos adverfarios. v. g. A Rota ajunta-fe na 2. e 6. feira: na noite da-2. diftribuem-fe as efcrituras : e no-mefmo dia cadaum dos-litigantes tem , a da-parte contraria : e cadaum faz a refpofta , que imprime na 3. porque na 4. quando muito , pola menhan, fe-deve dar aos Juizes , que ám-de julgar na 6. No-mefmo dia cada litigante ve , a refpofta do-contrario . Se tem ainda que replicar, falo em uma menhan; e leva-o logo ao Juiz , para lhe-dar lugar a examinálo . E tem eftes omens tal uzo , e facilidade de efcrever , e refponder , que ás vezes em 24. oras, fazem os *Advogados* efcrituras tais , que em outro Reino , pediriam trez mezes, para as compor . Para facilitar ifto , á uma imprenfa grande , que é obrigada , impremir todas as efcrituras , a qualquer ora que lhas-levam . E eu fou teftemunha de vifta , que uma vez levou um amigo meu , uma grande efcritura , ás nove oras da-noite de Inverno , e pola menhan eftava imprefa . Também para evitar difputas , o prefo das-efcrituras eftá taxado : por-cada 1500. reis de *efcritura* , e 1600. do-*fumario* (falo da-moeda Portugueza) é obrigado o imprefor , dar fincoenta folhas imprefas papel e tudo : dali para fima , quem quer mais efcrituras, paga por-cada folha 6. reais . E todas eftas efcrituras, que fe-ám-de propor nos-tribunais , imprimem-fe , fem revizam alguma .

Nefte eftilo que apontei , verá V. P. as infinitas utilidades, que tem todos . Aquilo de efcrever tudo em Latim , ferve de tal exercicio, para conhecer efta lingua ; que nam á rapaz dos-que ajudam aos *Curiais* , que nam efcreva mais facilmente Latim , doque efcreve um grande *Advogado* de Lisboa . Os efcrivaens , a que lá chamam *Notarios*, fabem correntemente Latim , porque todos efcrevem em Latim: e ifto é coiza mui louvável . Os mefmos beliguins o-intendem , porque os mandados todos, fam em Latim . Em fegundo lugar , o eftilo de citar , é mui facil para ambos os litigantes: fem fer necefario, efperar mezes , como aqui fucede ás vezes, para citar um omem; que ou fe-nega , ou fe-efconde . Quando em Roma fe-expede , o mandado de penhora ; cita-fe o omem , para eftar em caza , e ter a porta aberta : e nam o-fazendo , arromba-fe a porta , e toma-fe o que fe-acha . E tambem ifto é util ao publico , para evitar inganos . O imprimir as efcrituras , é mui util , para os que litigam , porque lhe-poupa dinheiro : e para os que julgam , porque nam eftam fugeitos,

ao mao carater de um efcrivam, que efcreve de modo, que nam
fe-intende, nem fe-podem diftinguir as autoridades : pois é tal
a confuzam, que aborrece ao Juiz, fomente o confiderálo. Polo
contrario, a imprenfa reduz a poucas palavras, os feitos: convi-
da a examinar as razoens : e facilita a expedifam das-cauzas. E
ninguem duvida, que difto depende, o bom fucefo delas. Onde
perfuado-me, que fe em Lisboa fe-introduzife ifto, nas cauzas
que vam à Relafam, ou qualquer outro tribunal Colegial ; todos
experimentariam a utilidade. A mefma difpozifam da-efcritura,
em que as coizas eftam difpoftas, em clafes feparadas, com ordem
e metodo clarifimo ; ajuda fem duvida ao Juiz, a reconhecer o
merecimento da-cauza: pois ve logo, em que fe-funda ; e fe refponde bem: e pode com facilidade reconhecer, e pezar cada razam feparadamente. E eftes dois ultimos pontos, fam ainda mais
necefarios em Portugal, doque o efcrever Latim : porque ifto, pode fer ornamento: aquilo, é necefidade da-cauza.
. ...O diftrebuir as cauzas, por-muitos Juizes, para votarem
no-mefmo dia ; é bem claro, que á-de facilitar muito, a concluzam das-cauzas. Coftuma a Rota (que é um tribunal de XIII.
Prelados) dividir-fe em turnos de quatro, fóra o Relator ; porque efte nam vota. Cada turno vota na fua cauza. Se os votos faiem empatados, faie o decreto : *Videat quintus, & fex-
tus.* Se acazo ainda afim empatáram, faie o refcrito : *Videant
omnes, etiam Ponente*: porque fendo XIII. por-forfa ám-de de-
zempatar. Se o reo fe-queixa, da-primeira fentenfa, e diz, que
tem mais que alegar ; permite a Rota, *Ut iterum proponatur*:
e fe-propoem fegunda, e terceira vez: porque a Rota nam ne-
ga audiencia a ninguem, em quanto tem novas razoens, que alegar. Nam é crivel, quanto fe-examinem defte modo as cauzas
bem, e com quanta facilidade: porque vem-fe as razoens, em que
cada Juiz fe-funda: e às vezes fucede, que um muda de parecer,
no-mefmo tribunal. Os juizes levam os feus votos efcritos de
caza, e os-entregam ao Relator: o qual, quando fe-dá a ultima fentenfa, efcreve a decizam do-tribunal, e os motivos que
tiveram os Juizes, para ela. Efta decizam imprime-fe logo : e eftas
fam as celebres *Decizoens de Rota*, que fe-publicam cada ano.
Se a cauza é terminada, na conformidade das-fentenfas ; expe-
de-fe logo a fentenfa: quando nam, emanam otras decizoens.
Cá em Portugal, o feito vai de caza de um *Advogado*, ou
Juiz, para a caza dos-outros: e cadaum o-demora, quanto tempo
lhe-parece : às vezes o feito é tam grande, que é necefario um

ma-

mariola. Iſto só mete medo ao Juiz, ou a quem o á-de ler: o qual faz o poſivel, polo ler com todo o ſeu vagar, e o mais tarde que pode. Muitas vezes o Dezembargador, tem tanto que fazer, que pede ajuda: e lhe-aſinam um eſtravagante. Nunca ſucedeo iſto na Rota Romana: na qual porem ſentenceiam-ſe cauzas, nam só de um Reino, mas de todo o mundo Catolico: porque a diſpoziſam do-tribunal, e o metodo dos-Juizes é tal, que nos-dias determinados, ſe-dá reſpoſta a todas as cauzas, que ſe-recebèram. Tambem advirto, que a Rota uza outra cautela mui util, para evitar arengas. Da-ſentenſa de um Juiz ſubalterno, polo apelar para a Rota, dentro em dois anos: delpois, *tranſit in rem judicatam*. No-primeiro, elejo o Relator, e peſo a llſenſa. Permitem-me o ſegundo, para recolher os documentos da-cauzā. Feito iſto, nam me-é lecito propor, o que me-parece: mas diante do-*Relator*, aparecem os dois *Procuradores*, ou *Advogados* contrarios, e concordam na queſtam, que ſe-á-de propor. Se acazo nam podem concordar no-artigo, a que chamam *dubio*; ou a materia é ôſcura, e diſputavel; propoem-ſe na Rota a queſtam: *An, & quomodo proponendum ſit dubium, in cauſſa N.?* e a Rota plena, exàminando os documenros da-cauza, determina, que *dubio* ſe-á-de propor: e deſte nam podem ſair, os litigantes. Eſta cautela é mui neceſaria: pois nam é permetido às partes, fazer queſtoens eternas, reſucitando todos os dias, novas dificuldades, e paſando tempo infinito, ſem ſaberem que coiza diſputam. Nos-outros tribunais, obſervam com pouca diferenſa, o meſmo eſtilo. Ora peze V. P. bem eſtas razoens de uma e outra parte, e veja qual metodo é mais util, qual mais louvavel; ſe o de Portugal, ſe o de Roma. Sobre as apelaſoens, para conhecer ſe tem, ou nam tem lugar, nam ſe-recorre à Rota, mas a outro tribunal ſeparado, a que chamam *Signatura de Juſtiſa:* o qual ſomente exàmina, ſe neſts ou naquele cazo tem, ou nam lugar, a apelaſam: e, tendo, remete-a, ao ſeu tribunal competente.

Tendo aſim expoſto, o que pertence ao metodo dos-juizos, decerei ao ponto, que queria rezolver; que é, ſobre o eſtudo da-pratica. Digo pois, que os moſos que em Roma ſaiem das-eſcolas, vam a caza do-*Curial*, onde ſe-aprende melhor, a pratica: e ali eſtudam primeiro nos-livros, que enſinam a pratica. Delpois, exercitam-ſe indo fazer as informaſoens, e contraditorios, para intender tambem, os reſcritos dos-Juizes. &c. O *Curial* coſtuma tomar, para ſeu ajudante do-eſtudo, um deſtes moſos

mais

mais adiantados ; quando tem já trez , ou quatro anos de pratica . Efte vai fazer os contraditorios , e as coizas que o meftre
devia fazer , fóra de caza : porque tendo eftes omens , muitas coizas que fazer , nam podem abranger a tudo . Onde ficam em caza efcrevendo , e fomente vam a algumas informaſoens mais graves : o mais faz o feu ajudante . O mefmo ajudante , quando eftá
em caza , eftuda as cauzas , e compendeia os feitos , paraque o *Curial* ache a materia , e documentos todos difpoftos ;
para poder compor com facilidade . O ajudante é obrigado , vir
pola menhan , e à noite : porque o eftudo comefa meia ora defpois da-avemaria , até às quatro e cinco horas defpois da-ave
maria : o que principalmente fucede , no-inverno . Efte ajudante
tem de falario cada mez , trez , ou quatro mil reis ; ou mais ,
fegundo a capacidade : ifto , é para o-animar . Com o tempo faz-fe
omem capaz , e chega a fer *Curial* : e , faltando um , outros entram no-feu lugar .

Os que nam querem fer , ajudantes do-*Curial* , defpois de baftante pratica , vam para caza do-*Advogado* , e lá fe-exercitam .
O ajudante de eftudo do-*Advogado* , (que coftuma fer , um mofo
que fabe) nam vai às informafoens &c. porque ifo pertence , ao
Curial : fomente fe-ocupa , em fazer efcrituras . Coftuma o dito ,
ler primeiro a cauza , para informar o *Advogado* : e compoem
uma efcritura imperfeita , a que chamam *Silva* , em que poem
a concluzam , e defpois todas as autoridades , que pode achar ,
para provar a dita . Feito ifto , o *Advogado* efcolhe , o que
lhe-parece melhor : e dita a efcritura ou arrezoado , ao efcreven-
te . Muitas vezes o ajudante fabe tanto , que ele mefmo faz muitas efcrituras , das-mais pequenas ; e o *Advogado* nada mais faz ,
que afinálas . Efte ajudante tambem tem paga , fegundo o merecimento : os outros que frequentam o eftudo , nam tem nada ; porque eftudam para aprenderem : e o *Advogado* ferve-fe deles , para
algumas coizas mais facis &c.

Por-eftes bancos correm todos , os que querem fer *Advogados* , ou *Juizes* : porque fem efta pratica , nada podem faber : e
com ela , em quatro anos fabem mais leis , doque com o eftilo
de Portugal , em vinte. Todos os *Prelados* , e *Juizes* tem o feu
ajudante de eftudo , a quem comumente dam , dez mil reis cada
mez : outros dam mais , fegundo o trabalho . Os *Auditores de
Rota* , alem do-*Ajudante* , tem mais dois , que chamam *Secretos* , que comumente nam fam pagos ; mas fervem para eftudarem as cauzas , e fazerem os votos : dos-quais

se-serve o Juiz, e com isto se-alivia do-pezo. Desorteque quando uma coiza se-propoem, em Rota plena, nam se-deve dizer, que a-examináram treze Juizes; mas 52 Juizes: alem dos-Patronos, de ambas as partes litigantes. Pola qual razam, sam tam estimadas, as decizoens de Rota. Todos os que servem na Rota, devem ser omens praticos, e que tenham sido *Ajudantes* de *Advogados*. Especialmente o *Ajudante de Rota*, é um omem consumado: e ali se-aperfeisoa mais: pois no-fim de seis anos mostra a experiencia, que naquele tribunal se-disputam, as materias todas, de ambos os Direitos: e nam uma só vez, pola abundancia das-cauzas, que se-propoem. Por-iso os que querem aquistar credito, e conhecimentos, para serem *Advogados*, procuram ser *Ajudantes de Rota*. Pertence ao dito, compor as decizoens: por-cadauma das-quais, lhe-dam trezmil reis: e lhe-fruta, alem dos-incertos, trezentosmil reis cada ano. Quando um parte, entra em seu lugar, um dos-*Secretos*: e desta sorte se-conserva a gerarchia.

Este em breve, é o estilo de Roma, polo que respeita ao noso cazo. Nam quero agora disputar, se é melhòr, ou pior, que o de cá: iso examinará V. R. o que digo é, que com este metodo se-consegue o fim, de ser bom *Juiz*, ou *Advogado*, em pouco tempo. Comumente em Roma nam estudam mais, que um ano de Leis: que se-reduz às Instituisoens, mas por-um estilo particular. E daqui vam para caza do-*Curial*, ou *Advogado*. O que daqui se-segue é, que no-cabo de quatro anos de *Curial*, ve V. P. um rapaz, que escreve correntemente Latim, e faz escrituras desorte, que nele descansa o seu *Curial*: e ganha dinheiro: e em oito ou nove anos, compra a sua livraria, e comesa a ser *Curial*. O estudo do-*Advogado*, é alguma coiza mais comprido, mas nam muito. Quem tem dois anos de *Curial*, e daqui pasa para o *Advogado*, no-cabo de trez anos, escreve ja, e ganha dinheiro. Despois, ou continua mais trez, ou quatro anos, com *Advogado*, atéque seja capaz de abrir escritorio: ou entra na Rota por-ajudante; ou com algum Prelado, ou Cardial; que sam as preparasoens, para ser *Advogado*: abre escritorio: e ao despois sucede, ter cargos de Prelado, ser Cardial, e chegar a ser Papa. Esta é a experiencia. E é rarilimo aquele, que, seguindo este metodo, nam consiga no-mesmo tempo, o seu fin. Poderá às vezes, demorar-se mais algum ano: ou porque o emprego que tem, lhe-fruta muito: ou porque quer, procurar conhecimentos: que é o importante ponto, para quem deve abrir escritorio: mas

é ceré certo, que neſte tempo é ja capaz, de ſer *Advogado*. Por-eſte metodo ſaíram omens doutos, os *de Lucas*, os *Anſaldis*, os *Lambertinis*, os *Anſideis*, os *Pitonis*, os *de Valentis*, os *Calcagninis*, os *Corradinis*, os *Sacripantes*, os *Fagnanos*: e muitos outros omens inſignes, que tem ſido, e atualmente produz, a curia Romana: muitos dos-quais pola ſua doutrina, foram Cardiais, e Papas: e outros, Prelados de grande nome. E iſto moſtra claramente, quanto ajuda para o Foro, eſtudar compondo, e exercitando-ſe.

Conheſo, que ſe em Portugal ouviſem dizer, que um *Advogado*, ou *Juiz*, ſe-ſervia de outro, para facilitar o eſtudo, e diminuir o trabalho; lhe-dariam tremendas catanadas, e lhe-chamariam ignorante. Mas iſto ſam preocupaſoens e prejuizos condenaveis. O querer aliviar o trabalho, nam é o meſmo, que ſer ignorante: antes é ſaber enſinar aos outros, tirando dali utilidade, para ſi. Prouvera a Deus, que o-praticaſem cá os *Juizes*, e *Advogados*: e que os que podem fazer lei, ordenaſem nos-tribunais, algumas das-coizas, que temos apontado: ſeguro a V.P. que rezultaria daí outra utilidade ao Publico, doque nam ſe-experimenta, com eſte eſtilo comum; o qual prolonga as demandas eternamente, porque aumenta conſideravelmente, o trabalho a todos. Os *Advogados* doutos, nam deviam fazer cazo, das-murmuraſoens dos-ignorantes: mas praticálo, e inſtruir aſim a Mocidade: pois deſta ſorte ſaberiam mais, doque nam ſabem muitiſimos Advogados, que todos os dias vam aprendendo, à cuſta dos-Clientes.

Paſando daqui aos *Advogados* ja feitos, do-que aſima diſemos conheceram, como ſe-devem regular nas eſcrituras. Nenhum omem de juizo, e conciencia, que procura fazer a ſua obrigaſam, deve fazer cazo, de Conſulentes. Sam tantos os autores, que imprimiram as eſcrituras, que fizeram *ad opportunitatem cauſſa*, que ſe-podem aquentar fornos. Se algum deles diz, alguma coiza boa, foi cazualidade, e porque lhe-ſucedeo defender, uma boa cauza, e que tinha razam clara. Mas pola maior parte, procuram maſcarar a falſidade, e oſcurecer a verdade, e juſtiſa do-adverſario: e iſto com ſofiſmas, e embrulhadas tais, que pedem às vezes grande advertencia, para nam ſe-inganar: porque o ſeu fim nam é mais, que vencer a demanda do-ſeu cliente, ſeja como for. Onde, ſam muito maos armazens eſtes, para achar neles, a Verdade. Iſto tem feito a profiſam Legal, tam odioza, e a Juriſprudencia tam incerta; que é rariſima a queſtam,

ſobre

sôbre que nam aja, diverfidade de pareceres. Nem me-digam,
Ifto dife-o *Bartolo*, *Baldo*, os *Socinos*, o *Beró*, o *Cumano*, o
Fulgofio &c. eram fem duvida omens doutos: mas tambem eles
vendiam o feu ingenho, a quem lhe-pagava bem: e afim, fe
vencèram as cauzas, nem por-ifo fazem logo, regra fegura
do-jufto neftas, e naquelas materias. Se V. P. procura para uma
opiniam, dez autores, abra o Cardial *Tofco*, o *Caftejon*, o *Sa-*
bello, que os-achará logo: fe quer outros tantos, pola parte contraria; volte folha, e poderá efcolher os que quizer. Que conceito avemos de formar difto? O mefmo *Andre Alciato* (1) confefa, e confirma, o que dizemos. Diz, que *Alexandre Tarta-*
gna, e *Mariano Socino*, compuzeram futilifimos fofifmas, debaixo
do-nome de *confelbos*, que fe publicáram, defpois da-fua morte.
Diz, que teria feito melhor, *Paulo de Caftro*, e *Bartolomeo So-*
cino, fe nam publicásem os feus: e que os de *Socino*, o mofo,
e *Felipe Decio* fam tais, que podem embrulhar o juizo, ainda
dos-omens mais inteligentes. Mas efte defeito dos-*Advogados*, é
mais antigo, doque nam imaginamos: e fempre em todos os
tempos procuráram, mafcarar a mentira. Toda a orafam de *Ci-*
cero em favor de *Anio Çecina*, nam verfa fenam, fobre um fo-
fifma de certo *Advogado*, que interpretava mal a lei. Tinha *Ebucio*
com armas impedido a *Cecina*, que nam intráse na fua erdade.
Recorre efte a *Dolabela* Pretor, polo interdito *Unde vi*: e pede,
fer reftituido. Negava *Ebucio*, que *Cecina* tivefe fido defpofefa-
do: e dizia, que o-nam-tinha lanfado fóra, da-fua erdade, mas
da-do-vizinho. A ifto refponde *Cicero*, moftrando, que era o
mefmo: e desfazendo todos os fofifmas, com que *Ebucio* queria
interpretar, uma Lei tam clara. Nefta mefma orafam dá *Cicero*
belifimos confelhos, aos Advogados: e enfina aos *Juizes*, como
devem acautelar-fe de ridicularias, e feguir a pura mente da-Lei.
Emfim, em todos os tempos ouveram rabulas: e afim deve eftar
muito acautelado o *Advogado*, neftas materias: e fugir deftes autores, que nam fervem para enfinar, a verdadeira inteligencia
das-Leis.

Os Tratadiftas fempre tiveram melhor conceito: porque parece que fó bufcáram, defcobrir a verdade. Mas nem por-ifo
lhe-devemos dar credito, cegamente: achando-fe entre eles, nam
menos que entre os outros, difputas e controverfias: e tendo
mui-

(1) *L. XII. c. ultim.*

muitos deles examinado pouco , e copiado muito . Parece , que se-devem eftimar mais , as Decizoens de Rota , e outros tribunais Colegiais , das-principais Cidades de Italia , e da-Europa. Eftes examináram melhor a materia , que os Tratadiftas . Contudo , podem às vezes incluir ingano , como afima apontamos : e nem todas as decizoens se-devem eftimar , de igual valor . = *Pode suceder , (diz o famozo Cardial de Luca (1)) que se-julgue mal , e a jufiisa seja mal adminiftrada , e contudo , que com um bom metodo , e com um douto , e elegantifimo , e bem regulado eftilo , se-cooneftem as falacias , e se-ornem com muitas concluzoens, e autoridades , e razoens: Nam se-dando oje nefta faculdade legal , pola grande copia , e variedade dos-escritores , coiza mais facil ; que córar , e cooneftar com doutrinas , e regras gerais , toda a rezolusam , aindaque injufta , e iniqua seja =* . E por-efte motivo , ainda as decizoens se-devem examinar , à luz de uma boa razam , e com exatifimo criterio . E daqui concluo , que o *Advogado* deve somente fazer cazo da-Lei , quando é clara: e; sendo duvidoza , e necefitando de explicafam como tambem no-cazo que a Lei , nam toque o ponto ; servir-se dos-interpretes, ou tratadiftas com muita advertencia : servindo-se em tudo das-luzes da-Lei natural , e da-boa Etica ; que é o melhor interprete, de todas as Leis .

Aquele grande Rei de Sardenha *Vitorio Amedeo* , que ordenou belifimos regulamentos , para a felicidade dos-seus vasalos ; reformando a Jurifprudencia , ordena afim : (2) = *Querendo nós que , para a decizam das-cauzas , se-obferve unicamente : em primeiro lugar , as nofas confituifoens. 2.° os eftatutos locais . 3.° as decizoens dos-nofos magiftrados , e em ultimo lugar , o texto da-Lei comua . E afim proibimos aos Advogados , citar nas suas alegasoens algum doutor , nas materias legais : e aos Juizes tanto supremos , como inferiores proibimos , julgar polas opinioens deles : sub pœna* &c. = . Ifto mefmo ordenou nos-seus eftatutos , um Duque de Urbino : e á muito tempo que se-pratica em Franfa , Inglaterra , Veneza , e outros paîzes . A mefma ideia tinha entre outros , o *Zevallos* (3) : e ifto mefmo era mais conforme , ao que ordena

Jufti-

(1) *Tratado do-Eftilo legal. Cap.* 17.
(2) *L.* 3. *tit.* 23. §. 9.
(3) *Melius Refpublica fine tot doctoribus gubernaretur , relictis*

Juftiniano ; quando proibe os Interpretes . Contudoiſo , nam deixa de eſtar ſugeito , a ſuas dificuldades : avendo cazos , em que as leis nam falam , ou ſam oſcuras ; e podendo os Advogados ſervir-ſe das-doutrinas , ſem as-nomiar . O remedio que neſte particular , ſe-podia ſugerir aos Prinçipes , é eſte : Que , com o parecer dos-melhores letrados , determinaſem muitos pontos , controverſos entre os Juriſconſultos : explicando , em que cazos particulares entrem : e iſto com as leis mais claras , e breves , que pudeſe ſer : e menos ſugeitas a interpretaſoens . Em modo tal , que com eſtas leis , deveſem conformar-ſe em tudo , os Juizes : ouvèſe uma regra certa de julgar : e ſe-determináſe um tempo congruo , para acabar as demandas . Iſto é o que dezejava á mais de cem anos , o *Zevallos* (1) : e o meſmo arbitrio confirmou , um doutiſimo Jezuita , que é o P. *Adam Contzen* (2) . E aindaque eſte faláſe , de fóra de Portugal , contudo muito bem ſe-pode aplicar , ao noſo cazo : nam ſó porque aqui exiſte , o meſmo corpo de Leis , de que nacem infinitas demandas ; mas tam-

---

dictis legibus , & canonicis ſanctionibus , abſque Gloſſa , & Doctorum interpretationibus , qui rem dubiam faciunt . Atque utinam omnia volumina librorum , quæ in jure conſiſtunt , deleantur : quod eſſet omnibus advocatis , & Juris profeſſoribus lucro & guſtui , (porque nam neceſitavam de outros livros) & utile ad ſalutem, Præfat. ad Speculum Aureum.

(1) *In litibus quæ quotidie contingunt , cum nihil ſit certi , conniventibus oculis patrimonia conſumuntur , & hominum vita terminantur : quæ omnia optime providerentur ; ſi omnes ha contraria opiniones , ad certam legem dirigerentur : quod quidem facillimum eſſet . Et ſic in arbitrio judicis non eſſet , modo unam , & illico ſe-*

cundam opinionem ſequi , prout amicitia poſtularet≡ . Præfatione ad Spec. Aur.

(2) *Nunc magna multitudine legum , & litium pane mergitur Germania . Magni æſtimo conditores legum , antiſtites ſacræ Themidos. ſi vero Imperator adhibitis Juriſconſultiſſimis, Principumque auctoritate , magnum hoc chaos in ordinem & perſpicuam brevitatem reſtitueret ; Reipublica Servatorem , & Patrem Patriæ apellabo ≡* . & paulo poſt ≡ . *Tot Principum exempla ſequi , glorioſum eſt, & Patriæ neceſſarium : quæ non plus in lites , quam in bella impendit ; & lites non finiendas , ſed continuandas , & partium damno ſedandas , aut æternandas paſſim dolet ≡* . Politic. *L. V. c. 21.*

tambem porque a experiencia enſina, que as demandas, eſpecialmente ecleziaſticas, ſam aqui eternas. Mas em quanto nam
ſe-cuida, neſta reforma; nam dezaprovo, que citem, e ſe-ſirvam
dos-autores: contantoque ſejam poucos em numero, e dos-que
tenham com profundo juizo, e erudiſam, examinado a materia.
Procurará alem diſo o Advogado, pór as ſuas razoens, na melhor fórma e clareza do-mundo; ſervindo-ſe da-eloquencia, nam
para maſcarar a falſidade, e confundir o Juiz; mas para iluſtrar
a verdade, do-melhor modo que pode. E deve livrar-ſe, nam
ſó de defender cauzas injuſtas, mas ainda as que tenham, pouca
razam. Pode porem abraſar aquelas, que ſam igualmente duvidozas.

Quanto ao Juiz, ja ſe-ſabe, que a ſua profiſam deve con-
telo, dentro de mais eſtreitos limites. O temor de Deus, o
amor da-verdade, o dezintereſe, ſam neceſarios; mas nam baſtam: requer-ſe doutrina, e boa. Ele nam á-de julgar, de cá-
beſa ſua, mas ſegundo as Leis: nem é poſivel que ſe-ſirva delas
bem, ſem ter um reto juizo. A ciencia de um Juiz, compreende
muita erudiſam, de leis, de expozitores, de cauzas &c. e nam
polendo tudo iſto, eſtar vivo na memoria, deve-ſe buſcar nas
ocazioens. Mas para nam ſe-inganar na eſcolha, o principal é,
ter juizo exatiſimo, que ſaiba argumentar dos-univerſais, para
os particulares: reconhecer a diferenſa que ſe-acha em um, e
outro cazo: conhecer a forſa de muitas circunſtancias, que ſam
capazes de mudar, o aſpeto dos-cazos: deſcobrir as intenſoens
dos-omens, mal expreſas nos-oſcuros teſtamentos, e contratos:
diſtinguir bem o que é razam, e ſofiſma; o ſuperfluo, e util;
para eſtablecer reto juizo. Eſte é o ponto importante da-judicatura. Ouvimos todos os dias Juizes, que vomitam paragra-
fos, e glozas, e autores: mas que tenham aquela penetraſam
de juizo, neceſaria para nam ſe-deixar inganar; iſto é o que
me-parece nam ſe-acha, em muitos Juizes: ſendo porem mais
importante iſto, que a memoria. Para iſto requer-ſe, boa Logica; que enſine a nam ſe-inganar, no-conhecimento das-coizas,
tomando uma por-outra: e a diſcorrer fundadamente nelas. Iſto
certamente nam ſe-alcanſa, com os Univerſais, e Sinais, ou Si-
logiſmos &c. como é facil conhecer. Onde, daqui reconhecerá
V. P. que utilidade pode tirar o Juriſta, daquela Logica comua,
que ſomente ſe-ocupa em ſutilezas, que nam ſe-oſven, ſenam na
eſcola.

Deve alem diſo o Juiz, com eſte perfeito conhecimento,

pro-

procurar a mais provavel , e mais certa doutrina : porque afim
lho-manda , Innocencio XI. Deve ter muita docilidade , e ouvir;
e examinar as razoens, das-partes contrarias : pois fem efta indi-
ferenfa e docilidade , nam pode formar , juizo reto . Torno a
dizer , que ifto é o que enfina a boa Logica , e Etica : e afim
por-eftas duas fe-deve regular, quem á-de fazer a fua obrigafam .
Na Rota-Romana , quando os Procuradores informam os Juizes,
coftumam eftes em poucas palavras pór , as dificuldades que
acham , contra as ditas cauzas . Ifto é muito util para as partes : porque cuidam em capacitar o Juiz , e refponder aos argumentos opoftos . Efte eftilo é mui louvavel : mas o Juiz deve
fer docil , para fe-capacitar das-novas refpoftas , que lhe-dam ,
fe é que fam boas . Deve procurar de dezembarafar as demandas , e encurtar as defpezas , dos-litigantes : lembrando-fe de-quan-
to recomendam ifto , nam só a boa razam , mas as leis dos-Imperadores (1) , e Pontifices (2) , e Concilios (3) . Finalmente
deve nam parar naquilo , em que fe-ocupam os Catedraticos,
que é , erudifam efpeculativa : nem fomente obfervar , o que dizem os Praticos , que vem fomente , o que fe-faz , fem faberem
dar a razam . Mas deve faber , os principios univerfais dos-negocios comúns : deve faber a economia : e procurar conhecimento particular , de todos os negocios da-vida-civil : porque a
maior parte dos-negocios fe-decidem , com as razoens de fato .
Bem ve V. P. que para examinar as Leis , com os principios
da-Etica , e Politica ; fe-requer a Iftoria , que moftre as diferentes variafoens do-governo , e o motivo polo qual fe-introduzi-
ram , muitas Leis . Onde efpecialmente requer o Jurifconfulto,
grande conhecimento , da-Iftoria do-feu Reino , e dos-interefes
do-feu Principe ; para faber votar , nam só nas cauzas particulares, mas nas publicas , em que o Principe o-confulta : e fatif-
fazer bem aqueles empregos , paraque o-poem nos-tribunais tanto
do-Reino , como do-Ultramar : A lei publica do-Reino , aprende-fe na Ordenafam : a qual cadaum para feu uzo , deve reduzir
em compendio ; notando nele as coizas , que ja nam eftam em
uzo . Mas nam bafta a Ordenafam : avendo muitas coizas que
se-pra-

(1) *L. Properandum ff. de Judiciis* .
(2) *Inocent. III. c. Finem. de Dolo & Contumac.* = *Clem. V.*
　　　Clementina Difpendiofam , de Judiciis .
(3) *Trident. S. XV. c. 10. de Reformat.*

se-praticam , e nela se-nam-acham . Quanto à Politica , deve-se esta estudar despois disto , e junto com a Istoria , como ja disemos . Finalmente acabarei dizendo , que o Jurisconsulto necesita de Eloquencia ; nam para agradar aos ouvintes , com a singularidade das-sentenſas , e colocaſam das-palavras ; mas para pór em claro as suas razoens , e saber persuadir aos suditos do-seu Principe , aquilo que importa , e de que eles necesitam . E reduzindo tudo a poucas palavras , digo absolutamente , do-Jurisconsulto em comum , que deve saber , o direito da-Natureza , e das-Gentes : a istoria das-antiguidades Romanas : a istoria da-sua Republica , e Leis . Nem só iso : mas deve tambem ter noticia , da-Teologia , e Canones ; para poder conciliar , o Sacerdocio com o Imperio ; nam uzurpando , nem ofendendo o *jus* de terceiro . No-que pecam alguns Jurisconsultos , que comtantoque aumentem , os direitos do-Principe , nam reparam , nem fazem cazo, dos-direitos da-Igreja . Alem diſo , deve ter boa critica , para interpretar as Leis : noticia das-Leis dos-outros Reinos , para conhecer quais sam as justas &c. arte Oratoria , para persuadir o que quer , e deve : e grande conhecimento dos-afetos do-animo , vicios , e virtudes &c. lendo muito os livros de *Officiis* , e outros semelhantes &c. Esta em breve é a imagem , de um verdadeiro Jurisconsulto : e estas noticias podem servir , na Cadeira , e no-Foro . Asim será omem grande , e poderá ser louvado , e servir à Republica .

Mas de pasagem direi a V. P. que para isto , deve o Principe cooperar tambem , reformando a Ordenaſam : tirando os titulos , que nam estam em uzo : afinando novas taxas , diferentes das-antigas : determinando os presos das-multas das-penas , e dos-ordenados dos-oficiais . Tudo o que a Ordenaſam diz neſte particular , ja nam se-pratica . E asim devia-se reformar : pois é uma impropriedade conservar Leis , que nam se-devem , nem podem praticar . Polo contrario , é mui necesario ao Povo , ter leis certas , e breves ; por-que se-governe . Desta sorte conhecérám todos as leis , e nam poderám alegar ignorancia . E sendo necesario , que o Principe publicáse lei nova , ou contraria às ditas ; deviam ser-obrigados os Advogados , Miniſtros , Eſcrivaens , Notarios &c. a tela , e unila ao corpo da-Ordenaſam : e isto com graves penas . Nam sucederia entam , o que vi suceder algumas vezes , que , alegando um Advogado certa lei municipal ; saio o Juiz com a respoſta , que estava revogada por-outra estravagante , que se-achava na torre do-Tombo . Quando

TOM. II.   B b   pois

pois fe-imprimife novamente a Ordenafam, podiam incorporar-fe as ditas leis. Mas avendo um corpo delas feparado, como fuplemento, efcuzavam os Advogados, comprar novas Ordenafoens, pois nele, tinham tudo.

E eifaqui tenho conduzido., o feu eftudante Legifta até o ponto, de fer um perfeito Juiz, util ao Principe, e ao Publico. Sei, que fe eu faláse a outro me-diria, que ponho grande pezo fobre todos. Mas a ifto ja refpondi afima: muito mais, porque no-difcurfo da-minha carta nada mais cuidei, que feparar as profifoens, e facilitar em cadauma, o modo de a-poder confeguir com perfeifam: para o que moftrei, a erudifam que é necefaria a uns, e a outros; e a que pode fer util, ou de mera curiozidade. Tambem conhefo, que fe faláse a um deftes Pragmaticos, me-diria, que quero publicar leis, fem autoridade alguma, e alterar a ordem dos-juizos, à tanto tempo eftablecida, nefte Reino. Tambem ifto é loucura. Eu nam faso leis, nem me-importa ifo: digo o meu parecer, fobre ifto que vejo, regulado polo que tenho lido, e vifto em outras partes. E aponto o melhor metodo, de confeguir efte fim, fem mudar a ordem dos-juizos, mas fomente reformando algumas coizas, e acrecentando outras. Se ouvèfe quem o-propuzefe a um Principe, tam amante do-bem publico, e tam capaz de o-executar, como é o prezente Reinante; feguro a V. P. que fem grande trabalho, podia fazer utilifimos regulamentos. Conhefo, que fempre ouve no-mundo ignorantes, e fempre os-averá: porque é muitos omens interefados, em que as coizas continuem, damefma forte. Que lhe-fafa muito bom proveito ao corpo, e à alma. amim nam me-importam efas coizas, nem com efes difputo. Mas falando com V. P. que me-faz merce, de me-pedir o meu parecer, neftas materias; intendi que lho-devia dizer finceramente: porque entre nós, podemos falar com efta liberdade, e femcerimonia. Emtanto V P. defculpe os meus erros, e conferva-me o feu amor. Deus guarde &c.

CARTA DECIMAQUARTA.

SUMARIO.

TRata-se da-Teologia . Metodo de a-tratar em Portugal , e *prejuizos que nacem dele . Frivolas razoens, com que os Portuguezes querem defender , o seu metodo . Dá-se uma ideia , do-que é a verdadeira Teologia, como naceo, e se-continuou . Aponta-se a origem da-Escolastica, sua durasam , e conceito que formáram dela, os doutores dese tempo . Que a Teologia Pozitiva, que renaceo com o Concilio de Trento, é ignota , em Portugal . Mostra-se a insusistencia das-razoens, em que se-fundam os Portuguezes , para a-nam-admetirem . Aponta-se o modo com que a-tratam, os Teologos modernos . Necesidade da-Istoria, e das-Linguas, para saber fundamentalmente a Teologia . Aponta-se o metodo , que deve observar o estudante, que quer saber boa Teologia.*

 A-carta de V.P. com data de 3. de Novembro, conheso o empenho que tem, de ouvir alguma coiza , sobre a Teologia : visto ser ela a faculdade, a que tem maior afeto, e com muita razam : porque nam á estudo mais proprio de um Religiozo, que este . Nas duas semanas ultimas, nam pude satisfazer, esta sua curiozidade ; por-cauza de certas vertigens , que me-impediram escrever : mas agora o-farei como puder . E nam espere ouvir coizas particulares , porque as-nam-tenho : espere somente ler algumas , das-que V.P. ja sabe, e eu lhe-comuniquei, em outra ocaziam.

Esta faculdade trata-se pesimamente em Portugal , nam só nos-Conventos, mas ainda nas Universidades . O metodo é este. Despois de trez , ou quatro anos de Filozofia Peripatetica , segundo a fórma que apontei ; frequentam quatro anos, as escolas de Teologia : nas quais á polo menos, quatro leitores . Um deles, a que chamam de Prima , dita uma materia de Moral , v. g. *Restituisam, Contratos , Pecados* &c. o segundo de menhan dita

uma coiza , a que chamam Efcritura : e a efte leitor nenhum
eftudante afifte : porque dizem, que só ferve para os Pregadores:
os dois de tarde cadaum dita, feu tratado de Efpeculativa . Falo
do-eftilo de alguma Univerfidade : nas outras partes é , com
pouca diferenfa, o mefmo . Nos-Conventos, coftumam fer dois
leitores : um de menhan, outro de tarde , e ambos ditam Efpeculativa . No-quinto ano comefam os atos : o 1.º tem trez materias
efcolafticas : depois, trez atos , cadaum com fua materia efpeculativa : e. temos o Bacharel . Seguem-fe os atos grandes : o
1.º de Moral : defpois Henriqueana , ou Auguftiniana , parte de
Moral , e parte de Efpeculativa . Segue-fe o exame privado, que
é uma lifam de ponto . em Moral , e outra na-Efpeculativa : que
é um ato capaz de matar um omem . Defpois , outros acipipes
pequenos, de Vefperias &c. e finalmente o Doutoramento . Efta,
fe nam me-ingano , é a ferie dos-eftudos de Teologia : a qual
namobftanteque é mui trabalhoza, claramente fe-moftra , que nam
é bom metodo, de enfinar Teologia .

   O primeiro prejuizo que tira o eftudante , do-metodo das-
efcolas é , perfuadirfe , que a Efcritura para nada ferve, ao Teologo . O fegundo é , perfuadir-fe , que nam á outra Teologia
no-mundo , fenam quatro queftoens de Efpeculativa : e que tudo
o mais fam arengas fuperfluas , e ociozidades de Eftrangeiros .
E eftes dois pontos fam tam prejudiciais, que qualquer deles baftava para moftrar , que quem afim julga , nam é pofivel, que
em tempo algum faiba , que coiza é Teologia . E com efeito
efte é o prejuizo geral , de todos os Teologos defte Reino : e
nam rapazes , ou ignorantes ; mas meftres, e omens de barbas
até à cinta . Onde, eu com todo o refpeito que devo, a tantas cans, e borlas brancas, digo a V. P. muito em fegredo ; que
nenhum deftes fabe, qual é a definifam d i-Teologia, ou porque
fe-introduzio no-mundo, efta ciencia. Contudoifo , fe V. P. os-
ouve, achalosá tam fatisfeitos, com a fua Efpeculativa, que dizem os diachos dos-Eftrangeiros, por-fe-defviarem dela : e for-
mam-lhe uma rigoroza cenfura, mui falta de critica, e tambem
de juftifa, e caridade ; pois, excedendo ainda no-modo, vem na
fuftancia , a condenar as partes , fem ferem ouvidas . Nam vi
ainda Teologo algum deftes , que abrasáram de todo o feu corafam , o Peripato ; que, avendo de proferir cenfura, fobre os
que introduziram o metodo moderno , tomáfe o trabalho de
examinar bem, as razoens em que fe-fundam os contrarios. Todos falam , e nenhum dá razam de-que diz . todos murmuran-
dos-

dos-Modernos, e nenhum leo os tais Modernos.

Reduzem-fe todas as fuas lamentafoens, a trez ou quatro razoens, que eles frequentemente repetem; acompanhadas de duas interjeifoens dolorozas, fobre o deploravel eftado, a que os Modernos reduzîram, a Teologia. Uns dizem, que eftas Teologias foram inventadas, polos Erejes; e por-confequencia, fam fuspeitozas. Outros querem defender, os longos tratados da-Efcolaftica, com a doutrina, e fantidade de feus autores: S. Anfelmo, Petro Lombardo, Alberto Grande, S. Tomaz, S. Boaventura, S. Raimundo de Penaforte &c. e daqui deduzem a prefcrifam: moftrando, que desde efe tempo foi frequentada, por-todos os Teologos: quando a moderna á mui pouco tempo, que fe-introduzio. Eftes fam os feus argumentos. mas que argumentos!

Se tudo o que dizem os Erejes, fófe contrario aos nofos dogmas, feriam Idolatras, ou Ateos, e nam Erejes, quero dizer, Criftaons. Nam é o metodo, o que fe-condena, nos-Erejes: é a má interpretafam. Quanto à Teologia Efcolaftica, fe por-ela intendem, o metodo das-efcolas, que explica as coizas, por-*Ergo*, e *Atqui*: nam é necefario, para alguma ciencia: mas algumas vezes pode fer util, e tambem na Teologia. Nifto concordamos todos. Se intendem os argumentos, que se-tiram da-luz da-razam, ajudada com os principios da-Fizica, e regulados por-boa critica; é fem duvida, que fam utilifimos, e necefarios, para confirmar alguns dogmas: mas fomente aqueles que fe-provam, com a luz da-razam: v. g. a exiftencia de Deus: efpiritualidade, e liberdade da-Alma. &c. Mas para os outros que fabemos, por-meió da-revelafam; nada fervem: ou, fe fervem, é fó para facilitar a refpofta, de algum argumento. Tambem nifto convimos todos. Mas nam é ifto o que intendem, por-Teologia Efcolaftica. O que fe-intende por-efte nome é, uma Teologia fundada nos-prejuizos, da-Filozofia Peripatetica: quero dizer, fobre as *Fórmas Suftanciais*, e *Acidentais*: e fobre todas as outras galantarias, da-Efcola. E defta digo conftantemente, que nam fó é fuperflua, mas prejudicial, aos dogmas da-religiam.

Quanto aos patronos dela, concedo, que foram omens grandes, do-feu feculo: mas nada difo prova, para o cazo. Por-doze feculos da-Igreja fe-prováram os dogmas, e defendèram contra os Erejes, fem a dita Teologia: e nem menos fe-fonhava, que um dia fe-avia inventar, a Teologia Peripatetica nas efcolas. S. Joam Damaceno, que no-VIII. feculo, unio a Filozofia de Ariftoteles com o Dogma, procede com tanta moderafam, em compaparafam deftes , que nam parece Ariftotelico. Mas que digo eu o Damaceno ? os mefmos inventores da-melhor , e mais pura Efcolaftica , fe V.P. os-compára , com os Efcolafticos modernos ; tem mui pouca femelhanfa. Pullo , e Pedro Lombardo , comparados com o Suares , e Vafques , e outros ultimos ; parecem anti-peripateticos. A Suma de Lombardo nada mais é , que uma colefam de fentenfas dos-SS. PP. fobre diverfos pontos da-nofa religiam , difpoftas em diverfos tratados. Deforteque a Efcolaftica introu nas efcolas , muito devagarinho : e só os que no-XIII. feculo a-rafináram , é que deram ocaziam , a que nacèfe efta ciencia , a que chamam *Efcolaftica*. Nem obfta , que alguns omens fantos , nefe tempo promovefem o tal metodo : primeiramente, porque florecèram em um feculo , em que quazi nam fe-fabia outra coiza : e os profefores das-mais celebres efcolas de Teologia , eftavam preocupados , pola Peripatetica. Afimque conformando-fe ao que fe-praticava no-feu tempo , parece que tem alguma defculpa : mas nam podem obrigarnos , a que nos-conformemos. Damefma forte que os fantos , que pregáram neftes dois ultimos feculos , pola major parte pregáram mal , em quanto ao eftilo ; contudo nam fe-achará omem , de juizo tam efcrupulozo, que queira feguir a pefima Retorica , porque a-feguio e praticou um fanto. Polo contrario vejo , que , pondo de parte todos os fantos, apegam-fe a Cicero , que eftá nos-infernos. Comque efte argumento , nam vale nada.

E daqui mefmo faie a refpofta , para a ultima lamentafam deftes Peripateticos. Certamente é mui novifo , na Iftoria da-Igreja, quem ignora , que a Teologia Peripatetica , a que comumente chamam *Efcolaftica*, é mui moderna nas efcolas. A todos é notorio , que *Rafcelino*, *Abellardo*, *Gilberto Porretáno*, *Otto de Frifingben &c.* que foram os que a-introduzíram nas efcolas , todos florecèram nos-principios , ou até o meio do-feculo XII. de Crifto : e que *Alexandre de Hales*, *Alberto Grande*, *S. Tomaz &c.* que foram os que rafináram a Efcolaftica , e comesáram de fervir-fe de Ariftoteles , polo metodo dos-Averroiftas ; tambem efcrevèram no-feculo XIII. Do-que fica claro , que a dita Teologia, tem mui moderno principio. O pior é , que os que afim falam, ignoram quantas contradifoens tiveram , os que introduzíram a Efcolaftica , na Teologia : pois fe foubefem , o que pafou , ficariam mui envergonhados , de chamárem velha a uma coiza , que , bem examinada , é ainda mais moderna , doque eu nam dife : e de louvarem uma introdufam , que nunca foi louvada , polos omens

dou-

doutos . Mas a ignorancia da-Iſtoria , é a que origina eſtas coizas : e como os Religiozos juram , a doutrina de ſeus meſtres ;
nam ſe-deve admirar V. P. ſe ve , que uma coiza , que comeſou
tam mal , ainda aſim ſe-eſpalháſe , por-toda a Europa.

Mas o maior argumento que ſe-acha , contra a Eſcolaſtica ,
(lembre-ſe V. P. que por-Eſcolaſtica , intendo ſempre a Teologia,
fundada ſobre a Fizica , e Metafizica dos-Arabes ; ou da que paſa com o nome de Ariſtoteles , que é a comua Teologia) é,
que nam ſó por-doze ſeculos da-Igreja , ſe-convencèram todos os
Ereziarcas , ſem ela ; mas ainda no-tempo da-dita , quero dizer,
desde o-fim do-XIII. ſeculo , até o Concilio de Trento no-meio
do-XVI. todas as que entam aparecèram , foram convencidas ,
ſem eſte ſocorro . Batalhava a Igreja nos-tempos do-dito Concilio , nam com Pimeos , mas com Gigantes : omens doutiſimos
nas letras Sagradas , e Profanas : publicos profeſores em Univerſidades famozas : contudo , eſes famozos Ereziarcas foram condena-
dos , e confutada a ſua erezia , com a ſolita arma da-Igreja,
Eſcritura , e *Tradiſam* , ſem recorrer a tal Teologia. Antes polo contrario , ſe V. P. le o Cardial Palaviccini , na iſtoria do-tal
Concilio , verá , que nada mais cuidáram os Padres , que nam
ſe-embaraſar , com as diſputas da-Eſcola : mas ſeparar o Dogma,
e proválo com toda a diligencia imaginavel. Iſto fez o Concilio . Quanto aos autores que eſcrevèram , contra os Erejes,
vejo bem que ſe-ſervìram , da-boa Teologia , mas nada da-Eſcolaſtica : como V. P. pode ver , nos-ditos autores. E daqui concluo , que eſtas grandes ventagens , e utilidades , que ſe-tiram
da-Eſcolaſtica , eu as-nam-vejo em parte alguma. Vejo ſim , que
ſempre reinou a verdadeira Teologia : que eſta deu argumentos,
para refutar as erezias : e deu aos Concilios a definiſam , para
os erros opoſtos. Mas neſte lugar ſuponho , me-pregunta V. P.
qual é eſa boa Teologia : como ſe-propagou , e continou. Para
o-explicar ; permita-me que o-traga desde o principio : o que
ſarei em poucas palavras.

A Teologia é aquela ciencia , que nos-moſtra , o que é Deus
em ſi , explicando a ſua natureza , e propriedades ; e o que é em
quanto a nós , explicando tudo o que fez , por-noſo reſpeito , e
para nos-conduzir , para a Bemaventuranſa. E como Deus é um objeto inſenſivel , e pouco inteligivel ; daqui vem , que nam podemos com razoens , ou experiencias explicar , que coiza é Deus;
aindaque a razam nos-moſtre , que á uma ſuprema cauza : e aſim
ſó podemos ſaber de Deus , aquilo que ele quiz que nós ſoubeſe-
mos,

mos , e revelou , aos feus efcolhidos . No-eftado da-inocencia , enfinou ele aos omens , muitas verdades ; que por-tradifam fe-confervâram , na familia dos-efcolhidos , até o tempo de Moizes . A efte explicou novas verdades , que os Ebreos fielmente conferváram , até a vinda de Crifto . Mas toda a Teologia daquele tempo compreendia , mui poucos artigos : crer em Deus , e feus atributos , e efeitos : e obfervar as regras do-bemviver , que fam as mefmas que nós temos . Nem Deus quiz revelar aos Ebreos, muitas coizas , que ao defpois nos-dife : nem entam era permetido difputar , em materia de religiam : com cega obediencia criam tudo , o que lhe-enfináram os feus pafados : e quando fucedia alguma controverfia , a declarafam do-Supremo Sacerdote terminava tudo : porque como os artigos eram poucos , a lei acautelava as contendas , e Deus fugeria as refpoftas . Deforteque o maior trabalho daquela lei , e todo o fundamento daquela religiam confiftia , em executar literalmente , todas as ceremonias , que ela mandava.

Apareceo Crifto no-mundo , para completar as coizas , que na lei efcrita tinha delineado , e acrecentar outras muitas : deforteque revelou muitas coizas , e declarou aos feus dicipulos muitas verdades , que até aquele tempo , tinham fido mifterios . Enfinava ifto parabolicamente a todos : mas particularmente o-declarava , aos feus dicipulos ; com obrigafam de inftruirem os feus fucefores : paraque fempre na igreja Catolica , fe-conferváfe pura nos-Prelados , a doutrina de Crifto : dos-quais a-pudefem aprender, os mais fieis . Mas como os dicipulos , pregando a tal doutrina , acháram muitas contradifoens ; avendo alguns que diziam publicamente , nam fer aquela , a doutrina de Crifto ; por-ifo efcrevèram os Evangelhos , nos-quais divinamente iluftrados , compendiáram a doutrina de feu meftre . Mas muitas coizas importantes , como também a verdadeira inteligencia , dos-dois Teftamentos , enfináram de viva voz , aos feus fucefores : como confta dos-lugares das-ditas Efcrituras , em que os Apoftolos fazem memoria , das-tradifoens vocais .

Aos Apoftolos feguîram-fe os feus dicipulos , que erdáram do-meftre , com a doutrina , as perfeguifoens ; nam só dos-Infieis , mas ainda de muitos Criftaons : que rebelando-fe à doutrina da-Igreja , publicáram novos erros . Ifto obrigou aqueles Bifpos , a efcreverem as tradifoens , paraque , deixando-as aos Fieis , achafem nelas a verdadeira chave , para penetrar as Efcrituras , e refponder aos argumentos , que pudefem nacer . Em modo tal , que
com

com a voz, e com a pena, confutavam as erezias: e de uma
e outra forte comunicavam aos fucefores, a doutrina que rece-
bèram, dos-feus antecefores. Deforteque ja no-ano 681. déter-
minou o concilio Trulano Geral, (1) que de nenhuma outra forte fe-explicafem, e dezatafem as dificuldades, que na Efcritura
fe-incontram, fenam fegundo a tradifam dos-SS. PP. E cono em
todos os feculos da-Igreja ouvefem Erejes, que contrariavam
a doutrina Catolica; em todos eles mandou Deus à fua Igreja,
omens doutifimos, e fantifimos; que, recolhendo com grande diligencia, as tradifoens dos-pafados, as-deixáram aos fucefores:
paraque nam prevalecèfe a fizania contra o trigo: e, para me-fervir das-palavras de Crifto, as portas do-inferno contra a fua
Igreja. Executando aquela efpecial protefam, que lhe-promètèra
quando dife: *Ecce ego vobifcum fum omnibus diebus, ufque ad
confumationem faculi.*

Ifto fe-moftra claramente na iftoria, dos-primeiros feculos
da-Igreja: pois quando ela fe-achava mais combatida, polas perfeguifoens dos-Imperadores: mais defpedafada, polas erezias internas: mais dezemparada daqueles, que cediam às perfeguifoens: Entam florecéram omens, que com o feu fofrimento, can-
fáram a tirania, de muitos Principes: com a fua doutrina con-
futáram, as mais rebeldes erezias: e com a eficacia da-fua eloquencia e exemplo, reduzîram à Igreja, muitos Povos. Deforteque em tudo fe-via, a vizivel protefam de Deus: e em tudo
fe-reconhecia, que a doutrina, que aqueles Bifpos pregavam, era
a mefma que Crifto pregára, e vizivelmente defendia: e que o
corpo defta doutrina, unido ao que ja tinhamos efcrito, era a
Teologia que deviamos eftudar; e em que deviamos fundar, toda a nofa religiam.

Mas efte modo de efcrever, nam era metodico: nem efcreviam em um só tratado, tudo o que fe-podia dizer, fobre a materia. Mais aplicados a bem inftruir os Fieis, que a bem compor os tratados, fomente pegavam na pena, quando o-pedia a
necefidade. Umas vezes, impugnavam uma erezia: outras, outra: nem provavam mais, que aquilo que era necefario, para
os-convencer feguramente: o que faz parecer, que os ditos Padres abrafavam os tais principios: aindaque os-nam-recebefem como certos, mas fomente como utis, para o intento propofto.

TOM.II.   C c   Fi-

(1) *Canon.* 19.

Finalmente o feu modo de efcrever , nam era efeito de grande criterio, e meditafam ; mas fim do-grande zelo, que os-obriga-va a pegar promtamente na pena, para convencer as erezias que naciam , ou refurgiam : como fe-pode ver, naquelas obras que eftam difpoftas, fegundo a ordem dos-tempos : como as de S.A-goftinho, polos Beneditinos de S.Mauro; e as de S. Leam, polo P. Quefnel. &c.

Entre os Padres dos-cinco primeiros feculos da-Igreja , só *Origenes* efcreveo com algum metodo, no-feu livro *de Principiis*: em que quiz explicar alguma coiza da-Fé , com os principios de Platam : cujo livro fe-pode chamar, o primeiro curfo de Teolo-gia. Os outros Padres, ferviam-fe da-razam para explicar , o fen-tido da-Efcritura , e dos-outros antecedentes Padres : aindaque al-gum , como *Atenágoras* , e outros profefores da-efcola Teologi-ca de Alexandria , fe-fervifem tambem da-boa razam, para expli-car melhor , alguns dogmas. Mas a curiozidade umana , nam tem limites : e lá ouve autor , que quiz explicar os nofos dogmas, com os principios da-Filozofia . Ifto vimos no-autor das-obras atribuidas , a S. *Dionizio Areopagita*, que no-fim do-V. feculo , tra-tou algumas queftoens de Teologia , e as-rezolveo com os prin-cipios de Platam : e em *Boecio*, que no-VI. feculo, com os prin-cipios de Ariftoteles , de quem era apaixonado ; comefou a pro-por queftoens futis, fobre os nofos mifterios , e a rezolvelas com a dita Filozofia. Ifto porem nam teve imitadores : os outros nam fe-afaftáram da-Efcritura, e Dogma. Alguns publicáram fu-mas Teologicas, compoftas das-fentenfas dos-SS. PP. como *Tayon*, das-de S.Gregorio : e S. *Izidoro*, das-de outros Padres .

No-meio do-feculo VIII. S.*Joam Damaceno* foi o primeiro , que publicou um corpo inteiro de Teologia, com o titulo *de Fi-de Ortbodoxa* : que compreende , todos os pontos da-nofa reli-giam, provados com autoridades, e com razoens. Mas fempre na republica Literária, ouveram efpiritos fediciozos. *Joam Sco-to* chamado *Erigena*, que no-IX. feculo fe-fervio de Ariftoteles, para rezolver varias queftoens de Teologia ; tendo caido em va-rios erros , foi condenado polos Teologos , polo dito motivo. Onde os outros autores, defprezando efte atrevimento , feguíram as pafadas , dos-primeiros Teologos : ou expondo as Efcrituras : ou impugnando as Erezias : ou compondo obras afceticas. Ver-dade é , que eftes feculos eram efcarfos, de omens doutos, nam só no-Oriente , mas ainda no-Ocidente : reinava à ignorancia : só os Religiozos eftudavam : e os que eram doutos , só o-eram refpetivamente.

Con-

Continuou efta paz até o feculo XI. Porque os Padres obfervando que Ariftoteles, afirmava perigozos erros; com todo o
cuidado o-defviáram da-Teologia: e continuáram os Religiozos,
(naquele tempo fomente eftes fe-aplicavam à Teologia: aqual ainda nam tinha faido dos-clauftros, para as efcolas : o que fuçe-
deo no-XII. feculo) a explicar a Efcritura, por-meio da-Tradifam : porque reconheciam, que deftes dois principios, Efcritura,
e Tradifam, fe-devia tirar, toda a ciencia Sagrada. Mas no-feculo XI. ouve novidade. Introduzíram-fe defde o feculo IX. nas
efcolas Catolicas, a Eloquencia, Geometria, Aftronomia, e Dialetica : e o eftudo defta ultima agradára defoite, que fizera efquecer em algumas partes, o eftudo da-Teologia. A preocupafam em que eftavam os Arabes da-Efpanha, polo merecimento de
Ariftoteles, que defde o IX. feculo, como em outra carta dife,
fe-explicava nas fuas efcolas; acabou de arruinar tudo: porque
comunicando-fe nos-fins do-undecimo feculo, de Efpanha a Pariz,
e outras partes? e achando os profefores difpoftos para receber,
todo o genero de futileza; produzíram no-dito tempo, muitas
erezias. Os primeiros inventores defta introdufam, foram tambem,
os primeiros erejes. Os erros de *Rofcelino*, *Abellardo*, *Gilberto*
Porretano, *Arnaldo de Brefcia*, *Albigenfes*, *Abade Joaquim* &c.
alguns dos-quais foram cabefas defta feta; moftráram bem, o que
fe-podía efperar, de femelhante introdufam. Deforteque os omens
mais doutos, cuidáram em emendar ifto, e reformar as efcolas
de Teologia; que nefe tempo faíram dos-Clauftros, para as Univerfidades. Ifto fez em Inglaterra, nos-principios do-feculo XII.
o Cardial *Pullo*, compondo para efe intento, a fua Suma Dogmatica. O mefmo fez pouco defpois *Pedro Lombardo*, em Pariz, na Suma que publicou: e ambos procuráram fervir-fe da-Efcritura, Padres, e alguma vez da-boa razam. Efta Suma de
Lombardo, que refucitava a antiga Teologia Dogmatica, com metodo novo, teve tal fortuna, que logo publicamente a-lèram nas
efcolas: e pouco defpois a-comentáram: o que durou por-muito
tempo.

Mas avendo ainda afim muitas pefoas preocupadas, pola futileza Ariftotelica; comefáram alguns a publicar eftes livros.
Deu o exemplo *Pedro Poitiers*, o qual polos anos 1170. publicou uma Suma Teologica, em que explica as queftoens, com
provas tiradas da-Filozofia de Ariftoteles: o que agradou defoite a
tanta gente, que nam podiam eftudar, outra coiza. Daqui nacèram
muitos danos: e naceo tambem o odio, que os melhores Teo-

lo-

logos daquele tempo moſtráram , contra a Peripatetica . Vendo aqueles doutores , que os Padres dos-primeiros ſeculos da-Igreja , diſeram muito mal , dos-que introduziam a Dialetica na Teologia : vendo , namobſtanteque muitos Erejes ſe-ſerviſem de-Ariſtoteles , para deſtruir os dogmas ; que nenhum dos-antigos Padres ſe-ſervîra de Ariſtoteles , para os-confirmar : vendo , que por-doze ſeculos nam ſe-achava Criſtam , que explicáſe a Fizica , e Metafizica de Ariſtoteles ; aindaque a alguns dos-ultimos agradaſem , os termos da-ſua Dialetica : e finalmente vendo , que da-Dialetica de Ariſtoteles îam naçendo , os erros de *Roſcelino* , *Abellardo* , &c. clamáram fortiſimamente , contra o tal Ariſtoteles . De que podia citar bons exemplos , ſe V.P. nam ſoubèſe , que falo de *S. Bernardo* , *Lanfranco Cantuarienſe* , *Eſtevam Torniacenſe* , *Gualtero* Prior do-Convento de S. Dionizio de Pariz : o qual compoz um livro , com eſte titulo : *Contra os quatro Labirintos de Franſa :* *Abellardo* , *Porretano* , *Pedro Lombardo* , e *Pedro Poitiers* : em que reprèende as ſuas novidades . Nem ſomente parou niſto , mas o meſmo Concilio Senonenſe , ou Parizienſe , celebrado no-ano 1209. mandou publicamente queimar , os livros de Ariſtoteles (1) : polos danos que tinham feito . E aindaque polo tempo adiante , ſe-foram conçedendo licenſas , de ler algum livro de Ariſtoteles; atéque finalmente ſe-lèram todos ; por-compazer ao genio depravado de alguns profeſores , que eſtavam preocupados , polo ſeu mereçimento : contudo é ſem duvida , que eſtas licenſas nam ſe-conçedèram , ſenam com muita dificuldade : e que por-muitos tempos perziſtio a proibiſam , mais ou menos ampla ; com que os omens acudiam aos danos , que de quando em quando produzia , a Peripatetica . No-ano 1231. *Gregorio IX.* proibio a Dialetica , e Metafizica de Ariſtoteles ; e a Fizica com ſua limitaſam . Eſta proibiſam durou , até o ano 1265 :. no-qual um Cardial Legado de *Clemente* IV. reformando os abuzos da-faculdade Parizienſe , abſolutamente proibe a Fizica , e Metafizica de Ariſtoteles : cuja ultima proibiſam durou , por-mais de um ſeculo.

Neſte eſtado de coizas apanháram as eſcolas , os dois grandes Dominiçanos , *Alberto grande* , e *Tomaz de Aquino* : que florecèram no-meio do-ſeculo XIII. *Alberto* foi o primeiro , que comentou Ariſtoteles : o dicipulo , ſeguio o exemplo . E creio que o-fizeſem , menos porque intendeſem , ſer util ; doque por-fazer eſe ſerviſo

(1) *Rigordus , in Vita Philippi Auguſti .*

vifo ao Publico , que fe-achava mui preocupado , por-Ariftote-
les; e mui prejudicado , com o mao uzo dele . A verdade é , que
nam cufta pouco aos Teologos , defculpar eftes dois doutores , de
terem comentado o Filozofo no-tempo , em que exiftia a proibifam de *Gregorio IX*. E com efeito no-ano 1387. a Faculdade Parizienfe , efcrevendo ao Papa *Clemente VII*. na fua obediencia Pontifice M. exprefamente diz , que *S. Tomaz* pecára , contra o decreto de *Gregorio IX*. o que porem eu agora nam difputo , mas
deixo intacto aos feus Apologiftas . O que digo é , que efta introdufam de Ariftoteles , dezagradou muito , aos doutores daquele tempo , e aos omens mais doutos , que florecèram até o concilio de Trento : e tambem a muitos Papas , v. g. *Clemente VII*.
e *Joam XXII*. &c. os quais todos queriam , que fe-continuáfe a
Teologia Dogmatica , ou polo menos , a Suma de *Lombardo* ; fugindo de todas as futilezas .

E na verdade efte era o pretexto , com que fe-cobriam , os
que introduziram eftas novidades . *Alberto* , e *Tomaz* ambos comentáram a *Lombardo* : e o ultimo , entre muitas obras dogma-
ticas , publicou a fua Suma *de Fide Catholica contra Gentes*.
Deforteque todos fe-cobriam com a capa , de tratar a antiga
Teologia , e comentar *Lombardo* : e fomente com o titulo de
explicar melhor , as fuas opinioèns , é que publicáram , as fuas
Sumas . Mas como o fermento da-difcordia continuava , no-exer-
cicio da-Filozofia Peripatetica ; os comentarios degeneráram em
argumentos futis , e contendas da-efcola : e nam fe-contentando
os meftres , com o oficio de comentadores, cadaum , para fundar melhor a fua opiniam , compoz uma fumma Teologica , explicada polos termos Arabios : dos-quais nam fizéra menfam *Pedro Lombardo* , na fua Suma , nem algum dos-primeiros Efcolafticos até aquele tempo , fe-tinha fervido . Até os Expozitores
da-Efcritura , comesáram a efpecular , e excitar queftoens futis,
fobre o texto : como fez *Ruperto* , *Hugo* , *Ricardo de S. Vitor* ,
e alguns outros . Defte modo refurgio , nos-fins do-feculo XIII.
a Teologia Efcolaftica : cujo nome dali para diante , nam figni-
ficou fomente , Teologia metodica , e acomodada ao eftilo das-efcolas , como no-antecedente feculo fignificára ; mas Teologia tratada , fegundo o metodo dos-Arabes ; e fundada nos-principios ,
da-fua Filozofia . Contudo ifto em muitas efcolas , continuou-fe
o eftudo da-Efcritura , e feguio-fe aquele metodo , que defde
o VIII. feculo tinham introduzido os Beneditinos , cá no-Ocidente ; de explicar a efcritura Sagrada , e fundar nela , o edeficio
dos-

dos-feus eftudos . E efte deveria ter-fe expalhado mais , fe nam fofe um impedimento, que entam fe-ofereceo. As diferentes Religioens de Mendicantes , que nefe, e no-feguinte feculo fe-eftabelecèram : tomáram por-empenho , praticar o mefmo metodo : comentando cadauma , a Suma dos-feus alumnos. A de *S. Tomaz*, que era recomendavel pola doutrina , e piedade de feu autor, defendèram com toda a forfa , os Dominicanos. A de *Efcoto*, Francifcano , que no-fim do-feculo XIII. tomára por-empenho, contrariar *S. Tomaz*, e alguns outros ; para cujo fim publicára una Suma, cheia de mil futilezas; abrasàram de todo o feu corafam, os feus Frades ; e defendèram-na com todo o empenho. E como os Seculares daquele tempo, pola maior parte fe-inclinavam ao Direito , que pouco antes tinha refucitado em Italia ; e comefava a efpalhar-fe pola Europa ; por-ifo deixavam aos Regulares a incumbencia , de explicar , e tratar a Teologia. Onde daqui naceo , que eftes efpalháram por-toda a Europa, aquelas particulares opinioens , que pola maior perte tinham nacido , em Pariz ; e compunham efta particular Teologia Efcolaftica .

Entam é que intráram nas efcolas , os *Atos primeiros, e fegundos* ; o *formaliter, e materialiter* ; o *per se, & per accidens* ; o *fubftantialiter, & accidentaliter* ; com todos os outros ingredientes, da-Filozofia Peripatetica. Uma *formalidade ex natura rei* bem inventada; dava nome a um omem naquelas eras: um filogifmo bem embrulhado, uma diftinfam ininteligivel, fervia de grao para fer eroe. Ja nam fe-fabia, que coiza era *Atanazio, Jeronimo, Agoftinho*. os nomes dos-*Gregorios* dos-*Cirilos*, dos-*Bazilios*, e outras columnas da-Teologia, eram coizas incognitas, e dezuzadas. o que importava era, que o filogifmo eftivefe em *Barbara*, ou *Celarent*, e obfervàfe todas as regras de Ariftoteles. Efta frenezia deftes Modernos, aumentou-fe no-meio do-feculo XIV. com as novas divizoens das-Efcolas. Porque *Durando* Dominicano, e *Okam* Francifcano, faindo das-prizoens das-fuas efcolas, introduziram outro modo livre de opinar, na Teologia : a qual, como dife, toda fe-reduzia à Metafizica. Aquela perfeita uniam, com que por-tantos feculos da-Igreja tantos Padres, prováram uniformemente a verdade teologica, contra os feus adverfarios; acabára-fe nas efcolas de Teologia : onde todos fe-contradiziam, ou por-paixam, ou por-capricho .

Mas as erezias de *Lutero*, e *Calvino* e outros modernos do-feculo XVI. abriram os olhos a eftes Teologos, e moftráram

cla-

claramente, que a maior parte deles fe-apartáram, do-verdadeiro metodo da-Teologia : que falavam muito, mas nam fabiam nada de Teologia. Os Erejes nam impugnavam, as Metafizicas da-Efcola : impugnavam os fundamentos da-nofa religiam : e a eftes é que era necefario acudir, moftrando quais eram as bazes, em que afentava a machina, da-nofa religiam. Afimque muitos Teologos, comesáram a explicar eftes pontos : e outros a fervir-fe deles. Defortequè desde o tempo do-Concilio de Trento para diante, é que fe-comefou a praticar, o antigo metodo da-Teologia Pozitiva : explicando-a fegundo os ditos principios, que fam as verdadeiras fontes, de toda a Teologia.

Muitas Univerfidades, que eftavam alguma coiza preocupadas, polo antecedente coftume, praticáram o mefmo metodo : que oje eftá eftablecido em Franfa, Germania, Italia &c. Mas obferváram os Eftrangeiros, que femelhante metodo nam pasára, dos-Pirineos a efta parte; e principalmente para efte Reino: no-qual ainda nam amanheceo, nefte particular. Contrebuio muito para ifto, a grande contenda que ouve, no-principio do-feculo pafado, e fim do-antecedente, entre Dominicanos, e Jezuitas ; fobre a ciencia, e auxilio divino. A qual tendo nacido nas Efpanhas, confervou fempre nelas, os feus majores apaixonados : que compuzeram fobre ela, tratados difuzifimos, que lhe impedio ocuparem-fe, em outras coizas necefarias. E como a contenda fempre exifte ; dela nacèram infinitos volumes, com que muitos autores tem cheio as livrarias: repetindo em longas paginas, o que podiam dizer, em breves palavras. De que nace, que cá em Portugal, onde tomam ifto mais a peito, nam fe-pofam aplicar, a outras coizas.

Neftes dois principios, diverfidade das-Efcolas, e Filozofia dos-Arabios, é que fe-levantou efta Teologia, que nam tem fim. A cada pafo fe-tropefa com uma definifam, e fe-gafta tempo fem fim nela. Formam-fe queftoens fobre coizas, que nam fabemos, nem nos-importa faber. Nam á conhecimento algum da-alma, ou obra meritoria &c. de que nam fe-inveftigue a efencia, e atributos : e tudo o mais, que lhe-vem à imaginafam : e com tanta difputa nam concluem nada que firva, para declarar o dogma : que é o empenho do-Teologo. Pasma um omem, quando ve os muitos volumes, que compoz o *Suares*, o *Vafques*, os *Salmanticenfes* &c. contudoifo examinando bem o cazo, o que eles dizem em tantos volumes, efcreveo em dois o *Rhodes*, e o *Comptono* &c. e podia-fe efcrever ainda em menos. Efte é o defeito

feito dos-Efcolafticos, que copiando-fe fielmente uns a outros, com a diverfidade ; de pór um como prova, o que outro tem por-argumento ; efcrevem eftas Teologias eternas : nas quais os Padres fam rarifimos : e quando deles fe-aponta um texto, fupoem a queftam provada : fem advertir fe é genuino : em que fentido falou : contra quem efcreveo. Daqui entam nace, que quando um deftes Teologos tem eftudado, algumas deftas queftoens, e fabe embrulhar quatro filogifmos ; perfuade-fe que tem chegado, ao fim da-Teologia : E quando fe-acha na converfafam, de omens da-profifam, dá de quando em quando dois fufpiros, lamentando a infeliz forte daqueles Eftrangeiros, que perdem o tempo, com eftudos impertinentes, e inutis.

Mas a verdade é, que quem fabe fomente ifto, nam fabe nada : e muito menos fabe Teologia. Se a Teologia é faber, o que Deus dife, e faber como ifo fe-defende, contra os nofos adverfarios ; quem nam fabe ifto, nam fabe Teologia. Que os Efcolafticos nam faibam ifo, nam tenho necefidade de o-provar; porque eles o-confefam : quando reconhecem grande diftancia, entre Teologia *Efcolaftica*, e *Controverfa*. De que faie por-legitima confequencia, que da-fua Teologia, pouco cazo devemos fazer.

Se V. P. examina as razoens què eles dam, para fe-defculparem ; fam tais, que obrigam a rir. Em certa ocaziam me-refpondeo um profefor : *Que as controverfias eram boas, la para Inglaterra, e Roma, onde fe convertem Erejes : mas nam eram necefarias em Portugal, onde por-grafa de Deus, eftavamos livres defa pefte.* A femelhante omem, nam quiz eu argumentar, porque afentei, que nam me-avia intender : mas a fua refpofta, merece alguma confiderafam. Ela vale o mefmo que dizer : *Que fóra de Portugal, fe-deve faber Teologia bem : e explicar uma Teologia, que pofa fer util à religiam : E que em Portugal, fe-deve empregar toda a vida, em uma Teologia, que nam ferve para defender a religiam : mas unicamente para falar nas coizas, fem fundamento algum.* O Teologo nam é um omem que fala, para fe-divertir : mas é um doutor na Igreja Catolica ; o qual deve enfinar as verdades da-nofa fé aos filhos, e defendèlas contra os inimigos. Damefma forte que o doutor de Leis, é o que fabe o fundamento, e inteligencia delas ; e as-fabe defender, contra os que as-impugnam. Onde, deve o Teologo eftar fempre promto, para dar razam da-fua fé, e do-infalivel motivo da-fua efperanfa, conforme o confelho do-Apoftolo S. Pedro.

dro . E , valha a verdade, que coiza mais deploravel, que gaftar um Teologo toda a fua vida, em difputas ; fem faber dar
razam , da-fé que profefa ? Em que fe-á-de diftinguir o doutor ,
do-dicipulo ; e o ignorante , do-ciente ? Os dicipulos , e as ove-
lhas, crem , porque lho-dife o meftre , e lho-declara o paftor :
E os paftores , e doutores porque ám-de crer ? porque lho-man-
dam dizer de Roma ; ou porque o-lem afim , em algum cate-
chifmo ? boa razam ! devem faber o motivo por-que crem , e
porque o-enfinam . E quem dife ao dito, que a Efcritura é infalivel ? que é a mefma que efcrevèram , os omens infpirados,
efpecialmente Moizes ? e que a tal Efcritura foi verdadeiramente ditada , por-Deus ? ifto certamente nam enfina a Efcolaftica .

Tambem nam pofo fofrer , que me-digam , que efta Teologia , nam é necefaria , em Portugal. Primeiramente , que necefidade à aqui , de Teologia Efpeculativa ? Para divertimento, nam
ferve , porque enfada : para explicar o Dogma , nem menos ;
porque efte explica-fe com razoens claras , e nam com arengas :
que nam só nam aperfeifoam o juizo , mas pozitivamente o-con-
fundem , e reduzem a eftado , de nam fazer progrefo , em ciencia
alguma . Por-certo que nenhuma tem parentefco , com femelhantes infulfas efpeculafoens , de que fica enlabuzado o juizo , de
um deftes Teologos . : pois é certo , que a noticia dos-SS. PP.
e monumentos ecleziafticos , nam fe-adquire com queftoens efpe-
culativas : e o juizo critico , que tam necefario é para difpor , e
intender bem , todas as ciencias ; fomente fe-confegue , com a leitura dos-melhores criticos , e com o-tratar e difputar , com os
omens doutos . Pois de que ferve ifto , fenam , de um titulo
vam , fem fundamento ? Mas , tornando à Dogmatica , digo , que
ela ferve para confirmar os Fieis , no-mefmo que crem : e pode
fervir , para convencer os Infieis . Eu vejo aqui todas os dias,
muitos omens caftigados , por-fequazes da-lei de Moizes : concedo , que muitos fejam ignorantes : mas fuponhamos , que um é
douto : quem á-de convencer efte omem ? Intende V. P. que um
Teologo Efcolaftico , pode falar nefta materia ? O Efcolaftico cuida,
que trazendo o texto: *Non auferetur fceptrum de Juda* &c. ou
outro femelhante , tem provado tudo . O Ebreo nam faz cazo
da-Vulgata : vai direito à fonte Ebraica , e Caldaica , e aos comentarios dos-Rabinos , que fam infinitos . E quem conheçe V. P.
aqui , capaz de intender eftas coizas ; e com a erudifam necefaria , para refponder ao cazo ? ifto nam é murmurar , é dizer a
verdade . Onde devemos concluir , que quando um deftes Teolo-

TOM. II.   D d   gos,

gos, vai converter um Ebreo, é obrigado a conhecer, é confessar, que em tanto o pode converter, em quanto o Judeo, nam sabe responder. E desta sorte nam á omem, que nam seja capaz, de convencer outro. Crece o argumento se puzermos, que um destes Judeos de Barbaria, ou de Olanda, que às vezes aqui vem negociar, inspirado por-Deus se-queira converter: mas queira um Teologo, que primeiro lhe-explique e rezolva, todas as suas dificuldades. (isto vi suceder algumas vezes, fóra de Portugal) Neste cazo que dirá o Teologo? sem duvida ficará mui caladinho. O mesmo digo dos-Erejes; que aqui se-acham em grande numero. A todos estes se-deve mostrar, nas disputas e exercicios literarios, a falsidade das-suas doutrinas: e deve o Teologo exercitar-se nisto, para poder responder, nas ocazioens-necesarias, e repentinas.

Mas, pondo de parte estes motivos, que privilegio, proguntára eu, tem os Estrangeiros, para só eles saberem as verdades, da-nosa religiam? Só os Italianos, Francezes, Alemaens &c. ám-de sair a campo, contra os inimigos da-Fé: e os Portuguezes, que se-prezam de filhos obedientisimos da-Igreja, nam ám-de saber mostrar o seu zelo, e obediencia, na-defeza desa Fé, que profesam? Por-todas as partes do-mundo vam os Portuguezes, pregar aos Infieis, a palavra Evangelica: e nam á um unico Portuguez, que mostre aos Erejes, a verdade desa Fé, que aos outros anuncia! Certamente quem asim discorre, nem mostra grandemente a sua Fé, nem o seu zelo, nem pugna pola gloria do-seu Reino. Nem todos os Erejes sam Francezes, ou Alemaens, ou Italianos: mas em todas estas Nasoens se-acham omens, que pegam na pena, para impugnar qualquer erezia que se-levanta. Recomenda muito S. Agostinho, (1) que, quando aparecerem novas erezias, escrevam todos, os que tem talento para escrever; aindaque digam o mesmo, por-diversas palavras: desta sorte conhecerám os Erejes, que entre os Catolicos á muitos, que lhe-posam rezistir: e poderám eses livros, chegar à mam de todos, os que necesitam deles. Isto se-praticava, nos-primeiros seculos da-Igreja. Contra a erezia de *Ario* escrevèram muitos PP. Gregos, e Latinos. *Atanasio, Bazilio, Epifanio, Didimo*, dois *Gregorios*, dois *Cirilos, Ilario, Ambrosio, Agostinho, Gregorio Betico, Idacio Claro, Fegadio, Fulgencio*, e outros muitos. E nam só em Roma entam se-sabia, disputava, e defendia o Dogma;

mas,

(*): *L. 1. de Trinit. c. 3. L. contra Mendac. c. 6.*

mas, na Africa, no-Egito, na Paleſtina, na Mezopotamia, na Tracia, na Grecia, em Franſa &c. E eſte conſelho devia perſuadir aos Portuguezes, executárem o meſmo. Deſorteque apertando bem o cazo, V. P. deve-me conceder, que neſte Reino, nam á Teologo algum; viſtoque nam á nenhum, que ſaiba mais, que quatro dedos de Eſpeculativa.

Alem diſo, a Dogmatica é neceſaria, para formar verdadeira ideia das-coizas. Proguntára eu a um deſtes Teologos, com que conciencia aceita, ſer Qualificador do-S.Oficio; ſe nam ſabe fundamentalmente, a noſa religiam? Certo é, que eſtes omens devem julgar, ſe a doutrina que ſe-propoem, é, ou nam é conforme, aos principios da-noſa Fé. Deſorteque o Qualificador, nam é fiſcal do-S. Oficio, como muitos ignorantemente prezumem; antes polo contrario, é um defenſor dos-livros: e deve buſcar tudo o que pode, para ver ſe ſe-pode defender ſeguramente, a dita doutrina: porque todas as vezes que, por-algum motivo, ſe-pode defender, injuſtamente a-condena. E que doutrina nam é neceſaria, para poder fazer iſto? Um omem, que ſabe pouco, toma limpamente uma doutrina, por-outra: confunde uma erezia, com uma opiniam catolica, ou toleravel. Eſtamos vendo iſto todos os dias, nos-Eſcolaſticos, que mutuamente ſe-condenam de erros, que nunca ſonháram: o que provèm, pornam terem examinado fundamentalmente, quais foram os erros dos-tais erejes. E como todos os Teologos aſpirem, ao titulo de Qualificadores; todos deviam ter, os fundamentos neceſarios para iſo.

Quanto a dizerem, que introduzindo-ſe em Portugal, eſtas Teologias, dariam motivo, de formar duvidas na Fé; e que por-falta delas nam tinham intrado as erezias, neſte Reino; é outra frenezia ſem fundamento. Tanto dano pode rezultar na Igreja, de diſcorrer mal, ſobre as Teologias Eſpeculativas, como ſobre os Dogmas: porque entre as eſpeculativas, tratam-ſe quantos dogmas baſtam, para dizer mil erezias: como nos-enſinam *Roſcelino*, *Gilberto Porretano* &c. Alem diſo ſe neſa conjuntura, ſe-formaſem eſcrupulos, tambem averia reſpoſtas, para os-desfazer: e o exercicio da-diſputa, enſinaria aos Teologos, como aviam reſponder. Nem deſte principio tam ridiculo devemos inferir, a propagaſam das-erezias, nos-outros Reinos, ou a falta delas neſte: quando vemos, que a Igreja Romana, ſeguindo o-exemplo dos-antigos PP., abraſa eſte metodo como unico, para deſtruir as erezias. Devemos ſim atribuilo, à propenſam dos-Por-

tuguezes, para os exercicios de piedade; e à vigilancia dos-ma-
giftrados, em deftruir no-berfo, as más doutrinas. Aindaque na
quantidade de Judeos, e outros Erejes, que todos os anos aqui
fe-caftigam, fe-conhece, que o tal argumento, nam tem toda a
forfa que fe-intende : e fe-póde voltar, contra os arguentes.

Nem vale o dizer, como alguns refpondem, que nefte Reino, tambem fe-eftuda controverfia, em alguma parte : e que
alguns leitores a-eftudam, em fua caza. Os que afim refpondem,
nunca vîram as controverfias : e intendem, que lendo quatro
queftoens do-*Belarmino*, tem a chave de toda a ciencia : mas
inganam-fe nifto. Quem eftuda Teologia Pozitiva, para faber o
fundamento dos-Dogmas ; bafta que leia, os fimplezes fundamentos : mas quem a-eftuda, para a-defender contra os inimigos, é
necefario que veja tudo, o que eles tem efcrito. E nam fendo
o *Belarmino*, (nem o *Greifer* feu apologifta) o que refponde
bem a tudo : porque, como dife ja um omem douto, nele os
argumentos, tem toda a forfa; mas as refpoftas, nem fempre :
e avendo tantos livros nefta materia, que cá nam fe-conhecem :
e pedindo ifto eftudo fundadifimo, de Iftoria, de Linguas, de
Critica &c. com razam digo a V. P. que me-rio muito, quando
oufo dizer, que por-modo de divertimento, fe-eftuda a Polemi-
ca : ou que, tendo fomente argumentantes Efcolafticos, fe-pofa
exercitar nela um omem, com fundamento.

Tem ainda outro argumento, eftes apaixonados pola Efcolaftica, e vem afer, que a-devemos feguir, em obzequio dos-feus
fundadores, ou inventores, e aprovadores : que foram dos-mais
doutos, e fantos do-feu tempo. Efpecialmente *S Tómaz*, cujas
obras foram aprovadas, por-alguns Pontifices : e a fua Suma foi
lida, em algumas Univerfidades, por-ordem deles. Mas dáqui nam
concluimos coiza alguma para o cazó ; mais doque afirmar, que
a dita Suma nada contem, contra a doutrina da-Igreja : Polos
mefmos principios podiamos preferir-lhe, a Suma de *Petro Lombardo*, o qual *S. Tomaz* reconheceo por-meftre, e comentou : e
ainda oje é tida, nas Univerfidades de Portugal, por-texto : e
cujo metodo exprefamente aprovou, o Concilio Lateranenfe IV.
Polo mefmo titulo podiamos preferir-lhe, a Suma de *Alexandre
de Ales*, ao qual Inocencio IV. exprefamente mandou, que a-com-
pozefe : e Alexandre IV. confirmou, com feu diploma. Polo
mefmo lhe podiamos preferir, a Suma de *S. Boaventura*, cuja
doutrina aprováram Clemente IV. Gregorio X. Sixto IV. e Sixto V.
Finalmente a *S. Tomaz* Ariftotelico, podiamos opór *S. Agoftinho*

Pla-

Platónico; e muitos grandes doutores, que seguîram, a mesma Filozofia. Alem diso, esa Suma, que ao despois teve tanta aceitasam, nam teve igual fortuna, no-principio. *Escoto* contrariou quanto pode, a doutrina de *S. Tomaz*: e *Guilherme de la Mare*, também Francîscano, impugnou a dita Suma, em um livro intitulado: = *Correctorium operum Fratris Thomæ*; e muitos outros, se-moſtráram contrarios, como ja aſima apontei. E ainda despois, varios grandes omens, como *Gerſon*, e *Tritemio*, lhe-preferiram em tudo, a Suma de *S. Boaventura*, como mais fundada.

A doutrina de *S. Tomaz*, que naquele seculo sem duvida alguma foi, um dos omens mais doutos, mais fundados, mais eſtudiozos; e a sua grande piedade, deram luſtre às suas obras: e iſto junto aos apaixonados, que tinha; e junto ao eſtilo daquele tempo, em que a tal Suma, era uma das melhores; deo ocaziam, a todos eſtes louvores. Despois diso, os omens continuáram, e juſtamente, a louválo, e venerálo: mas considerando-o como um Doutor Escolaſtico, nam crem que ſam obrigados, a seguir a sua doutrina, nem o seu metodo. Nem algum Pontifice dise até aqui, que nam se-podia compor melhor suma, que a dita: nem o-poderia dizer; porque me-parece, que iſto nam é materia de Fé. Onde, deixa a Igreja a cadaum, a liberdade de fazer, o que lhe-parecer. Alem diso, é de notar, que os Pontifices louvam aquele metodo, porque as melhores Sumas dese tempo, v. g. a de *S. Tomaz*, e *Boaventura* &c. ainda conſervavam veſtigios, da-antiga Teologia: e ainda o cazo nam eſtava reduzido ao eſtado, em que ao despois se-vio. Os doutiſimos Religiozos Dominicanos, foram inſenſivelmente abraſando, as ditas doutrinas, até que aſentáram, em defendèlas. E tam eſcrupulozamente inveſtigáram, a mente do S. Doutor; como se fose, de algum escritor Sagrado: quándo baſtava declarar, o que ele diz, e enſinálo aos outros. Diſto naceram, aquéles grandes comentarios, que V. P. ve, e de que aſima ja lhe-dise alguma coiza: pois compreendendo a dita Suma, trez, ou quatro volumes; os comentos ultimos paſam de doze. Sendo certo, que iſto de jurar uma doutrina, é a cauza de que um omam, nam se-ſirva do-seu juizo, e nam se-adiantem os eſtudos. Pois de outra ſorte, avendo tam grandes talentos, como ſeu sei, na Religiam Dominicana; nam era poſivel, que nam tiveſem feito grandes progreſos, se acazo nam tiveſem aquele grilham, que os-nam-deixa ſair, da-sua escola. Aindaque, (e devo confeſálo, em obzequio

dada-verdade) em França, e Italia muitissimos Dominicanos eruditos, e pios, seguem diferente estilo, e nam querem seram a Filozofia, e Teologia moderna : o que sei com toda a certeza.

De tudo o que até aqui tenho dito, conhecerá V. P. que coiza é a Teologia em si, e o que é neste Reino. Quanto ao primeiro, verá, que a Teologia é uma só ciencia, que naceo com o mundo: teve o seu maior aumento, na vinda de Cristo: conservou-se por-todos os seculos da-Igreja, até o duodecimo, sem que recebese melhor fórma : pois começou a-ser tratada, com algum metodo. Finalmente renaceo com o Concilio de Trento: aperfeiçoou-se no-seculo pasado : é cultivada em todos aqueles Reinos, em que floreçem as letras: mas mais celebres Universidades da-Europa : e polos mais insignes omens, que impugnam a espada, para defender a doutrina da-Igreja... Polo contrario reconhecerá, que a Teologia Escolastica, ou Peripatetica, somente por-quatrocentos anos, floreceo com estimaçam : aindaque sempre combatida, polos omens mais doutos, e pios : e nem sempre no-mesmo grao. Nesse mesmo tempo, contam-se trez idades da-Escolastica. I. desde *Abellardo*, até *Alberto Grande*: no-qual tempo, ainda nam estava reduzida a arte : e somente se-uzava da-Dialetica, na Teologia. II. idade desde *Alberto Grande* até *Durando*, que morreo, no-meio do-seculo XIV. no-qual tempo é que-se-introduzio nela, o metodo dos-Arabios. III. desde *Durando*, que foi o que facilitou, fazer novos sistemas, diferentes dos-outros Escolasticos, até *Gabriel Biel*, que morreo, ao-fim do-seculo XV. Notará tambem, que nam só as erezias, que turbáram a Igreja, por-XII. seculos, foram combatidas sem Peripatetica; mas tambem as que saíram no-tempo, em que estava em vigor a Peripatetica, foram condenadas, sem ela ajuda. Sendo certo, que desde o seculo XIII. se-celebráram XC. Concilios, VII. dos-quais foram Gerais : e nos-quais se-tratáram dificuldades especulativas, sobre a Trindade, e outros misterios. Reconhecerá alem diso, que, desde o Concilio de Trento a esta parte, é regeitada polas melhores penas, que só buscam a doutrina Sagrada, nas fontes onde se-bebe pura.

Observará finalmente, que quando os SS. PP. recomendam a Teologia Escolastica, deve-se intender, de uma Teologia metodica, a qual disponha com boa ordem, as provas tiradas da-Escritura, e SS. PP. para concluir o que intenta : e o-confirme com provas, tiradas da-razam natural, quando tiver lugar para iso. Esta é a Dialetica, que praticáram os antigos

P.

Padres: que louvam, e dizem fer util. Mas nunca diferam os Padres, que a Teologia, explicada polos termos Arabios, cheia de formalidades e futilezas metafizicas impertinentifimas, era necefaria na Igreja, e devia fer enfinada. Ainda nam avia, um corpo de Teologia Peripatetica, no-mundo, quando ja tinha cefado, a torrente dos-SS. PP. que, fegundo os Cronologos, acabou no fim do-feculo XI. ou, quando muito, até *S. Bernardo*, que morreo em 1153. Defpois de *S. Bernardo*, nam é necefario procurar os PP. para a tradifam; porque eftava ja divulgada, por-infinitos livros: e a Igreja, que ja governava o mundo, tinha com cuidado confervado, os depozitos dos-antigos monumentos. Nem menos defpois defe tempo, florecèram Padres, cujos efcritos tenham grande aplauzo, principalmente em materia de doutrina &c. Tirando *Alberta*, *Tomaz*, *Boaventura* no-feguinte feculo; os que ao defpois florecèram, foram alguns fundadores de Religioens, omens afceticos: ou foram Religiozos de Religioens, nas quais eftavam eftablecidas as Efcolas; com *S. Vicente Ferreri*, *S. Antonina de Florenfa*, Dominicanos: *S. Bernardino de Sena*, *S. Joam de Capiftrano*, Francifcanos &c. e deftes nam fe-tira argumento algum, para o nofo cazo. A Filozofia que louváram, os antigos Padres, era a mefma, que eles praticavam: ora é certo, que o que eles praticavam, e ainda vemos nos-feus efcritos, nam eram ridicularias da-Dialetica; mas era explicar os Dogmas, e refponder aos argumentos, com a boa razam, e com algum conhecimento da-Dialetica. Quanto à Teologia defte Reino, facilmente fe-conhece, que é mera Efcolaftica, fegundo o antigo eftilo: polo qual eftam preocupados os profefores deforte, que nam é facil, nam digo eu perfuadir-lhe, mas nem menos dizer-lhe, que á outra Teologia mais util, nefte mundo: e que efta fe-deve deixar, para fe-bufcar aquela ciencia, que a razam e a experiencia moftra, fer necefaria. O pior é, que fó eftimam livros, que embrulhem o juizo. v. g. Eftima-fe aqui muito, o P. *** e o-louvam, como um dos-maiores Teologos, e mais futis, que tem avido nas Efpanhas. Contudo, efte omem é um Sofifta, indigno de que ninguem o-leia: confuzo, ofcuro, e fem fundamento algum. As fuas obras eftam proibidas pola Igreja, efpecialmente efta Teologia. E eu fei de certo, que tem 72. propozifoens acuzadas em Roma, as quais por-cauza de outros negocios, nam fe-determináram. Veja V. P. de que livros cá goftam!

Tendo pois vifto, a necefidade da-Teologia Dogmatica, refta

refta fomente que aponte em breve, o metodo defa mefma Teologia : e o que deve fazer o eftudante , para fabèla com perfeifam . Para ifto , deve o eftudante notar , que o feculo pafado
teve a felicidade, de fe-livrar da-ignorancia, em muitas coizas .
A Critica , que entam naceo, ou renaceo , e fe-aumentou, abrio
os olhos ao mundo literário, para fe-adiantar nas Ciencias . Nefta
era nam bafta , que um omem afirme uma coiza ; é necefario ,
que a-prove : e moftre, que os monumentos de que tira , as fuas
provas, fam livres de toda a corrufam . Antigamente citavam
um texto de S. Agoftinho, e fem outro exame o-admitiam : oje
nam bafta ifo , mas a Critica dá um pafo adiante, e examina ,
fe o texto é verdadeiro , ou fupofto : e , ainda admetido ifo ,
examina-fe , qual foi o intento do-Santo , com os focorros tirados
da-Iftoria . O grande dezejo que tinham os doutos , de gozar
as obras dos-SS. PP. puras , fez que revolvefem os archivos :
conferifem os manufcritos : e com perfeita critica os-examinafem.
De que naceo, que fe-defcobrio, que muitos livros eram fupoftos : e nos-certificámos dos-que fam , de cada efcritor . O mefmo
fucedeo na Iftoria : a qual com rigoroza critica purgáram , de
infinitos erros, que nela introduzîra, a ignprancia de tantos feculos . Moftráram-fe as contradifoens dos-efcritores , e as opinioens mais prováveis : e fe-dezenterráram os monumentos, de que
a Critica fe-fervio, nos-feus juizos . Defta forte com a iftoria
Profana, é Ecleziaftica, fe-dilucidáram os pafos ofcuros dos-SS. PP.
defcobrio-fe o fim dos-feus efcritos , e opinioens : e tudo o que
foi necefario , para dezatar as dificuldades . E aindaque muitos
Padres efcrevefem, em linguas Orientais ; aparecèram omens neftes dois feculos , que, entregando-fe inteiramente às ditas linguas,
nam só os-intendèram bem ; mas com tal exafám os-traduzîram,
na lingua Latina , que qualquer omem pode oje , formar conceito das-ditas obras .

　Devemos porem , em obzequio da-verdade, confefar , que a
ocaziam defte adiantamento, a-devemos aos Erejes , que upare-
cèram no-feculo XVI. Querendo eles , livrar-fe de varios argumentos, tirados dos-antigos Padres ; declaráram muitas obras, apocrifas ; e diligentemente eftudáram as linguas mortas, para argu-
mentarem, contra os Originais . Ifto obrigou os Catolicos, a
fazerem o mefmo : e reftituindo as ditas obras , à fua primeira pureza, determináram, quais eram as verdadeiras, e quais as
falfas , e fupoftas. O mefmo fucedeo, com as outras provas,
dos-nofos Dogmas, digo, com os textos, que fe-tiram da-Efcritura .

tura. Eles negáram mil coizas: e foi necefario, que nós as-pro-
vafemos deforte, que nam tivefem replica. Sucedeo tambem o
mefmo com as provas, tiradas da-boa razam. As quais foi necefario joeirar, para examinar, quais nam mereciam, efte nome.
Efta necefidade, de examinar todas as provas, e refpoftas dos-ad-
verfarios, infenfivelmente nos-introduzio nas materias, que tinham
conexam com elas. Daqui naceo, efte corpo de doutrina, a que
chamamos Teologia Moderna: a qual namobftanteque nada exponha, que nam feja antigo; expoem-no por-um novo metodo:
e procura provas, com que folidamente confirme, efa fua veneravel antiguidade. Deforteque Teologia moderna, é uma Teologia
Dogmatica, expofta com claro e facil metodo, e conforme ao
eftilo da-efcola. Mas como para fe-defcobrir uma verdade, fe-deve expor tudo, o de que ela depende; e da-noticia da-iftoria
Ecleziaftica, dependa a noticia, de muitos pontos da-Dogmatica; daqui vem, que necefariamente fe-devem examinar, as ditas
queftoens: as quais fem duvida pertencem, à Teologia Pozitiva:
e por-efté motivo fe-deve chamar, *Pofitivo-Scolaftica*.

Efta em fuma é a natureza, da-dita Teologia. Nenhuma outra coiza bufca mais, que provar as verdades, que Deus nos-revelou: tanto as que pertencem a fi, como a Crifto, como à
Igreja, como a nós: e para efte fim, dirige todas as fuas provas,
e defvia tudo o que a-fepára, defte intento. Nam fe-entretem
com futilezas defnecefarias: nam fe-ferve da-razam natural, fenam
nas coizas, em que nam fe-pode difpenfar, de o-fazer: e toda
fe-ocupa em facilitar o metodo, de perfuadir a todos, as verdades de que trata. Nam fe-pode defcobrir metodo, que mais fa-
tisfafa o intendimento, doque efte: e tudo o mais, é demorar-
fe com as folhas, fem chegar a colher os frutos. Uma verdade
teologica, que depende de um fato iftorico, e doutrina efcritu-
ral; nam fe-pode provar, fem defcobrir e qualificar efe fato, e
efa doutrina. E ifto nam fe-confegue, com arengas efcolafticas,
e com fofifmas: mas com razoens claras, e fortes, e difpoftas
com um metodo inteligivel.

Nada difto fe-obferva, na Teologia Efpeculativa: porque
quazi todas as queftoens nada conduzem, para o principal ponto
da-materia. O tratado intitula-fe v. g. *de Trinitate*: e a maior
parte das-queftoens tudo tratam, fóra que provar, alguma verdade importante, que pertenfa a efe mifterio. Uma das-famozas
queftoens é, *Qual feja o Principium quo productivum* &c: Uns
dizem, que eftá no-*relativo*: outros, que no-*abfoluto*: e fobre

isto se-fazem disputas imensas. E quem nam ve, que tódas estas queſtoens, sam puerilidades? Tudo o que nós sabemos de certo é, que o Pai produz o Filho: e ambos o Espirito Santo: mas que a natureza do-Pai, nam produz a natureza do-Filho, ou do-Espirito, que é a mesma. Desorteque todas aquelas queſtoens, nam enſinam mais, doque sabemos: nem provam, o que sabemos: nem servem mais, que para dar materia, *aos principios proximos, e remotos*, da-Escola. O pior é, que ainda iſo que sabemos, quando os Escolaſticos o-tocam, ou nam provam, segundo o coſtume; ou, se provam, é tam mal, que moſtram nam intender, o que dizem. De que nam lhe-poſo citar, melhores exemplos, nem mais modernos, que * * * Do que fica claro, que de semelhantes eſtudos, nam se-pode tirar ajuda alguma, para intender as coizas neceſarias. E por-eſa razam os modernos, e verdadeiros Teologos, tem medo, de excitar queſtoens inutis: primeiro, para nam ocupar tempo: despois, porque fundando-se elas pola maior parte, em palavrinhas; confundem o juizo, nem o-deixam apto, para outras coizas. Emfim os modernos Teologos, seguindo tambem o parecer, dos-Filozofos modernos; persuadîram ao mundo, eſta verdade, que nunca intendeo a escola Peripatetica; e vem aser, que o intendimento nam se-aperfeiſoa, com arengas; mas com razoens claras, e bem diſpoſtas: antes polo contrario, que as mexerofadas da-Escolaſtica, sam o melhor segredo, que se-tem achado, para nam intender bem, materia alguma. Especialmente falo, das-arengas da-forma ſilogiſtica: de que ja em outra carta moſtrei, a utilidade que produziam.

Iſto ſupoſto, a primeira coiza, que deve fazer o eſtudante, que entra na Teologia é, eſtudar em breve, a iſtoria da-Igreja: primeiro, a do-Antigo teſtamento: mas especialmente, despois de Criſto a eſta parte: cuja noticia com o tempo, quando se-oferecem controverſias que dependem dela, se-deve ir dilatando. Eſta noticia entronca naturalmente, com a iſtoria Civil, e particularmente, com a dos-Imperadores, ao menos até o sexto seculo: onde é neceſario eſtudála muito bem. Iſto parece maravilha, aos que nam conhecem a Teologia mais, que polo sobrescrito: mas nam á mais verdade. Sendo a Teologia uma colefam de verdades reveladas, diſpoſtas em diferentes titulos, e tratados; e tendo ſido quazi todas elas diſputadas, e impugnadas polos Erejes, em todos os ſeculos da-Igreja; e tendo tambem ſido explicadas, com a tradiſam dos-Padres, e autoridade dos-Concilios, ou Igreja Romana &c. sobre o que formam dificuldades, os

Ere-

Erejes do-noſo tempo : E' neceſario muitas vezes, provar o fato, para eſtablecer a verdade daquela decizam, e convencer a men-tira dos-Erejes. Ponho exemplo. Crem os Catolicos, que a ma-ior parte dos-Biſpos Criſtaons, unidos ao Papa, nam pode errar, nas definiſoens de Fé. Impugnam varios Erejes eſta verdade, principalmente os modernos : e opoem o que ſucedeo, nos-Conci-lios Ariminenſe, e Seleucienſe, convocados para condenar, a ere-zia de Ario ; nos-quais os Padres, inganados polos Biſpos Aria-nos, admetiram uma confiſam de Fé, realmente Ariana, mas com aparencias de Catolica : e ainda deſpois de deſcuberto o ingano, obrigados por-varias calamidades, novamente aſináram, a antiga confiſam e decreto.. Querem os Erejes, que eſtes Padres ſince-ramente admetiſem, o dito erro : e ſendo em maior numero, que os outros Biſpos, ou, para melhor dizer, ſendo mais que baſtan-tes, para formar úm Concilio Geral ; e prezedindo nele os lega-dos Pontificios ; ſe-deſtrua com iſto, o noſo dogma. A eſte ar-gumento, nam ſe-pode reſponder, ſem ter exata noticia, da-Iſ-toria do-dito ſeculo. E iſto meſmo ſe-deve dizer, de mil outras controverſias, que ſe-oferecem.

O metodo de eſtudar a Iſtoria, é eſte. Primeiro, buſcar uma carta cronologica, deſtas que ſe-acham, em uma folha de papel grande ; e meter na cabeſa, as principais epocas, da-iſto-ria Civil : e obſervar a ordem, e ſerie-dos-tempos : primeiro an-tes de Criſto. Deſpois, ler por-um Compendio, a iſtoria dos-an-tigos Imperios, que tem algum parenteſco, com a da-Igreja an-tiga. Em ſegundo lugar, ler a iſtoria da-Igreja, até Criſto. A meſma ordem ſe-obſervará, deſpois de Criſto. Primeiro, ſe-le a iſtoria Civil, quero dizer, dos-Imperadores Romanos ; (e dos-outros Reinos, que ſam diſmembraſam do-Romano, pode-ſe ler, em outro tempo) obſervando a uniam que tem, com a iſ-toria da-Igreja. O que poſto, é neceſario lela, por-um autor mais difuzo. Deſpois diſto, deve ler a iſtoria, da-Igreja de Criſto, polo meſmo metodo. No-meſmo tempo deve acoſtumar-ſe, a buſ-car na carta de Geografia, as provincias, e lugares de que fala : porque deſte modo, aprende-ſe a Geografia ſem trabalho. E tam-bem a divizam do-globo, nas ſuas partes, e outras deſtas coizas, aprendem-ſe no-meſmo tempo, faciliſimamente, e por-divertimen-to : Eſtas noticias baſtam, ao principio : porque com o tempo, e quando ſe-eſtudam as queſtoens de Teologia, em que ſam ne-ceſarias, é que ſe-profundam bem. Sobre iſto, ja falei em outra carta, que cuido tratava, das-Umanidades. Mas cazo que o eſ-

tudan-

rudante, nam tivefe eftudado primeiro, a Iftoria; deve fazèlô
agora: porque efte é o primeiro Prolegomeno, da-Teologia.

Deve pois conhefer, quais foram os melhores autores, que
efcrevèram nas materias: para nam fe-inganar com eles. v. g.
Sobre a Geografia á cartas boas, e más. *Janfon* fez um Atlas
Geografico, em oito volumes grandes: e tambem o compendio
de todos eles, em um volume de folha: efta colefam é boa.
Blaeu fez outro Atlas, em onze volumes, ou doze, de outra
edifam: tambem tem cartas otimas. Os Senhores *Sanfon* compuzeram, um Atlas mais breve, com cartas de todo o mundo:
e fam mui louvadas. As cartas de *M. de l'Isle* fam ainda mais
corretas: compreendem toda a Geografia. Eftes dois ultimos
autores tem cartas, das-antigas divizoens dos-Imperios, mui
bufcadas polos curiozos. Alem deftes, temos autores famozos, que
compuzeram cartas, de alguns paizes particulares: os melhores
fam eftes. *Infelim* = que fez as de Inglaterra, Païzes Baixos,
Franfa, Efpanha, Portugal. M. *Nolin* = de Veneza, e Iftria.
O P. *Placido* = o Curfo do-Pó. *Enfisbmid* = de Alemanha.
Scheuchzero = de Elvecia &c. Eftes autores devem-fe faber, para fe-bufcarem nas ocazioens; deixando infinitos outros, que
nam valem nada.

Dos-livros, nas Umanidades apontei alguns Latinos. *Cella-*
rio, e *Cluverio* para a antiga Geografia, publicáram Compendios
beliffimos: é mais extenfo *Pedro Bertio*. No-meio do-feculo pafado compoz o P. *Brietio*, = *Parallela Geographiæ veteris & no-*
væ 4.° volum. 3. é obra digna de todo o louvor: mas nam compreende máis, que a Europa; porque os outros tomos, nam fe-im-
primîram. Para a moderna, á muitos bons, em linguas vulgares. M. *Robbe*, e *Sanfon*, compuzeram Introdufoens boas, em
Francez: o *Chinfole*, em Itaiiano. *Du-Bois* publicou uma em 4.°
v. 2. fegundo as obfervafoens da-Academia das-Ciencias de Pariz.
Audriffret tambem comefou uma em Francez, que comprendia
a Geografia antiga, e moderna: mas nam deixou mais, que um
tomo em 4.° que compreende parte da-Europa. *Carolus a S. Pau-*
lo, publicou as taboas, da-antiga Geografia Sacra, em que traz
os V. primeiros Patriarcados: fam Latinas fol. e utilifimas para
um Teologo, e Canonifta. Tambem é necefario ter noticia,
dos-Dicionarios Geograficos melhores. O *Varea*, compoz um
Dicionario Geografico, Iftorico-Latino: fol. 2. vol. é pafavel.
Baudrand, publicou outro em Latim, que era de *Ferrario* 2. t.
fol. eftima-fe a edifam de 1689, porque as antecedentes nada valem.

Iem. O *Maty*, deu fóra um, em 4.º Francez. Mas o melhor de todos é o de M. de *Martiniere* da-ultima edifam, que cuido fam dez volumes de folha: e oje tem de mais um tomo, em que poem as cartas Geograficas melhores, principalmente na edifam de Veneza. Efta noticias deve ter o meftre, para as-comunicar aos dicipulos, nas ocazioens,

Para a Cronologia, bafta ao principio, o *Strauchius*, ou *Beveregius* ≡ *Inftitutiones Chronologicæ*: ou tambem a fegunda parte do-*Rationarium* do-*P. Petavio*. Quem quizer maiores noticias, leia a *Doctrina Temporum* do-mefmo *Petavio*: ou o *P. Brietio* ≡ *Annales Mundi*. 2. tom. fol. aindaque acrecenta 70 anos ao *Petavio*: ou tambem leia o *Ufferius* ≡ *Chronologia Sacra*. Com o tempo fe-alcanfa noticia, de outros Cronologos. Para a iftoria Univerfal em breve, bafta a primeira parte do-*Rationarium* do-*Petavio*: tambem o *Cellario* fez um Compendio Latino em 12.º que é exatifimo, como fam todas as obras, defte grande omem. O *Turfelino* fez um, que é mais eftimado, pola *Latinidade*, que pola Iftoria. Melhor que ninguem efcreveo, *Gottlob Kranzio* ≡ *Compendium Hiftoriæ Univerfalis ab orbe condito, ufque ad finem fæculi XVII*. 8.º *Vratislaviæ*. 1709. mas publicou-fe anonimo. Mais difuzo é o *Brietio*, principalmente defpois de Crifto: ou o *Lofchi* ≡ *Hiftoria Univerfalis*. 12.º volum. 7. é autor bom. Para a Ecleziaftica até Crifto em compendio, é fofrivel para um principiante, o *Bolerano*. 16.º Latino: defpois de Crifto, *Riboty* 12.º que a-continua ate o ano 1677. O *Gravefon* é mais extenfo, e efcreve toda a iftoria antes de Crifto, em 3. volumes em 12.º imprefos em Roma: e a iftoria dita defpois de Crifto, até todo o feculo XVII. em 6. volum. 4.º mas eftreitos. Ifto bafta, para um principiante: os meftres devem beber, nas mefmas fontes da-Iftoria. Para as dificuldades maiores, pode contentar-fe o eftudante, com o *Natal Alexandre*, com as notas do-*P. Roncaglia*. Efte autor explica o que bafta, neftas introdufoens; correndo por-todos os feculos, defde o principio do-mundo, até o fim do-XVI. de Crifto. Nele podem os principiantes ler as difputas, fobre os pontos controverfos de Iftoria, e tambem alguma coiza do-Dogma: os omens adiantados, necefitam de outras noticias, que ele nam traz, ou toca mui de pafagem, ou explica mal.

Daqui pafando à Teologia, fuperfluamente darei metodo, de a-eftudar: porque fem ter um livro bom, nam é facil que o eftudante, fe-pofa regular fem ingano. Primeiramente, fe ele tem eftudado, boa Filozofia, fegundo o metodo que apontei, mais

facil-

facilmente intenderá, como á-de tratar a Teologia. Contudo por-si só, nam poderá adiantar-se muito, neste estudo: e debalde lhe-persuadirám, que o-fafa. Se tem sido Peripatetico, neste cazo superfluamente lhe-direi, que a-estude bem: porque um omem preocupado, com arengas da-Escola, em tudo quererá sutilizar. Onde sem se-esquecer de tudo, o que tem estudado; e tomar alguma ideia, da-boa Filozofia; nam é possível, que fafa coiza boa. Contudoiso darei a V. P. regra geral, com a qual me-parece, que um moso de boa indole, e docil, pode regular-se seguramente, no-estudo da-Teologia.

Nam deve o estudante demorar-se, com prolegomeno algum, dos-que nas Teologias vulgares se-escrevem: basta que intenda, o que asima lhe-difemos, que se-reduz a isto. Teologia é um corpo de doutrina, em que se-compreende tudo, o que se-pode faber, das-coizas reveladas: as quais reduzem-se a trez clases. I. As coizas que pertencem a Deus, como é em si; em que se-expoem, todas as suas propriedades. II. Coizás que pertencem a varias obras de Deus, como criafam do-Mundo, do-Omem, do-Anjo &c. III. Coizas que pertencem a nós, em quanto nos-encaminhamos para Deus; que fam as nofas obras boas, divinos auxilios, fantidade, bemaventuransa: e alem difo as Leis, a que devemos obedecer &c. Nisto se-compreende, toda a ciencia que temos de Deus, ou todo o que ele quiz, que nós foubefemos: e a isto chamamos, *Teologia*.

Isto posto, o que devemos fazer é, provar estas verdades reveladas, polo melhor modo, mais certo, e mais claro, que podermos. Primeiro, para nos-certificarmos, da-verdade da-nofa religiam; e reconhecermos, que devemos crer com toda a feguransa, os nofos Dogmas. Em fegundo lugar, para taparmos a boca aos Infieis, e Erejes, que negam, ou duvidam, de alguma delas. O que suposto, as provas da-nofa Teologia, tiram-se de trez fontes. I. da-palavra de Deus escrita, que se-contem em ambos os Teftamentos. II. da-tradifam divina, que é a mefma palavra de Deus, que se-comunicou em voz, e divinamente se-confervou, até os nofos tempos. III. da-razam natural, que prova, e confirma muitas coizas, que tambem foram reveladas. Destas trez fontes, nacem outros lugares Teologicos, de que se-tiram, os particulares argumentos. v. g. Da-Tradifam, nace a autoridade da-Igreja Univerfal, dos-Concilios Gerais, da-Igreja Romana, dos-SS. Padres: porque todos estes fam os fieis depozitarios, da-Tradifam Divina. Segue-fe a autoridade dos-Teologos,

gos, que fucedèram aos Padres; e quando todos convem em uma coiza, moftram a fua evidencia, ou conftante tradifam. Da-Razam natural, nace a autoridade dos-Filozofos, e Iftoricos. Deforteque contando bem os lugares, de que pode fervir-fe o Teologo, fam dez : Efcritura, Tradifam vocal, Igreja Univerfal, Concilios Gerais, Igreja Romana, Padres antigos, Teologos, Razam natural, Filozofos, e Iftoricos. Os primeiros feis, fam proprios da-Teologia, e a concluzam que deles fe-tira legitimamente, é teologica, e certa: porque a autoridade deftes feis lugares, é infalivel. Os ultimos quatro, fam de fua natureza faliveis, e alguns deles expoftos, a ingano: e ainda a mefma razam natural, que nas materias evidentes acerta; nas que o-nam-fam, conjetura fomente. Onde o Teologo nam pode deles tirar, concluzam infalivel, mas provavel: e para provar algumas determinadas coizas, que firvam, para iluftrar o Dogma.

Defte principio, conhecerá facilmente o Teologo, como deve tratar, as queftoens de Teologia: pois é certo, que os lugares infaliveis, devem preferir-fe, aos faliveis: fendoque só aqueles dam, concluzam teologica. Quanto aos outros, só nos-devemos fervir deles, quando é necefario, para iluftrar o Dogma. Efpecialmente falo dos-argumentos, tirados da-razam natural. Ela ferve, para confirmar algumas coizas, que nós cremos. v. g. a exiftencia de Deus, e do-efpirito criado: a fua liberdade &c. e aqui produz argumentos evidentes. Em outras coizas só ferve, para explicar melhor, o que fe-diz: e em outras, de nenhum modo tem lugar. De que fe-conhece, que a razam deve fugeitar-fe, ao Dogma; é ajudálo a triunfar, dos-feus inimigos.

Ifto fupofto, faie daqni a regra geral, e incontroverfa: Que em materias de Teologia, nam fe-deve introduzir, a razam natural; fenam em quanto ferve, para declarar, e defender o Dogma. Ifto, é o mefmo que dizer, que só fe-devem difputar aquelas queftoens, que conduzem para efte fim: e devem evitar-fe todas as outras inutis, e embrulhadas, que nam fervem para ifto. Com efte ditame, ja o eftudante pode conhecer, como deve tratar a Teologia; e o conceito que deve formar, de infinitas queftoens, que nas efcolas fe-tratam, com efte nome. Deve ter fempre na mam efta balanfa, e pezálas mui bem: e quando nam tiverem eftas condifoens, defprezálas todas. Entam achará, que a queftam iftorica, pertence a efta clafe; viftoque fem ela, nam fe-intende o Dogma: v. g. a vinda de Crifto, e verificafam de todas as profecias. E

daqui

daqui concluirá, que a Iſtoria é ſumamente neceſaria, ao Teologo. E nam ſe-podendo ſaber bem, a Iſtoria de ambas as Igrejas, ſem a Civil, ſem a Geografia, e Cronologia; concluirá tambem, que tudo iſto é neceſario, ao Teologo. Entam conhecerá, que o Teologo deve ſaber, o verdadeiro ſentido das-Eſcrituras, de que ſe-ſerve, para provar os Dogmas. Mas às vezes vareiam os codigos, e verſoens antigas, tanto dos-textos, como entre ſi : vareiam os meſmos textos : alem diſo os Judeos, e os Erejes argumentam, com os textos originais : onde é neceſario inten-der, as linguas das-Fontes, para lhe-poder reſponder : De que ſe-conclue, que eſta erudiſam, é neceſaria ao Teologo. Final-mente, correndo por-tudo o mais, pola doutrina dos-SS. Pa-dres, e Concilios, que os Erejes ou pervertem, ou impugnam ; virá a conhecer, que o Teologo deve ſaber muito mais, que comumente nam ſe-intende. Polo contrario o Ereje, nam lhe-im-porta, ſe o *Principium Quo* eſtá no-*relativo*, ou no-*abſoluto* : e outras coizas ſemelhantes. Nam lhe-importa o que diſe Ariſto-teles, neſta, ou na quela materia : pois quando muito ſerve-ſe da-razam natural, para argumentar ou reſponder : nem eſtas queſtoens, fundadas ſobre os tais principios, ſervem, para con-firmar o Dogma. E aſim deve o Teologo totalmente deſprezálas: e deve ter ſempre diante dos-olhos, que o-nam-guiou Deus, para aquele emprego, para inventar ſutilezas inſofriveis, ou coizas ſemelhantes: ocupando com elas o tempo, e inganando o mundo ignorante, com dizer, que ſam neceſarias, e utis : Mas para fa-zer a ſua obrigaſam, iluſtrando a doutrina revelada ; paraque a-abracemos com todo o goſto; e executemos o que ela manda: e defendendo-a contra todos os inimigos.

Se o Teologo principiante, aſentar neſtes principios, que ſam certos entre todos, os que tem juizo ; verá, que a Teolo-gia das-eſcolas ſe-reduz, a poucas queſtoens : e verá tambem, que lhe-dezagradam, as que comumente ſe-tratam : abrindo-ſe por-ou-tra parte campo a uma fundada, e dilatada ciencia, eſtablecida ſobre as bazes, que aſima apontamos. E deſta ſorte, aindaque nam tenha um livro, totalmente bom ; ſaberá nele ſeparar as queſtoens más, das-que ſam boas. Mas como nos-livros Eſco-laſticos, tudo ſam ſutilezas, verá que neceſariamente lhe-deza-gradam, todos eſtes; e que ſerá obrigado, a procurar outros, que tratem o que devem. E como eſtes nam ſe-acham logo, porque uns ſam mui difuzos, e outros ſam compendios, que nam ſam para o cazo; ſomente entre os terceiros, que entre o

bom

bom tem alguma coiza ruim , é que pode exercitar a sua critica , e aquele bom uzo de Logica , que suponho tem adquerido
na Filozofia , e lisam de bons autores .

A verdade é , que ainda até aqui nam apareceo , um curso
de Teologia , (ainda moderna) proporcionado aos estudantes ; e
que só tratáse , alem das-dogmaticas , aquelas questoens escolasticas , que sam necesarias , para o Dogma : e esas as-prováse
desorte , que intendesem todos , e se-capacitasem . Os Modernos,
aindaque doutos , comumente pecam , contra um destes pontos :
ou dizem mais doque nam devem ; ou fundam-se tam mal , que
com um asopro se-destruem , os seus fundamentos . E este é
grande defeito : porque os Erejes desfazendo estes , cuidam que
tem destruido, a doutrina da-Igreja ; e persuadem-se , que os-nam-te-
mos melhores . Onde , é interese comum da-nosa religiam , que
os Teologos nas questoens naturais, procurem fundamentos, fóra
de toda a duvida : e os-proponham desorte , que nam só no-ri-
gor da-fórma , mas fóra dela persuadam . Nas questoens provaveis , devem propor os fundamentos, como tais ; e nam inganar
o mundo, vendendo gato por-lebre . A nosa religiam é certa ,
e clara , e a mais racionavel , e mais bem provada , que tem
avido no-mundo : o que suposto , por-qual razam avemos de fazer misterio dela ? por-que razam nam avemos de propor as provas , com toda a clareza , paraque as-intendam todos , e se-ca-
pacitem delas ? Será necesario , vestir as provas em trajes de
silogismo , para persuadir ? será necesario , recorrer a provas in-
sufistentes , para provar iso mesmo ? Seria iso grande loucura ,
e temeridade . E asim com todo o cuidado devemos evitar isto;
e deve facilitar-se a inteligencia e percesám , em modo que al-
cansem todos : fugindo de palavras oscuras , e termos ou duvidozos, ou que nada significam ; porque sam prejudiciais , nestas
materias .

Este é o maior trabalho , que tem oje os Teologos modernos . Nam consiste a dificuldade , em batalhar com os Erejes ;
mas com os mesmos Escolasticos : e persuadir-lhes, que devem
mudar de metodo . Preocupados estes omens , polos antigos costumes ; nam admitem razam : fecham as orelhas a toda a advertencia : por-bem , ou por-mal ám-de continuar, o mesmo metodo . Seram capazes (o que ja vi suceder) de aconselharem ,
que se-neguem as licensas, a todo o livro de Filozofia , ou Teologia moderna ; sem o-verem , sem o-examinarem , sem o-inten-

TOM. II.   F f   de-

derem : nam por-outra razam, senam por-nam ser aquela, que eles tem estudado. Dizei a um Tomista, que a Suma de S. Tomaz nam serve nestas eras : acabou-se tudo : faz-vos logo um procefo criminal de religiam : esta propozisam cheira mal : é suspeitoza na sé &c. Dizei a um Escotista, que nam fazeis cazo do-que diz Escoto, porque sam metafizicas, sem fundamento algum &c. grita por-El-Rei : e vem logo mil Univerfidades, em que á Cadeira de Escoto : e muitos Papas, que louváram a escola Francifcana &c. Finalmente dizei a um Medista, ou Molinista, que o uzo da-ciencia Media nam é bem fundado, na doutrina de S. Agoftinho ; ou coiza femelhante, contra o seu sistema : sae logo a Congregasam de *Auxiliis* em Roma : a condenasam da-iftoria do-P. Lemos, porque dizia mal da-ciencia Media : e vem logo Paulo V. que no-principio do-feculo pafado nam só permetio, mas canonizou a ciencia Media. Nam quero com ifto dizer, que nam fe-figam eftas doutrinas : ou repreender em coiza alguma, eftas Efcolas veneraveis. A Igreja permite-as : e devo eu fazèlo tambem. sam opinioens Catolicas, feguidas comumente : muito embora. Falo dos-individuos particulares, que abrafam cegamente eftas doutrinas : e nam só nam vem nada, fóra das-fuas efcolas; mas condenam tudo, o que nam feguem. Digo pois, que eftas cenfuras sam paixoens demaziadas : porque cadaum pode defender, as fuas doutrinas, fe é que tem fundamento para ifo ; fem romper neftes extremos, que nam fazem ao cazo. Efpecialmente digo ifto, falando do-metodo : pois é certo, que á-de fer muito preocupado, quem nam conhefa ; que efte metodo Efcolaftico, fundado fobre a Filozofia Ariftotelica, nam é proprio, para a Teologia : como fe-pode conhecer, examinando a utilidade, que dele refulta. Comque, fe o Teologo nam tivefe mais, que batalhar com os Erejes, todos procederiam com grande concordia : mas devendo batalhar, com os Teologos Efcolafticos, daqui nace toda a bolha, que nam fe-conclue com facilidade. E afim deve o omem eftar preparado, para lhe-refponder : tendo fempre prefentes, as regras que apontamos. Mais ifto é o que nam apontam, as Teologias que tenho lido. Onde é necefario, enfinálo ao eftudante : ou que ele com a fua induftria e aplicafam o-emende, nos-livros que le : tendo o feu caderno, em que aponte as queftoens, que dele deve excluir ; e a razam por-que. Mas um dia deftes me-dife o P.*** que um feu amigo eftava compondo, uma Teologia mui douta, por-efte eftilo. Será coiza utilifi-

ma,

ma, se for boa: julgaremos, quando a-virmos.

Deve alem difto o eftudante, que le as materias, profundar as queftoens iftoricas, quando fe-incontrarem. E fobre tudo eftudar fempre, com a pena na mam; fazendo compendios das-queftoens que eftuda; e pondo em duas palavras, o que leo em muitas folhas: pois defta forte pode examinar bem, o que compoem: imprimilo na memoria: e quando o-torna a ler, fazer-fe fenhor da-materia, em breve tempo. E tenha por-certo, que quem le fem a pena na mam, é o mefmo que nam querer intender, o que le. Acoftumando-fe pois a julgar bem, e fervir-fe de bom criterio nas materias; poderá fazer grandes progrefos, na Teologia.

Quanto às materias, deve comefar, poloque pertence a Deus, tanto *Uno*, como *Trino*: no-que fe-compreende, boa parte da-Teologia. Daqui deve pafar, às outras principais materias, que afima apontamos, (rezervando o Móral para outro tempo) que fam *de Incarnatione, de Ecclefia, de Gratia Chrifti, de Sacramentis.* Quem chega a faber ifto bem, é um bom Teologo: porque as outras coizas podem-fe eftudar, ou incidentemente, ou quando á necefidade. Quem eftuda com metodo, e tem os requizitos que apontamos; pode em quatro anos, fabèlas fofrivelmente: ou quando muito, em cinco. No-fexto ano deviam obrigálo, a fazer atos nelas: e com trez atos, tomar o grao de Bacharel: com o quarto, o de Licenciado: e logo o Doutoramento, como ja dife, falando da-Jurifprudencia.

Ifto é o que me-ocorre dizer a V. P. fobre a Teologia. Pudera dizer muito mais, dilatando ifto mefmo, que tenho apontado: mas feria fuperfluo, para os que intendem; e muito mais, para os que nam intendem. Se os que lerem efta, eftiverem preocupados, com os feus antigos coftumes; declaro, que para eles nam efcrevo: nem tenho tanta vaidade, que intenda, que os-ei-de perfuadir. Encham muito embora a cabefa, com as fuas formalidades: divirtam-fe, com os feus filogifmos: que lhe-fafa muito bom proveito: que certamente nam os-ei-de confultar, em materia alguma Teologica. Se os que a-lerem, tiverem docilidade, e bons principios; (fem ifto é tempo perdido) nefte cazo com o que digo, podem aproveitar-fe alguma coiza, e com o tempo, adiantar-fe muito: inftruirem novos dicipulos: e terem a gloria, de ter feito efe fervifo, à Republica. E fpecialmente pode fuceder ifto, fe V. P. com a fua eloquencia e

dou-

doutrina, os-introduzir, e regular nefte eftudo: pois fei muito bem, que nenhum outro Portuguez tem em grao eroico, eftes nobres fentimentos, de ajudar utilmente o Publico: e tem forfas e pofibilidade para ifo, como V. P. Eftimarei que fe-cumpram, todos os feus dezejos; e que goze, larguifimas felicidades. Deus guarde &c.

CARTA

CARTA DECIMAQUINTA.

SUMARIO.

TRata-se do-Direito Canonico. Mao metodo de o-estudar, neste Reino; e prejuizos que dele rezultam. Dá-se uma ideia do-Direito Canonico, e da-sua istoria. Necesidade da-istoria Ecleziastica, para intender os Canones. Que daqui deve comesar, o estudo do-Canonista, unido com a Civil, e Geografia Sagrada. Aponta-se o metodo, de estudar Canones. Necesidade das-Instituisoens Canonicas, antes que se-estudem, as materias particulares. Apontam-se algumas melhores. Aponta-se o que se-deve estudar despois. Defeitos do-Direito Canonico intrinsecos, e extrinsecos. Como se-devem regular na pratica, os que estudam Canones.

Inalmente V. P. quer que eu seja, um Enciclopedista consumado: porque nam lhe-ocorre materia, sobre que nam queira ouvir, o meu parecer. nem menos o Direito Canonico, lhe-fugio da-memoria. E será posivel, que eu tenha tanta erudisam, para poder ajuizar, em toda a materia? Mas emfim, o pior é pasado: e ja que nam tive dificuldade, de lhe-dizer o meu parecer, sobre o estudo da-lei Civil; que parecia ter menos parentesco, com a minha profisam; aindaque tivese muito com a Filozofia, de que eu me-prezo muito: nem menos terei dificuldade, de lhe-dizer o que me-ocorre, sobre os Canones; visto serem uma consequencia, da-Teologia; para a qual pertencem. E com mais boa vontade lho-direi, sendoque o que ja dise, do-Direito Civil, me-poupa repetir muitas coizas, sobre o Canonico.

V. P. bem sabe, que o metodo de ensinar direito Canonico, nesa Univerfidade; é pouco diferente (aindaque pior um pouco) do-Civil. O primeiro ano pasa-se, com as Instituisoens de Justiniano, se é que as-abrem. Despois, devem frequentar algum tempo, as leis Civis. Daqui pasam, para as escolas de Canones,

nes, e eſtudam uma ou duas poſtilas triviais, de *Clerico Vena-*
tore, ou *de Voto* &c. e no-quinto ano, fazem concluzoens nelas.
Deſpois, Bacharel, e Formatura, polo meſmo metodo, dos-atos
em Leis: e pode formar-ſe em direito Canonico, ou Civil, ſegundo lhe-parece. Feito iſto, parte dali para o ſei païz muï
conſolado, e com determinaſam de ſer Advogado, ou concorrer aos
lugares de Juiz. Tomára porem que V. P. tiveſe a bondade de
refletir, algumas coizas. A primeira, ſe um omem que eſtuda
por-eſte eſtilo, ſabe que coiza é, direito Canonico: ſegunda, ſe
eſte tal omem pode ſer Advogado, ou Juiz. Cuido, que é neceſaria muï pouca capacidade, para ſaber, que reſpoſta ſe-deve
dar, a iſto.

Quem eſtuda ſomente, tres ou quatro materias de Canonica, aindaque as-ſaiba na ponta da-lingua; ſabe tanto de direito Canonico, quanto um omem, que nam ſe-ocupou mais, que
em deſenhar bazes de colunas, pode ſaber de Architetura. Creio, que nam ſe-acharia omem, tam louco, que entregáſe a dire-
ſam de uma grande fabrica, a um omem, que nam deſenhára
outra coiza. Ora é certo, que o titulo *de Clerico Venatore*, e
outros que ſe-incontram, e defendem todos os dias, ſam ridicularias em comparaſam, do-corpo do-Direito. ſam coizas que
ſe-aprendem em meia ora: e que alguns Moraliſtas explicam, em
muï poucas palavras. Deſorteque, examinando o cazo ſem paixam, eſte eſtudante nam ſabe, direito Canonico. E que ſaberá
do-Civil, a que nunca ſe-aplicou, ſenam para provar frequencia? certamente nada. (e iſto meſmo digo, do-que eſtudando leis
Civis, com um ano que prove de Canones, ſe-forma neles)
Diga-me pois V. P. como é poſivel, que eſte omem ſe-repute
apto, para advogar em materias civis? é eſte um problema, a
que eu nunca achei ſoluſam. Contudoiſo, nam é coiza mais
ordinaria, que Clerigos Advogados: e ainda muitos Seculares,
que, nam obſtante ſerem formados em leis Civis, nam lèram
mais, que as Ekleziaſticas, polo eſtilo que apontei. Eſtes nam
advogam ſomente, de *Clerico Venatore*; mas em toda a materia
civil, e criminal. Paſo adiante, e progunto, como pode um
deſtes ſer Juiz; ou que coiza á-de dizer, nos-ſeus judicatos? Sei
que o Povo ingana-ſe com eſta gente o o-mais-das-que ouſa dizer, *Senhor Doutor*: e veja o ſineta da-Univerſidade, dentro de
uma caixa; nam pede mais autenticas. Mas o que digo é, que
um omem deſtes, é tam capaz de julgar, neſtas materias; como
ſerá qualquer omem, que nam ſabe lèr. Digo, que eſte ſabe
me-

menos , que o-Efcrivam : menos, que o Notario : e que mais deprefa me-fiára, de um deftes ultimos, que do-dito Doutor.

Proguntarmeí V. P. donde me confta, que eftes Canoniftas, fabem tam pouco: e como provo, que nam julgam bem, e nam fazem a fua obrigafam. Mas nam á argumento, a que eu pofa refponder mais facilmente. A primeira parte, confta-me de trezentasmil concluzoens imprefas, que tenho vifto nefta materia: as quais eram tam bonitinhas, que nam tenho necefidade, de outras provas. Que um ou outro eftude mais, alguma materia, ifo nam obfta, contra a regra geral : e ainda para efes, tenho outra refpofta. Nem a experiencia me defmente : pois fazendo algumas nefta materia, fempre tireï por-fruto, confirmar-me na opiniam em que eftou, deque nam fabem, que coiza é Direito. Achei um, deftes prezados de doutos , que fe-admirou de me-ouvir dizer, que o tratado *de Sacramentis in genere, & in specie*, era direito Canonico : e nam teve vergonha de me-refponder, que efas coizas, pertenciam aos Moraliftas. Proguntei a outro, em que fe-diftinguia o direito Canonico, da-Teologia ; e nem menos a ifto, foube refponder. Se me-fora licito, nomiar todas as pefoas, a quem ouvi dizer parvoíces, nefta materia ; faria um grofo volume. Mas nam tenho necefidade, de outras provas ; viftoque a conftante experiencia, eftá pola minha parte. Experimente V. P. o que lhe-digo : fafa algumas proguntas em tempo proprio ; e terá provas abundantifimas.

E defta primeira parte nace a refpofta, que dou à fegunda : fendo certo, que quem fabe pouco, nam pode fazer bem a fua obrigafam : e muito menos em materias, que nam tem eftudado. Se algumas vezes, efcrevem menos mal, ou faiem letrados de melhor fama ; ifo provèm do-mero uzo. Ja eu dife a V. P., que quando um omem tem pratica grande de cauzas, pode advogar, e ainda fer Juiz nelas ; nam em virtude de doutrina alguma, mas da-boa razam, acomodada à experiencia. Reparei muitas vezes, eftando nos-efcritorios-dos-Advogados, que de trezentas cauzas que tinham, pouquifimas incluiam, um artigo confideravel : a maior parte paravam, nas razoens de fato : defortequе os Advogados defpachavam muitas, converfando. E ifto é o que eu digo a V. P., que pode fazer-fe, fem fe-fervir de Direito. E por-efta razam nam me-admiro, que alguns deftes com o tempo, e com bofcar nos-livros algumas razoens, chegafem ao ponto, de arrezoar. O que digo é ; que o-nam-fizeram, em virtude do-que eftudáram na Univerfidade : porque ne-

nenhum parentefco tem uma coiza, com outra. As materias que
lá eftudáram, certamente eftam muito diftantes, das-que no-Foro
praticam. De que eu concluo, que aquele metodo de eftudar,
pouco, ou nada ajuda, para os empregos que fe-ocupam.

Saiem logo eftes dizendo, que tendo eftudado no-primeiro
ano, as Inftituifoens Civis, e dois anos de Leis; tem nelas a
chave meftra, para faberem todo o Direito. Mas efta refpofta
nam conclue nada. Primeiramente confirma, o que nos dizemos;
que o direito Canonico que tem eftudado, para nada lhe-ferve:
pois tudo fe-reduz, ao que lhe-lembra, do-primeiro ano das-Inftituifoens. Mas a verdade é, que eftes tais nada fabem, de direito Civil. Examine-os V. P. fobre as Inftituifoens Civis, e
verá, que nem menos fobre ifo refpondem. Deforteque, fe
quizerem dizer a verdade, devem confefar, que nada fabem de
Direito: e tudo o que tem alcanfado, é polo eftilo que tenho
dito. Conhece-fe ifto melhor, quando fe-fala com aqueles, que
nam feguîram o Foro; mas, defpois de formados, ficáram em
fua caza; ou ainda nam tem intrado, nos-empregos. Se V. P.
fala a um deftes, em algumas iftorias, e inveftidas da-Univerfidade; ou no-metodo de fazer atos; ou no-que fucedeo a fulano,
e ficrano, nos-feus atos; ouvilofá falar oras inteiras. Mas mude a converfafam, para a materia de eftudos: entre-lhe bem dentro neles: ficam mudos. Se acazo dizem alguma coiza, fam
palavras gerais: e logo puxam a converfafam, para os pontos
das-fuas concluzoens &c. Difto eftá cheio o mundo: e afim
cuido, que me-difpenfará V. P., de produzir mais provas.

Nam me-admiro difto, porque conhefo, que afim deve fuceder: o que me-admiro é, que nam aja um unico omem, que
refleta nifto, e reconhefa quanto tempo perdeo, indo à Univerfidade por-efte eftilo. Sàm tam cegos os omens, nefta materia;
fervem-fe tam pouco do-feu juizo; e abrafam tam cegamente,
tudo o que vem fazer aos outros; que nam é pofivel, nam digo eu examinar por-fi só o cazo; mas nem menos ouvir dizer,
o contrario. Apoftarei, que fe V. P. diz a um Juiz, ou Advogado deftes, que nada mais foi fazer à Univerfidade, doque perder lá oito anos, que podia empregar, em coiza mais util; gri-
tará como um doido: Contudoifo, examinado o cazo fem paixam, nam é coiza mais verdadeira. Se difer a um deftes, que
um omem que eftudou trez anos, Filozofia peripatetica; é tam
capaz de advogar, tendo alguma pratica, como ele; dirá que
ouve uma erezia: Contudoifo eu defendo, que é mais capaz

Ao

Ao menos acoftumado a provar , o que lhe-negam ; e refponder, ao que lhe-propoem ; aplicando-fe ao Foro , e fabendo manejar os livros ; faberá como deve tocar o ponto da-dificuldade, nas cauzas : o que certamente nam fará outro , que na Univerfidade nunca teve exercicio, de argumentar, e defender bem. Sabe V. P. muito bem, que nas efcolas de Direito nam fe-argumenta: e nos-atos tudo fe-reduz a proguntas: onde, argumentar, e refponder bem , é o que nam fabem os Juriftas. Efta é a verdade . Mas o mundo é cego : e os Juriftas nam querem ceder das-fuas pertenfoens, e paixoens : e por ifo fe-acham tam poucos, que faibam fazer bem, a fua obrigafam.

Mas, deixando por-agora o Canonifta Advogado, pafemos ao Catedratico. Defpois do-Bacharel, e Formatura, entra a fazer atos grandes, fegundo o eftilo do-Jurifta Civil : que é o mefmo que dizer, que, fem mudar o feu eftilo, eftuda certas materias; mete na-cabefa alguns textos, e algumas refpoftas a outros : com os quais fe-doutora. Defpois, ficando opozitor, continua de encher a cabefa, de textos, e algumas refpoftas a outros : e temos um Jurifconfulto completo. Negarmeá V. P. que efte feja o metodo, defa Univerfidade? cuido que nam : pois eu acrecento, que nem menos efte é metodo, de faber Canones. Nam duvido, que algum leitor particular, fafa eftudo mais fundado: o que digo é, que o comum fegue efte metodo. Certamente nenhum deftes Canoniftas, reduz os Canones à fua origem : bufcando as fontes, de que manáram todas as leis Ecleziafticas : mas cafem no-defeito dos-Juriftas Civis, que é, parar na fuperficie, e nam pafar das-poftilas, que fe-oferecem. Intendem, que tendo muitos textos na memoria, e muitos autores, que digam aquilo; tem chegado ao que deviam. Toda a galantaria de um profefor confifte, em que, quando cita um autor, diga o capitulo, paragrafo, regra, pagina ; e fe é necefario, diga tambem, qual foi o imprefor do-livro, por-que eftudou. A ifto chama-fe oftentar erudifam, e fer grande letrado: e eu chamo-lhe perder tempo, e amofinar a paciencia, fem utilidade alguma. Que necefidade tem o eftudante, de faber todas aquelas coizas? Quando eu fei o que diz a lei, e em que cazo; e que um ou dois interpretes afim a-explicam; fei tudo o que bafta : nas ocazioens, em que me-á-de fer necefario, fervir-me dos-autores, nam tenho necefidade, de tantas miudezas. Quem compoem poftilas, ou arrezoa, fempre vai ver os livros : e em tal cazo, pode citar com toda a individuafam. Onde aquela afetafam é ridicula, e prejudicial : porque

que obriga os omens, a ocuparem-se com coizas, que nam servem; e encher a memoria com aquilo; quando deviam estudar, outras coizas. O mesmo digo, do-amontoar textos. Observei muitas vezes, que de tantos textos que se-alegam, pouquisimos sam *in terminis*. Muitos entram por-via de interpretasam, e outros arrastadisimos: disto estam cheios os livros. Para que serve pois, repetir tanta coiza, que nam serve? Que um mestre, o qual com muito estudo, tem aquistado noticia, de muitas coizas; algumas vezes se-sirva, deste metodo; seria mais toleravel: o que porem acho menos é, que digam ser isto necesario; e se-empreguem nele, nam por outro motivo mais, que para parecerem eruditos; ensinando aos estudantes, conformar-se ao dito metodo; que na verdade é condenavel: pois nam avendo antinomias de textos, ou outras coizas destas, nam tem necesidade o Jurista, disto.

Esta preocupasam dos-Canonistas, é que os-tem prezos, dentro dos-seus livros, e postilas. Um Canonista cre, que para ele nam á mais livros utis no-mundo, que o Decreto, Decretais, Extravagantes: (nam falando agora nos-Interpretes) e asim todo o seu ponto está, em telos bem na memoria, e abrasar tudo, o que eles dizem. De Istoria, nada sabem: menos, de antiguidades Eclesiasticas: sem as quais nam é posivel, que se-saiba fundadamente, o direito Canonico. Uma autoridade de um S. Padre, nam tem forsa, se acazo nam se-acha, no-Decreto de Graciano: e cadauma das-que ele traz, prova tudo. Cometem os mesmos erros, que cometeo Graciano: e em sima ficam mui satisfeitos, de os-ter imitado. Mas isto, como digo, é sumamente prejudicial. Sempre me-admirei, que nas Escolas se-permetise, semelhante livro ao de Graciano: e que os omens nam abrisem um dia os olhos, para nam fazer cazo de um livro, que nem é lei, nem merece estimasam; porque nam ensina coiza alguma boa; e o metodo é pesimo: podendo nós ir buscar as autoridades, nos-Padres; sem andarmos detrax de Graciano, que os-intendeo mal, e citou muita coiza falsa. Graciano nam sabia, a istoria da-Igreja: nam tinha conhecimento algum fundado, das-antiguidades: ignorava totalmente, que coiza era critica, e metodo: e, para me-explicar em duas palavras, era um omem, que escreveo no-mejo do-XII. seculo. E que coiza boa se-pode esperar, daquele tempo? Foi abrasado o seu metodo naquele tempo, em que nam se-conhecia outra coiza. Uns explicáram-no: outros seguiram este exemplo. E eisaqui tem V. P.

Gra-

Graciano, reinando nas efcolas, fem ter autoridade alguma: é os omens obedecendo a Graciano, devendo fomente obedecer, aos que tinham autoridade, de fazerem lei. Entam parece, que avia mais alguma defculpa: oje porem nam a-tem. O que daqui nace é, que os que feguem efte metodo, e idolatram efte livro, nam podem fazer coizas melhores, doque fe-fez no-dito tempo.

Nam julgue V. P. que digo muito: fafa-me a merce, de fazer a experiencia; e entam me-dará a refpofta. Se V. P. diz a um deftes, que o Canonifta deve faber fundadamente, a iftoria dos-Concilios, e Antiga diciplina da-Igreja; o que nam fe-aprende, nos-tratados modernos dos-Forenfes, ou no-fimplez texto das-Decretais, ou das-Bulas; dirá, que V. P. é louco: fairá logo com Joam André, Barboza, Fagnano &c. e lhe-dirá, que neles é que fe-á-de aprender tudo, o que á melhor na Canonica: e que tudo o mais fam coizas fuperfluas, e até impofiveis, para rezolver os cafos particulares. Ifto dizem: mas certamente nam diriam ifto, fe tivefem faido, da-toca dos-feus autores; e vifto a imenfa planicie, do-Direito Canonico: pois conheceriam, que á muita coiza que fe-deve faber, fem a qual pouco o nada fervem, efes textos. Para me-explicar melhor, tomarei as coizas de alto.

O direito Canonico é aquela lei, que dirige as nofas afoens, para confeguir, a bemaventuranfa eterna. Efta definifam abrafam, os mefmos Canoniftas Forenfes. Crifto, que fundou a fua Igreja, para nos-falvar; deu tambem faculdade aos feus Apoftolos, para fazerem as leis, que melor fe-conformafem, com a doutrina que lhe-enfinára. Deforteque, os primeiros que publicáram, o direito Divino; foram os que comesáram a publicar, o Eclesiaftico. Onde, dizia S. Paulo aos Corintios: *Praecipio, non ego, fed Dominus:* quando lhe-inculcava a lei Divina. *Ceteris ego dico, non Dominus:* quando lhe-propunha a Eclesiaftica. Comesáram eftes leis, defpois da-acensám de Crifto, quando os Apoftolos fizeram em Jeruzalem, varios Concilios; para regular o modo, de pregar a fé Catolica. Muitas coizas efcrevèram, outras diferam de viva voz: deforteque de uma e outra forte comesáram, as leis Eclesiafticas, e fe-conferváram até nós. Os fucefores de Pedro na cadeira Romana, continuáram fegundo a ordem dos-tempos, a fazer outras leis; acresentando muitas, fegundo o-pedia a necefidade. Ifto mefmo fe-praticava nos-Concilios, ou-Gerais, ou Particulares: nos-quais nam só fe-determinava o Dogma, fegundo a antiga tradifam; mas tambem a Dici-

pli-

plina, ou aquilo que devemos executar. Naquele tempo direito Canonico, e Teologia, nam eram profifoens feparadas: mas cada igreja tinha, o feu *codex canonum*, no-qual eftava efcrito, o que fe-devia crer, e fazer: deforteque tudo, e ainda as penitencias eftavam determinadas: e nam dependia do-arbitrio de cadaum, fazer, ou aconfelhar, o que lhe-parecèfe.

Eram confervados eftes livros dos-Canones, com todo o cuidado, paraque a todos fervifem. Para facilitar ifto, fizeram-fe varias colefoens, em diverfos tempos. Sabemos, que no-V. feculo fomente fe-governava a Igreja Ocidental, pola colefam dos-canones Nicenos, e Sardicenfes. Que ponco defpois, fe-acrecentou efta colefam, com os canones de muitos concilios, efpecialmente do-Calcedonenfe: e que em ambas as Igrejas a-recebèram, e fe-governáram por-ela: cuja colefam confirmou ao defpois, Juftiniano (1). Sabemos, que no-VI. feculo fe-introduzîram tambem, em ambas as Igrejas, os canones chamados dos-Apoftolos. Eftas colefoens aumentáram-fe fenfivelmente com o tempo, porque diverfos omens acrecentáram os canones, feitos por-diverfos concilios, de Africa &c. e tambem algumas particulares determinafoens, de Bifpos. Entre elas, a edifam de Dionizio Exiguo, teve grande aceitafam, no-Ocidente; efpecialmente nas Efpanhas. Neftes tempos, dilatando-fe a jurifdifam dos-Pontifices, nam só fobre os Ecleziafticos, mas tambem fobre os Seculares, em algumas coizas; e nacendo mil dificuldades, fobre a inteligencia dos-Canones; comesáram a aparecer refpoftas, fobre todas eftas coizas; que aumentáram fenfivelmente, o corpo do-Direito. Deforteque dali paradiante, vemos engrofar fenfivelmente, de um dia para outro, o corpo das-leis Ecleziafticas. Polos anos 836. um certo *Izidoro*, chamado *Mercator*, compoz uma colefam de canones, em que introduz muitas coizas falfas: entre elas as cartas decretais, dos-Papas dos-primeiros quatro feculos, até Siricio Papa: que fam fupoftas e inventadas pór-ele. No XI. feculo apareceram, outras trez colefoens de canones, feitas por-varios Prelados. Mas polos anos 1151. *Graciano* fez outra colefam, em que compreendeo a de *Dionizio*, *Izidoro*, e *Ivo*: acrecentando-lhe outros canones, e algumas autoridades de Padres. Como efte Religiozo fabia pouco, introduzio nela, muito erro teologico, muito de Iftoria, e muitas autoridades falfas e apocrifas. Contu-

(1) *Novella CXXXI.*

tudoifo , o feu livro teve aceitafam , e prevaleceo a todas as
outras colefoens ; e ainda oje fe-conferva. Defpois , aumentan-
do-fe as dificuldades , e vendo-fe os Papas obrigados, a regular
o modo , de proceder nos-juizos &c. fizeram-fe por-ordem dos-Papas , varias colefoens de Decretais , que compoem o Direito Novo: que fam as colefoens, de Gregorio IX. de Bonifacio VIII. de
Clemente V. a de Joam XXII. e as Extravagantes comuas.
Efte é ó corpo do-Direito. A efte fe deve ajuntar , o Concilio
de Trento , e as Regras de Cancelaria , que publicou Joam XXII.
e pola maior parte fam , fobre as Beneficiais. Fóra difto, temos
o Direito Novifimo , que é o Bulario Romano , em muitos volumes: que comprehende as Bulas antigas e novas , e que todos
os dias fe-aumentam . Bafta que V. P. abra o Bulario , imprimido
ultimamente por-Mainardi , em Roma ; e achará , que é dobrado
do-de Cherubino . Cherubino até Clemente X. exclufive, compoem
feis volumes : e o Mainardi , continuando o Cherubino de Clemente X. até Clemente XII. faz oito volumes , que em tudo
fam quatorze. Mas o que mais é para admirar eftá nifto, que ,
fendo o Cherubino diminuto , o Mainardi , que tornou a impremir os Papas de Cherubino , como as Bulas ineditas até Clemente X. de feis volumes qué eram , fez quinze : que com a
continuafam fam vintetrez. E contudo , faltam-lhe as Bulas do-Papa prezente , que fam ja dois volumes. Efta colefam nam tem,
autoridade publica : namobftanteque feja imprefa em Roma :
onde é necefario , que produzam a Bula com o felo. Ponho
no-mefmo numero , as Declarafoens da-Congregafam Interprete
do-Concilio de Trento: as quais, fe acazo nam aparecem, com
o felo do-Cardial Prefeito, nam fazem lei.

Efta é a ferie do-corpo do-Direito: a qual é tal , que quem
bem a-confidera, fica pafmado, da-fua vaftidám : e muito mais
pafmará, fe fouber o que é necefario, para a-intender .: A antiga diciplina da-Igreja mudou-fe, polo direito Novo ; principalmente, defde o feculo X. para cá. Contudoifo , em muitas coizas obferva-fe o mefmo, que antigamente fe-determinou :
exiftem os mefmos canones, e colefoens deles : defortequa quem
quer intender, o que entam fe-fez, e oje fe-faz ; e conheçer as
diferenfas e os motivos &c. necefita de muita erudifam . Onde,
quando digo, que o direito Canonico é, uma colefam de cáno-
nes, que em todos os feculos da-Igreja fe-publicáram, para eftablecer a dicilpina ecleziaftica; é o mefmo que dizer, que quem
os-quer intender, é necefario que faiba perfeitiffimamente toda
a ifto-

a iftoria da-Igreja ; e efpecialmente dos-Concilios, nos-quais eles
fe-publicáram . Os mefmos que nam querem fair , dos-livros
que fe-explicam, nefa Univerfidade ; fam obrigados a confefar ,
ifto que digo : pois compreendendo *Graciano* , varias colefoens
de antigos canones ; quem o-quer intender, é necefario que faiba
ifto. O mefmo digo , das-outras colefoéns mais frefcas, que foram
feitas , para diverfos cazos ; e alguns deles diferentes , dos-nofos
modernos. Onde para os-intender, nam bafta ler fimplezmente,
o que diz o expozitor ; é necefario faber perfeitamente, a diciplina daquele tempo. O mefmo digo , das-autoridades dos-SS. PP.
que fe-citam no-Decreto . Eles efcreviam para o feu tempo :
afimque quem nam fabe , o que entam fucedia, nam os-intende.
A iftoria Ecleziaftica, tem eftreito parentefco , com a Civil : e
afim necefita defta , e dos-feus acefories ; e efpecialmente da-Geografia Sagrada, que moftre as antigas divizoens dos-Patriarcados,
e Igrejas Primaciais : pois fem ifto, nam fe-podem intender ,
muitos canones. Bafta ler o *Doujat = Prænotiones Canonica*, 4.º em
que aponta os principios do-Direito ; para conhecer , quanta
coiza é necefaria, ao Canonifta. No fim defte livro traz, certos
Indices utilifimos, da-Geografia Sagrada, da-ferie dos-Pontifices,
Padres, e Efcritores Ecleziafticos ; com que moftra, quanta luz
pode daqui tirar, o Canonifta. Mas nam pára aqui a galhofa :
é necefaria perfeita erudifam do-Grego, para ler os Canones, e
SS. PP. nas linguas originais, em que efcrevèram : porque nacendo alguma dificuldade , ou querendo examinar fundadamente,
algumas coizas , é preciza efta erudifam . Quer-fe alem difo ,
perfeita Critica, para nam fe-inganar, tomando uma coiza por-outra : um canone fupofto, por-um verdadeiro : o que tem fucedido, a omens mui grandes.

2. Efta erudifam, como dife , é totalmente necefaria, ao Catedratico : viftoque o feu emprego nada mais é , que explicar o
verdadeiro fentido dos-textos , e refponder às contrariedades.
Cuido que facilmente me-concederám , efta propozifam. Porem
eu nam paro aqui, mas digo , que tambem em parte é necefaria, ao Forenfe : para faber aplicar os textos, aos cazos particulares ; e nam atribuir aos Papas, coizas que eles nunca fonhá-
ram. Ora eu formo grande conceito, dos-meftres defa Univerfidade , e os-confidero cheios de ciencia ; mas dife , e torno a
dizer , que fe V.P. difer a alguns, que efta erudifam é necefaria,
para fazer a fua obrigafam ; ám-de fazer grande galhofa, e diram :
Efte Padre é mui fincero ; nunca abrio as Decretais, e ja nos-quer
enfi-

enfinar, como fe-devem eftudar! O que eu pofo fegurar a V. P.
é, que tenho falado com muitos Bachareis, que faîram com
muitos louvores, e oje fam Advogados, e Juizes; (e tambem
faki com algum meftre) que nam fabiam de que cor era, a
iftoria da-Igreja: e nem menos ouvîram dizer, que era necefaria. Nam falo na erudifam de Grego &c. porque nenhum a-tem:
e parece-me que daqui pofo argumentar mui bem, para os outros. Nem pode fer de outra forte: viftoque efta é a preocupafam comua, defte Reino; que a Iftoria para nenhum eftudo é
necefaria. O Teologo nam fabe Iftoria: o Jurifconfulto Civil
nem menos: fendo a ambos indifpenfavelmente necefaria: e que
maravilha é, que a-nam-faiba o Canonifta? Contudoifo eftes
Senhores nam cefam de exagerar, a fua grande erudifam de Direito. Achei-me em certa caza de Lisboa, com um Advogado
de bom nome, o qual, proguntando-me algumas coizas, de paizes
eftrangeiros; concluio feriamente: Que Teologia, fomente fe-fabia na Efpanha; e Direito, em Portugal: o que provou com alguns exemplos, de meftres da-Univerfidade, que, fegundo dizia,
tinham todos os textos na memoria. Mas a defgrafa era, que
ele Advogado, era um dos-que o-nam-fabiam; como logo adverti, por-algumas parvoices que dife: e os exemplos que ale-
gava, nada provavam para o cazo: pois fomente moftravam,
alguma memoria; que nós nam difputavamos: mas nam provavam melhor metodo, e erudifam; que era o nofo ponto.
Que um eftudante leia a explicafam, que faz um interprete
de uma Decretal; e algum bocadinho de iftoria, que introdus;
poderá baftar naquele cazo: mas fe ele nam tem eftudado fundamentalmente, a Iftoria da-Igreja, e da-fua diciplina; todos os
momentos achará, dificuldades novas, e em todos cairá. Motivo pelo qual, nam fe-deve pedir empreftada a noticia, nas
ocazioens: mas ter feito tal fundamento de Iftoria, que firva de
comentario perpetuo, a Lei: e o-tenha fempre prompto na memoria, para todos os cazos que lhe-fucederem. Ifto digo do-Fo-
renfe: mas com muita mais razam o-devo dizer, do-Catedratico:
o qual, fe quer fer meftre, é necefario que tenha, todos os requizitos necefarios. Abra V. P. uma das-colefoens de Concilios,
v. g. a de Roma, ou de Lupo, ou a de Binio de Pariz, ou a
do-P. Labbe, que é mais ampla; as quais duas ultimas tem os
textos Gregos: veja as notas que efcrevèram os omens doutos
aos ditos Concilios: e reconhecerá, quanto é necefario faber,
para dizer que intende bem, os canones defes. Reconhecerá ifto
me-

melhor; fe quizer ver as colefoens de concilios Nacionais, de Reinos feparados: como a de *Sirmondo*, de *Spelman* &c. ou a que
fez o famozo *Beveregio* dos-concilios Gerais, recebidos na igreja
Crega: em que compreende, os efcolios de Zonara, Balfamon,
Ariftenes &c. Gregos, alem dos-feus. Eftes livros moftram bem,
como fe-devem eftudar, eftas coizas: pois é certo, que nam
fe-pode intender bem, o fentido de uma decizam; fem faber,
quais eram as erezias, que turbavam a Igreja; e as alterafoens
da-Diciplina, que o Concilio queria remediar. Ifto é necefario
fem duvida, a quem faz profifam, de explicar Canones. Ora
nam fei, fe V. P. achará muitos, que tenham ouvido nomiar,
eftes autores.

Emfim, a Iftoria da-Igreja polo menos, (quando nam quei-
ramos falar de outra erudifam) é necefaria a todo o Canonifta:
e dela deve comefar, efte eftudo. Onde defpois que o Canonifta, tem eftudado a Civil, e Inftituifoens Civis; antes de abrir
livro algum de Canonica, deve ler a iftoria da-Igreja. Se o
eftudante fofe educado, polo metodo que apontei em outras cartas, deforteque tivefe ja alguma noticia em compendio, da-Iftoria Ecleziaftica; apontaria eu outro metodo: mas nam o-tendo,
direi que efte eftudo, nam deve meter-lhe medo; porque obfervando
bom metodo, é mais facil, doque muitos nam julgam. Primeiro, deve ler-fe um compendio de Iftoria. Se o eftudante
intendèfe Francez, ou Italiano, apontára eu belifimos livros:
mas nam devendo pafar do-Latim, nam me-ocorrem muitos.
Parece-me, que ja apontei em outra carta, o *Matthæus Bolera-
nus*, para a iftoria Sagrada antes de Crifto; e para defpois dele,
o *Riboty*; que é outro Francez da-mefma Religiam, e a-continua
até o ano 1676. Eftes fam bons para o principio. Tambem pode fervir, um compendio de ambas as ditas iftorias em 12.° feito
para uzo do-feminario de Padua, no-ano 1701. e outros que
apontei. Acham-fe outras iftorias Ecleziafticas: mas muitas fam
efcritas com pouco juizo, e critica: e outras nam fe-podem fofrer. Das-melhores, é o *Gerardo du Bois* = *Hiftor. Ecclefiaf.*
fol. 1690. o *Rofvveyde* Jezuita = *Hiftoria Ecclefia a Chrifto ufque
ad Urbanum VIII.* que foi eleito em 1623. &c. Se o eftudante
intendèfe Francez, nam lhe-aconfelhára fenam, defpois de um
Compéndio, ler a iftoria Sacra do-*P. Calmet*, que acaba com a
deftruifam de Jeruzalem, no-ano 70. de Crifto: e a da-Igreja de
Crifto de *M. de Fleury*, que comefa na acenfam de Crifto, e
chega, com a continuafam, até o fim do-feculo XVI. porque

no-feu genero fam belifimas , e efcritas com grande critica , e
piedade . No-mefmo tempo deve ter , algumas cartas de Geografia ; para bufcar as Cidades , de que fe-fala : efpecialmente
da-Sagrada . Nefta materia é famozo , *Carolus a S. Paulo = Geo-*
graphia facra , tabulis defignans quinque antiquos Patriarchatus,
cum explicat. A. B. C. fol. magn. anno 1641. mas efta ferá cara.
Em falta defta , podem-fe bufcar algumas cartas geograficas , das-
Provincias que eftuda . Quem quizer ler uma introdufam Latina,
para a Geografia , pode fervir-fe do-*Luits* ; que efcreve uma
belifima , imprefa em 1692: e tem otimas cartas . De outras ja
falei , em varias ocazioens .

Ifto fupofto , no-fim defte fegundo ano , em que eftuda a
iftoria da-Igreja , deve particularmente eftudar , a iftoria do-Direito Canonico : cujo metodo ja fugerimos , no-Direito Civil , e
polas mefmas razoens . Nam me-lembro ter lido muitos autores,
nefta materia ; mas vi dois muito bons : um é M. *Donjat = Hiftoire*
du Droit Canonique 12.º Paris 1677. outro é anonimo = *Abregé*
biftorique du Droit Canonique . 12.º Lyon 1699. Segue-fe a ifto,
eftudar as Inftituifoens , do-direito Canonico : que proponham
em poucas palavras , todo corpo do-Direito ; para fe-formar
conceito , das-fuas partes . Efte é o defeito efencial , que eu acho
nos-eftudos , defa Univerfidade . Das-Inftituifoens Civis , pafa
um omem a eftudar , uma materia canonica . Daqui rezulta ,
que o eftudante nunca fórma ideia , do-que eftuda : mas é obrigado , a meter quatro textos na cabefa , fem faber , que pre-
porfam tem eom o Direito ; e porque nele fe-introduzîram ; e
de que coizas dependem . A necefidade defte metodo que aponto,
é tam evidente ; que ainda em um feculo pouco polido , como
foi o XVI. chegou a fer conhecida . Um Jurifconfulto Italiano,
chamado *Joam Paulo Lanceloto* , compoz as Inftituifoens Canonicas , que dedicou a Paulo IV. ou a feu fucefor Pio IV. porque
á anos que o-vi : e ele mefmo compoz , os comentarios das-ditas . Contudo , nenhum Papa as-confirmou : aindaque fora jufto,
que , reformando-as em algumas coizas , as-aprovafem . Defpois
difo , muitos Jurifconfultos efcrevèram Inftituifoens , fegundo os
trez objetos do-Direito ; Pefoas , ou gerarchia Ecleziaftica : Coizas fagradas , como Sacramentos &c. e Juizos , ou afoens do-Fo-
ro . *Arnaldo Corvino* fez uma *Synopfis* Latina , do-Direito Canonico , que pode pafar por-Inftituifoens : é em 12.º imprefa em
Paris 1671. Das-modernas , o P. *Febeo* Iezuita efcreveo umas breves em 12.º , que nam fam más . O *Weifuer* , *Pirringh* , *Ple-*

TOM. II.   H h   *tem-*

tembergb todos trez Jezuitas, compuzeram as fuas. Parecem-me porem melhores, e com melhor Latim, as de *Joam Vicente Gravina*, 8.º mas mais acomodadas ao Foro fam, as de *Francifco Maria Gafparri*, Advogado Romano : e fam efcritas polo metodo efcolaftico, com argumentos, e refpoftas : em 4.º Em falta deftes, pode fervir o *Cabaffutio* $=$ *Oeconomia Juris Canonici*. O certo é, que efte deve fer o eftudo, de um principiante : e fe um mofo no-terceiro ano, fe-aplica com cuidado, a eftas Inftituifoens ; fempre com a pena na mam, fazendo compendios, e procurando ver as leis que o-ordenam ; e por-meio da-Iftoria, reconhecendo a origem, e ocaziam delas ; tem vencido mais da-metade, do-direito Canonico. No-quarto ano, e metade do-quinto, deverá o eftudante ver, algumas materias do-direito Canonico ; ou profundar as noticias, que tem eftudado no-terceiro. Uma das-principais materias é, a de Beneficiis, para a qual pertence muita coiza : o Jufpatronato, a Rezidencia nos-Beneficios, as Oras Canonicas &c. Defpois, profundar melhor a Diciplina da-Igreja, fobre os Sacramentos, e penas Ecleziafticas. Quem fabe ifto, nam fabe pouco. No-fim do-quinto ano, devia fazer os feus trez atos em Canones, polo eftilo que ja lhe-dife, falando das-Leis Civis.

Quando o eftudante aqui chega, tem lugar examinar muitas coizas, com fundamento. Deve primeiro notar, a diferenfa que fe-dá, entre o Canonifta, e o Teologo Moral. Quem examina bem o cazo, reconhece, que nam á diferenfa alguma fuftancial. O emprego do-Canonifta é, faber as leis que Igreja tem publicado, em todos os pontos da-fua diciplina : parte para faber, quais rezolufoens deve oje executar ; e parte para conhecer, o que antigamente fe-executava ; e para dali tirar luzes, para a decizam dos-cazos prezentes. E ifto mefmo deve faber o Moralifta : pois nam poderá faber o que é, ou nam é pecado ; fem faber, o que a Igreja tem determinado exprefamente, com as fuas leis modernas. Tem tambem o Moralifta necefidade de faber, o que fe-praticava antigamente, para ver como á-de aconfelhar, nos-prezentes cazos. Efte é o verdadeiro Moral : e o rezolver todos os cazos, como fazem muitos, porque afim o-acháram efcrito em outros livros ; eftá expofto a mil erros. Nam ignora V. P., as bulhas que tem avido na Europa, fobre eftes tais Cazuiftas ; que pola maior parte nam tem erudifam, nem exato juizo : e só tem memoria do-que lèram, em quatro Cazuiftas, que fizeram opinioens de fua cabefa. Onde para evitar eftas
agen-

arengas, deve-se recorrer à lei, que o-determina. Deve alem
diso o Canonista, ter tambem noticia, das-leis divinas do-Antigo testamento; para poder explicar muitas, do-Novo; e determinar alguns cazos particulares. E tudo isto é tambem necesario, ao Teologo.

Onde temos, que em quanto à sustancia, Moralista, e Canonista é a mesma faculdade: ambos dirijem as asoens dos-Catolicos, para conseguirem a bemaventuransa: e antigamente asim se-praticava. A diversidade toda, de alguns seculos a esta parte, está nisto: que o Canonista executa as leis ecleziasticas, em quanto ao externo: executando a ordem dos-juizos: aplicando as penas prescritas, aos cazos particulares: e conservando a diciplina exterior da-Igreja. O Moralista, julga de todas estas coizas, mas no-foro interno. Desorteque o que tem de mais o Canonista Forense é, saber a ordem dos-juizos, ou teia judiciaria, e regular-se por-ela: o que nam necesita o Moralista. Mas tambem este necesita saber, a teia judicial interna: que consiste, na ciencia do-Confesor, de dirigir com prudencia e brandura, as conciencias dos-omens, para conseguir o seu fim: no-que consiste aquela particular erudisam, em que se-distingue um oficio, do-outro. Mas quanto ao Moralista, e Canonista Catedratico; nenhuma diferensa tem um, do-outro. O que digo a V. R., porque vejo muitos Teologos, que se-persuadem; que se abrisem as Decretais, metiam mam em seara alheia. Consideram infinita distancia entre uma, e outra coiza: e com este prejuizo, nam estudam o que devem, mas ficam toda a sua vida ignorantes. Polo contrario, os Senhores Canonistas se ouvem um Religiozo falar, em materia Canonica; condenam isto, como um insulto que se-faz, à sua veneravel Faculdade: e respondem mui seriamente, que em Leis, só eles tem a privativa. O que provèm, como dise, de que nem uns, nem outros conhecem fundamentalmente, a sua Faculdade.

Fóra destas coizas, deve notar o estudante, alguns defeitos do-direito Canonico, tanto antigo, como moderno. O antigo, formado por-aqueles veneraveis Bispos, que nam respiravam mais, que santidade; queria em tudo, excesivo rigor: de que nam era muito capaz, a natureza umana. Todas aquelas leis, nam buscavam somente o bom, mas o perfeito. Esta diciplina, reformou-se com o tempo: e foram-se acomodando mais, ao poder e estado prezente, da-natureza umana. Determináram-se muitas coizas, que ao principio se-intendiam mal: e ficou muito mais lu-

mi-

minozo, ó direito Canonico. Eftes fam os defeitos do-antigo.
Mas por-outra parte, tinha muitas utilidades, que nam fe-acham
nó-moderno. Eram breves, e claras as ditas leis, e pouco fugei-
tas a controverfias. tudo o que era necefario fe-continha nelas.
os fuditos obedeciam com mais facilidade a leis, que eram poucas, e notorias a todos: e nenhum podia alegar ignorancia.
Defpoifque os Papas, aumentáram a fua jurifdifam temporal,
mudou-fe totalmente ifto: e o corpo do-Direito creceo deforte,
que nam fe-pode explicar. Pondo de parte o Decreto de Graciano, e contando fomente as leis dos-Papas defde efe tempo;
as Decretais todas, as Bulas, Breves, e Declarafoens do-Concilio; compoem quantidade de volumes tal, que mete medo fomente velos. Ouveram Papas modernos, e entre eles, Inocencio XII. Clemente XI. e tambem XII. &c. que só das-fuas Bulas, fe-compoem grandes volumes: e cada dia fe-aumenta fenfivelmente, o Bulario. Tudo ifto é direito Canonico: porque os
Papas nam fizeram eftas Bulas, para divertimento; mas para regular os Povos: algumas, para toda a Criftandade: outras, pa-
raj cazos particulares de algumas igrejas &c. (ponho de parte as
que fizeram, para regulameneo temporal dos-feus eftados, que
nam fam muitas). O que fupofto, quem pode ter de memoria,
efta machina de volumes? Contudoifo fem alguma noticia deles,
todos os momentos fucederám inganos. Seja V. P. juiz em uma
cauza de jurifdifam, v. g. entre um Bifpo, e uma comunidade
Religioza. fentenceie polo Bifpo, porque afim lho-enfina, o direito Comum. dezembainha a Comunidade um privilegio do-Papa N. em que proibe ao Bifpo, embarafar-fe com aquilo: e lá
vai a fentenfa polos ares. Nós ambos fomos Religiozos: mas
aqui nam fe-trata de defender as Religioens, mas a verdade: e
por-ifo falo a V. P. com efta clareza, e finceridade. Acham-fe
no-corpo do-Direito varias conftituifoens, como fe nam eftivefem: e o mefmo digo das-regras de Cancelaria: algumas das-quais,
todos os dias fe-eftam revogando. O pior é, que fucede o mefmo
nas Bulas modernas. um Papa determina: outro, movido de outras
razoens, revoga o mefmo. Publicára Benedito XIII. uma Bula
geral, para regulamento dos-Beneficios: contudo efta revoga-fe
todos os dias; de que eu fou teftemunha. O mais é, que o mef-
mifimo Papa, movido de algumas circumftancias novas, revoga
às vezes, o que primeiro ordenára: e nam só o que ordenára
ad inftantiam alicujus; mas aquilo mefmo que ordenára *motu
proprio*: o que varias vezes tenho prezenciado. Deforteque todos

dos os dias é necefario ter, novas noticias do-Direito: e confeguentemente, os mais doutos Canoniftas, fam principiantes na
materia.

O outro defeito efencial confifte, na mefma ordem das-Bulas, e Breves. Elas eftam cheias de tantas palavras ou ofcuras,
ou inutis; que nam podem menos, que cauzar confuzam. A
mais breve Bula podia-fe reduzir, à terceira parte, ou ainda a
menos; fe lhe-tirafem todos os finonimos efcuzados, que pola
maior parte fe-acham, do-meio para diante: e os periodos gerais,
com que comefam todas. Ifto nam ferve mais, que de aumentar confuzoens, e é um feminario perpetuo, de demandas. Vi
uma vez uma demanda, em um celebre tribunal. Serîa fobre alguma palavra nova, ou periodo ofcuro? nam fenhor: mas fobre
um *Et*: que um Advogado defendia, que unia certas palavras;
e outro, afirmava o contrario. E fe V. P. abre eftes Confulentes, achará muito difto. De que nace, que os Jurifconfultos,
cada um a-interpreta polo feu modo: e fazem longuifimos arrezoados, fobre palavras bem claras.

Mas o pior que eu acho é, que as mefmas palavras decre-
torias das-Bulas, e Breves, no-eftado prezente, fupoem-fe como
fe nam eftivefem. Que mais claro podia falar um legislador,
doque dizendo por-eftas palavras: = *Quibufcumque conftitutio-
nibus, & privilegiis a nobis vel prædeceſſoribus noftris conceſſis,
in contrarium non obſtantibus: etiamfi de illis expreſſa ac pecu-
liaris mentio fieri deberet* =. Parece-me que ifto baftava, e fo-
bejava, para declarar a intenfam do-Papa. Contudo, ifto nam fi-
gnifica nada; porque os Senhores Canoniftas querem, que as tais
palavras fejam fuperfluas: e que fe-deva exprefamente revogar,
o privilegio contrario. Mas que dirá V. P. fe eu lhe-moftrar
Breves, nos-quais exprefamente fe-revogou, o contrario privilegio; e contudoifo nam valeo? Li uma cauza entre um Bifpo,
e certos Religiozos, fobre jurifdifam. O Bifpo alcanfára a revogafam exprefa, do-privilegio que alegavam os Frades. Um Ca-
dá Turco fentenciára fem mais exame, contra os Frades: e com
efeito afim o-julgavam todos; cuidando que eftes fe-aquietafem.
Mas nada menos. Saîram com certa opiniam, de dois ou tres
confulentes Canoniftas, que afirmavam; faltava na dita revogafam, certa declarafamzinha, para ter todas as folenidades: e com
ifto embrulhou-fe o negocio deforte, que o Bifpo ficou de baixo.
Outros alegam, que tem um Indulto no-corpo do-Direito, paraque os feus privilegios nam fejam revogados, fem deles fe-fa-

zer

zer exprefa menfam : defte numero cuido que fam, os Ciftercien-
fes. Onde, quando o Papa revoga um privilegio, refpondem,
que o corpo do-Direito prezume-fe, na mente do-Legislador : e
afim fabendo, que eles tem aquele privilegio; nam o-revogaria,
fem exprefa menfam. Efta razam parece facrofanta aos Canoniftas, que dela fe-fervem nas ocazioens. Mas a verdade é, que
nam vale nada : e eu fei por-experiencia, que é falfa. O Papa
comumente nam é informado, dos-privilegios que eftam no-Direito; fe acazo nam é um Papa doutifimo, como o prezente : e
ainda efte tem tanto em que cuidar, que nam pode cuidar nifo:
os oficiais dos-tribunais, menos ainda cuidam, ou fabem. Quando fe-propoem uma coiza, fe é clara a razam, concedem a grafa em virtude da-razam : fe é ofcura, e é negocio de Religiozos, pedem informafam aos Procuradores Gerais, que eftam na
Curia : fe é de Bifpos, mandam ao mefmo Bifpo, *pro informa-
zione, & voto*. Deforteque quem afifte na curia Romana, e trata alguns negocios, reconhece perfeitamente ifto. O que fupofto,
aquela regra, que o Legislador prezume-fe que faiba, todas as
fuas leis, é a maior falfidade do-mundo : e fomente um belo
pretexto, para fazer demandas; e para nam fazer cazo, das-conf-
tituifoens dos-Papas.

Se o que eu exponho ao Papa, é a verdade : fe nam deixo
circunftancia alguma da-demanda, que tenho com uma pefoa :
fe o que relato bafta, paraque o Papa forme conceito da-materia, e dè a fentenfa final nela : fe o Papa afim informado, dá
a razam, e revoga geralmente, todos os privilegios em contrario : Que mais feja necefario, para julgar-mos valida a refpofta, ifo é o que eu nam alcanfo. Nam fei que conciencia tenham eftes, que contrareiam ifto : nem pofo intender, porque eftes Canoniftas nam difputam tambem, fe fe-deve dar execufam,
a um Breve de Extratempora, óu Difpenfa de treze mezes, para
um Diacono fe-ordenar ; e outras grafas matrimoniais, que todos os dias fe-publicam ; viftoque nelas, aindaque fe-revoguem
geralmente, as conftituifoens contrarias ; nam fe-explica, que
conftituofens fam as que o-proibem. A razam é a mefma : e talvez que com o tempo algum deles, fe-rezolva a difputálo.

Efte foi o motivo, porque muitos omens doutos e pios, de-
fejáram a reforma, do-direito Canonico : e que os Papas redu-
zifem, toda efta machina de leis, a um corpo determinado de
doutrina : deitando fóra muita coiza inutil, e eftablecendo as que
fam mais conformes à diciplina, que defpois do-Concilio de Tren-
ta

to fe-moftrou ; fer mais util à Igreja , e mais acomodada aos prezentes coftumes . Seria util aos *Povos* , ter uma lei certa, e clara , por-que fe-governafem : os Juizes facilmente reconheceriam nela , a juftifa das-partes : e fe-acabaria efta fecunda feara de difputas ; pondo-fe limites à demazia dos-Confulentes , e Tratadiftas . E damefma forte dezejavam , que fe-modificáfe tanta quantidade de privilegios : que fe-puzefem em um fó corpo , os que competem a todas as comunidades Religiozas : que fe-cerceafem alguns , que foram concedidos em outro tempo , e por-motivos que ja nam exiftem ; e oje , com grande prejuizo da-jurifdifam Ecleziaftica , fe-uzurpam . Defta forte conheceriam todos, os privilegios que obftavan : e eftando no-corpo do-Direito , ninguem os-podia ignorar : e a Igreja , e Povos feriam mais felizes. Certamente fe ouve Papa capaz , de fazer efta reforma , é efte prezente . Ele tem todas as qualidades , de um grande Principe, e Pontifice . Grande erudifam de Direito , de Teologia , de Iftoria : grande uzo de negocios : grande vontade de ajudar os Literatos : grandes ideias , e grande conftancia de animo , para as-executar . Eu pedindo a Deus todos os dias nos-meus facrificios, que o-conferve largos anos , lhe-pefo tambem , que lhe-infpire efta boa vontade , de reformar a lei Canonica . Certamente imortalizaria com ifto o feu nome ; como tem ja comefado , com outras reformas utilifimas , aos feus fuditos , e a toda a Criftandade.

Ora efta temeridade dos-Canoniftas , é que tem feito o direito Canonico , ainda mais incerto , que o Civil : porque as leis de Juftiniano eftam juntas , e nam crecem ; aindaque crefam as explicafoens : mas as Canonicas todos os dias crecem : e muitas acham-fe enterradas em alguns archivos ; defortoque fem grande induftria , e fagacidade nam fe-podem defcobrir : e de muitas fomente por-tradifam fe-fabe , que exiftem . Ponha V. P. alem difo , a grande abundancia de Canoniftas Tratadiftas , e efpecialmente Confulentes ; que todos os dias eftam interpretando as leis , com fofifmas particulares ; e veja , fe ifto pode ter fim , ou fe-pode fofrer . E daqui nace , que os Juizes , feguindo o mefmo eftilo , as-interpretam de modo , que é uma piedade . Confervo ainda oje por-grande raridade , uma Bula imprefa , e algumas efcrituras feitas , fobre a fua interpretafam ; porque merecem ler-fe . A Bula falava tam claro , que um rapaz que foubéfe Latim , a-intenderia : tinha alem difo a interpretafam da-pratica, pois avia anos , que todos a-intendiam daquela forte ; fem nunca oçorrer a ninguem , tal duvida. Meteo-ſe em cabeſa a certas peſoas , com a eſperanſa de uma groſa preza , diſputar a inteligencia da-Bula , e inclinála para a ſua parte. Um procurador diligente , e douto defendia a Bula : e moſtrava com razoens clariſimas, que nam era materia de diſputa. Da-parte contraria, certo Advogado fez duas eſcrituras , mais cheias de ſofiſmas , que de palavras. O Juiz, que tinha fama de grande Canoniſta , ajudado tambem de alguma recomendaſam, votou contra o que defendia a Bula. Eſte nam queria deziſtir : mas obrigado por-algumas violencias , e vendo que nam podia fazer mais nada ; deitou-ſe de fóra. Suoedeo-lhe outro Procurador : o qual ou por-que nam ſoubèſe mais , ou porque por-alguns motivos quizéſe, nam deſgoſtar a parte contraria ; admetio a concordia , de pagar mais da-quarta parte , do-que pediam os autores : quando na realidade nam ſe-devia nada : pois a injuſtiſa era tam manifeſta , que os mais empenhados pola parte contraria , foram os primeiros , a oferecer a concordia &c. Devia o meſmo Juiz, revogar o ſeu decreto ; mas impedia-o o amor proprio. Neſte cazo excogitáram o arbitrio de dizer , que aindaque polo paſado nam ſe-devè-ſe aquele dinheiro; * * * dali em diante ſe-pagáſe , por-aquele eſtilo. E eiſaqui tem V. P. uma nova regra de Direito : porque até aqui dizia-ſe, que as Leis nam tinham *oculos retro* : mas da-qui para diante deve dizer-ſe, que *reſpiciunt retro uſque ad ſex, & ſeptem annos* : que tanto era o tempo, que tinha paſado. Com que conciencia obrigaſem a parte , a pagar uma ſoma conſideravel, em virtude deſte decreto ; e fazer com iſo, exemplo prejudicial a outros ; iſo nam diſputo agora, nem m'importa : unicamente digo o que paſou , e leio nas ditas eſcrituras ; e a facilidade com que ſe-fazem eſtas interpretaſoens, de leis clariſimas.

Mas que remedio , dirá V. P., tem iſto ? o remedio é eſte : que tanto o Advogado, como o Juiz deve fugir, de todos eſtes Conſulentes ; e acautelar-ſe tambem muito, nos-Tratadiſtas. De-ve procurar a inteligencia da-Lei, em ſi meſma : vendo o fim que teve o Legislador, e as circunſtancias , em que o-mandou. Eſta é a chave das-Leis : e a iſto chamam os noſos Italianos, *ſaber v eſpirito da-lei*. Nam deve regular-ſe por-palavrinhas, que te-nham fugido da pena, aos eſcritores, e compozitores das-Bulas ; (os Papas nam compoem, nem lem as Bulas : mas em duas palavras lhe-eſcrevem o conteudo nelas , a que chamam Sumario :

e iſto

e ifto é o que ele aprova, e afina) porque ifto é afetafam ridicula, e mui prejudicial : mas quando tiver certa, a mente do-Papa, nam deve fazer cazo do-demais. Efte eftilo é aquilo, a que
os nofos tambem chamam, *intendimento legal* : que compreende
logo, a forfa da-razam, e todas as fuas circunftancias. Para ifto
ferve a Logica, como ja lhe-dife, falando da-Jurifprudencia Civil ; o que V. P. pode aplicar, a efte cazo.

Quanto ao Catedratico, ou o que eftuda na Univerfidade,
para eftudar as materias que deve ; é necefario, que tenha boa
eleifam, e conhecimento de livros. Nam deve fazer muito cazo
dos-antigos, que fabiam pouco : mas pafar aos mais modernos,
e aos livros compoftos em tempo, que a Iftoria é mais lumino-
za. Mas nam deve crer, que feja obrigado a ver, tudo o que
efcrevèram os Modernos, tanto no-feculo pafado, como no-prezente : eftes autores Repetentes, principalmente Tudefcos, nam
fazem mais, que copiar-fe uns a outros. O *Layman*, o *Engel*,
o *Pikler*, o *Reisfenftuel*, e muitos outros, que explicáram os cinco livros das-Decretais ; copiáram-fe fielmente. Quando V. P.
ler no-frontifpicio do-Pirrhing ; *Jus Canonicum nova methodo* ;
nam mude de conceito ; mas afente, que é a mefma coiza, pofta com mais palavras, e talvez mais ofcuras. Deftes fempre
efcolheria, o mais breve ; porque diz menos coizas más : aindaque um meftre necefite, de ler os mais extenfos, para ver tudo
o que fe-dife, na materia. Dos-modernos fempre me-agradou, o
Van-Efpen = *Jus Ecclefiafticum univerfum* : fol. 6. t. fempre me
agradou, digo, pola folididade do-juizo ; e erudifam que traz.
Mas fobre tudo para quem eftuda, o Gisbert = *Corpus Juris
Canonici per regulas difpofitum* : fol. v. 3. efte autor pode ajudar
muito um mofo, para formar ideia, do-direito Canonico ; polo
metodo que obferva. Alem difo', temos o P. Luiz du Mefnil =
*Doctrina, & difciplina Ecclefia a Chrifto ufque ad faculum XII.
inclufive, ipfifmet facror. codic. & monum. verbis expofita* =
fol. 4. v. Coloniæ 1730. efte era um Jezuita mui douto : e a fua
obra é util, para a Teologia, e Canones. Eftes livros, e outros
femelhantes devem-fe preferir, àquela machina de Repetentes,
e Tratadiftas ; que nam fabem o que dizem, e nam enfinam
coiza alguma particular. Para ter promtos os textos todos, do-direito Canonico, nam á melhor Concordancia, que o *Davis*. fol.
2. v. ele traz todos os textos do-Direito, e das-Glozas, por-al-
fabeto : e é obra necefaria, para os que ám-de eftudar fundamen-

talmente ; e ainda para os Advogados, e Juizes, que querem ter promtas, as autoridades. Compoz tambem outra Concordancia, do-direito Civil.

Parece-me porem mui util, que, alem das-materias afima apontadas ; tomáfe tambem alguma noticia, das-outras partes do-Direito, que andam fóra do-corpo dele. Falo deftas Bulas extravagantes : das-Propozifoens condenadas : e das-Declarafoens da-Congregafam do-Concilio. O metodo de adquerir efta noticia fem trabalho, é efte. Efcrever um Index, no-qual difponha as materias, que fe-contem neftas colefoens : v. g. Materia *A*. Bula do-Papa N. no-tomo X. ou XI. Declarafam N. emanada no-a-no N. &c. Materia C. o mefmo : &c. Defta forte faberia nas ocazioens bufcar, o que lhe-era necefario : e fe com o tempo no-tal Index, quizefe apontar em duas palavras, o conteudo ou na Decizam, ou na Bula ; podia compendiar uma obra ; que lhe-fervife muito, para a Cadeira, e para o Foro. Nam digo, que o eftudante antes de fe-graduar, fafa tudo ifto : aindaque fei, que o-pode fazer um mofo aplicado, e que eftuda com me-todo, e com a pena na mam : o que digo é, que defpois de graduado, pode fazèlo o Catedratico ; e o Forenfe, quando ef-tuda a pratica.

Pafando à Pratica, efta fe-deve regular : polo eftilo da-Ci-vil, como entam difemos. Defpois de um ano, ou dois de pratica de Direito Civil, em que eftude a teia Judicial ; deve pafar à pratica Canonica. Onde poderá ver, nam só o que fe-pra-tíca nefte Reino, em materias Ecleziafticas ; que eu chamo pra-tica Judicial ; mas tambem efcrever o Index, que afima aponta-mos : e exercitar-fe, efcrevendo nas cauzas Ecleziafticas ; fazen-do as filvas de autoridades &c. Defta forte em quatro anos, compremdendo o ano de pratica Civil, pode o omem fer tam ca-paz, que dali pafe para Advogado, ou Juiz. Mas nam deve pafar eftes anos converfando, como muitos fazem : porque defta forte, tanto importa ter um ano, como vinte. Deve efcrever fempre, em algum eftudo de um bom Advogado : e quando nam tiver cauzas verdadeiras, efcrever fobre cauzas fupoftas ; pedindo ao Advogado, que lhe-dè um cazo Juridico ; e efcrevendo no-tal cazo, como fe fofe coiza verdadeira. Se no-mefmo eftudo ou-vèfe outro mofo, que quizefe defender a parte contraria, feria melhor. Feito ifto, o Advogado, ou meftre, lendo as efcritu-ras, podia moftrar-lhe, em que tinham errado ; para outro dia

fese-emendarem. O que creio tambem se-deve fazer, no-direito Civil; quando as cauzas nam sam tantas, que o mofo posa aprender muito, no-dito estudo ou escritorio. Nam é crivel, quanto se-adianta um mofo, que estuda compondo desta sorte. E eu vejo, que ainda aqueles grandes Oradores de Roma, *Antonio*, *Sulpicio*, *Cota*, *Ortensio* &c. cuja fama estava geralmente establecida; declamavam particularmente cauzas supostas, para se-instruirem, quando ouvesem de sair a publico: e lhe-aproveitava muito bem. Desde ese tempo, sempre se-costumou este estilo, na Republica. E decendo aos nosos tempos, nas melhores Cidades de Italia, e em Roma, (perdoe-me V. P. servir-me sempre, dos-exemplos da-minha patria, porque é defeito geral dos-nacionais) nam só os mofos que estudam, fazem iso; mas os mesmos Advogados mofos se-ajuntam, para tratarem particularmente cauzas supostas; informando o juiz; defendendo o reo; e escrevendo as suas razoens, como se-pratica nos tribunais: o que eu prezenciei varias vezes. E contudo, nos-escritorios de Roma, nunca faltam cauzas verdadeiras. E por-que nam faremos isto em Portugal, onde os Canonistas tem pouco exercicio, na avocacia; e nam muito, na judicatura? Asimque este parece ser, o melhor metodo de se-adiantar. Se os Canones se-estudasem desta maneira, seguro a V. P. que só entam os Canonistas seriam capazes, de sustentarem os empregos, e serem Bispos: porque sem estas noticias, falta-lhe o que requerem os Canones, nestas Dignidades: como por-nosos pecados, todos os dias estamos vendo.

Concluo dizendo, que nem menos sofreria, que um Jurista Civil, se-graduáse em Canones, ou polo contrario: muito menos consentiria, que um Jurista Civil, unicamente por se-ter ordenado; advogáse no-Ecleziastico; ou fose Juiz, Dezembargador, Vigario Geral, como todos os dias está sucedendo. Ajuda muito o direito Civil, para a pratica, e muitas outras coizas: porem seguindo a estrada que apontei, de estudar Canones, pode um omem ter bastante noticia, de leis Civis: muito mais se se-exercitar bem, nos-primeiros dois anos de pratica. Digo fomente, que sem saber fundadamente os Canones, nam é um Juiz capaz, de tratar e julgar, materias Ecleziasticas.

Isto é o que me-ocorre dizer a V. P. em uma Faculdade, que parece estar cem legoas longe, do-burel roto de um Capuchinho. V. P. que por-forsa quer ouvir-me, terá a bondade de

def-

defculpar os meus erros: mas muito particularmente, de fe-capacitar bem, das-minhas tofcas razoens; para as-faber explicar a efes,
a quem as-propuzer. Em modo tal que, fendo eles Jurifconfultos, nam caiam no-defeito, tantas vezes cenfurado; de condenar as partes, fem ferem ouvidas; e fem examinarem
as razoens, e fem as intenderem. Em V. P. nam á efe
perigo: mas pode avelo nos-feus conhecidos: por-ifo lhe-pefo efa cautela: e pefo tambem a Deus guarde a V. P. m. a.

CAR-

CARTA DECIMASEXTA.

SUMARIO.

Aponta-se o metodo de regular os estudos, em todas as escolas; começando da-Gramatica, até à Teologia. Fazem-se algumas reflexoens particulares, sobre o modo de exercitar utilmente os rapazes, na Gramatica: em que se-reprovam alguns estilos, introdusidos em Portugal. Modo util de exercitar os Medicos, e Cirurgioens. O mesmo sobre as Leis, Canones, e Teologia: onde se-aponta, como se-devem exercitar, os Confesores. Dá-se uma ideia, do-modo de instruir as Molheres; e nam só nos-estudos, mas na economia, com utilidade da-Republica.

Eu amigo e senhor, A incumbencia que V. P. me-dá nesta sua carta, cuido que ja está dezempenhada, em todas as que lhe-tenho escrito: pois em cadauma dise, nam só como se-deve estudar; mas quanto bastava para saber, de que módo se-deve regular o estudo, na escola. Contudoiso o favor que V. P. me-faz, de nam querer dar paso, sem a minha diresam; bem merece, que eu tome algum trabalho, para lhe-responder: e asim repetirei em breve, o que de pasagem dise, em varias cartas. E ponho de parte todos os comprimentos, que V. P. me-faz; que eu recebo, como provas manifestas da-sua amizade, e bondade; sem genero algum de merecimento meu.

Direi pois a V. P. que os estudos para serem regulados, devem começar desde o tempo, que os meninos começam a ler, e escrever. Ponho por-agora de parte, a instrusam que lhe-devem dar, antes que começem a ler. Ja se-sabe, que lhe-devem enfinar, os elementos da-Fé; digo, as coizas mais principais: acostumálos a obedecer, e serem cortezes &c. E isto, mais com boa maneira, que com rigorozos castigos: o que certamente nam intendem muitos Pais, e Mestres. Porem o que V. P. quer saber é, a aplicasam literaria; daqual digo, que deve começar, aos fete anos . Enfinar a efcrever aos rapazes , antes do-dito tempo , é perder o feu tempo ; como a experiencia me-tém mof-trado . Na idade de fete anos , é que devem enfinar-lhe a efcre-ver : nam fe-canfando muito , em que fafa bom carater : bafta que nam feja mao , e que efcreva facilmente , e corretamente : pois com o tempo , fe-pode reformar a letra . Defpois enfinar-lhe, as quatro primeiras operafoens de Aritmetica , que fam necefarias, em todos os uzos da-vida . Nifto á grande defcuido em Portu-gal : achando-fe muita gente , nam digo infima , mas que vefte camiza lavada , que nam fabe ler , nem efcrever : outros que, fupofto faibam alguma coiza , nam contejam : o que cauza fumo prejuizo , em todos os eftados da-vida . Privam-fe eftes omens, do-maior divertimento , que pode ter um omem , quando eftá só; que é , divertir-fe com o feu livro . fazem-fe efcravos de todos os outros : pois para ajuftar contas , confervar conrefpondencias, dependem dos-mais . Fóra de Portugal , vive-fe de outra forte. fam tam raros os plebeos , que nam faibam efcrever , como aqui os que o-fabem . o muxila , o carniceiro , o fapateiro todos fe-divertem , com os feus livros . Efta necefidade é tam clara, que todos a-experimentam : e afim nam podemos afaz condenar os Pais , que fe-defcuidam nefta materia . Devia tambem aver, em cada rua grande , ou ao menos bairro , uma efcola do-Pu-blico ; paraque todos os pobres pudefem mandar lá , os feus filhos: o que fe-pratica em varias partes . Achei-me em Cidades, onde avia efcolas de molheres , que enfinavam em cazas fepara-das , rapazes , e raparigas . Outras molheres fomente enfinavam, raparigas : e afiftiam em cazas grandes , onde recebiam algumas donzelas onradas , e civis ; as quais feus Pais lhe-entregavam, para as-doutrinarem em todo o genero : e pagava cada uma qua-rentamil reis cada ano , por-caza , e comedoria . Elas vinham às vezes vizitar os Pais , em companhia das-meftras : cadauma das-quais trazia quatro , ou cinco . Ifto é pará os Pais , que nam podem por-si , enfinar os filhos : porque os que podem , nam tem def-culpa , em nam fazèlo.

Supondo pois , que os meninos fabem ja ler , e efcrever, apontarei a V. P. o modo , de regular os eftudos publicos. Dos-que fe-fazem em cazas particulares , nam tenho que dizer ; pois devem conformar-fe com os publicos , no-metodo : muito mais , porque tem mais tempo , para o-fazerem . Deve aver em todos os Colegios , e Univerfidades publicas , primeira efcola ; em que fe-enfine , a lingua Portugueza . Nefta efcola devem os

me-

meninos, eſtudar a ſua lingua, por-alguma Gramatica. O meſtre moſtrará, as oito partes da-oraſam, na lingua Portugueza; que é a analogia das-vozes Portuguezas: o que ſe-reduz a mui poucas coizas, e ſomente a ſaber, os nomes daquelas vozes, que uzam os meninos; e reduzilos aos ſeus titulos. Deſpois, as principais regras de Sintaxe, ou uniam das-partes, e ſua regencia: as miudezas, e anomalias devem-ſe rezervar, para outro tempo; para nam carregar a memoria dos-rapazes, com tanta coiza. Moſtrará tambem em um livro impreſo, o exercicio das-regras: e os rapazes daram razam, das-partes todas da-oraſam. Em terceiro lugar deve ſaber, a Ortografia da-ſua lingua. E eſte eſtudo da-Gramatica Portugueza, ſe-deve fazer em trez mezes; os quais baſtam para o que ſe quer: viſtoque por-todo o ano da-Gramatica Latina, ſe-deve explicar a lingua Portugueza, meia ora cada dia; lendo algum capitulo, e explicando o meſtre o que deve.

Feita eſta preparaſam, pode o eſtudante paſar, à Gramatica Latina. Nam me-agrada aquela barafunda de eſcolas, que ſe-pratîca em Portugal, ſem ſabermos por-que razam: porque as eſcolas de Gramatica, podem-ſe reduzir a quatro: em cadauma das-quais ſe-explique, uma parte da-Gramatica. Se os eſtudantes ſorem muitos, podem-ſe dobrar as claſes, duas para cada parte da-Gramatica. Iſto fazem em algumas Univerſidades, até nas Ciencias maiores: avendo diverſas eſcolas, em que explicam as meſmas materias, para dar lugar à quantidade dos-eſtudantes. Mas eſte caxo nam ſucederá facilmente, diſpondo-ſe as claſes, polo modo que dizemos: porque enſinando-lhe com facilidade, a Gramatica; eſtarám pouco tempo nas eſcolas, e daram lugar aos outros. Deverá pois o eſtudante, nos-nove mezes do-dito primeiro ano, ver as duas primeiras partes da-Gramatica Latina, que ſam Analogia, e Sintaxe. Na Analogia ſabendo o eſtudante, as declinaſoens dos-Nomes, e Verbos, tem vencido toda a dificuldade. A Sintaxe ſendo como dizemos, reduz-ſe aos ſeis cazos do-Nome: e ſaber quando devemos uzar deles, e com que partes: o que nam é muito dificultozo. Se o meſtre quizer imprimir bem eſtas coizas, na memoria dos-dicipulos; deve primeiro explicar-lhe, as regras todas: deſpois obrigálos, a que eſcrevam as coizas, que apontar. v. g. Dando-lhe um Verbo da-primeira conjugaſam, que eſcrevam todas as declinaſoens do-dito Verbo: o meſmo digo, dada uma regra de Sintaxe &c. O meſtre pode dar um exemplo, apontando um periodo de Cicero:

cero : e dizer ao eſtudante , que eſcreva toda a regencia , do-dito
periodo : deſpois , dará conta de tudo o que eſcreveo : e aſim
ſe-impremirá na memoria .

Nam aprovo aquele eſtilo , de mandar argumentar os rapazes , com grandes gritos ; caminhando paratraz , e para diante : e
caſtigálos , ſe acazo nam advinham logo , o que o contrario
lhe-progunta , com incrivel velocidade . Com eſte eſtilo , ninguem
pode ſaber bem , o que deve . E' neceſario proguntar de vagar , e dar-lhe tempo paraque reſponda , e conſidere : pois ſe
uma vez errar , na outra acertará . Nenhuma peſoa ſe-á-de ſervir do-Latim , com tanta velocidade : e nenhum omem , por
quanto douto ſeja , ſe lhe-fizeſem ſemelhantes proguntas , reſ-
ponderia , ſem conſiderar e advertir , o que dizia . Os rapazes nam
ám-de fazer milagres : quer-ſe com eles muita paciencia . O principal ponto do-meſtre eſtá , em explicar bem todas as regras ,
tanto da-ſintaxe Regular , como Figurada : e pór exemplos ſenſiveis : ſervindo-ſe a miudo dos-exemplos , da-lingua Portugueza :
pois ſomente deſta ſorte é que ſe-intendem , e com muita facilidade , como ſou teſtemunha de viſta . Neſte meſmo tempo deve-ſe continuar , o eſtudo da-lingua Portugueza , duas ou trez
vezes cada ſemana : lendo em algum autor , alguns periodos : e
explicando o ſentido , e propriedade das-palavras : e mandando
aos eſtudantes , que o-expliquem por-turno , cadaum ſeu dia :
no-que baſta ocupar , meia ora . Nos-mais dias , na primeira meia
ora de menhan , deve-ſe explicar Cronologia , e de tarde Geografia . Para iſto devem) eſtar na eſcola , duas cartas deſtas ; que
ſó aſim ſe-imprimem facilmente , na memoria . E teram os rapazes cuidado , de terem em caza alguma carta cronologica , e
geografica , um mapamundo , e as quatro partes do-mundo . Eſtas
noticias que ſe-dam aos rapazes , devem ſer breves , e ſomente
as mais principais : pois com o tempo , aprendem-ſe as outras
miudas , quando é neceſario , para intender as iſtorias particulares . Onde , quando ſe-le alguma iſtoria particular v. g. Grega ,
ou Romana ; baſta ter cuidado , de notar as epocas mais particulares : e quando ſe-incontra o nome de alguma cidade , ou rio
&c. buſcálo na carta : procurando ter , alguma carta particular ,
do-Imperio Grego , e Romano . Deſta ſorte aprende-ſe a Geografia , por-divertimento ; e a Cronologia , ſem trabalho .

No-ſegundo ano deve eſtudar , as outras duas partes da-Gramatica , que ſam Ortografia , e Quantidade das-ſilabas . Iſto é
mais facil : e pode-ſe fazer , nas primeiras oras da-liſam , tanto

de

de menham, como de tarde. Defpois devem traduzir Terencio, em Portuguez: e nefte meio tempo os rapazes, repetem as regras de Gramatica, na explicafam que fazem, do-dito autor. Para o que deve o meftre, explicar poucas regras, mas efas bem: fervindo-fe, como digo, do-metodo de explicar por-efcrito, a dita lifam; e obrigálos a dar conta, doque efcrevèram. Nefte tempo só fe-procura explicar-lhe, o que é Latim puro: com o tempo fe-explicará, o que é elegante, e ornado. Quando os ra- pazes efcrevem a fua tradufam, deve o meftre emendar os erros, que cometem no-Portuguez: e no-mefmo tempo enfinar-lhe, que coiza é boa tradufam: no-que aprendem duas coizas ao mefmo tempo; e ambas com mais facilidade, doque dizendo-as de me- moria. Com o tempo pode obrigálos, a traduzir alguma coiza, fem fer por-efcrito: mas ifto fomente fe-faz, quando tem baf- tante noticia: e entam é que tem lugar, explicar outros livros, como ja dife. Nefte ano deve o meftre trez menhas cada femana, ou ainda mais, explicar um pafo, ou dois da-Biblia: a qual por-efte eftilo fe-pode acabar, no-dito ano: falo da-fimplez iftoria da-Biblia.

No-principio do-terceiro ano, pafará a outros autores, fe- gundo a ordem que apontei, nas minhas cartas: os quais fe-de- vem traduzir, pola menhan. Quando os rapazes fe-vam adian- tando, devem fazer mais folidas reflexoens, de Gramatica. No- primeiro ano bafta moftrar, o que é indifpenfavel: nos-outros, tem lugar explicar, as coizas particulares: nam digo com toda a extenfam, que pode fer; mas dando aquela erudifam, que é ne- cefaria a um rapaz. Se o meftre tem cuidado, de introduzir as noticias, quando fam necefarias; mandálas repetir aos rapazes; confeguirá o feu intento, fem trabalho algum: pois é incrivel, quanto a voz do-meftre ajude os principiantes, e facilite a per- cefam. E eftas mefmas dificuldades, fe-podem explicar na Reto- rica, quando ocorrerem novas. Nefte ano comefa a compozifam todas as menhans, defpois da-tradufam: mas afumtos facis, car- tas, comprimentos, algumas pequenas defcrifoens; emfim materia breve. Efte é o modo de faber bem Latim: porque o difcurfo familiar facilmente fe-aprende, como ja difemos: e com o tempo podem-fe aprender, outras coizas graves.

Tambem nefte ano devem continuar, o eftudo da-Iftoria: nos-primeiros feis mezes, explicar as fabulas, e coftumes das-na- foens Grega, e Romana, uma ora cada menhan: nos-ultimos feis mezes, explicar a iftoria dos-antigos Imperios, e Republicas, fóra dos-Romanos. Nifto da-Iftoria deve o meftre proceder, com advertencia. Nam é facil, que os eftudantes nefte tempo, em que devem dar conta de outras coizas; fe-apliquem inteiramente, à Iftoria : nem o meftre deve fer tam rigorozo, que queira digam palavra por-palavra, o que ele lhe-explica. Mas fe o meftre fouber fazer, a fua obrigafam; pode adofar efte eftudo defforte tal, que com pouco trabalho, fe tire grande utilidade. Bafta que explique bem, um pafo de iftoria dos-mais principais : e no-feguinte dia diga ao eftudante, que explique a mefma iftoria; pólas palavras que melhor lhe-parecer : e proponha um premio, aós que no-fim da-femana, em que fe-repetem as lifoens de Gramatica; repetirem tambem, as de Iftoria. Ifto obrigará os rapazes, a lerem a dita iftoria, para lhe-tirarem a fuftancia : e defta forte a-introduzirám na memoria : e fairám da-efcola, com muitas noticias utis. Ifto que digo aqui, é para compreender, todo o genero de eftudos : porque quem nam quizefe, introduzir aqui a Iftoria, podia rezervála para a Retorica, e Filozofia : no-qual tempo fe-podia ir explicando. Mas as Antiguidades, e Fabulas, intendo que fam precizamente necefarias, nas Umanidades; para as-perceber bem : e é coiza que fe-explica, com muita facilidade.

Da-Latinidade deve pafar o eftudante, para a Retorica : o que fe-deve fazer, no-quarto ano; no-qual fe-pode aperfeifoar, na compozifam, e inteligencia da-Latinidade. Se o mofo tiver eftudado como dizemos; pode nos-trez anos ditos, ter mais noticia de Latim, doque muitos que fe-ocupáram nele, anos baftantes : e pode por-fi fó intender, os outros livros, com o focorro do-feu Dicionario. Mas por-ifo aconfelho que vá a Retorica, paraque faiba, nam fó o que é falar, com palavras proprias; mas tambem, falar elegantemente. A Retorica ja fe-fabe que deve fer, em Portuguez: e o eftudante á-de primeiro compor, em Portuguez; e defpois em Latim : como em feu lugar dife. Nefte ano de Retorica, deve comefar a Gramatica Grega : pois fendo efta lingua tam necefaria, em todos os eftudos; devem os eftudantes fair das-efcolas, com alguma noticia dela : e efte ano é proprio para ifo, viftoque os eftudantes tem ja, conhecimento da-Latinidade, e fua Gramatica; que facilita o eftudo da-Grega. Cada menhan a primeira meia ora, emprega-fe em ler, e explicar, um bocado de Iftoria. Defpois, explica-fe o Grego : primeiro as declinafoens de Nomes, e Verbos, (que

é toé toda a dificuldade da-lingua) com as suas formaçoens. Se os dicipulos forem diligentes, e os mestres souberem explicar bem; para isto bastam dois, ou trez mezes. Dali para diante explica-rám cada dia, quatro ou cinco regras de algum autor facil: porque isto é o que importa no-Grego; compozição nam é ne-cesaria, nesta era. No-mesmo tempo que se-explica; aprende-se, a Gramatica Grega. Para um rapaz, nada mais é necesario: poisque se ele intender cada dia, somente trez regras de Grego; no-cabo do-ano saberá bastante: e se nam deixar este exercicio, polo espaço de trez ou quatro anos; conseguirá bastante erudi-çam, do-Grego.

Um amigo meu omem mui douto, que dirigia certo colegio de mosos nobres; praticava o contrario, do-que aqui insinuo. No-mesmo tempo, que os meninos declinavam os Nomes, e Verbos Latinos; lhe-mandava declinar os Gregos: e continuava este exercicio, nos-dois anos da-Gramatica Latina. Despois, expli-cava o Grego, como dizemos, em lugar da-Istoria. E confesou-me, que a experiencia lhe mostrára, que desta sorte os rapazes aprendiam o Grego, sem trabalho algum. Sei tambem, que em outros Semi-narios, se-pratica o mesmo. E asim quem quizese deixar a Isto-ria, para outro tempo, v. g. para o ano da-Retorica; podia no-dito tempo, ensinar o Grego: visto que a experiencia mostra, que se-poupa trabalho. Polo menos, no-terceiro ano ensinar as declinaçoens, e conjugaçoens bem; e no-ano de Retorica, expli-car os autores. Desta maneira teram os rapazes mais tempo, de a-estudar; e com menos trabalho. Mas o modo que eu aponto, tem tambem algumas utilidades: e asim cadaum escolherá, o que lhe-parecer.

Despois disto segue-se a Retorica: da-qual o mestre expli-cará brevemente, as partes todas, e as diferentes sortes de esti-los. Logo mandará compor alguma coiza, em Portuguez: come-sando por-asumtos breves, nos-trez generos de Eloquencia. Co-mesará primeiro, polas cartas Portuguezas: dando somente aos rapazes, o argumento delas: e emendando-lhe ao despois, os defeitos que pode fazer, contra a sua propria lingua, e contra a Gramatica. E por-esta razam é superfluo neste ano, ler mais autores Portuguezes; porque esta compozição é o melhor estudo, que se-pode fazer, da-lingua Portugueza. Despois, pasará ao estilo istorico: e tirará algum argumento da-mesma istoria, que se-explica pola menhan; paraque os estudantes a-dilatem, escre-vendo o dito cazo mui circunstanciado; e variando isto, se-

gundo o arbitrio do-meftre : ou tambem a defcrifam de um lugar , e de uma pefoa , ou coiza femelhante . Em terceiro lugar
fegue-fe , dar-lhe algum argumento declamatorio , mas breve .
Para facilitar ifto, o melhor meio é efte . Quando o meftre propoem algum argumento, que fe-deve provar ; proguntará ao rapaz , que razoens ele dá , fobre aquele ponto . oufa as que ele
dá , e ajude-o a produzilas : pois defta forte acoftuma-fe a refponder de repente , e efcrever com facilidade . Quando o eftudante tiver baftante noticia , dos-trez generos de Eloquencia ;
em tal cazo pode empregar-fe , em compor Latim : e ifto polo
mefmo metodo, que o-fez em Vulgar . Nefta compozifam Latina , nam terá dificuldade alguma , vifto ter vencido todas ,
na compozifam Portugueza : fomente lhe-faltarám as palavras
Latinas , e frazes particulares da-lingua : ao que deve acudir e
fuprir o meftre , emendando-as , ou fugerindo-as . Encomende tambem aos rapazes, que leiam muito as orafoens de Cicero: nam
digo as Verrinas, que fam enfadonhas , e só fe-podem ler faltia-
das; mas as outras mais facis, e breves . Mas para confeguir
profunda noticia defta lingua , ajudam muito os afumtos fami-
liares , e breves : dos-quais com facilidade fe-pafa , para os outros . E efta clafe é necefario que frequentem , todos os que
eftudam Latinidade ; porque fem ela , nenhum pode intender , e
efcrever bem Latim : e com ela , pode faber muita coiza util ,
para todos os exercicios da-vida, e principalmente , para toda
a forte de eftudos .

Ja dife , que nam devemos obrigar os rapazes , a irem à
efcola de Poetica ; que deve fer feparada das-outras : mas fe o
eftudante quizer eftudála, pode ir nefte ano de Retorica, de tarde : ou fe for tam rapaz , que pofa e queira perder nela outro
ano, pode ir no-feguinte : e entam pode confirmar novamente,
tudo o que eftudou na Retorica. Aqui pois deve aprender primeiro , que coiza é Poetica : defpois, que coiza é verfo Portuguez,
e Latino . Efta erudifam devem ter todos ; ainda os que nam
querem fer Poetas ; e fe-deve dar nas tardes de Retorica , aos
rapazes . Querendo o mofo compor , deve feguir o metodo,
que em outra difemos : e deve tambem compor alguma coiza,
em proza Latina , para fe-exercitar . Nefte ano pode o meftre
explicar ao dicipulo , a iftoria Romana da-Republica : e fe o
eftudante nam quizer , ir à efcola da-Poetica ; toda a iftoria
Romana tanto da-Republica , como dos-Imperadores , até a ruina do-Imperio no-Ocidente ; fe-pode explicar , nos-trez anos de

Fi-

Filozofia ; empregando nisto , meia ora cada menhan : o que se-faz sem trabalho algum . Este é o metodo.

Tenho porem algumas coizas que advertir , neste particular. A primeira é , que nam se-devem admetir na mesma escola estudantes , que se-apliquem a diversas coizas ; porque produz grande confuzam . E' necesario que todos os mosos , estudem a mesma coiza ; e nam se-admitam na mesma escola, uns mais adiantados que outros : pois desta sorte ouvirám todos , e intenderám , o que o mestre explica . Tenho conhecido , que os decurioens sam a cauza , de que nam se-aprenda bem . Eles sabem pouco mais , que os soldados simplezes ; e asim nam podem ensinar bem, aos outros . Sei que os mestres os-admitem , para nam se-cansarem : mas podiam buscar outros meios . Quando se-ensina a analogia das-vozes , declinasoens de Nomes , e Verbos ; é necesario que o mestre tenha paciencia : vistoque esta é a maior dificuldade , da-lingua Latina ; e que quazi nada mais pede , que memoria . O que podem fazer nas Universidades , e publicos estudos é , dividir estes principiantes em duas escolas ; paraque tendo cada mestre menos , pudese dar melhor conta deles . E dentro da-mesma escola podia o mestre dividilos , em decurias : e em cadauma delas mandar , que um despois do-outro fose dizendo a lisam : e prometer algum premio , aos outros nove que asistem , se acazo lhe-desem , algum quinao . Neste meio tempo o mestre , paseia pola escola , e chega-se umas vezes a um circulo , e outras a outro : e asim facilmente reconhece o estado , das-diferentes clases da-escola . Ou ter tambem algum subalterno , que intendèse Latim ; o qual cuidáse na metade da-escola , e o mestre na outra metade . Alem diso , sendo os dicipulos obrigados , a trazerem de caza escrita a lisam ; facilmente se-conhece , se a-sabem, ou nam . Nas escolas maiores , em que se-explica o Latim , nam pode aver decurioens : é necesario que o mestre , explique as coizas bem : o que nam sabem fazer , os decurioens . As lisoens conhecem-se , polo que eles trazem escrito : e o mestre pode proguntar a lisam , a quem lhe-parecer . Mas como nas escolas sempre á algum , que tem mais capacidade que os outros ; este basta para vigiar , o que fazem os mais : principalmente animando-o com alguma recompensa , das-costumadas onras da-escola &c. Cuide o mestre , em explicar bem o que deve ; e proguntar de repente , a algum dos-estudantes mais capazes , se o-intende ; e mandar-lhe que o-explique aos outros : que com isto é que se-sabem as lisoens ; e nam com mandálas repetir de memoria.

Tam-

Tambem feria necefario, introduzir neftes eftudos, as concluzoens de Gramatica, Retorica, e Poetica : cujos exercicios a-
proveitam infinitamente, à Mocidade. Em Portugal é totalmente incognito, efte exercicio: e ja achei meftre, que fe-rio muito,
quando lhe-falei nefta materia : de que eu conclui, que o dito
ignorava o feu oficio. Senam diga-me V. P. eftamos ouvindo
todos os dias, concluzoens publicas e femipublicas, fobre fe a Logica tem por-objeto, os atos do-intendimento, ou as coizas : fe
fe-dá univerfal a parte rei : fe as efpecies imprefas fam final formal *in actu primo* : fe a Materia apetece umas Fórmas mais,
que outras : e femelhantes queftoens, que nada fervem nefte mundo : E nam fe-farám em Gramatica, e Retorica, que fervem para intender a Latinidade, e Eloquencia ; e tem uzo em todas as
ciencias, a que um omem fe-aplica? Mas o certo é, que nam
é melhor exercicio que efte. Neftas concluzoens pode-fe argumentar tam bem, como na Filozofia. Acham-fe dificuldades de
Gramatica, que fam controverfas entre os autores : e é bom faber, qual é a opiniam, que fe-deve preferir. Acham-fe pafos de
autores antigos, que nam fe-intendem, fem grande eftudo : e é
coiza util ouvir, como fe-devem intender.

Quando deftas concluzoens nam fe-tiráfe fenam o gofto, de
ouvir um rapaz, refponder a qualquer dificuldade de Gramatica,
que lhe-propoem, fobre algum tefto que fe-alega : ouvilo explicar, qualquer pafo de Tito Livio, ou Virgilio : apontar e declarar a fabula : explicar a antiguidade : referir a iftoria do-dito
pafo : dilucidar a Geografia, quando incontra alguma cidade, ou
rio, ou monte &c. Ou tambem explicar o artificio retorico, de
um pafo de Cicero, ou Demoftenes : dar razam da-Figura : fazer
algumas reflexoens eticas, ou politicas fobre o pafo que le &c.
Seguro a V. P. que ifto baftava, paraque um omem de juizo, e
doutrina, ficáfe encantado um dia inteiro. Apoftarei eu, que nam
acha V. P. um deftes meftres de Gramatica, que faiba fazer outro tanto. E na verdade ifto, que nam parece nada, pede um
eftudo fundadifimo : o que pouquifimos tem. Ao menos ouvindo ifto, aprendo alguma coiza : Polo contrario ouvindo difcorrer, dos apetites da-Materia, nada aprendo ; pois fam palavras
fem fignificado. E daqui mefmo rezulta a utilidade, de quem
defende : pois fica um mofo bem fundado, naquela materia ; e
pode fervir aos feus companheiros, e à Republica ; que tem utilidade, que aja omens infignes, em todas as faculdades.

Afimque pode o meftre efcolher alguns eftudantes, que tem
mais

mais talento , e ter particular cuidado de os-inſtruir , em todas
as coizas que deve : paraque poſam fazer concluzoens de Gramatica , e tambem de Retorica &c. Exercitálos algumas vezes na
eſcola , paraque os outros vejam tambem , como devem fazer em
publico : e defender algumas concluzoens de Gramatica , outras
de Retorica , outras de tudo : em que entre Iſtoria &c. porque
aſim ſe-acoſtumam a falar com graſa , e dezembaraſo ; e aparecer
em publico com confianſa. Mas é neceſario , que os arguentes
ſe-lembrem , que argumentam a rapazes , e nam a omens conſu-
mados. Eſta advertencia é muito neceſaria em Portugal : porque
os que aqui argumentam , nam vam com o fim , de declarar a
verdade ; mas de embrulhar o defendente. Seguro a V.P. que
fiquei às vezes eſcandalizado , do-mao modo , e pouca modeſtia
que obſervei , em alguns arguentes , ainda em materias bem graves. Uns gritavam que pareciam endemoninhados : como ſe o
argumento tiveſe maior forſa , por-ſer dito com gritaria ! outros
eſgrimiam com os braſos : e alguns diziam palavras ofenſivas.
Deve-ſe evitar iſto , em toda a ſorte de argumentos : eſpecialmente quando ſe-fala , com crianſas. Onde no-noſo cazo devem
propor as ſuas dificuldades , na materia aſinada , em Portuguez breve , e claro : e contentem-ſe quando o eſtudante , ſofrivelmente
reſponde ao cazo : lembrando-ſe , que eſtas concluzoens fazem-ſe
para os-ajudar e inſtruir , e nam para os-atarantar. E aſim cadaum dos-arguentes deve conſiderar-ſe , como ſe foſe meſtre daquele defendente ; ſuminiſtrando-lhe alguma vez a reſpoſta : lou-
vando-o quando acerta com ela : e procurando fazelo brilhar
no-que pode : porque deve perſuadir-ſe , que neſtas materias é tante que eſtudar , que muitos grandes Filologos , paſéram toda a
ſua vida eſtudando ſomente iſto : dos-quais , eſtes meſtres de Gramatica nam ſeriam capazes , de ſerem amanuenſes.

Condenam os omens de juizo , certos exercicios publicos , que
aqui ſe-praticam , de Tragedias , Proclamaſoens &c. porque o meſtre e dicipulos ſam obrigados , a perderem muito tempo , com uma
coiza inutil ; que impede os eſtudos principais : E eu acreſentó ,
que ſam indignos , de todo o omem ingenuo. Quem á-de aparecer no-teatro , veſtido comicamente para agradar ao publico ;
chamem-lhe como quizerem , é um verdadeiro comediante : cujo
emprego deſprezado , em todos os ſeculos do-mundo , é indigno
de peſoas bem criadas : alem de outras reflexoens , que ſe-podiam fazer. Tambem é para notar , que eſtas repreſentaſoens pe-
la maior parte , ſam Latinas : e é coiza digna do-riſo , que , ſaſen-
do

do esta lingua morta , introduzam neste tempo, reprezentaſoens Latinas. Ainda os meſmos que intendem Latim , nam querem ouvir reprezentar em Latim. Tem mais graſa, ler uma comedia de Terencio, ou tragedia de Euripides , e Soſocles; doque estas modernas, que ſabe Deus como ſam feitas : pois ainda as que temos de omens grandes, dos-dois ſeculos paſados; nam chegam à galantaria das-antigas. Em uma palavra, o Latim nan tem oje graſa no-teatro : porque ſendo morta a pronuncia, nam com-preendemos a armonia, do-verſo Latino.

Louvo aquele exercicio, que os doutos Jezuitas praticam ca-da ano, de proporem os premios , aos que compoem n'um dia determinado, algum poema, ou oraſam Latina. Quizera porem, que nam ſe-admetiſem ao concurſo, ſenam os que ſam bem fun-dados, e eruditos nas Umanidades : que ſe-inſtruiſem melhor, os que ſe-prepáram para eſte certame : e ſe-ſerviſem menos, daque-les livros de romendos, de que copeiam fielmente, tota a noticias; ſem chegarem a perceber, que coiza é a delicadeza da-Poezia, ou proza Latina. Vi alguns, que conſeguiram os premios, em uma e outra coiza; e proguntados eles teſtemunhas, nam ſabiam reſponder ſobre o merecimento, do-que tinham compoſto. Os que fazem iſto, ficam toda a ſua vida, com a deſmedida pre-zunſam de Poetas, e Oradores; e por conſequencia, ignorantes. Tambem ſeria de grande utilidade, que os rapazes diſeſem algu-ma oraſam em publico, em alguns dias de feſta; para os-acoſtu-mar cedo, a nam terem vergonha do-auditorio. Para iſto de-viam os meſtres, inſtruilos com cuidado particularmente, antes de falarem em publico.

Tambem ſe-deve advertir aos meſtres, que tenham mais em-penho, em ſerem amados e reſpeitados dos-dicipulos, doque te-midos polo caſtigo. Nam é pequeno abuzo neſte païz, caſ-tigar os rapazes, quando nam ſabem logo a liſam; ſem diſtin-guir, ſe provèm de ignorancia, ou de malicia. Eſtes rigorozos caſtigos pola maior parte produzem, tal averſam aos eſtudos; que nam ſe-pode vencer, em todo o diſcurſo da-vida. Falar a al-guns deſtes no-eſtudo, é falar-lhe na morte. Provèm iſto pri-meiramente, da-feia carranca com que pintam os eſtudos : man-dando-lhe eſtudar, uma quantidade de coizas, ſem ſaberem que ſer-ventia tem : e dando-lhe muita pancada, ſe as-nam-repetem bem. Iſto é uma crueldade, como ja apontei a V. P. em outra carta. O meſtre deve explicar bem as materias, e facilitar os eſtudos : deve alem diſo obrigar os eſtudantes, com maneiras agradaveis,

e ine infinuar-fe no-feu animo. Nam á coiza que nam fafa um omem, fe lhe-fabem infpirar, a paixam propria. Muitos obram, polo interefe do-premio: outros, pola gloria da-doutrina; e por-um louvor dado em publico. Eftas fam as armas, de que deve fervir-fe o meftre: deve procurar de fer amado, e no-mefmo tempo refpeitado. O eftudante que nam é fenfivel à dezonra, de fe-ver repreendido publicamente, e outras coizas deftas; nam o-ferá às palmatoadas. Alem difo fe o eftudante é muito rude, as palmatoadas nam lhe-dam juizo: fe o-nam-é, á outro modo de o-regular. Confefo a V. P. que com grande gofto, e admirafam minha vi muitas vezes, mofos bem dezinquietos, mudarem de vida, tornados com boa maneira; e fomente com converfarem com alguma pefoa, que infenfivelmente lhe-infpirava, penfamentos eroicos. Em uma palavra, o caftigo deve fer a ultima coiza, e bem raras vezes: e deve o meftre intender, que o procurar todas as outras vias, nam é fomente obrigafam leve, mas grave. Para ifo é que os Pais lhe-entregam os Filhos, e para ifo é que a Providencia o-deftinou àquéle emprego; paraque bufque os meios proprios de conduzir os meninos, ao fim de ferem bons, e eftudarem bem.

Nefte particular, ainda á outra coiza que advertir, e vem afer: que neftas efcolas, principalmente de Latinidade, e Retorica, e Poetica, nam devem enfinar meftres mofos, que faiem das-efcolas; mas omens feitos. Um rapaz fabe pouco; e afim nam pode enfinar nem muito, nem bem: alem difo nam tem toda a prudencia necefaria, nem tanta experiencia do-mundo; que faiba regular os animos, de tantas criaturas. Efpecialmente fe-deve procurar um omem, que nam feja colerico: porque com colera, ninguem enfina bem: mas algum omem prudente, e de muita paxorra. Em Portugal os meftres adiantados, nam querem aplicar-fe a eftes eftudos, a que chamam baixos: e mandam para eles, os rapazes. Ifto é conhecer muito mal, que coiza fam umanidades. A Eloquencia, e Latinidade é tam nobre, como a Filozofia &c. e em outros paízes, empregam-fe neftes eftudos, omens grandes: e nam de pafagem, mas toda a fua vida. E por-ifo á omens grandes, o que aqui raras vezes fe-acha: e incontram-fe tambem muitifimos dicipulos eruditifimos, em todo o genero de letras umanas: o que V. P. de nenhuma forte achará, nefte Reino: pois os que fabem alguma coiza, fabem pouco; e efe pouco aprenderam-no em fua caza, e com grande trabalho: o que nace, de que nas efcolas enfinam mal. Onde parece-me que feria

TOM. II.   Ll   gran-

grande utilidade da-Republica ; que eftas efcolas ao menos de Retorica, e Poetica, fe-defem a omens confumados: e que eftivefem
nelas anos.

Falando agora do-numero das-Cadeiras, digo, que alem dos-
quatro meftres, das quatro partes da-Gramatica ; e do-meftre da-Latinidade, da-Retorica, e Poetica ; deve aver nas Univerfidades
publicas, meftres de linguas Orientais, em efcola feparada: a faber, Grego, Ebreo, Caldeo, Siriaco, e Arabio: os quais todos
podiam enfinar, na mefma efcola: dois de menhan, e trez de
tarde, cadaum fua ora. Na terceira ora de menhan, outro leitor devia explicar Retorica, magiftralmente: quero dizer, um ano
explicar, Cicero *de Inventione*: outro, *de Oratore ad Fratrem,
ad Brutum, Topica, de Oratoriis Partitionibus* &c. outro ano
explicar Longino, *de Sublimi*: defpois Demetrio Falereo: alguns
livros de Quintiliano &c. Afim fe-faz em algumas Univerfidades.
Porque aindaque nos-Colegios fe-enfine Retorica, no-quarto ano;
aquela efcola é para os rapazes, aos quais só fe-podem explicar,
as coizas mais gerais: mas nam fe-explicam os autores antigos:
o que porem fe-deve fazer, na Cadeira de Retorica das-Univerfidades. Mas efte de Retorica, baftava que explicafe 3. dias na
femana: nos-outros dois dias podia outro meftre na mefma ora,
explicar os principios da-Poezia; digo, a Poetica de Ariftoteles.
Tambem o leitor de Grego da-Univerfidade, nam só deve explicar, os rudimentos da-Gramatica; mas na fegunda meia ora
explicar cada ano algum autor; v. g. Demoftenes, ou Ifocrates:
alguns epigramas melhores da-Anthologia &c. O mefmo digo do-
leitor de Ebraico, o qual é jufto que explique, ou algum livro
da-Efcritura; ou ainda melhor, algum tratado dos-Rabinos, que feja
breve, e facil: v. g. *Maimonides* &c. O de Caldeo devia explicar, Daniel &c. e a maneira de efcrever dos-Rabinos: &c. os
mais leitores podiam explicar os melhores autores, da-materia
que tratam. Ifto digo das-Univerfidades, em que as coizas fe-tra-
tám com dignidade. Nos-outros eftudos como Colegios &c. o
mefmo meftre que enfina Latim, deve enfinar o Grego: e nam
o-fabendo, bufcar outro capaz: porque fem noticia do-Grego,
nam devem fair das-Uhanidades.

Defpois da-Retorica, fegue-fe a Filozofia; que fe-deve explicar em quatro efcolas. Falo das-Univerfidades publicas, em
que comumente fe-faz efta divizam; para dar lugar, a mais cur-
fos de Filozofia. No-primeiro ano eftuda-fe a Logica: com efta
advertencia porem, que na primeira ora de menhan Aritmetica;

e acabada ela, nos-mezes feguintes Algebra: o reſtante da-me-
nhan, Logica. De tarde a primeira ora, Geometria &c. o mais
tempo, Logica. A qual ſendo polo eſtilo que apontei, como-
diſimamente ſe-aprende, no-dito ano. Se a Algebra nam ſe-acaba
neſe ano, continua-ſe no-ſeguinte de Fizica: porque um deſtes
eſtudos nam impede o outro. Nam digo que o eſtudante deva
ſaber Algebra, perfeitamente; o que pediria quando menos, dois
anos inteiros; mas o que baſta para intender, as demonſtraſoens
de Fizica: pois, como ja lhe-diſe, aos que nam tem alguma
noticia de Geometria, e Aritmetica; parece, a Fizica, miſterio
ocultiſimo. No-ſegundo, e terceiro ano deve-ſe eſtudar a Fizica,
que trata da-natureza do-Corpo, e do-Eſpirito: lendo dois ou
trez dias na ſemana, alguma coiza da-iſtoria das-experiencias,
que ſe-tem feito, na-materia que ſe-explica: as principais das-quais
deve o meſtre explicar ao eſtudante, nos-ditos dias; uma ora
cada tarde: ſe acazo nam ouvèſe meſtre ſeparado, para eſtas
coizas. Sei, que iſto podia compendiar-ſe mais, como diſe a V. P.
em outra carta: e nos-fins do-terceiro ano, dar-lhe alguma ideia
da-Etica: Mas eu quero dar-lhe todo o tempo neceſario: e por-iſo
emprego neſtas Filozofias os trez anos; e rezervo a Etica para
o quarto: a qual ſendo bem explicada, ajudará muito para a inteligencia da-Lei, e Teologia; e poupará nela muita repetiſam ſu-
perflua. Mas ponhamos que dizem, que os rapazes nam podem
eſtudar tanto, no-primeiro ano &c. Neſte cazo podem ao-menos,
no-primeiro ano de Logica, explicar-lhe pola menhan em um mez,
toda a Aritmetica: o que facilmente ſe-faz. Deſpois, na dita
primeira ora de menhan, e de tarde, explicar os Elementos de
Euclides, que no-dito tempo facilmente ſe-concluem. As ſeſoens
Conicas, Problemas de Archimedes &c. como tambem a Algebra, podem-ſe explicar na primeira ora, nos-dois anos de Fizica. E deſta ſorte ſe-ajuſta tudo. Quero que os rapazes entrem na Fizica, ao menos com os Elementos de Euclides, e
Aritmetica; porque ſem iſto, nam é poſivel intendèla: fique o
quarto ano, para a Etica. Fóra das-Univerſidades, em que a Filozofia ſe-compreende em trez anos; é neceſario explicar a Fizica,
em ano e meio; ſeguindo ou o ſegundo, ou o primeiro metodo
que apontamos: e na ultima metade do-terceiro ano, dar alguma ideia da-Etica: porque eſta é a Logica, das-Faculdades
maiores.

Deſta ſorte podem-ſe repartir as Cadeiras de Filozofia, por-
quatro; que enſinem em quatro eſcolas diferentes. Parece-me porem

que em uma Univerfidade, ou qualquer eftudo publico, v. g. o colegio de S. Antam ; devem acrecentar, quinto leitor de Filozofia Experimental: cujo emprego feja fomente, fazer as experiencias, e explicálas : e que em duas tardes da-femana o-faſa, em uma das-ditas ; ou, avendo comodidade, em efcola feparada. Nefta efcola deviam aver armarios feparados, com todos os inftrumentos de Filozofia, que fe-inventáram para confirmar os raciocinios, de Fizica moderna. Eftes fazem-fe em Amfterdam, Londres, e outras partes do-Norte : e ultimamente em Pariz o Abade *Nolet* os-fazia, com muita perfeifam, e barateza : defortequem com feifcentos mil reis, fe-podiam comprar todos. O que pofto, duas tardes na femana, v. g. quintas, e fabados os eftudantes da-Fizica, quero dizer, do-fegundo, e terceiro ano ; nam deviam ter efcolas de Filozofia, mas fomente ir às experiencias ; as quais o meftre devia fazer, nas materias que fofe tratando : e fazèlas bem patentes aos eftudantes, explicando-lhe matematicamente, a razam de tcdos os fenomenos : porque ifto nam cufta trabalho, e imprime deforte a Filozofia na cabefa, que nam é facil efquecèla. Nem á melhor modo de perfuadir, que efte : porque as experiencias fam conftantes : e os Peritateticos nam tem que refponder àquilo, fenam eftarem calados. No-cazo que algum eftudante nam intendèfe, a razam da-experiencia ; podia propor ao meftre, as fuas duvidas ; e efte explicar-lhas deforte, que o-intendefem todos. Para efte efeito necefitava-fe de um meftre, que fofe bem pratico das-machinas : que as-foubefe manejar, e fervir-fe delas com ligeireza : porque vi alguns, que por-nam faberem uzar bem delas, quebráram algumas. Advirto ifto, porque nem todos os meftres, fam capazes deftas coizas : mas fe o meftre tiver eftudado como deve fer ; o mefmo meftre de Filozofia, pode fazer as experiencias, nos-ditos dias ; como vi praticar, em varias partes de Italia. Para efte efeito deve ter uma caza feparada, ou armarios grandes na mefma efcola ; em que eftejam confervados os inftrumentos, com todos os petrechos necefarios. Em algumas Univerfidades de Italia, o leitor de Filozofia experimental, nam só é diverfo dos-outros ; mas o mais eftimado: e tem de ordenado, dois contos de reis defta moeda. Nam e obrigado a dar mais lifoens, que nove ou dez cada anoe o que faz com grandifimo concurfo. Mas dá particularmente lifam aos que querem, em dias determinados.

Porem tornando ao nofo cazo ; digo, que o leitor de experiencias, deve feguir efte metodo. Explicar primeiro as coizas ge-

gerais: defpois as particulares. Comefar polas experiencias que
moftram, a incompreenfivel divizibilidade da-materia: moftrando
tambem com o microfcopio, pequenifimos viventes, em toda a
parte: os poros dos-corpos &c. Logo as propriedades do-movimento, comprefam, e virtude elaftica. As leis gerais do-movimento, confideradas tanto nos-corpos folidos, como nos-fluidos. As leis do-pezo dos-corpos tanto folidos, como fluidos.
O equilibrio dos-corpos. O pezo, e equilibrio dos-folidos, com-
parado com o dos-fluidos. As leis dos-movimentos compoftos
de diferentes direfoens, tanto nos-folidos, como nos-fluidos. Os
principios da-Mecanica, e aplicafam das-machinas fimplezes, às
compoftas. Deftas coizas gerais, pafar às particulares. Provar
o pezo, virtude elaftica, e outras propriedades do-Ar. Propriedades da-Agua confiderada em dois eftados, de folida, e fluida. Propriedades do-Fogo, e da-Luz, confiderada em quanto ao feu movimento. Propriedades da-Luz, confiderada a refpeito das-Cores. Movimentos dos-Planetas, e fuas diftancias da-Terra. Explicar as leis dos-corpos Electricos: as propriedades do-Iman,
e dos-Metais. Eftes fam os fundamentos da-Fizica; e que fe-provam com experiencias conftantes: para as quais fam necefarias
muitifimas machinas. E efte fimplez curfo de Filozofia mecanica, baftava para abrir os olhos, a todo o mundo; e dezinga-
nálo, que a Fizica nam fam difcurfos aereos, fobre os apetites
da-Materia &c. mas fam raciocinios fundados, em experiencias incontroverfas; e regulados polos principios da-Matematica, que
tambem fam incontroverfos. Seguro a V. P. que fe acazo intro-
duzifem efte eftilo; a Fizica feria um divertimento, para os rapazes: e ao menos, faberiam alguma coiza certa.

Pafando daqui aos meftres de Filozofia, nam fei fe é melhor,
que enfinem alguns anos na mefma efcola, ao menos quatro ou
cinco anos cadaum, a mefma faculdade: v. g. um por-efte tempo Logica, outro Fizica &c. ou fe deve o mefmo meftre,
mudar-fe todos os anos, e ir com os mefmos dicipulos por-to-
das as efcolas. Nifto á varias opinioens. Muitos omens doutos afentam, que era melhor o primeiro arbitrio: porque neftes
anos de eftudo, os meftres aquiftariam grande doutrina, e faberiam enfinar melhor: nam de outra forte que praticam aqui,
os doutos Jezuitas, com os meftres de Matematica. Sendo certo,
que um rapaz que entra nas efcolas; nam tem todo o conhecimento que é necefario, para fer meftre, e faber enfinar. Mas
ifto poderia praticar-fe, nas Univerfidades; em que os meftres vem
de

de fua caza, enfinar às efcolas. E com efeito em outros paizes, os meftres nunca fe-mudam, fenam por-morte dos-antecefores, ou fe fobem a outras cadeiras: e algumas vezes, nem menos neftes cazos. Mas certamente nam é praticavel nos-Colegios, em que os Religiofos enfinam: porque todos querem fer meftres, fem repararem fe fam, ou nam capazes difo.

Alem deftas efcolas, deve aver uma efcola de Matematica, na qual nam só fe-explique Geometria; mas todas as partes da-Matematica: paraque aqueles que nam fam Filozofos, e querem faber alguma coiza dela, o-pofam confeguir. Efte meftre deve cada ano explicar, fua materia: v. g. Trigonometria, Aftronomia, Nautica, Gnomonica, Architetura Militar, Mecanica, &c. deforteque em certo numero de anos complete, todo o curfo de Matematica. Em outras partes eftas materias eftam divididas, por-varios leitores; que no-mefmo tempo, mas em diferentes efcolas, explicam diferentes partes. Onde nam só um leitor explica Euclides, &c. mas á outro leitor de Aftronomia, e Nautica; de Mecanica; de Architetura Militar, e Civil: e em alguma Univerfidade, até á meftre de Pintura, e Efcultura. E na verdade ifto nam só e mais decorozo e grandiozo, mas fem comparafam mais util; para os que querem, defpois de Euclides, eftudar uma materia determinada. Mas ifto para eftes paizes, feria uma novidade eftravagante. E eu me-contentaria, fe ouvèfe ao menos um leitor de Matematica, que explicáfe em determinados anos, eftas ciencias: porque o meftre de Filozofia nem pode, nem deve faber tudo ifto. Nas Univerfidades porem deviam acrecentar, outros leitores. Ainda fupondo, que o Colegio das-Artes, feja membro defa Univerfidade; contudo fempre na Univerfidade deviam ter, outros leitores fixos: Um, que explicáfe Logica, e Metafizica: outro, Fizica geral: o terceiro, Experimental: o quarto, Etica. Alem difo um leitor de Matematica, outro de Aftronomia e Nautica, e finalmente outro de Architetura Civil, e Militar. Em outras partes nam obftanteque aja Colegios, femelhantes a efe das-Artes, fempre a Univerfidade tem eftes leitores: aos quais todos os anos afinam, as mais utis materias; e a explicafam de alguns autores antigos, que as-tratáram. Damefma forte que afima difemos, que o leitor de Retorica da-Univerfidade, nam deve explicar aquelas miudezas, que fe-enfinam aos rapazes, nos-Colegios de criafam; mas coizas maiores: afim tambem os mais leitores; porque ifo quer dizer Univerfidade, que fupoem, nam rapazes totalmente

no-

novifos, mas mofos, e omens desbaftados. Onde o leitor de Logica, nam só explica as Inftituifoens Logicas, mas tambem lhe-
mandarám explicar, um tratado de Platam, ou Epicuro na fua
Logica &c. O mefmo digo da-Fizica, e Etica; o qual ultimo
explica tambem, algum tratado de Ariftoteles, v. g. *ad Nicoma-*
chum &c. O leitor de Aftronomia, nam só explica as Inftituifoens defta ciencia, mas tambem a *Spherica Theodofi Tripolita,*
fcholiis Aftronomicis illuftrata ; ou outra femelhante. O de Matematica, alem do-curfo corrente, explicará as fefoens Conicas,
de Apollonio Pergeo, ou outro antigo. Ifto verdadeiramente é
util, paraque qualquer pofa intender, os antigos autores: e é digno de uma Univerfidade grande, como efa fua. E como nas
Univerfidades comumente fe-enfina, trez oras de menhan, e trez
de tarde ; á tempo para todos explicarem. Pode-fe explicar a
Logica, Fizica, e Etica, de menhan : de tarde, Matematica,
Aftronomia, Architettura Civil e Militar, tudo na mefma efcola. O leitor de Fizica experimental, nam podendo explicar no-
dito tempo, deve ter a fua ora na quinta feira, v. g. outra no-
domingo pola menhan : como vi praticar aos leitores de Iftoria
&c. em alguma Univerfidade de Italia : que explicavam no-do-
mingo, e ferias. E na verdade querendo um curiozo ir ouvir,
alguma explicafam da-Iftoria, ou das-Ciencias ; porque nam averá um leitor, que as-explique? Nem todos podem, ou nem todos querem, fazer um curfo inteiro de eftudos : e por-ifo é jufto, que aja leitores, que expliquem diferentes materias.

Mas nefte lugar nam pofo deixar de dizer a V.P. que me efcan-
dalizei muito, de ver o modo com que eftes eftudantes recebem, os
que alguma vez querem ouvir, os leitores. Uma pefoa que nam
é do-gremio da-Univerfidade, nam pode intrar nela ; e nem menos
um eftudante de uma efcola, pode intrar em outra. Quando
aparece um fecular, fazem-lhe mil infolencias: comefam a rafpar
os pés, afobiar, e ás vezes a maltratálo com as maons, tirar-
lhe a cabeleira, e outras afoens indignas. Os mefmos Religiozos,
quando querem ir afiftir a algum ato ; nam vam feguros deftas
rapaziadas. Ifto porem é a coiza mais indigna, que fe-pode confiderar : e admiro-me muito que os Reformadores, nam cafti-
guem e reformem, eftas temeridades. A Univerfidade, e qualquer
eftudo publico, deve ter a porta aberta, para quem quer ir
ouvir os leitores : nam é necefario, que feja do-gremio ; bafta
que feja uma pefoa limpa. Que os matriculados, e outros que
gozam os privilegios, tenham fuas leis ; muito bem : os outros
de-

devem ir veſtidos como quizerem, e quando quizerem. Em oū̄tros Reinos os eſtudos publicos eſtam abertos, para quem quer ir ouvir : ou ſejam Religiozos, ou Seculares &c. E eu vi algūns Miniſtros, e Inviados &c. de Monarcas, e Biſpos, irem aſiſtir as liſoens das-experiencias fizicas, quando lhe-parecia ; e tambem à Medicina, e Teologia. Em Padua, vam até os meſmos Cavalheiros, e Senadores Venezianos ouvir quando lhe-parece, alguns leitores de Teologia, ou qualquer outro que lhe-parece, e tenha fama : os quais leitores nam fazem liſoens comuas ; mas cada liſam é uma oraſam, e diſertaſam : e eu ainda deſpois de Religiozo, nunca deixei de ir algumas vezes ouvilos, quando me-achei em partes, onde avia eſtudos publicos. Os leitores, e eſtudantes eram os primeiros, que recebiam com boa maneira, os Oſpedes : e nunca ſe-diſe nada a ninguem. Eſte modo de receber, e eſta aſabilidade, e cortezia, alem de ſer virtude moral, mui louvavel em todos ; é obrigaſam nas peſoas bem educadas : que ſe-devem diſtinguir da-plebe, com eſtas virtudes. E iſto agrada deſorte aos Eſtrangeiros, e Oſpedes, que ſaiem dali dizendo bem : quando polo contrario, do-modo comque os eſtudantes Portuguezes os-recebem, por-forſa ám-de dizer muito mal. Creia V. P. que neſte particular, é neceſario reformar muitas coizas : porque os danos que daqui rezultam, ſam maiores doque talvez nam intendem, os que disfarſam a emenda.

As concluzoens devem-ſe fazer no-fim de cada ano, nas materias que ſe-tratarem : e tambem cada ſemana, outras particulares diſputas. Mas o principal é, explicar bem todas as partes da-Filozofia ; porque ſó deſta ſorte ſe-intendem. Menos liſoens, e mais explicaſoens. A diſputa ſim tem lugar ; mas é quando um omem ſabe bem, a materia : pois ſó aſim é que ocorrem as dificuldades, a quem argumenta ; e as reſpoſtas, a quem defende. Mas deve o eſtudante em primeiro lugar, deſpir-ſe de todas as raivas, e argumentar com paxorra. Avemos de dar orelhas às razoens, que ſam as que perſuadem ; nam às gritarias, que nada concluem. Antes quem ſe-enfada muito, perde os melhores argumentos ; que ſem duvida lhe-ocorreriam, ſe meditáſe com ſangue frio, o que diz. Deve em ſegundo lugar o arguente cuidar muito, em nam argumentar com ſofiſmas ; mas com razoens claras, e que firam direitamente a queſtam, ſe as-acha : e nam ocupar o tempo, com ridicularias. Neſte particular é mui galante, o eſtilo de muitos Portuguezes : quando ouvem algum argumento, de Filozofia moderna, &c. ſaiem logo com a reſpoſta: Iſo dilo

fu-

fulano, ou ficrano : e julgam com ifto, ter refpondido ao argumento. como fe dizendo-o muitos, por-ifo perdèfe alguma coiza da-fua forfa! Ifto me fucedeo algumas vezes : e efpecialmente em uma ocaziam, em que argumentei a um mofo, contra a redondeza da-Terra, que ele defendia. Cuidou que dizia uma grande coiza, refpondendo-me, que aquilo fe-achava no-Feijoo. como fe eu lhe-difèfe, que a noticia me-viera da-India, por-algum poftilham particular! Eu refpondi, que tinha muito gofto, que o-difefem outros : e que efa era a minha maior prova, que o-difefem omens tam doutos, como os das-famozas Academias de Londres, e Pariz ; donde ele dizia, que o-tirára o Feijoo : e que ifo mefmo me-dava ocaziam para dizer, que ele defendia uma falfidade : vifto nam ter experiencias, para deitar abaixo, as que eu produzia, pola minha parte. Cuidou o dito, que me-envergonhava com a noticia ; e nam fez mais, que moftrar a fua ignorancia. A verdade é, que eu aindaque tivefe lido, alguma coiza do-Feijoo ; nam tinha vifto nele, a tal efpecie : mas nos-autores, que tratam a materia ; e que o dito defendente nem menos tinha ouvido nomiar, quanto mais lido. Nem o Feijoo, como ja adverti, é omem capaz de fe-eftudarem nele, as materias : viftoque só dezingana os ignorantes : os doutos eftam dezinganados, polos mefmos livros que ele leo : e nos-Paradoxos é tam fuperficial, que só ferve para os que nunca eftudáram, Filozofia moderna. Em outra ocaziam propuz a um Religiozo, uma dificuldade de Gramatica ; e refpondeo-me, que aquilo o-dizia certo autor Francez. Eu confefo a V. P. que nam tinha lido o tal autor : mas li outros, de que ele talvez fe-fervife. Porem com toda efta jatancia, o Frade nam refpondeo ao argumento. Onde o omem prudente, deve fugir defte eftilo : pezar a razam em fi, e reparar nam em quem o-diz, mas o que diz : e preparar-fe para refponder com razoens, e nam com diterios. O dezejo que muitos tem, de dizerem coizas novas nos-argumentos ; é que faz que digam, parvoices : pois nam tendo tanta doutrina, para poderem produzir, dificuldades novas ; necefariamente diram ridicularias.

Mas era melhor, que eftas concluzoens no-fim de cada ano, fofem exames publicos ; emque os meftres lhe proguntafem miudamente, as coizas principais, em todas as materias. Ifto tem outra forfa, e efeito, doque as concluzoens publicas ; em que cadaúm argumenta, no-que lhe-vem à cabefa. Mas fejam como forem, deve fer um ato em cada materia, no-fim do-ano. E no-quarto ano defpois do-ultimo, dar-lhe o grao de Licenciado, ou de Doutor. Mas quando o Doutoramento, por-feguir o coftume antigo, devèfe fer em outro dia; trez queftoens de Logica, Fizica, e Etica, que provâfe nam polo metodo da-efcola, mas magiftralmente; e uma breve orafam, em que lhe-argumentafem *ad honorem*; baftava para o dito ato. Mas eftudem eles a Filozofia como devem, e fafam os atos como lhe-parecer.

Da-Medicina pouco tenho que acrecentar, ao que dife a V.P. na carta em que falei nela. O Medico deve eftudar Filozofia, fegundo difemos: pois fem efe principio, nam pode dar um pafo, na boa Medicina: nam fendo efta outra coiza mais, que a Fizica particular do-corpo umano. A Etica é menos necefaria ao Medico: e com o tempo pode eftudar alguma coiza dela, para regulamento da-fua vida. No-primeiro ano de Medicina, deve eftudar fundadamente, Anatomia; fegundo apontei na minha carta: indo duas ou trez vezes na femana ao Ofpital, ver nos-cadayeres, a materia que eftuda. Parece-me que é muito mais util, eftudar juntamente a Fiziologia, ou uzo das-partes, doque rezervála para o feguinte ano. E afim na 2. ora de menhan deve ir à efcola, em que outro meftre explique, o uzo das-partes. Efte eftudo nam embarafa o outro, antes o-ajuda: pois vendo bem as partes, facilmente fe-conhece o uzo: e efte exame confirma novamente, a ideia que tem formado, da-dita parte. Efta é a primeira parte, das-Inftituifoens. No-fegundo ano, eftuda as mais partes, das-Inftituifoens Medicas; que fam a Patologia, Semeiotica, Hugieine, e Terapeutica. No-terceiro ano deve eftudar a Pratica pola menhan, ou o tratado *de cognofcendis, & curandis morbis*: indo de tarde ao Ofpital, verificar fobre os doentes, as coizas que eftudou: tendo cuidado de nam ver muitos doentes; mas efcolher alguns, para neles obfervar, o que eftuda: e efcrevendo tudo o que obferva. Efte metodo dá mais doutrina em trez anos, doque o metodo comum em vinte. No-mefmo terceiro ano deve eftudar, os tratados particulares; indo ouvir os leitores, que expliquem as doenfas das-Molheres, e Meninos: doenfas da-Cabefa: do-Peito: do-Abdomen ou baixo ventre: no-que fe-compreende tudo. Nefte mefmo ano deve trez tardes na femana, ir ouvir alguma coiza, da-iftoria dos-Simplezes, que fervem para a Medicina: e frequentar o Ofpital, para fe-fundar bem na Pratica.

No-fim de cada ano, deve fazer um exame particular, das-materias

terias que eftudou no-dito ano : e feria bom propor cada femana, algum ponto, dos-mais importantes, paraque fe-difputáfe na efco-la. O quarto ano podia-fe empregar, em fazer atos : os quais eu reduziria a trez, cadaum no-fim de trez mezes. 1.º em Ana-tomia. 2.º nas Inftituifoens Medicas, ou Teoria Medica. 3.º nas Inftituifoens da-Praxe Medica. Defte modo poderá o eftudante, tornar a ler as materias, que tem eftudado, e profundálas : ven-do nam só as Inftituifoens, mas os melhores autores, que tra-táram as materias particularmente ; para poder refponder fobre elas. E nefte quarto ano eu lhe-dera, o grao de Bacharel ; e, fazendo mais um ato, de Doutor : mas com proibifam de nam curar, fenam defpois de trez anos de pratica ; provada nos-Ofpi-tais, com frequencia continuada : pois nefte tempo tinha o mofo ocaziam, de profundar as materias, e exercitar bem a fua pra-tica.

Quanto ao modo de exercitar efta pratica, agradou-me fem-pre aquele, que obfervam os nofos Italianos, e tambem prati-cam outros Reinos : em que os Medicos, defpois de graduados, concorrem para afiftir nos-Ofpitais, uns cinco anos antes de cu-rarem. Aos mofos que faîram das-efcolas, dam-fe dois cazos : e dentro em meia ora, os-rezolvem por-efcrito, na mefma ca-mera em que eftam os prezidentes. Os que fam melhores, pre-ferem aos outros, e entram no-Ofpital : o qual fendo grande, tem quatro deftes Medicos, ou ainda mais. O Ofpital é obrigado a fuftentálos : da-lhe caza, e veftido : e uma boa livraria para ef-tudarem : e toda a forte de inftrumentos fizicos, para fazerem as experiencias. Tem oras determinadas, em que afiftem por-tur-no : deforteque femore um efteja promto, quando o-chamarem. Deve o Medico afiftente, acompanhar o Medico do-Ofpital, quan-do vem fazer a vizita ; e efcrever os remedios, que efte pre-fcreve aos doentes, para os-mandar executar : porque a ele per-tence, cuidar nifo ; e informar o feu Medico, quando vem. Tem alem difo o Ofpital, quatro ou cinco incizores de cadaveres : que fam obrigados, a abrirem todos os cadaveres, que lhe-ordenar o Medico afiftente. Defta forte podem fazer as fuas obfervafoens, quando lhe-parece ; com grande utilidade fua, e da-Republica.

Mas como nem todos os Medicos podem, intrar nos-Ofpi-tais ; á outro metodo, de os-exercitar na pratica, que fe-reduz a ifto. O Medico novo aprezenta-fe, ao Medico velho do-Ofpi-ral : efte o-conduz a dois, ou trez, ou mais leitos, e pregun-ta-lhe, qual é aquela infermidade : e quando o novo a-acerta ;

encar-

encarrega-lhe a cura , dos-tais doentes . O noviſo vai curáſos, todos os dias : e quando torna o Medico velho ; da-lhe conta de tudo , o que tem feito. Se acazo tem errado, o Medico velho o-emenda : e deſta ſorte aprende bem . Muitos deſtes moſos eſcrevem miudamente os fenomenos, das-doenſas que lhe-encarregam : cujas iſtorias conſervam , e delas aprendem muito : e muitas vezes tem ſucedido , que eſtes Medicos que eſcrevem a iſtoria , das-doenſas que obſervam ; tenham , em virtude delas , ſaido nam ſó bons Medicos , mas perfeitos autores . E com eſeito creio que nenhum Medico , pode tirar proveito das-ſuas obſervaſoens ; ſe nam eſcreve com cuidado, tudo o que obſerva : para ſe-ſervir nas ocazioens . Eſte é o metodo de fazer-ſe letrado .

Os Cirurgioens tambem coſtumam, eſtudar nos-Oſpitais , abitando neles dameſma ſorte , que os Medicos. Comeſam ſervindo os doentes : e até certo tempo , nam tem paga : mas aprendem ſe querem , e ſervem no-Oſpital, a tudo o que é neceſario. Todos os anos ſe-fazem anatomias , pola maior parte no-Ínverno , ou Quareſma ; onde os que eſtudam ſam obrigados cadaum, fazer ſua liſam publica ; moſtrando alguma parte , do-corpo umano . Os Medicos tambem entram neſta liſta, e deſta ſorte ſe-fazem omens . Com o tempo dam-lhe outros empregos , de algum emolumento : até que deſpois de alguns anos ſaiem Cirurgioens , e vam curar pola Cidade ; ou o meſmo Oſpital, lhe-dá ſalario. Tem alem diſo meſtres pagos de Anatomia , e Cirurgia , que vam dar duas liſoens cada ſemana , uma ora : e ſempre ſam os melhores Cirurgioens da-Cidade. Em algumas partes , e eſpecialmente em Pariz , tem uma caza particular no-Oſpital, em que recebem as molheres prenhes , e pobres , quinze dias antes do-parto. Os Cirurgioens vizitam-nas , e ſabem tam bem conhecer , quantos dias lhe-faltam , que quazi mais ſe-inganam . Eſtas molheres parem , diante dos-Cirurgioens : os quais nelas enſinam aos dicipulos, como ſe-ám-de regular , nos-partos de tempo , e antes de tempo : como devem nos-partos dificis , dilatar ſuavemente com a mam, a boca do-utero : romper as tunicas do-feto : voltar a crianſa que aprezenta a barriga, ou coſtas : tirála polos pés , que é o mais ſeguro : tirar a placenta : purgar a madre , de algum ſangue coalhado, que cauza perigozos fluxos de ſangue . No-cazo que a crianſa morra , ou apodreſa , como ſe-pode tirar : com que inſtrumentos, e tenazes &c. Eſta noticia é ſumamente importante, para livrar a vida a muitas molheres ; que frequentemente morrem , por-culpa dos-Cirurgioens, que ignoram

co-

como fe-fazem eftas opзraſoens ; e tambem para falvar a vida, ou ao menos a alma, a muitas crianſas, que morrem no-parto: fendo certo que as parteiras , fam todas ignorantiſimas . Bafta que V. P. leia a bela obra, que fobre os partos compoz, *M. de Mauriceau*, em Francez, 4.º (que oje ſe-acha tambem, em Italiano) para conhecer , com quanta facilidade um Cirurgiam deftro, pode livrar da-morte, eftas inocentes criaturas. O mefmo autor compoz outro tomo, das obfervaſoens que fez, em varios partos. Tive particular confolaſam, de ler efta obra; que verdadeiramente é boa, e erudita. Quanto ao efcrupulo, que tem as molheres Portuguezas, de nam quererem parir, em prezenſa de Cirurgiam experimentado ; nam lhe-chamo vergonha , mas parvoice. Uma molher doente, e em perigo, nam só coftuma chamar o Cirurgiam , paraque a-reconheſa toda ; mas em conciencia o-deve fazer. E que maior perigo , que o parto ? em que periga nam uma, mas duas vidas; que frequentemente ſe-perdem, por-culpa defta chamada vergonha. A modeftia e pejo , é mui louvavel em todos, e principalmente nas molheres : mas á-de ſer em diferente fentido : muito mais porque os Cirurgioens, fendo cazados, e tementes de Deus, tem toda a boa prezunſam, pola fua parte. Para as outras coizas das-paridas , deve deixar-fe o cuidado às molheres; mas nifto dos-partos, em que fempre á perigo; nunca me-fiára das-parteiras : as quais só mandam chamar o Cirurgiam , quando a crianſa, ou a maen ja eftá morta. E afim eftes efcrupulos, parecem-me mui ridiculos, e prejudiciais. Efta é a pratica dos-Ofpitais, em outros Reinos. Prouvera a Deus, que em Portugal ſe-praticáſe efte metodo! veria-mos fem duvida, outra forte de Medicos, e Cirurgioens: o Publico receberia outro beneficio: e o dinheiro que nifto ſe-empregáſe, ſeria o que frutaria mais às Cidades, e daria onra à Naſam.

Admiro-me quando vejo o defcuido , com que ſe-procede nefta materia; nam digo nas Aldeias, mas nas Cidades grandes, e neſa Univerfidade, e ainda na Corte. Nam fei fe ifto provèm, porque os que adminiftram os Ofpitais, nam tem quem os-advirta, nefta materia : ou fe é porque os Medicos velhos, embaraſam a reforma. Mas ſeja como for , é grande dano para a Republica. Seria muito melhor, que parte do-dinheiro que gaftam em doces, e galinhas, com tanto prejuizo dos-doentes; como advertem os omens doutos; ſe-convertèſe em pagar a alguns Profeſores bons , como tambem Medicos, e Cirurgioens afiftentes. Sendo oje notorio, que a dieta dos-doentes, deve ſer diferente daquequela, que aqui geralmente fe-pratica. Ifto é o que fazem, em outros Reinos: e ifto é tambem, o que devem fazer aqui.

Tornando pois ao eftudo da-Medicina, digo, que o eftudante de Medicina, que frequenta a Univerfidade; deve no-3. e 4. ano ir uma vez na femana, à Chimica. Na qual efcola um meftre explique primeiro, a teoria da-Chimica: defpois, a pratica : e faſa alguma operafam, diante dos-feus dicipulos. Ifto nam embaraſa os dicipulos, e dá grande luz para a Fizica, e Medicina. Nos-dois mezes da-Primavera do-terceiro, e quarto ano, nam deve aver lifam de tarde, mas deve o leitor de Botanica, ir ao orto Medico, moftrar as Plantas aos dicipulos: o que em outros Reinos coftumam fazer, pafiando. Efte orto Medico, coftuma ter todas as plantas, divididas em canteiros: e o leitor vai moftrando aos dicipulos, as ditas; e explicando o nome delas, e mil coizas curiozas de Fizica. Coftuma efta lifam durar, uma ora e meia: e aprende-fe mais na dita ora vendo-as, doque lendo anos inteiros, ou vendo as figuras nos-livros, que nunca chegam a reprezentálas bem.

Pafando ao Cirurgiam, que quer eftudar fóra do-Ofpital; defpois do-primeiro ano de Anatomia, e Uzo das-partes; deve no-fegundo ir pola menhan, à Teoria da-Cirurgia: e de tarde ao Ofpital, ver abrir os cadaveres, e fazer as outras operafoens. Defta forte com dois anos de teoria, (no-fim de cadaum deve fazer um ato publico, na materia que eftudou: v. g. Anatomia, e Cirurgia) e quatro de pratica boa, pode fer omem grande. E antes defe tempo, nam lhe-daria licenfa, para curar : mas obrigaria a fazer, todos os exercícios de Anatomia, que fazem os que afiftem nos-Ofpitais: e fem provarem a dita afiftencia, e fazerem no-fim dos-quatro anos, o feu exame de pratica, diante dos-Cirurgioens; nam os-deixaria curar.

Seguem-fe as Cadeiras da-Univerfidade : as quais fe-podem reduzir a eftas. Na primeira ora de menham, Anatomia. Efte leitor só pode ler, quatro mezes d'inverno, Dezembro, Janeiro, Fevereiro, Marfo: porque só nefte tempo, fe-podem abrir os cadaveres fem fedor, e mandar vir dos-Ofpitais, as partes preparadas, para as moftrar, e explicar aos ouvintes. Deve alem difo dois dias na femana, explicar tudo no-Ofpital, moftrando as partes, no-mefmo cadaver: pois só afim fe-forma conceito. No-refto do-ano, nefta mefma ora deve outro explicar, a Hugieine. Na 2. ora de menhan, explica outro a Fiziologia, ou uzo das-partes. Na 3. outro, Inftitufoens de Cirurgia, e fuas

de-

demonſtraſoens: nam ſó para os Cirurgioens, mas para os Medicos adiantados, que querem ter noticia, deſta materia; como na verdade devem: pois o Medico é obrigado ſaber, a Teoria da-Cirurgia, como em outra carta diſe. De tarde o primeiro leitor deve explicar, a Pathologia: o ſegundo, a Semeiotica: o terceiro a Praxe medica, *ſeu de Cognoſcendis, & Curandis morbis*. Eſte leitor em algumas Universidades coſtuma varios dias, explicar a ſua materia no-Oſpital, ſobre os doentes. E ali meſmo, deſpois de vizitar os leitos, em uma caza ſeparada faz uma breve diſertaſam; um ano na materia *de Urinis*, outro ano na *de Pulſibus*: que ſam noticias mui neceſarias, para a Praxe. E iſto meſmo ſe-devia fazer cá.

Em outra eſcola ſeparada deve aver leitores, dos-tratados particulares. O primeiro de menhan, deve tratar *de morbis Mulierum, & Infantum*: explicando cada ano, uma parte daquela materia. O ſegundo, *de morbis Capitis*: o terceiro; *de morbis Pectoris* &c. De tarde o primeiro leitor, *de morbis Abdominis*: os quais incidentemente explicam, as outras partes anexas a eſtas. E niſto ſe compreende, quazi toda a Medicina. O ſegundo leitor de tarde deve explicar, os Aforiſmos de Ipocrates, materia utiliſima: mas iſto baſta que ſe faſa, trez dias na ſemana. Nos-outros dias outro leitor, devia explicar na meſma ora, o tratado *de Febribus*. Na terceira ora de tarde, deve aver outro leitor de iſtoria Natural, que explique, nam digo todas as particularidades da-Fizica; mas os Simplezes Exoticos, que podem ſervir para a Medicina: divididos nos trez reinos, Animal, Vegetal, e Mineral. Eſte leitor deve com grande critério explicar, quais ſam os que verdadeiramente tem virtude, e como ſe-prova: de que partes ſe-compoem &c. Nam pode V.P. crer, quanto iſto ſirva à Medicina, e quam neceſario ſeja, para livrar os Medicos, de mil prejuizos. Mas como eſte leitor baſta que explique, 3. dias na ſemana; nos-outros dois dias, neſta meſma ora deve aver outro leitor, de Chimica; que explique as Inſtituiſoens dela: e algumas vezes faſa, as experiencias neceſarias. Eſta noticia é tambem neceſaria, ao Medico. Deve alem diſto aver leitor de Botanica, como ja diſe: o qual ſó explica, dois mezes do-ano, na ſegunda ora de tarde: o que faz no orto Medico, que deve ter a Universidade. No-qual ſeria juſto ouveſe tambem, uma caza vizinha, paraque em tempo de chuva, ou por-outra cauza, podèſe nela explicar a materia, aos ouvintes; e fazer as ſuas diſertaſoens no-principio, e fim de cada ano: como

mo fazem em outros Reinos, e ainda em Roma : a cujas diferⁱ
tafoens vai afiftir, alem dos-omens doutos , muita nobreza , e
Cardiais . Parece-me que defta forte, ficava tudo bem difpofto,
com decoro da-Univerfidade, e utilidade da-Republica .

Podia aqui advertir tambem , que os Ofpitais fe-deviam fabricar, diferentemente do-que fam : com janelas altas , defronte
de outras : que fe-abrifem de dia , para ventilar o ar : pois de
refpirar aquele ar, embebido de tam pefimos efluvios, nacem mil
infermidades : como tem moftrado, alguns Medicos doutifimos.
Mas efta reflexam me-conduziria mui longe, e me-empenharia falar em muitas coizas , que nam quero . Afim só-digo, que neftes
mefmos Ofpitais, fe-pode praticar ; abrindo janelas no-alto da-fa-
brica, para dar mais luz , e melhor ar aos corredores . Defta
forte feriam eftes Ofpitais mais foportaveis ao olfato, doque nam
fam : e mais falutiferos para os doentes , e para os que afiftem
neles . Em Roma nam é Ofpital, que nam tenha o feu orgam,
para divertir os doentes quando comem : mas cá nam querem
eftas muzicas . Emfim deixemos de parte eftas coizas + + +

Sobre o Direito dife a V. P., o que me-parece baftava . Se
o eftudante eftuda, polo modo que afima aponto ; deforteque na
Gramatica, e Filozofia tenha eftudado, a iftoria Civil, efpecialmente a Romana ; e defpois a Etica : pode intrar logo a eftudar a Lei. Porem fe o-nam-tem feito, deve fazèlo, no-primeiro
ano de Leis . Primeiro deve eftudar a Etica, iftoricamente : para ver os principios , da-lei Natural , e das-Gentes . Defpois
no-mefmo ano , a iftoria Univerfal por-um compendio ; e um
bocadinho de Cronologia , e Geografia : e efpecialmente deve
aplicar-fe, à iftoria Romana, tanto da-Republica, como dos-Imperadores : ao menos até o fim do-Imperio, no-Ocidente .

No-fim ler a iftoria do-direito Romano , que ferve de comentario, à Lei. Feito ifto, no-principio do-fegundo ano devo
ler , o texto das-Inftituifoens de Juftiniano : que em dois mezes
fe-podem acabar maravilhozamente. Defpois deftes prolegomenos,
deve no-reftante defe ano , e no-terceiro , eftudar as principais
materias do-Direito , e que compreendem muitas outras ; que
fam os Contratos, e Ultimas Vontades. Para ifto é necefario ,
que faiba brevemente, quais fam as materias de Direito : quais
as que nam fe-praticam oje ; e quais as que mais fe-uzam no-Foro . O meftre terá cuidado de explicar ifto , apontando as que
fam mais principais : e o eftudante notará brevemente , em que
livros do-Direito fe-acham ; para faber , como fe-á-de fervir
delas .

delas . No-quarto ano eſtudará outras materias principais , do-Direito . O quinto ano rezervaria eu , para duas materias , que
neſa Univerſidade nam ſe-tratam , mas que ſe-devem enſinar com
cuidado : a primeira , ſam as Inſtituiſoens Criminais . Nam ſei
ſe falei a V. P. niſto : o que ſei é , que importa muito para o
Foro ; ou o eſtudante queira ſeguir as Varas , ou ficar no-Eſ-
critorio. Bem é verdade , que no-ultimo livro das-Inſtituiſoens
de Juſtiniano , alguma coiza ſe-diz deſta materia ; mas confuzamente . Por-cujo motivo os Leitores de algumas partes , principalmente de Italia , ditam duas Inſtituiſoens : umas Civis , em
que explicam tudo o que diz Juſtiniano , pola ordem dos-titulos , tirando os pontos criminais : outras criminais , em que ſomente ſe-trata , do-que é crime : e cada leitor explica as ſuas. A
verdade é , que iſto é ſumamente util , e neceſario , para quem
á-de ſeguir aquela vida : pois em poucas palavras pode ver , o
que deve praticar , em juizos graviſimos . Quem tem viſto o
Direito , eſtuda iſto facilmente em dois mezes . O *Urſaia* Romano compoz eſtas Inſtituiſoens , com muita clareza , divididas
em quatro partes : na 1. trata dos-crimes meramente ecleziaſticos . na 2. dos-meramente ſeculares . na 3. dos-mixtifori . na 4.
das-coizas comuas a todos os delitos . Verdade é , que é baſ-
tantemente extenſo : mas dele ſe-pode tirar , o que for mais neceſario : e ſe alguem fizeſe eſte compendio , ſeria util para todos ; e podia-ſe eſtudar tambem , no-fim do-ano das-Inſtituiſoens
Civis. A iſto ſegue-ſe eſtudar , a lei publica do-Reino, ou *Jus*
Luzitano , principalmente aquilo em que ſe-diverſifica , da-lei
Comua : Quais ſam as Regalias dos-Reis : como ſe podem concordar com as da-Igreja , ſem ofender nem umas , nem outras :
e outras coizas ſemelhantes , que ſam neceſarias , e utis. E iſto
pode um meſtre explicar , com muita facilidade , em pouco tempo : e podia tambem eſcrever-ſe , paraque os eſtudantes ſe-regu-
laſem , ſem muito trabalho . No-fim deſte ano os atos , como
ja apontei em outra carta.

Daqui fica claro , quantos leitores ſam neceſarios , para eſte
eſtudo. Um de Etica , diferente do-que diſemos na Filozofia.
Eſte nam ſó deve explicar a Etica , que trata do-direito Natural ; mas a Politica : e aſim podemos-lhe chamar , leitor de Politica : bem que em muitas Univerſidades ſejam diferentes . Um
de iſtoria Civil , que tambem explique a Romana , no-ultimo
quarto da-ſua ora. O terceiro de Inſtituiſoens Civis : e eſtes trez
lem na meſma menhan , cadaum ſua ora . De tarde trez leitores :

Na primeira ora, explicam-se Inftituifoens criminais: na fegunda ora, 3.º e 4.º livro das-Inftituifoens Civis: na terceira, uma materia principal das-Pandetas; que lhe-devem afinar cada ano. v.g. um ano, *de Inofficiofo Teftamento, & de Legitima*: outro ano, *de Legatis, & Fideicommiffis*: outro, *de Subftitutionibus &c.* E eftes deviam fer obrigados, acabar a materia, nam uma em dez anos, como às vezes fucede; mas quando muito, acabála em dois anos, e publicála manufcrita; paraque os eftudantes pobres a-pudefem copiar, e aproveitar-fe dela, em falta de outros livros. Na fegunda efcola de Leis, o leitor primario devia explicar, o *Jus Lufitanum*. O fegundo leitor, *Jus Feudale*: dando uma expozifam metodica, de todo o direito Feudal. O terceiro, outra materia das-Pandetas. De tarde o primeiro, Codigo: outro, Autenticas: e outro, alguma materia das-mais uzuais, e utis no-Foro. Defte modo, avendo dois leitores de Inftituifoens Civis, podia o eftudante facilmente acabálas em um ano; porque tinha dois, que continuamente as-explicavam.

Quanto ao modo, com que o eftudante pode frequentar, as efcolas de Direito; claramente fe-colhe, do-que difemos. No-ano, e tempo em que eftuda a Etica, ou Iftoria, e Inftituifoens de Juftiniano; nam deve aplicar-fe, a outras materias; mas a uma só: pois neftes principios, aplicar-fe a muitas coizas é embarafo, para faber alguma bem. Quando fe-entra nos-tratados do-Direito, entam podem-fe frequentar, duas efcolas no-mefmo dia, e ler duas materias juntas: e quando eftá mais adiantado, nam condenaria, que às vezes fofe ouvir, alguma explicafam do-Codigo, e das-Pandetas. Mas a verdade é, que menos coizas fe-eftudam juntas, e melhor fe-fabe cadauma: e eu fempre feria de parecer, ler pouco, e intendèlo; que muito, fem utilidade. Sobre a Politica, nam tenho que lhe-dizer; pois no-primeiro ano de Etica, fe-aprendem os principios dela. Mas quando o eftudante é graduado, ou fique na Univerfidade, ou figa os bancos; entam é que deve procurar, de ter mais noticia dela: como ja dife na carta da-Etica, e lei Civil.

Ajunto o direito Canonico com o Civil, pola femelhanfa que ambos tem. Ja fe-fabe, que no-primeiro ano deve eftudar, Iftoria, e Inftituifoens Civis, damefma forte que afima difemos: o que tudo fe-pode fazer, no-dito ano. No-principio do-fegundo ano, iftoria Ecleziaftica antes, e defpois de Crifto; efpecialmente efta fegunda: ao principio por-Compendio: defpois mais

exten-

extenſa : e com o tempo , quando ſe-examinam as coizas particulares , é neceſario profundála bem . Iſtoria do-direito Canonico em breve . Iſto pode-ſe fazer , na metade do-ano . Na-outra
metade , eſtudar as Inſtituiſoens Canonicas : e ſe as-nam-acabar,
continuam-ſe no-ſeguinte ano . No-terceiro , e quarto ano , e
principios do-quinto, materias de Direito , como já diſemos , ſempre as mais principais : v. g. *de Sacramentis , Beneficiis , Jure
Patronatus* &c. Deſpois os atos , como no-direito Civil : o ultimo dos-quais , foſe o grao de Bacharel . Deſpois diſto , ſe quizeſe fazer concluzoens magnas , com elas lhe-daria o grao de
Doutor ; ou no-fim deſe ano , ou no-principio do-ſexto : e iſto
ſem as coſtumadas ceremonias , que ſam as majores afetaſoens
do-mundo , e nam ſignificam nada . Uma oraſam que diſeſe o
doutorando , ſobre um e outro Direito : e querendo tambem , um
ou dois argumentos por-ceremonia : um breve comprimento com
que o-louvaſe um Doutor ; devia baſtar , nam ſó para eſte doutoramento em Canones , mas para as Leis , e Teologia . A ſagra-
ſam de uma igreja , ou de um altar principal , que coſtumam
ſer funſoens eternas ; eu as-vi fazer ao Papa , com toda a magnificencia , em menos da-metade do-tempo , que ſe-gaſta cá , em um
Doutoramento . O aparato deſtes doutoramentos é eſtrondozo : a
funſam eterna : e ſaie dali amofinado o que ſe-doutora , e os
que lhe-aſiſtem . Contudo , eſta grande ſolenidade , examinada
ſem paixam , e eſpremida na mam , nam produz nada : porque
nem ſerve para moſtrar , a ciencia do-doutorando ; nem para divertimento , dos-que aſiſtem . Iſto nada mais é , que um mao
coſtume inveterado , que os reformadores deviam emendar . Em
outros Reinos mais alumiados , e mais cheios de omens doutos ,
chamam a iſto ridicularias , e ſojem delas . Tambem aquelas
liſoens de ponto , tanto no-Bacharel , como no-Licenciado ; de-
viam-ſe deſterrar , como ja diſe . Para provar ſe um omem ſabe,
baſta replicar os atos , em diferentes materias ; e examinálos bem
nelas : iſto ſerve ao eſtudante : e nam aquele ato de memoria ,
que nada ſignifica . Mas quando nam quizeſem deixar o eſtilo,
da-liſam de ponto , podiam reduzila a meia ora . Alem diſo,
nam deviam tirar o ponto , abrindo cazualmente o livro : porque ſe-expoem , a achar uma materia eſteriliſima , e inutil no-Foro ; deque nam ſe-pode tirar , coiza nenhuma boa . Era melhor,
ter em uma borſa , os melhores pontos , e mais fecundos dos-Direitos , ou Teologia ; e tirálos por-ſorte : porque aſim eſtava ſeguro de ter materia , em que pudeſe diſcorrer , e luſtrar . Sobre

a pra-

a pratica , nam tenho que acrecentar , ao que dife do-direito
Civil . Digo fomente , que o Canonifta deve tambem no-quinto
ano , ler as inftituifoens Criminais : pois fam necefarias ao dito:
fendo que quazi todo o emprego do-Canonifta , nas materias
Ecleziafticas , confifte , em executar as penas .

Dos-leitores de Canonica , um deve explicar na primeira
ora de menhan , Iftoria , e Diciplina Ecleziaftica : na fegunda
ora outro , as Inftituifoens Canonicas : na terceira outro , uma
materia de Canonica . De tarde o primeiro , a fegunda parte
das-Inftituifoens Canonicas . Defpois , dois leitores , cadaum feu
tratado de-Canonica . Em outra efcola podiam explicar os textos,
e fuas materias : pola menhan Graciano , e as Decretais , e Sexto:
de tarde Clementinas , Extravagantes ; e o terceiro , o Concilio
de Trento , Regras de Cancelaria &c. Se a efcola civil fofe pequena , para os que eftudam Inftituifoens Criminais ; podiam introduzir aqui de tarde , outro leitor dela . Em algumas Univerfidades coftumam , duplicar as efcolas mais frequentadas : v. g. de
Medicina , e Leis : e em duas efcolas , dois leitores explicam na
mefma ora , as mefmas materias : paraque os eftudantes que nam
cabem em uma , vam à outra . E o mefmo fe-podia fazer aqui.

Falta-nos fomente a Teologia : da-qual porem fica dito o
que bafta , para faber , como fe-deve regular . O primeiro prolegomeno do-Teologo deve fer , a iftoria da-Igreja antiga , e nova : que ja fupoem a iftoria Civil , com todos os feus apendi-
ces . Aindaque o eftudante tivefe tido , alguma ideia defta iftoria , por-compendio ; devia eftudála aqui novamente , com todo
o cuidado : como tambem a da-Teologia , para evitar mil erros,
que cometem os Teologos , por-ignorar a iftoria , da-fua profifam . Ifto pode-fe fazer , na metade do-ano : na outra deve ler,
algumas inftituifoens da-Teologia . Parecerá ifto erezia , a eftes
que nam fabem , que coiza é metodo : mas a verdade é , que é
necefario : e nam a maior razam , para ambos os Direitos , doque
para a Teologia . Se neles é necefario , para explicar em poucas
palavras , o que fe-acha efpalhado , por-muitos volumes ; e poder
o eftudante com facilidade , ver o corpo do-Direito , a ordem
dos-tratados , e dependencia que uns tem dos-outros ; ifto mefmo
fe-verifica na Teologia : na qual quem nam tem noticia difto,
nam pode formar conceito dela . Vi averá anos , um tomo em
oitavo , que explicava em breve , todas as rezolufoens da-Teologia
Dogmatica , com um principal fundamento : e tambem compreendia , o Moral . Tambem o *Danes* explica o mefmo . Seria

util

util ter dois tominhos, um que tratáſe da-Dogmatica, e outro
do-Moral: aindaque para o rapaz neſtes principios baſtava, que
leſe o primeiro: nam digo que aprenda tudo de memoria; mas
que o-leia bem, e veja as rezoluſoens, e ordem dos-tratados.
Para iſto pode ſervir o *Abelly*, em dois tominhos em oitavo; que
ſegue eſta ordem, com pouca diferenſa. Acham-ſe outras Inſtituiſoens mais extenſas, como ſam as do *Juvenino* em 5. tomos
em 12. mas tem ſuas coizas reprovadas: e as do-*Habert*, tambem em 5. tomos. Eſtas para ſe-lerem ao principio, ſam grandes: para ſe-eſtudarem em todos os trez anos, ſam breves: porque
o eſtudante, que á-de ſeguir os eſtudos, neceſita de noticias mais
profundas. Contudo elas tem ſeu uzo, os autores as-fizeram para os Seminarios, em que pola maior parte ſe-enſinam rapazes,
que devem ir inſtruir no-campo, ou em outra parte, os Fieis.
Falo dos-que ám-de ſer Parrocos fóra das-Cidades: ou tambem
daqueles moſos que ſe-querem ordenar, para ficarem ſimplezes
Beneficiados nas igrejas, ou ſimplezes capelaens, ou clerigos em
ſuas cazas: e que eſtudam em Lisboa, ou em outra parte, onde nam á Univerſidades. Para eſtes digo, que ſam otimos eſtes
livros: principalmente o *Juvenino*, (tirando o que é mao) porque explicam em poucas palavras, os fundamentos, e as melhores dificuldades. Deſorteque para eſtes, é melhor ſaber aquilo,
que nam ſaber nada.

Acham-ſe todos os dias deſtes Clerigos, e muitos Parrocos;
que mal ſabem ler, e nam intendem bem Latim. Alguns, com
quatro cazos de Moral mal entrouxados, tem oje Parroquias;
os quais, proguntados pola ſua religiam, nam ſabem, nam digo
eu reſponder, às dificuldades grandes; mas nem menos declarar
iſo, que crem. Neſte particular devo dizer ſinceramente a V. P.
que a ignorancia é maior, que nam ſe-imagina. Nam tenho viſto
Clero ſecular tam ignorante, como o de Portugal: e iſto meſmo
me-confeſáram ingenuamente, alguns Portuguezes, que tem viſto
outros paizes. E por-iſo a eſtes ſe-deve acudir, nam com eſtudos can-
ſados; mas facis, e breves. Os outros, que querem fundadamente
eſtudar Teologia, neceſitam neſtes trez anos, eſtudar polo menos,
duas materias cada ano; como apontei em outra carta, em que
falei a V. P. na Teologia. No-quinto ano deve fazer atos publicos, de trez em trez mezes: os quais eu reduziria a trez: dois
em materias Dogmatico-Eſpeculativas: e o ultimo em Moral.
Determinando as materias, que cadaum devia defender, e o numero dos-pontos delas. As materias ſejam as mais principais;
qua-

quatro em cada ato: e em cadauma delas introduzir, nam só os
Dogmas, mas tambem as iftoricas, que fam necefarias, para
iluftrar o Dogma. Uma das-materias devia fer a Efcritura: tambem o tratado de Incarnafam, Trindade, Grafa, Igreja, Sacramentos. Defta forte, devendo o eftudante repafar novamente, o que
tinha eftudado; podia fundar-fe bem na-materia, e intendèla bem.
Todos eftes trez atos, deviam fer de aprovafam, para fe-poder
formar conceito, da-fua erudifam. Sendo aprovado no-ultimo,
no-mefmo inftante lhe-daria, o grao de Bacharel. Querendo-fe
doutorar, devia fazer mais outro ato publico, a que podemos
chamar, concluzoens Magnas: em que podia pór, alem das-materias
propoftas, outras diferentes. Feito ifto, no-mefmo dia lhe-dava, o grao de Doutor: ou fenam quando quizefe, e polo modo
que afima apontamos, falando do-Direito. As outras ceremonias de atos, ja afima dife a V. P. que fam impofturas: porque
os ignorantes, doutoram-fe com tudo ifo: e os doutos, nam
necefitam difo, para moftrarem a fua capacidade.

Se os eftudantes fe inftruifem defta maneira, veria V. P.
quam diferente doutrina traziam das-efcolas: e ainda aqueles
mefmos que nam eftudam mais, que os quatro anos de Teologia, fem fe-doutorarem; (como fucede em Lisboa, e outras partes, em que nam á Univerfidade) tirariam alguma doutrina boa:
e fe nam fofem Teologos perfeitos, ao menos tendo os verdadeiros principios, podiam regular-fe no-eftudo, e adiantar-fe. Em
uma palavra, faberiam falar: o que comumente nam fe-acha
neftes clerigos, principalmente nos-que nam feguíram, as Univerfidades. Nam cuide V. P. que é encarecimento meu: a experiencia por-fi só fala. De um curfo de trez anos, que comumente fe-enfina Teologia em Lisboa, a maior parte deles dezempáram a efcola: e acha-fe o meftre no-fim do-trienio, com doze, ou quinze eftudantes. Os que fe-foram no-primeiro ano, ja
fe-fabe que nam intendem náda, de Teologia. Mas efes mefmos
que a-frequentam até o fim, examinados fobre ela, nada fabem
difto. Quando muito refponderám fobre duas, ou trez queftoens
mal engruladas: porque fe os-aperta bem, como me-fucedeo
amim, verá que totalmente nam refpondem. Nefte tempo ou ja
fam Sacerdotes; ou eftam em vefporas difo. Muitos, que nam
tiveram mais, que o primeiro ano: muitos, que só a Filozofia:
e muitos, que nem menos Filozofia, mas fomente duas regras do
Larraga; tambem fe-ordenam de mifa, e efta é a maior parte.
Todos eftes pertendem beneficios, e igrejas: e aceitarám tambem

bem Bifpados , fe lhos-derem : e fe V. P. inveftigar, o que eles
cuidam , achará que julgam na fua conciencia, que fam mui capazes. Mas eu tomára que me-difefem, com que conciencia fe-
ordenam , e aceitam empregos eclefiafticos ; aqueles que nam fabem, que coiza é fer Eclefiaftico? Que digo eu fer Eclefiaftico? achei ja facerdotes , que nam intendiam , o que liam no-Bre-
viario, e no-Mifal : e pronunciavam palavras , que nem Latinas
eram , nem Gregas , nem Ebraicas ; mas inventadas por-eles :
porque tais coizas nam fe-achavam , no-Mifal. Admiro-me deles:
mas admiro-me muito mais dos-Bifpos , que ordenam eftes ignorantes. Eftes Prelados fam devedores de todos os inconvenientes,
que nacem defta ignorancia : e refponderám em um tribunal re-
tifimo, a todas eftas objefoens , que nam tem refpofta .

Efte é um dos-motivos porque digo a V. P. que o Clero
fecular defte Reino , é ignorante : pois os Bifpos cuidam pouco
nifo. Nam deviam ordenar , fenam omens capazes. Deviam fundar Seminarios , e neles mandar enfinar , nam só Gramatica, e
que nem menos muitos Bifpos cuidam ; mas ter bons meftres de
Filozofia , e Teologia, e Liturgia ; que inftruifem perfeitamente
os rapazes na-piedade , e na erudifam Eclefiaftica . Ifto é o que
fazem os Bifpos , em outros Reinos : e deftes Seminarios tiram os
Clerigos , para os-mandárem para as Parroquias do-Campo , e
tambem da-Cidade . Eu conheci Bifpos , e alguns deles Cardiais,
os quais em caza fua mandáram fabricar efcolas , para beneficio
de todos, os que queriam feguir , o eftudo Eclefiaftico : e nelas
avia leitores de Filozofia , Teologia, Leis , e Canones , pagos
polo Arcebifpo : d'onde faiam omens grandifimos , em todo o
genero : e nos-Seminarios , enfinavam as Umanidades , lingua
Grega , e Ebreia. Aqui nos-feminarios Epifcopais só fe-aprende ,
algum bocadinho de má Muzica. a Gramatica pola maior parte,
vam aprendèla fóra. no-mais nam cuidam os Bifpos. Muitifimas
igrejas pafam de uns para outros renunciadas ; muitas vezes rapazes,
ou gente como Deus fabe. Por-ifo os Parrocos da-Cidade fabem
pouco : e os do-Campo nada.

Para inftruir os Parrocos , e Confefores da-Cidade , pratica-fe em Roma um meio, fuave a todos, e utilifimo ao Publico. Todos os Confefores , e Parrocos das-igrejas, que eftam vizinhas a um convento, onde á leitores ; fam obrigados duas tardes na femana, irem ao dito convento: onde, prezidindo o leitor
de Moral, cada Confefor expoem um cazo, que lhe-deram quinze dias antes ; e o-defende uma ora . Cada dia fegue-fe outro:

de-

desorteque cadaum ou argumenta , ou defende . Desta sorte , com pouquisimo ou nenhum trabalho , se-lembra cadaum do-que sabe ; e aprende o que nam sabe : e fazem-se omens doutos . Quem falta sem justa cauza , é apontado e multado . Ponho ago-ra de parte outros exercicios , que os doutisimos Jezuitas , sem-pre zelozos da-utilidade dos-proximos ; fazem por-sua devosam , em muitas partes , para instruir os Sacerdotes : um deles é este . Em uma camera grande da-Caza Profesa , ajuntam-se duas tardes na semana Clerigos , e outros mosos , que se-aplicam ao estudo Eclesiastico ; nam rapazes , mas aqueles que ja tem acabado as escolas , e querem exercitar-se para Confesores , ou para outro exercicio . Um deles expoem academicamente , uma questam de Teologia Moral , ou de Liturgia , ou de Canonica , ou Dicipli-na Eclesiastica , segundo a distribuisam . Acabada a orasam ; ar-gumenta um ou dois , se á tempo . Asiste a isto um Jezuita de autoridade , que nam tem mais emprego , que exercitar-se nisto . Quando o defendente erra , ele o-adverte , e com toda a cari-dade e cortezia lhe-ensina , como deve dizer , e responder . desta sorte exercitam-se todos . Vizinho a esta caza está outra camera , com uma grande estante de livros ; os quais o Padre empresta , a quem quer ver ali , algum ponto . Sucedeo-me alguma vez , intrar nestes exercicios ; e vi neles muita gente boa : e alguns Bispos , e Patriarcas , que por-sua curiozidade iam ouvir , e apren-der . Sei , que isto se-podia tambem praticar em S. Roque , ou em outra parte : mas nam peso tanto : o que digo a V. P. é , que o exercicio dos-Confesores , é sumamente necesario , e podia-se dispor sem trabalho algum . v. g. S. Juliam , S. Justa , S. Nicolao , Mar-tires , S. Paulo , podiam ir ao Espirito Santo : outras Parroquias , a S. Domingos : outras a S. Roque &c. Se acazo os Sacerdotes se-instruisem deste modo ; os que da-Cidade partisem para o Cam-po , fariam a sua obrigasam : e sem tanta repetisam de exames , (que é o unico meio , que muitos Bispos julgam ser util) po-diam ser Parrocos zelantes , e doutos .

Daqui pasando às Cadeiras de Teologia , digo , que com pou-cos Leitores , se-pode fazer tudo . Deve aver uma cadeira de Escritura , na qual se-expliquem os Prolegomenos da-Escritura , e sucesivamente os livros Sagrados pola sua ordem : explicando principalmente , o sentido Literal : rezolvendo todas as dificulda-des istoricas , que nacem do-texto . E o mesmo pode ir explican-do cada ano , algum bocado da-Armonia Evangelica . Isto basta que se-fasa , uma ora cada menhan . Na segunda ora outro ex-

pli-

plica as Inftituiſoens Teologicas : em modo tal , que cada ano deve explicar em poucas palavras, a ſerie , e rezoluſoens mais fundadas , de toda a Teologia ; para dar alguma luz , aos principiantes . O terceiro Leitor deve explicar , a Teologia Pozitiva , continuando o curſo das-materias, todos os anos. De tarde o primeiro Leitor explicará Moral : nam ſecamente , Moral de Cazos,
mas de Tratados ; explicando as queſtoens iſtoricas, que incidentemente ocorrem : e moſtrando os verdadeiros principios, dos-quais
devemos tirar as decizoens, dos-cazos particulares . O ſegundo
Leitor deve explicar , algumas das-principais controverſias , que
os Catolicos tem, com os Erejes modernos. O terceiro Leitor
deve explicar , todos os livros *de Gratia* de S. Agoſtinho, cada
ano ſeu tratado . Eſte Leitor é ſumamente neceſario, para os que
querem alcanſar , a verdadeira mente do-S. Doutor . Em todos
es ſeculos a Igreja explicou, todas as dificuldades da-Graſa de
Criſto , com a doutrina de S. Agoſtinho. Onde importa muito
ao Teologo ſaber, qual foi a mente do-tal Santo . Mas eſte Leitor nam deve explicar S. Agoſtinho , inclinando-o para alguma
particular Eſcola : mas declarando ſimplezmente, o ſentido do-Santo , tirado dos-ſeus livros , com as luzes da-Iſtoria Ecleziaſtica .
Querendo introduzir mais cadeiras, podiam fazèlo em outra eſcola ſeparada : e pór nela alguns leitores , cadaum dos-quais explicáſe ſua materia : os de menhan , Pozitivo-Eſpeculativa : os de tarde, Moral. Aquela cadeira de *Eſcoto* , de *Durando* &c. totalmente ſe-devem pór de parte : porque ſe elas obrigam, a explicar o dito autor, é frenezia : porque nem *Eſcoto* , nem *Durando*
ſam textos , que devam explicar-ſe : e na era prezente, nem
menos ſe-devem ler. Se nam obrigam a iſto, ſam inutis ; e em
ſeu lugar ſe-devia ler , a verdadeira Teologia. O meſmo digo,
da-cadeira de *S. Tomas*. Eſte ſanto , tambem nam é autor Sagrado, paraque devamos ſugeitar-nos, ao que ele diz : é um doutor Eſcolaſtico. Onde , pondo de parte a ſua grande ſantidade,
que veneramos como devemos ; o que ele diz, ſe é em materia
de Dogma, deve-ſe abraſar , nam porque ele o-diz ; mas porque
o-diz a Igreja : Se é em materia opinativa, devemos olhar , para os fundamentos que dá, e nam para quem o-diz. Pola meſma , e ainda com maior razam deviam introduzir, cadeira de
S. Jeronimo, Ambrozio, Crizoſtomo, Bazilio &c. O certo é, que
neſtes particulares nam devemos ſugeitar-nos, à autoridade de nenhum ; mas à razam ; e defender a Teologia, que cre a Igreja Ca-
toli-

tolica Romana, nam a que dizem, os particulares doutores. Mas quando nam pudesem difpenfar-fe de explicar, a Suma de S. Tomaz, ao menos para utilidade daqueles, que juráram as ditas opinioens; podia-se explicar nefta fegunda efcola, uma ora de tarde : nam introduzindo opinioens novas, nem comentarios; mas explicando a para mente do S. Doutor, que fempre é a mais racionavel.

Nefte lugar ocorre-me dizer, que nos-outros Reinos da-Europa, o primeiro dia, que fe-abrem os eftudos em Outubro, cada efcola tem a fua orafam Latina, a que chamam *augural*. v.g. um Leitor recita a de Teologia: outro das-cadeiras maiores, outra de Medicina, Lei Civil, Canonica, Filozofia, Iftoria, Retorica &c. o que muitas vezes fe-faz, em dias feguidos, paraque todos as-pofam ouvir. Ifto é digno de um eftudo publico : e fempre fe-faz, com grande concurfo dos-doutos, da-Nobreza, e às vezes Cardiais. E em alguma Univerfidade, como Padua, nam a-faz o Leitor, mas um dos-melhores dicipulos; para o-acoftumar a falar em publico: e nam é o meftre que a-faz, mas ele mefmo. Cada ano tem feu afumto diferente, o qual a Univerfidade às vezes coftuma afinar, ao Orador. Tambem em varias Univerfidades, morrendo um Profefor, lhe-fazem exequias publicas, com a afiftencia da-Univerfidade : e um Leitor recita o feu elogio funebre, em Latim. E tambem ifto é decorozo, e util, para animar os omens, a que figam a virtude. Seria tambem mui louvavel, que fe-introduzife efte coftume nefa Univerfidade, e femelhantes lugares de letras, e virtude.

Concluo lembrando a V. P. que em outros Reinos, tem-fe fundado Seminarios feculares, para os Nobres : onde os rapazes aprendem ; nam só as Ciencias, mas as partes de cavalheiros, e artes liberais; danfar, tanger, cavalgar &c. Tem oras determinadas, para o eftudo: nas outras, eftuda cadaum aquela arte liberal, que quer : e com grande deftreza e prudencia manejam as inclinafoens, daqueles meninos. De tarde, acabado o eftudo, vam pafiar em ranchos de dez ou doze, com o prefeito. Muitos deftes Seminarios, fam governados por-alguns Religiozos : v. g. Jezuitas, das-Efcolas Pias, Barnabitas &c. todos clerigos Regulares. Outros por-facerdotes Seculares : e os colegiais veftem de abade de curto. Efta inftituifam é famoza. Ali Fidalgos, e Principes metem os feus filhos : nam tem os apertos, que ca vemos em Portugal : e faiem omens feitos, ou ao menos muito eruditos, e cule cultos. Prouvera a Deus, que ca fe-introduzife efte coftume, para civilizar a Mocidade.

Ifto é o que me-parece, bafta dizer agora, fobre a difpozifam dos-eftudos altos: nam só porque V. P. compreende mui bem, todas eftas coizas, fem que eu lhas-diga; mas tambem, porque nas cartas que tenho mandado, (fe é que as-conferva) unindo-as a efta, achará tudo o que dezejava faber, nefta materia: e afim nam direi mais.

ESTUDO DAS-MOLHERES.

Mas antes que acabe, tocarei um ponto que fe-deve unir, aos eftudos que apontamos; e vem afer, o eftudo das-Molheres. Parecerá paradoxo, a eftes Catoens Portuguezes, ouvir dizer, que as Molheres devem eftudar: contudo fe examinarem o cazo, conhecerám, que nam é nenhuma parvoice, ou coiza nova; mas bem uzual, e racionavel. Polo que toca à capacidade, é loucura perfuadir-fe, que as Molheres tenham menos, que os Omens. Elas nam fam de outra efpecie no-que toca a alma: e a diferenfa do-fexo nam tem parentefco, com a diferenfa do-intendimento. A experiencia podia, e devia dezinganar eftes omens. Nós ouvimos todos os dias molheres, que difcorrem tam bem, como os omens: e achamos nas iftorias molheres, que fouberam as Ciencias muito melhor, que alguns grandes leitores, que nós ambos conhecemos. Se o acharem-fe muitas, que difcorrem mal, fofe argumento baftante para dizer, que nam fam capazes; com mais razam o-podiamos dizer, de muitos omens. Compare V. P. uma Freira mofa da-Corte, com um Galego de mezes; e verá quem leva ventagem. De que nace efta diferenfa? da-aplicafam e exercicio, que um tem, e outro nam tem. Se das-molheres fe-aplicafem aos eftudos tantas, quantos entre os omens, entam veriamos quem reinava.

Quanto à necefidade, eu acho-a grande, que as molheres eftudem. Elas, principalmente as maens de familia, fam as nofas meftras, nos-primeiros anos da-nofa vida: elas nos-enfinam a lingua; elas nos-dam, as primeiras ideias das-coizas. E que coiza boa nos-ám-de enfinar, fe elas nam fabem o que dizem? Certamente, que os prejuizos que nos-metem na cabefa, na nofa primeira meninife; fam fumamente prejudiciais, em todos os eftados da-vida: e quer-fe um grande eftudo e reflexam, para fe-defpir deles. Alem difo, elas governam a caza: e a direfam do-economico, fica na esfera da-fua jurifdifam. E que coiza boa po-

de fazer uma molher , que nam tem alguma ideia da-economia ?
Alem diſo , o eſtudo pode formar os coſtumes , dando beliſimos
ditames , para a vida : e uma molher que tem , alguma noticia
deles , pode nas oras ociozas , empregar-ſe em coiza util , e oneſ-
ta ; no-meſmo tempo que outras ſe-empregam , em leviandades
repreenſiveis . Muito mais , porque nam acho texto algum da-lei , ou
Sagrada , ou Profana ; que obrigue as Molheres a ſerem tolas ,
e nam ſaberem falar . As Freiras ja ſe-ſabe , que devem ſaber
mais alguma coiza ; porque ám-de ler livros Latinos . Mas eu
digo , que ainda as cazadas , e donzelas , podem achar grande utilidade , na noticia dos-livros . Perſuado-me , que a maior parte
dos-omens cazados , que nam fazem goſto , de converſar com ſuas
molheres ; e vam a outras partes , procurar divertimentos pouco
inocentes ; é porque as-acham tolas , no-trato : e eſte é o motivo , que aumenta aquele deſgoſto , que naturalmente ſe-acha ,
no-continuo trato de marido com molher . Certo é , que uma
molher de juizo exercitado , ſaberá adoſar o animo agreſte , de
um marido aſpero , e ignorante : ou ſaberá entreter melhor , a
diſpozifam de animo , de um marido erudito ; doque outra , que
nam tem eſtas qualidades : e deſta ſorte reinará melhor a paz nas
familias . O meſmo digo das-donzelas , a reſpeito dos-parentes .
Emfim eſta materia é de tanta conſiderafam , para a Republica ,
que um omem tam pio , e douto , como M. *de Fenelon* Arcebiſpo
de Cambrai ; compoz um beliſimo tratado , ſobre eſta materia :
(e deſpois dele alguns autores Francezes , e Italianos , que eu li)
em que enſina , como ſe-deve regular eſte eſtudo : e as utilidades
que dele ſe-podem tirar . Ao que eu podia acrecentar , algumas
experiencias , e reflexoens minhas , feitas ſobre as aplicafoens que
obſervei , em algumas molheres .

Reduzindo pois em pouco , o que ſe-pode dizer neſta materia , principalmente acomodando-me ao eſtilo de Portugal ; digo ,
que com as molheres ſe-deve praticar o meſmo , que apontei
dos-rapazes . O primeiro eſtudo das-maens deve ſer , enſinar-lhe
por-ſi , ou , tendo poſibilidade , por-meio de outra peſoa capaz ,
os primeiros elementos da-Fé . &c. explicando-lhe bem todas eſtas
coizas : o que podem fazer , deſde a idade de ſinco anos , até os
ſete . Deſpois , ler , e eſcrever Portuguez corretamente . Iſto é o
que rara molher ſabe fazer , em Portugal . Nam digo eu eſcrever corretamente , pois ainda nam achei alguma , que o-fizeſe ;
mas digo , que pouquiſimas ſabem ler , e eſcrever ; e muito menos

nôs, fazer ambas as coizas correntemente. Ortografia, e Pón-
tuaſam, nenhuma as-conhece. As cartas das-molheres ſam eſcritas, polo eſtilo das-Bulas, ſem virgulas nem pontos: e alguma
que os-poem, pola maior parte é fóra do-ſeu lugar. Eſte é um
grande defeito: porque daqui nace o nam ſaber ler, e por-conſequencia, o nam intender as coizas: deve-ſe emendar com cuidado, eſte defeito. Neſte meſmo tempo explicam-ſe melhor, os miſ-
terios da-noſa Fé: ornando-os com algumas iſtorias do-teſtamen-
to Velho, e Novo: que ſervem para imprimilos bem, na memoria. Sei, que neſte paîz nam á livros vulgares, que expliquem
bem eſtas coizas: e era melhor, que alguns Religiozos, em lugar de comporem tantas novenas, e outras coizas eſcuzadas; com-
puzeſem um breve Catechiſmo iſtorico, util para a Mocidade:
porque a chamada *Cartilha* do-meſtre Inacio, é coiza indigna: ou
polo menos traduzir de alguma lingua eſtrangeira, beliſimos livros
que ſe-acham neſta materia. Principalmente ſeriam utis, os livros
que tem figuras; como um Francez, que ſe-intitûla, *Figuras*
da-Biblia: e traz a iſtoria toda da-Eſcritura em figuras, com
breves explicaſoens. Nam é crivel, quanto eſte eſtudo entre na-ca-
beſa dos-meninos, ſem parecer que eſtudam, mas que ſe-diver-
tem. Eſte é o ponto principal, nos-eſtudos dos-rapazes: nam
amofinar-lhe a paciencia: mas inſtruilos como quem ſe-diverte.
Por-iſo me-agrada aquele metodo, que alguns obſervam, ainda antes de lhe-enſinar a eſcrever; pintar as letras do-Alfabeto, nas coſtas das-cartas de jogar, e por-modo de divertimento jogar com
eles: enſinar-lhe que letra é: mandar-lha proferir: e ilas ajun-
tando. Deſta ſorte, quando aos ſete anos ſe-enſina a ler, tem a
crianſa vencido, a metade da-dificuldade ſem o-advertir, e facilmente lerá.

Quando a menina ſabe ler, e eſcrever ſofrivelmente, deve-lhe
o meſtre dar-alguma ideia, da-Gramatica Portugueza: a qual neſte
principio ſe-reduz, a pouquiſimas coizas. Moſtrar-lhe nos-livros
que le, as oito partes da-oraſam: enſinar-lhe, a forſa delas: a
declinaſam do-Nome: e alguma coiza da-conjugaſam dos-Verbos.
Que o Verbo pede cazo &c. e outras coizas gerais. Em terceiro lugar a Pontuaſam, e Ortografia correta. Iſto compete a
rapazes, e raparigas: mas eu principalmente o-digo, das-femias:
porque os rapazes, que ám-de ſeguir os eſtudos, devem nas eſcolas eſtudar mais.

Deſpois diſto, devem-lhe enſinar, as quatro primeiras ope-
ra-

rafoens do Aritmetica : as quais fam todos os inftantes necefarias, para a economia da-caza. Ifto aprende-fe em quinze dias,
com facilidade, avendo um meftre, que o-faiba explicar bem : pois
bem fe-ve, que do-ler para diante, requer-fe meftre : viftoque as
maens nam tem todo o tempo ; ou paciencia, ou doutrina para ifo.

Pofto ifto, que é o fundamento de toda a educafam, e a
que nem menos fe-deve dar, o nome de eftudo ; tem lugar um
eftudo mais folido, que é o da-Iftoria. Ifto deve comefar, por-uma carta Geografica : na qual o meftre va moftrando, as principais partes do-mundo, efpecialmente a Paleftina, e tudo o que
pertence à iftoria Santa. Ifto faz-fe brevemente : e tendo cuidado
de procurar na carta, as Cidades de que fe-fala ; fabe-fe quanto
bafta, para o prezente cazo : e fendo efte exercicio continuo,
pode com pouco trabalho, aprender muita coiza util. Defpois,
dilatará aquela ideia da-iftoria Santa, que aprendèra no-catechif-
mo ; explicando cada dia, um pafo de-iftoria : e no feguinte dia
mandando-lhe repetir, a fuftancia dela. Com efta ocaziam pode
incidentemente explicar, a divizam dos-tempos, e ferie deles, e
as mais famozas epocas, do-Antigo teftamento ; para eftablecer o
fundamento da-Iftoria : fendoque para efte eftudo que apontamos,
bafta uma ideia : e nam é necefaria, uma efcrupuloza Cronologia. Efta iftoria da-Biblia regûla o eftudo, de qualquer outra :
e ferve de confirmar qualquer pefoa na fua fé, e religiam : que
nada mais é, que uma colefam de verdades, reveladas em ambos
os Teftamentos : e ferve tambem, para intender os fermoens,
e deles tirar fruto.

Segue-fe explicar-lhe em um Compendio, de proporcionada
extenfam, a iftoria Profana, efpecialmente a Grega, e a Romana : nas quais fe-acham famozos exemplos, de todas as virtudes
morais, proprios para regûlar as afoens, e animálas. Eftas iftorias devem-fe ler devagar : e nos-pafos famozos devem-fe fazer,
as necefarias reflexoens ; porque fem ifto é ler, como o Papagaio. Tambem é coiza util, mandar-lhe efcrever o compendio,
ou rezumo de algum pafo que lèram. Defta forte imprime-fe na
memoria o que fe-eftuda, e aprende-fe a efcrever bem : porque
o meftre pode emendar os defeitos de efcritura, fe é que os-tem:
e enfinar-lhe a pór em poucas palavras, e com clareza, o feu
parecer ; fem deixar circunftancia efencial. Ifto ferve muito para as converfafoens, para tratar negocios, e fazer mil outras
coi-

coizas, que todos os dias fam necefarias nefta vida.

Defpois da-iftoria Univerfal, fegue-fe a particular de Portugal. E' jufto, que as molheres faibam, a iftoria da-fua patria: e vejam o que tem avido bom, e mao, na iftoria do-feu Reino. Nam digo, que devam ler tudo, o que fe-vai efcrevendo na Academia Real, fobre efta materia: bafta que fe-firvam de um Compendio: ou leiam, o de Faria &c. No-mefmo tempo aprendem, ou fe-aperfeifoam, na lingua Efpanhola; que ferve muito para ler as iftorias, e outras obras daquela Nafam.

Eftes eftudos tem a particularidade, de nam impedir os mais necefarios, e que fam proprios das-molheres: falo da-economia, que fe-pode aprender no-mefmo tempo, que fe-faz o outro. Diz M. Rolin com razam, que efte é o fim, para que a Providencia as-poz nefte mundo; para ajudarem os maridos, ou parentes, empregando-fe nas coizas domefticas, no-mefmo tempo que eles fe-aplicam, às de fóra. Por-efte nome de Economia intendo, faber o prefo de todas as coizas, necefarias para uma caza, e a melhor qualidade delas: como tambem, em que tempo fe-devem fazer, as provizoens de caza: o que importa muito, para poder poupar. Tambem, como fe-deve preparar um jantar, e com a menor defpeza, em cada tempo do-ano: e outras coizas deftas. Ifto nam parece nada, aos ignorantes: mas parece importante, a quem reflete, que da-falta deftas coizas nace, fazerem-fe gaftos fuperfluos, com ruina das-familias. Vemos todos os dias, muitas Senhoras, e V. P. conhece algumas, arruinarem as fuas cazas e rendas, com coizas, que talvez nam fam fuperfluas, mas porque nam-fabem gaftar: e afim empregam dez, no-que vale trez. Ifto nam é grandeza, é ridicularia, e ignorancia. Grandeza chamo eu, faber gaftar quando fe-deve, e como fe-deve: dar efmolas proporcionadas: ajudar os aflitos, e benemeritos: pagar as dividas de algumas pefoas onradas, opremidas com efte pezo: e outras coizas deftas. Polo contrario, quando vejo deitar o dinheiro na rua, e gaftálo fem reflexam, chamo-lhe folenifima loucura. Alem difo deve uma donzela aprender a ter, o feu livro de contas: em que afente a receita, e defpeza: porque fem ifto nam á caza regulada. Dve tambem ter alguma ideia, do-modo de confervar, e aumentar as rendas, das-fuas fazendas. Sucede todos os dias, que as Senhoras fiquem viuvas, e tutoras de feus filhos; ou fenhoras abfolutas de muitas fazendas: e nefte cazo, fe nam tem alguma ideia, e conhecimento deftas coizas;

nam

nam podem deixar de arruinar os feus bens , aindaque *lhes-pa-*
refa, que tem feitores de conciencia. Efta é uma erudifam que
uma molher de juizo, pode facilifimamente ir fuminiftrando , às
fuas filhas, e filhos; porque em todo o tempo ferve . Conheci
uma Princeza , que era exatifima nefta materia de Economia : e
fabia tanto, como um omem bem inftruido . Mas efta Senhora
tam economica por-uma parte, tanto nos-veftidos, como no-de-
mais; era tam grandioza em outras coizas, que eu fei com toda a certeza, que empregava todos os anos, cincoenta contos
de reis , em efmolas : parte, que dava aos feus vafalos, nos-feu-
dos que tinha : e grande parte , na Cidade em que afiftia : e a
ela recorriam todos os aflitos, como a verdadeira maen : e avia
muita gente onrada , que tinham mezadas determinadas , com que
fuftentavam , grandes familias . Ifto é o que eu chamo , fazer
bom uzo da-economia . Nem todos o-podem fazer : confefo :
mas todos podem faber de economia quanto bafta , para nam
fe-arruinarem .

A fegunda parte da-economia ponho eu, no-trabalho das-maons.
Efte emprego é mui necefario, para tirar o ocio ; e tambem para
faber adminiftrar bem a caza : e para os pobres , é fumamente
necefario, aprender a cozer bem , fazer bem meias , romen-
dar, e outras coizas de caza . Acham-fe molheres plebeias , e
eu vi algumas , que o-nam-fabem fazer : o que cauza fumo
prejuizo, em uma familia. Mas quando a Senhora fofe tam rica,
que nam necefitáfe difo ; fempre o-devia aprender, para conhecer bem , as coizas de que necefita &c. e podia empregar o dito
trabalho, em efmolas de pobres, de igrejas &c. Tambem nifto
à muita preocupafam , nefte Reino. As Senhoras ou defprezam
o trabalho , ou só fazem coizas , que era melhor que as-nam
fizefem, porque fam vaidades ridiculas . Nam condeno a grandeza e afeio nos-veftidos , que fam proprios do-feu grao : aprovo,
e louvo : o que condeno é , aquela machina de veftidos efcuzados , e outras coizas por-todos os titulos fuperfluas. Nefte particular a Iftoria, pode comefar a fervir, às ditas Senhoras ; para
lhe-moftrar , que muitas nam só nobres, ou fidalgas ; mas alguns
furos afima, Princezas foberanas , Imperatrizes &c. fe-aplicavam
a tecer , e outras obras de maons : e julgavam fer efta uma parte
principal , da-fua educafam . *Otaviano Augufto* , que nam era
um Rei pequeno, mas o mais potente dos-Imperadores, e omem
de juizo perfeito ; tendo particular cuidado, da-educafam de fua

filha

filha *Julia* , para a-conftituir Prinçeza digna , de lhe-fuceder no-trono ; efpecialmente lhe-ordenava , que trabalháfe em coizas de lan : e com efeito nifto fe-empregou nos-primeiros anos , imitando a fua maen . A iftoria Romana , por-nam falar agora na Grega , nos-fuminiftra , mil exemplos deftes. As Senhoras Romanas tinham ifto por-grande gloria : e os omens prudentes da-Republica , quando elogiavam as molheres ; (ifto fucedia nos-elogios funebres , que pronunciavam os parentes , ou nas iftorias) punham ifto , na cabeçeira da-lifta. Livio , que era um omem tam prudente , e de grande mente , avendo de louvar *Lucrecia* ; nam defcreve a fua beleza , ou alguma das-muitas prerogativas que pofuia : mas diz , que fe-entretinha com as fuas aias trabalhando em lan : *Lucretiam noɔe fera non in convivio luxuque , fed deditam lana , inter ancillas fedentem inveniunt .* E fe decemos a eftes ultimos tempos , veremos um grande Imperador , que foi o Çzar *Pédro* , (nem menos os omens defprezáram ifto) aplicado a fabricar com as fuas maons um navio , em uma terra eftrangeira ; para poder regular os arfenais , nas fuas terras : o que lhe-frutou muito bem . E eu vi algum Rei , e Principes Soberanos , que nas oras de defcanfo , fe-aplicavam a algumas artes , nam fó liberais , e pertencentes à guerra ; mas a outras galantarias , em que trabalhavam com toda a perfeifam : e vi alguma Rainha , que tambem fiava . Emfim ifto é tam claro , que cuido que com dificuldade fe-achará , quem o-negue.

Quanto ao cantar , e tocar inftrumentos , nam me-parece fer de preciza necefidade às molheres , ainda civis. Se fe-aprendèfe quanto baftava , para entreter , ou no-campo , ou em caza , a fua familia ; nam o-condenaria . Sucede algumas vezes , que uma filha que canta , e toca , diverte um pai , ou maen , que padece infermidades abituais : e nefte cazo o ter eftas prendas , pode fer virtude , e ter merecimento . Pode tambem uma fenhora , aprender eftas partes , para fe-divertir a si , nas oras ociozas , e entreter-fe modeftamente : e difto digo o mefmo . Mas empregar dinheiro , e tempo confideravel neftas coizas , uma donzela que pola maior parte nam fe-ferve difto , defpois de cazada &c. nam me-parece louvavel . Quanto às que fe-deftinam para Freiras , é jufto que aprendam o que é necefario , para os tais empregos : principalmente tocar orgam. Nas fenhoras Grandes nam é tam condenavel , aplicar-fe mais a eftes divertimentos inocentes ; fe o-fazem com o fim , de nam eftarem ociozas . O que

porem me-parece necefario, a uma Senhora que tem boa educafam, é, aprender algoma coiza a danfar : nam para fe-fervir de
todas as galantarias, que enfinam os meftres ; mas para aprender
o que é necefario, a uma pefoa, que á-de tratar com gente bem
educada, e de nacimento. Por-falta defte exercicio, vemos muita
gente, que anda torta, e com alcorcova : outras nam fabem
fazer uma mezura : e quando entram em uma carrera, em que
eftá gente, nam fabem incontrar as pefoas : comprimentar com
boa maneira : e em uma palavra, faltam a todas as ceremonias,
que fam necefarias, a gente bem educada. Ifto porem é uma coiza,
que ofende muito a vifta. E afim a maem devia cuidar, que
o meftre enfinafe eftas coizas, e as-inftruife bem. Daqui para
diante, nam me-parece que feja util ; tirando o que ja dife, de
aprender o que bafta, para que em uma ocaziam de quinta &c.
pofa danfar um menuete, e divertir-fe com os feus parentes, e
conhecidos. Defte parecer é tambem, o douto M. Rolin.

Proguntarmeá V. P. o meu parecer, fobre o eftudo da-lingua Latina : no-que á diverfidade de pareceres, ainda entre
omens mui doutos : alguns, que abfolutamente o-proibem : outros, que o-querem. Eu, fem intrar agora a difputar o cazo,
direi o que me-parece. Ja fe-fabe, que nam falamos das-molheres ordinarias : porque eftas bafta que faibam, as coizas de caza,
e ler em um livro &c. Iftoria, Latim, e outras deftas coizas,
nam fam tanto necefarias. Falo das-pefoas civis, e nobres : e
deftas digo, que o eftudar Latim, a algumas é necefario ; e fam
as Freiras : porque me-parece ridiculo, que leiam continuamente
Latim, fem o-intenderem. Das-outras as que tiverem mais tempo, nam me-parece improprio, que o-eftodem. E porque nam
á-de uma Senhora, que le a Iftoria, intender um bocado de Latim, para ler a dita, na fua lingua original ? porque nam poderá uma Senhora, inclinada à piedade, ler a Efcritura, principalmente o Eclezaftico &c. em Latim ? Ponho de parte,
tantos exemplos de molheres doutas, que podia citar ; algumas das-quais eu conheci, e tratei : e talvez que alguma delas foubèfe mais Latim, doque muitos profefores, que nós conhecemos * * Falo fomente da-razam intrinfeca : e refpondo, que
nam acho incoerencia alguma, mas antes é coiza mui louvavel.
Mas nefte cazo deve-fe feguir uma eftrada, diferente da-dos-rapa-
zes, e fó propria para molheres. A Gramatica feja tam breve,
quanto pode fer : a qual o meftre deve encurtar ainda mais, ex-
pli-

plicando em voz, muitas coizas: e logo intrar na explicafam,
de algum autor facil. As molheres nam é necefario, que falem
o Latim: bafta que o-intendam: o que fe-deve, e pode fazer,
polo modo mais breve do-mundo. Defta forte intenderiam as
Freiras, o que lem: e muitas Seculares teriam mais gofto, e tirariam mais utilidade, de ler os livros. Ifto é o que me-ocorre em breve, e tenho tambem lido em alguns autores. Certamente, que a educafam das-molheres nefte Reino, é pefima: e
os omens quazi as-confideram, como animais de outra efpecie:
e nam só pouco aptas, mas incapazes de qualquer genero de
eftudo, e erudifam. Mas fe os Pais, e Maens confideráfem bem
a materia, veriam que tem gravifima obrigafam, de as-enfinar
melhor: e que de o-nam-fazerem, rezulta gravifimo prejuizo à
Republica, tanto nas coizas publicas, como domefticas.

    Com ifto acabo a prezente carta: e o que V. P. me-tem pe-
dido, fobre o metodo dos-eftudos: que, fe bem me-lembro, cuido que os-temos corrido todos. Neftas cartas tenho dito a V. P.
o que me-tem ocorrido, parte efcrevendo em prefa; e parte nam
podendo, pór-falta de livros, examinar tudo o que queria: que
é o mefmo que dizer, que efcrevi, expondo-me a cometer muito erro. Contudo como quer que a fuftancia fe-configa, os erros me-perdoará V. P. O que lhe-pefo é, que ou nam comunique eftas cartas; ou o-fafa com muita cautela. Sam infinitos
os ignorantes: e nefa Cidade nam á poucos: e eftes feram os
primeiros, que diram mal, e cenfuratám uma materia, que eles
nam intendem pataca. Fuja V. P. defta cafta de gente: ou ao
menos tape-lhe a boca, examinando primeiro, fe tem todos os
requizitos, que a Logica enfina ferem necefarios, em quem á-de
julgar, das-materias alheias. Aos outros amigos nofos mais capazes * * * diga-lhe o que lhe-parecer: mas nam fe-interna muito, fem primeiro lhe-tomar o pulfo: pois dife, e torno a dizer,
que muita gente as-nam-intenderá: e eftes feram os primeiros, e
mais rigidos cenfores. A mim pouco me-importa ifo, porque a
verdade triumfa: contudo nam quero defgoftar ninguem. Se
pois fuceder que V. P. com o tempo, o que dezejo, fubir a
maiores cargos, ou tiver introdufam com pefoas Grandes, Principes &c. nefe cazo pode infinuar-lhe, algumas deftas noticias,
como coiza fua: e fe agradarem, e tiverem efeito, *te patrem*
patria appellabo. Mas pefo-lhe que oculte fempre, o nome do-au-
tor: porque fe aqui fe-fouber, que um Eftrangeiro dife ifo, aça-

bou-fa

bou-fe a razam, e parecerá muito mal. Ifto que digo aqui, nam
prejudica à nofa amizade. V. P. nam me-poupe, em coiza nenhuma de feu gofto: pois com toda a finceridade de amigo direi, fe o-poſo fazer, ou nam; ou refponderei quando puder. Sobre os outros pontos de Filologia, em que me-fala nefta ultima
carta; refponderei na primeira conjuntura. Nam quero agora
confundir uma coiza, com outra : e tambem quero poupar-lhe
a matraca, de ler carta ainda mais comprida. Guarde Deus a
V. P. muitos anos.

FIM DO SEGUNDO TOMO.

ERROS	EMENDEM-SE

Tendo achado que eftes erros fam mais frequentes nefta edifam ; por
iſo dou uma regra geral, para fe-emendarem: os outros abaixo fe-notam.

Achando-fe	*Leia-fe*
engano , dezengano , engenar , dezenganar	ingano, dezingano, inganar, dezinganar .
comprimir , imprimir , oprimir admitir , permitir , e outras vozes que fe-formam deftes Infinitos : tirando algumas que o autor excetua.	compremir , impremir , opremir &c.
entrar , encontrar , emportar , enformar , engenhar, engenho : e vozes, e nomes que deftes nacem.	intrar , incontrar , importar , informar, ingenhar &c.

O acento que fe-acha nos monofilabos já , lè , vè , cá , lá ; tambem é erro
do corretor: porque o autor só o-poem em dè , dá , dás más só pòr *verbo* &c.
para os-diftinguir das particulas e vozes femelhantes. Como tambem em pé,
pés , e outra rarifima.

ERROS	EMENDEM-SE
*Pag.*1. regra 15. milefima	milezima
P. 4. r. 25. ò meu	o meu
r. 38. Fifica	Fizica
P. 5. r. 13. objectos	objetos
r. 19. una	uma
r. 38. *à parte rei*	*a parte rei*
P. 6. r. 18. una	uma
r. 21. a qui	aqui
P. 8. r. 1. por que	porque
r. 11. e efta	é efta
r. 26. lhe-dé	lhe-dè
P. 9. r. 9. pez	pés
P. 10. r. 8. difcipulos	dicipulos
r. 14. difcipulos	dicipulos.
r. 23. alguma	alguma
P. 12. r. 19. aqueftam	a queftam
P. 16. r. 9. fe-parados	feparados
P. 17. r. 3. aquelcs	aquelas

r. 23. re-

		ERROS	EMENDEM-SE
	r. 23.	rezervamenas	rezervamenas
	r. 34.	dàquelas	daquelas
	r. 39.	omefmo	o mefmo
P. 18.	r. 19.	Caufas	Cauzas
	r. 28.	precifo	precizo
	r. 31.	correfponde	conrefponde
P. 20.	r. 9.	ningum	ninguem
P. 21.	r. 13.	religiofo	religiozo
	r. 15.	Farifeos	Farizeos.
P. 22.	r. 1.	á vifta	à vifta
	r. 10.	gordos	grandes
P. 24.	r. 2.	fe-occupa	fe-ocupa
P. 26.	r. 1.	Filozia	Filozofia
	r. 2.	oque	o que
P. 27.	r. 22.	*Subftancia*	*Subftantia*
	r. ult.	immediatamente	imediatamente
P. 31.	r. 10.	Jefuita	Jezuita
32.	r. 35.	fentenza	fentenfa
P. 33.	r. 15.	conhefer	conhecer
P. 35.	r. 17.	de agua?	de agua:
P. 36.	r. 33.	cienzia	ciencia
P. 40.	r. 10.	aredor	arredor.
P. 41.	r. 39.	erar	errar
P. 42.	r. 13.	livos	livros
P. 43.	r. 28.	tradado	tratado
P. 45.	r. 20.	Jefuita	Jezuita
P. 51.	r. 39.	corpes	corpos
P. 52.	r. 2.	refrafam	refrafam
	r. 29.	femelhamentes	femelhantes
P. 56.	r. 21.	á mefma	a mefma
P. 62.	r. 31.	reconhefe	reconhece
P. 67.	r. 5.	qua	que
	r. 11.	viciofo	viciozo
P. 68.	r. 22.	afam	asám
P. 69.	r. 38.	dinheito	dinheiro
P. 70.	r. 7.	confifte	confifte
P. 74.	r. 25.	difcipulo	dicipulo
P. 76.	r. 3.	na-Corte	na Corte
P. 79.	r. 21.	á lei	à lei
	r. 39.	creatura	criatura
P. 80.	r. 36.	defenio	definio
P. 87.	r. 36.	ou mas	ou más
P. 89.	r. 33.	è corpo	é corpo
P. 94.	r. ult.	diminue-fe	deminue-fe
P. 98.	r. 26.	Peripatico	Peripatetico
P. 101.	r. 21.	*Phyfifco*	*Phyfico*
P. 108.	r. 31.	femea	femia
P. 109.	r. 35.	o um	ou um
P. 111.	r. 24.	fufpeitoiza	fufpeitoza
P. 116.	r. 1.	perfejtifimos	perfeitifimos
	r. 24.26.	poder	puder
P. 117.	r. 21.	de-teta	da-teta
	r. 26.	Anotomia	Anatomia
P. 121.	r. 32.	eftá	efta

P. 122.

ERROS		EMENDEM-SE
P. 122. r. 2.	diminuissem	deminuissem
P. 134. r. 38.	mas	más
P. 137. r. 13.	tradinhos	tratadinhos
P. 138. r. 7.	me-occorrer	me-ocorrer
P. 142. r. 10.	conhesèse	conhecèse
P. 143. r. 14.	*acrejcendi*	*accrescendi*
P. 155. r. 2.	o-tem	a-tem
P. 157. r. 2.	que Lem	que lem
r. 15.	naquele , cazo	naquele cazo ,
P. 158. r. 17.	comprehenderia	compreenderia
P. 173. r. 16.	inga nos	inganos
P. 175. r. 19.	*coecos*	*caecos*
P. 182. r. 4.	agunta-se	ajunta-se
P. 183. r. 17.	diltrebuir	diltribuir.
P. 184. r. 14.	lecito	licito
P. 187. r. 12.	diminuir	deminuir
P. 192. r. 22.	da-vida-civil	da-vida civil
P. 197. r. 9.	Petro	Pedro
P. 205. r. 1.	expalhado	espalhado
r. 17.	perte	parte
r. 28.	columnas	colunas
P. 207. r. 17.	contrebuio	contribuio
P. 210. r. 13.	ocazioens-necefarius	ocazioens necefatias
P. 212. r. 32.	*Petro*	*Pedro*
r. 34.	*lida*	*lido*
P. 219. r. 15.	prezedindo	prezidindo
P. 220. r. 3.	conhefer	conhecer
r. 30.	Italiano	Italiano
P. 221. r. 5.	Efta	Eftas
P. 223. r. 2.	a fua	a fuma
P. 224. r. 18.	na quela	naquela
P. 227. r. pen.	E fpecialmente	Efpecialmente
P. 235. r. 26.	melor	melhor
P. 236. r. 11.	ponco	pouco
P. 237. r. 12.	comprehende	compreende
r. 19.	diminuto	deminuto
P. 242. r. 26.	que Igreja	que a Igreja
P. 257. r. 1.	menham	menhan
r. 16.	menhas	menhans
P. 263. r. 27.	tante	tante
P. 267. r. 10.	parece , a Fizica	parece a Fizica ,
P. 268. r. 20.	Peritateticos	Peripateticos
P. 270. r. 5.	Religiofos	Religiozos
P. 271. r. 16.	Architettura	Architetura
P. 278. r. ult.	Inftitufoens	Inftituifoens
P. 280. r. 14.	foportaveis	fuportaveis